# 刑事证据适用指南

——以两个《规定》为中心

主　编　杨迎泽　张红梅
副主编　张宁红　张宏伟

中国检察出版社

# 撰稿人名单

杨迎泽：法学硕士，国家检察官学院副院长、教授。
陈学权：法学博士，对外经济贸易大学法学院副教授。
张红梅：法学博士，国家检察官学院图书馆副馆长、讲师。
孙　锐：法学博士，国家检察官学院讲师。
张宁红：法律硕士，山西省乡宁县人民检察院检察长。
张宏伟：法律硕士，山东省肥城市人民检察院检察长。

# 前　言

最高人民法院、最高人民检察院、公安部、国家安全部、司法部于2010年6月13日联合制定印发了《关于办理死刑案件审查判断证据若干问题的规定》和《关于办理刑事案件排除非法证据若干问题的规定》（以下简称两个《规定》）。为了在司法实践中认真贯彻执行两个《规定》，确保使每一名刑事办案人员都能够全面理解、正确掌握和适用两个《规定》，我们组织有关专家、学者和司法实务部门的同志编写了本书。本书紧紧围绕两个《规定》的基本内容，根据刑事诉讼法和证据法学的基本原理，综合借鉴、归纳刑事诉讼和证据法学的最新研究成果，对两个《规定》进行了逐条解读，以准确地反映其制定宗旨和法律条款的基本内容，在每条的法条内容释义中努力做到观点的权威性和解释的准确性。为了便于读者理解与掌握，除了对法条释义外，我们还阐述了制定理由，分析了适用该条应注意的问题，并对一些典型案例进行了分析，同时还附注了相关法条。

本书的内容、体系经集体讨论之后，编写人员分头撰写。初稿完成后，由主编统稿、定稿。我们相信，本书将会给广大读者学好两个《规定》提供有益的帮助。

尽管编著者做了很多努力，但不完善之处在所难免，尚祈读者批评指正。

杨迎泽

2010年8月于北京世纪城

# 目　录

# 第一编　绪　论

2010年6月13日，最高人民法院、最高人民检察院、公安部、国家安全部、司法部联合制定并印发了《关于办理死刑案件审查判断证据若干问题的规定》（以下简称《办理死刑案件证据规定》）和《关于办理刑事案件排除非法证据若干问题的规定》（以下简称《非法证据排除规定》）。两个《规定》对政法机关办理刑事案件特别是死刑案件提出了更高的标准、更严的要求，对于进一步统一思想，提高认识，全面准确执行国家法律，贯彻党和国家的刑事政策，依法惩治犯罪、切实保障人权、维护司法公正，具有十分重要的意义。两个《规定》的颁行是我国刑事司法制度改革的重要成果，是我国深入实施依法治国方略的重要举措，也是刑事诉讼制度进一步民主化、法治化的重要标志。切实把两个规定贯彻好、执行好，对于进一步提高执法办案水平，进一步强化执法人员素质，必将发挥重要作用。

## 一、起草背景

1996年，全国人大对刑事诉讼法作了全面修改，其中关于证据制度的规定比较原则。1998年、1999年最高人民法院、最高人民检察院、公安部先后分别作出执行刑事诉讼法的具体规定，这在一定程度上充实了刑事诉讼证据规则，但仍缺乏系统性和完整性，不能满足司法实践的需要。1999年、2004年宪法修正案分别规定“中华人民共和国实行依法治国，建设社会主义法治国家”、“国家尊重和保障人权”。为切实落实依法治国基本方略，做到惩治犯罪和保障人权并重，必须不断完善国家刑事法律制度，增强各级执法办案人员素质，努力提高办理刑事案件的水平。

自2007年1月1日最高人民法院统一行使死刑案件核准权以来，各地公、检、法机关和广大刑事辩护律师严格依照法定程序和标准办案，侦查、起诉和刑事审判案件质量总体是好的。但是因制度不完善，执法标准不统一和办案人员素质参差不齐，也不断出现一些不容忽视的案件质量问题。据统计，近三年来，每年仍有相当数量的死刑案件因事实、证据问题而不核准，即便是核准的死刑案件，也有相当的数量是在复核阶段经补查、完善证据后予以核准的，高级人民法院在二审审理中因证据问题发回重审的案件就更多，有的甚至占死刑二审案件的50%左右。[①] 这些问题的发生，严重影响了死刑案件的复核和效率，也埋下了发生冤假错案的隐患。近年来发生的多起刑事错案，主要是在事实认定、证据审查和运用方面出了差错，其中又多与刑讯逼供直接相关。虽然《刑事诉讼法》第43条明文规定："严禁刑讯逼供和以威胁、引诱、欺骗以及其他非法的方法收集证据。"但是，如果侦查机关的取证行为违反了法定程序，应当有什么样的后果？以非法方法收集的证据是否还具有法律效力？如何排除非法收集的证据？法律对此并没有明确规定。1998年《最高人民法院关于执行〈中华人民共和国刑事诉讼法〉若干问题的解释》第61条规定："严禁以非法的方法收集证据。凡经查证确实属于采用刑讯逼供或者威胁、引诱、欺骗等非法的方法取得的证人证言、被害人陈述、被告人供述，不能作为定案的根据。"《人民检察院刑事诉讼规则》第265条规定："严禁以非法的方法收集证据。以刑讯逼供或者威胁、引诱、欺骗等非法的方法收集的犯罪嫌疑人供述、被害人陈述、证人证言，不能作为指控犯罪的根据。"2001年最高人民检察院发布了《关于严禁将刑讯逼供获取的犯罪嫌疑人供述作为定案依据的通知》，再次要求各级检察机关"严格贯彻执行有关法律关于严禁刑讯逼供的规定"。这些规定，在一定程度上确立了非法言词证据排除规则，但因规定的内容较为原则，且未规定明确和具体的操作程序，这样的排除规则仅具宣示性的作用，很难发挥非法证据排除规则应有的功能。司法实践中鲜见根据上述法律认定为非法言词证据而予以排除的案例，刑讯逼供现象屡禁不绝，由此导致的冤案、错案时有发生。可以说，从海南黄亚全、黄圣育抢劫杀人案到云南杜培武杀妻案、湖北佘祥林杀妻案、安徽赵新建杀人奸尸案，以及最近披露的河南赵作海杀人案，都有刑讯逼供的阴影。

死刑案件人命关天，质量问题尤为重要，在认定事实和采信证据上绝对不容许出任何差错。为了能从源头和基础工作上切实把好事实关、证据关，2007年3月，最高人民法院、最高人民检察院、公安部和司法部共同制定了《关于进一步严格依法办案确保办理死刑案件质量的意见》，对确保把死刑案件办成铁案发挥了重要作用。2008年中央批转中央政法委关于深化司法体制改革的意见中明确指出：要"完善刑事诉讼制度"，其具体内容包括：明确证据审查和采信规则及不同诉讼程序的证明标准；完善非法证据排除制度；完善证人、鉴定人出庭制度和保护制度，明确侦查人员出庭作证的范围和程序等。根

① 南英："大力夯实刑事案件审理的证据基础"，载《人民法院报》2010年6月3日。

据中央关于深化司法体制和工作机制改革的总体部署，由全国人大法工委牵头，会同最高人民法院等部门共同研究证据审查和采信规则以及不同诉讼程序的证明标准等课题。最高人民法院按照2008年中央司法体制改革意见任务分工和全国人大常委会法工委关于落实司改任务、制定或完善相关法律解释的会议的要求，在总结多年来审判实践经验的基础上，经过充分调研、论证，并会同其他部门起草了《最高人民检察院、公安部、国家安全部、司法部关于办理死刑案件审查判断证据若干问题的规定》、《关于办理刑事案件排除非法证据若干问题的规定》，又经反复协商、修改，最终联合颁布了两个《规定》。

## 二、意义

### （一）颁布《办理死刑案件证据规定》的意义

它统一了全国死刑案件的证据适用标准，有利于维护司法公正和司法权威。由于证据制度的重要性，我国一些地方的司法机关早在十多年前就开始制定当地的刑事证据规则。这些“地方性”的刑事证据规则，对于提高办案质量，完善规范办案程序无疑具有一定的积极意义。但是，“地方性”证据规则的适用，将造成全国范围内证据审查标准的不同甚至相互矛盾，进而引发诸多的问题。《办理死刑案件证据规定》的颁布和实施，可以有效地革除这些弊端。

它可以有效地提高死刑案件的审判质量，进而防范冤假错案的发生。一个保留死刑但又提倡慎用死刑的国家，需要首先考虑给予死刑案件特殊的程序保障。换句话说，无论是在事实认定上，还是在证据采信上，死刑案件的处理都需要比其他普通刑事案件更为严格一些。办理死刑案件证据规定对死刑案件执行了更为严格和规范的证据适用标准，其重要意义是不言而喻的，尤其是它可以最大限度地保证死刑判决的公正，避免错杀、冤杀。

它涉及侦查、起诉、审判等多个执法环节，有利于侦查人员、检察人员、审判人员强化程序证据意识。当前，我国公安司法人员在执法过程中还存在证据意识不强、程序观念淡薄等问题，如重内容轻形式，重口供轻其他证据，重事后轻现场，等等。这在客观上制约了司法机关的执法水平和人权保障水平。因此，要提高刑事办案质量，就必须让公安司法人员牢固树立起程序意识和证据意识。

它所确立的证据规则，是对我国证据法学和刑事诉讼法学的丰富和发展。《办理死刑案件证据规定》的第一部分所确定的证据裁判原则、证据法定原则、证据质证原则，以及死刑案件证明标准的规定，都是我国刑事诉讼法学、证据法学，尤其是刑事诉讼法没有明确细化的新内容，有的内容虽然在一些程序中已有所体现，但学理和立法中并未明示。长期以来，人们对此的认识和理解不一，没有达成共识，只是在学理上有少数人提出，而立法并不明确。例如：《办理死刑案件证据规定》第2条明确指出："认定案件事实，必须以证据为根据。"这一规定不仅在理论上坚持了马列主义的唯物主义观点，强化了刑事诉讼法的证据原则，在实务工作中也澄清了许多错误的做法。把证据作为认定事实的根据和标准，它规范了法官的自由裁量权，澄清了人们对案件事实的不同理解和认定方法。所以，这一《规定》是对我国证据法学和刑事诉讼法学的丰富和发展。还有《办理死刑案件证据规定》第3条规定的程序法定原则，第4条规定的质证原则，第5条对证明标准关于确实、充分的解释，第33条关于间接证据的运用等，都是对我国刑事诉讼制度的改革和完善，也为刑事诉讼法的再修改奠定了良好的基础。它将在我国刑事诉讼和证据制度发展史上产生重大影响，并发挥重大作用。

**（二）颁布《非法证据排除规定》的意义**

非法证据排除规则的完善，为解决刑讯逼供问题提供了法律出路。长期以来，刑讯逼供问题成为一个屡禁不止的难题。刑讯逼供现象的出现，不仅容易造成被告人被屈打成招，酿成冤假错案，而且严重损害了我国司法机关的形象，侵犯了公民的合法权益。但是，由于刑事诉讼立法修改有个周期，相关证据规则也迟迟没有出台，无论是侦查机关、公诉机关还是审判机关，对于禁止刑讯逼供始终无法找到一条行之有效的解决之道。该《规定》的出台，将侦查人员通过刑讯逼供所获取的"非法证据"作为排除的对象，确立了采用非法手段获得的证据系属无效的规则。这一规定明确界定了"非法言词证据"的内涵和外延，确立了排除非法证据的启动方式以及法庭的初步审查方式，强调控方通过提交笔录、音像资料或者通知侦查人员出庭作证等方式，承担证明供述合法性的责任。不仅如此，相对于过去法庭任意拒绝查证刑讯逼供问题的做法而言，该规定强调控辩双方可以就供述笔录的合法性进行质证和辩论，法庭在听取双方质证和辩论的基础上，作出专门的裁决。这些规定大大强化了检察机关的证明责任，对法院在排除非法证据方面的自由裁量权进行了合理的规范和限制，对于被告人及其辩护人的诉讼请求给予了尊重。这些规定一旦得到落实，势必可以督促侦查人员严格依法进行调查取证行为，促使公诉人认真做好出庭应诉准备，也会促使法官认真履行程序性裁判的责任。一旦侦查人员不敢实施刑讯逼供，公诉人不愿移送刑讯逼供得来的证据，法官拒绝采纳刑讯逼供获取的证据，从根本上遏制住刑讯逼供，指日可待。

《非法证据排除规定》，有利于减少伪证、减少冤假错案。大量排除性证据规则的确立，使得证据的法庭准入资格受到严格的限制，也使得违法获取的证据可以被及时宣告无效。我国现行的《刑事诉讼法》自颁行以来，对于严格规范公、检、法三机关的诉讼行为，维护嫌疑人、被告人、被害人以及辩护人的诉讼权利，起到了积极作用。然而，受多方面因素的制约，现行刑事诉讼法尽管宣示了很多有益的原则和理念，却由于立法技术的限制，造成不少制度和规则缺乏可操作性。究其原因，对于那些违反法律程序的行为没有确立宣告无效的程序后果，使得当事人无法对那些违反法律程序的行为获得有效的司法救济。按照司法活动的基本规律，无制裁则无法律、无救济则无权利。只有为各种法律程序确立宣告无效的法律后果，只有为当事人确立有效的司法救济之路，那些违反法律程序的行为才能受到及时、有效的惩罚和遏制。这些排除性的证据规则，有些是针对证据的证明力问题的，有些则是直接针对证据的合法性而确立的。这些新的证据规则，为检察机关的证据确立了严格的法庭准入条件，也为法院拒绝采纳某一存在严重问题的证据提供了法律依据。有了这些规则，将来的刑事审判就有望维护基本的程序公正，对于减少伪证、减少冤假错案都将有着积极的意义。

## 三、两个《规定》中的创新与突破

### （一）《办理死刑案件证据规定》的创新与突破

1. 明确规定了证据裁判原则，即“认定案件事实，必须以证据为根据”

这是世界各国诉讼立法通例。该原则能使办案人员增强证据意识，依法客观全面地收集审查判断证据，避免偏听偏信和主观臆断。应当明确的是，此规定与刑事诉讼法规定的“以事实为依据”原则是一致的，并不矛盾。因为办理案件以事实为根据，实际上也就是以证据所认定的事实为根据，离开了证据，办案人员不可能有据以裁判的事实。

2. 明确规定了死刑案件证明标准

联合国《关于保护面对死刑的人的权利的保障措施》第 4 条明确规定，“只有在对被告的罪行根据明确和令人信服的证据，对事实没有其他解释余地的情况下，才能判处死刑。”这一规定，是对死刑案件适用“排除合理怀疑”证明标准的特殊的、也是更具有操作性的要求。“对事实没有其他解释余地”，比“排除合理怀疑”更为强调事实判断结论的唯一性与排他性，是最高的证明要求，充分体现了“慎用死刑”的精神。《办理死刑案件证据规定》对死刑案件证明标准作出比其他刑事案件的证明标准更严格、更便于实践把握的解释，与联合国的规则是一致的。

3. 明确了对于明显违反法律和有关规定取得的证据，不能作为定案的根据，应当予以排除

这是《办理死刑案件证据规定》增加的新内容。包括经勘验、检查、搜

查提取、扣押的物证，没有勘验、检查、搜查提取、扣押的笔录或者清单，不能证明物证、书证来源的；以刑讯逼供等非法手段取得的口供；以暴力、威胁等方法取得的证人证言；作出鉴定结论的鉴定机构不具有法定的资格和条件，或者鉴定事项超出鉴定机构项目或者鉴定能力的；勘验、检查笔录存在明显不符合法律及有关规定的情形，并且不能作出合理解释或者说明的等等，《办理死刑案件证据规定》明确规定不能作为定案的根据。

4. 确立了意见证据规则

《办理死刑案件证据规定》第 12 条第 3 款规定："证人的猜测性、评论性、推断性的证言，不能作为证据使用，但根据一般生活经验判断符合事实的除外。"我国现行《刑事诉讼法》没有关于意见证据的规定。在办理死刑案件中明确这一证据规则，有利于规范证人如实提供他们所感知的案件事实的证明活动，避免将证人自己的猜测、评论、推断作为其感知的事实，从而对案件事实作出错误判断。

5. 进一步确立了原始证据优先规则

明确规定不能反映原始物证、书证的外形、特征或者内容的复制品、复制件应予以排除。规定这一规则，目的在于促使侦查机关更加努力地收集最具有真实性的原始证据，从而更准确、及时地查明案件事实，实现实体公正。

6. 确立了有限的直接言词证据规则

规定了证人应当出庭作证的情形。在办理死刑案件中规定这一规则，从实体上说，更有利于保障正确认定案件事实；从程序上说，更有利于保障诉讼当事人的质证权利。这一规定明显强化了控辩双方特别是控方做好证人出庭作证工作的责任。

7. 明确规定了对被告人庭审中翻供以及庭前供述反复时的认定规则

《办理死刑案件证据规定》强调在被告人翻供的情况下视其与本案其他证据相印证的情况决定是否采纳，这与刑事诉讼法规定的重证据、不轻信口供的精神是一致的。在我国司法实践中，由于刑讯逼供等非法讯问方法的存在，被告人在法庭审理中翻供的现象经常发生。由于缺乏相关规定，当被告人翻供时，法官对如何采纳被告人的供述感到左右为难。因此，明确规定翻供的认定规则十分必要。

8. 进一步明确规定了调查核实存疑证据的程序

《刑事诉讼法》第 158 条规定了合议庭对证据有疑问的可以庭外调查核实。《办理死刑案件证据规定》第 38 条对庭外调查核实证据的程序进行了细化规定，并对如何运用庭外调查取得的证据作了明确规定。例如，对于被告人有立功、自首情节的证据，往往是检察机关、辩护人补充和法庭庭外调查核实取得的，对这部分开庭以后出现的个别证据，法庭可以通过变通的方式，即庭外征求意见的方式予以审查，在双方意见不一致时，则应开庭审理。这样规定，可以节省司法资源，提高诉讼效率。

9. 强化了对死刑案件量刑证据的严格把握

《办理死刑案件证据规定》第 36 条第 1 款明确规定在对被告人作出有罪认定后，除审查自首、立功等法定情节外，对案件起因、被害人过错及被告人平时表现等酌定量刑情节也需要重点审查。第 3 款规定“不能排除被告人具有从轻、减轻处罚等量刑情节的，判处死刑应当特别慎重”，不仅符合刑事司法中有利于被告人的原则，对“严格控制死刑”也有重要意义，第 40 条第 2 款所规定“未排除证据之间的矛盾，无充分证据证明被告人实施被指控的犯罪时已满十八周岁且确实无法查明的，不能认定其已满十八周岁”即为这一要求的重要体现。

（二）《非法证据排除规定》的创新与突破

现有司法解释虽然在一定程度上确立了非法言词证据排除规则，但因其规定的内容较为原则，且未规定相应的操作程序，致使排除规则很难在司法实践中发挥法律规范应有的功能。与现行的法律和司法解释相比，《非法证据排除规定》的重大改革主要体现在以下五个方面：

1. 明确了非法言词证据的内涵和外延

非法证据涉及的面较广，具体处理时如何把握也很复杂。《非法证据排除规定》对非法证据的排除对象突出了重点：一是突出非法言词证据。非法证据，除了非法言词证据，还有非法实物证据。现有司法解释对非法言词证据的排除有原则规定，非法实物证据情况复杂，难以作出一概禁止的一般性规定。《非法证据排除规定》主要是对非法言词证据排除的操作规程作出了规范。二是突出以刑讯逼供等非法手段取得的言词证据。非法言词证据包括实体违法，如以刑讯逼供取得口供；程序违法，如侦查人员违反规定单人取证。对于程序违法取得的言词证据，实践中一般均应补正、完善。《非法证据排除规定》第 1 条、第 2 条明确规定，以刑讯逼供等非法手段取得的犯罪嫌疑人、被告人供述，属于非法言词证据，应当依法予以排除。

2. 明确规定了排除非法证据的具体程序

《刑事诉讼法》明确规定了严格禁止司法工作人员刑讯逼供和以威胁、引诱、欺骗及其他非法的方法收集证据。但是，由于具体程序和方式不明确，即使被告人或其辩护人对证据合法性提出异议，法庭也无法进行调查。因为既缺乏调查的程序，也没有调查的方法。而依据该规定，被告人或其辩护人对证据合法性提出异议时，法庭应当根据提出异议的阶段，在公诉人宣读公诉书后或者在法庭辩论前进行调查。为调查证据的合法性，可以通过向法庭提供讯问笔录、原始的讯问过程录像或其他证据，通知讯问时在场的人或其他证人出庭作证。这意味着，法庭为了调查证据是否合法，可以通知进行过讯问的侦查人员到庭作证。

3. 明确了应由控诉方对被告人审判前供述的合法性负举证责任和相应的证明标准

刑事诉讼中，公诉机关承担提供证据证明被告人犯罪的职责，对于被告人及其辩护人所提被告人庭前供述系非法取得的线索或者证据，同样承担证明被告人庭前供述系合法取得的证明责任。在控方不举证，或者已提供的证据不够确实、充分的情况下，则应当承担不能以该证据证明指控的犯罪事实的法律后果和责任。

4. 明确了讯问人员出庭作证问题

法庭审理中，对于有无刑讯逼供等非法取证行为，控辩双方往往各执一词，查证十分困难。《非法证据排除规定》第 7 条规定明确了讯问人员出庭作证问题，这也是重要的新的规定，既避免了动辄要求讯问人员到场，也保证了讯问人员必要时就其执行职务情况出庭作证，有助于便捷、有效地查明证据取得的合法性问题。

5. 明确了对非法取得的物证、书证的排除问题

对非法取得的物证、书证是否排除，国内外都存在较大争议，司法实践中一般很少予以排除。为规范取证活动，确保办案公正，现阶段宜对物证、书证的非法取证问题作出原则性规定，即“物证、书证的取得明显违反法律规定，可能影响公正审判的，应当予以补正或者作出合理解释，否则，该物证、书证不能作为定案的根据”。

# 第二编　《关于办理死刑案件审查判断证据若干问题的规定》的适用

## 第一章　一般规定

《办理死刑案件证据规定》的第一部分为一般规定，共5条。主要规定了证据裁判原则、程序法定原则、未经质证不得认定原则及死刑案件的证明标准、证明对象等，其核心在于确定了对死刑案件实行最为严格的证据标准。

### 一、办理死刑案件工作要求

**第一条　办理死刑案件，必须严格执行刑法和刑事诉讼法，切实做到事实清楚，证据确实、充分，程序合法，适用法律正确，确保案件质量。**

（一）法条内容释义

本条是对侦查人员、检察人员、审判人员办理死刑案件时，提出的总体性要求。根据本条的规定，办理死刑案件时，侦查人员、检察人员、审判人员必须做到实体正确、程序合法。实体正确体现在以下四个方面：

事实清楚，证据确实、充分。死刑案件事关人命，兹事体大。认定被告人有罪，并判处死刑的，在证据上必须扎实，经得起检验。因此，必须做到事实清楚，证据确实、充分。本《规定》第5条对“事实清楚，证据确实、充分”作出了具有可操作性的界定。所谓事实清楚，在死刑案件中既是指以下事实已经查清：（1）犯罪事实的发生。如杀人案件，被害人为何人，是否死亡，是否为他杀，这些基本事实必须查清。（2）犯罪嫌疑人、被告人实施了犯罪行为以及实施犯罪行为的时间、地点、手段、后果以及其他情节。（3）影响被告人定罪的身份情况。（4）被告人有刑事责任能力。（5）被告人的罪过。（6）是否共同犯罪及被告人在共同犯罪中的地位、作用。（7）对被告人从重处罚的事实。所谓证据确实、充分，既包括对证据质方面的要求，也包括对证据量方面的要求，具体是指全案证据必须达到如下要求：（1）定罪量刑的事实都有证据证明。（2）每一个定案的证据均已经法定程序查证属实。（3）证据与证据之间、证据与案件事实之间不存在矛盾或者矛盾得以合理排除。(4) 共同犯罪案件中，被告人的地位、作用均已查清。(5) 根据证据认定案件事实的过程符合逻辑和经验规则，由证据得出的结论为唯一结论。

**定性准确**。判断定性是否准确有两个标准。第一个标准是在罪与非罪的问题上认定是否准确。而判断罪与非罪的依据一个是证据，一个是刑法的规定。在死刑案件中，认定有罪的证据是否确实、充分是影响定罪的主要因素。第二个标准是在此罪与彼罪、轻罪与重罪、一罪与数罪的认定问题上是否准确。不同的罪名及罪数对应不同的刑罚，定罪对量刑产生直接的影响，因此，只有认定罪名、罪数正确才能罪刑相当。

**量刑适当**。所谓量刑适当就是要罪刑相适。由于我国刑罚适用的弹性较大，对量刑是否适当难以划定一个明确的标准。根据实践中的情况，以下情形属于量刑失当：主刑刑种适用错误的；违反法定附加刑适用条件的；违反法定缓刑适用条件的；违反法定数罪并罚原则的；重罪轻判或者轻罪重判，超出法定量刑幅度的；重罪轻判或者轻罪重判，未超出法定量刑幅度，但量刑明显不当的；违反法定免予刑事处分适用条件的；应当判处死刑立即执行而未判处，或者不应当判处死刑立即执行而判处的。

**正确处理被害人提出的附带民事诉讼**。一般死刑案件都会有附带民事诉讼。在附带民事诉讼中，要解决由于被告人犯罪行为侵害被害人人身权利、财产权利而给被害人造成的物质损害赔偿问题。正确处理被害人提出的附带民事诉讼，不仅有利于维护被害人的实体权利，帮助其尽快从犯罪的侵害中解脱出来，抚慰被害人及其近亲属的心理创伤，还对被告人正确量刑有实质影响。

处理死刑案件不仅要做到实体正确，还要做到程序合法。正义不仅要实现，还要以看得见的方式实现。以不合法、不正当的程序处理案件难以发挥正当法律程序对权力的制约机制，也将引发当事人及社会对案件处理公正性的质疑。因此在死刑案件的质量考核指标中，程序合法是不可缺少的一项。办理死刑案件时，要做到程序合法至少要做好以下两个方面的工作：

**遵守法定程序**。刑事诉讼程序的设计，一方面在于保证执法司法机关正确地发现案件的真实情况，全面客观地收集证据，准确地适用法律，正确地处理案件，保证实体法的实现。另一方面在于抑制执法者的随意性，防止权力的滥用。公安司法机关在侦查、批捕、公诉、审判等诉讼环节应当按照刑事诉讼法的规定收集、审查、核实和认定证据，办理案件。对于违反程序办案的情形要坚决予以制止，对于违反法定程序收集的证据按照刑事诉讼法及相关司法解释依法排除或者补正，对于严重违犯诉讼程序的人员要追究其行政责任或者刑事责任。总之，为维护程序公正的严肃性，必须加强对违反程序规定的行为的监督、纠正、责任追究力度。

**保障诉讼参与人的诉讼权利。**公安司法人员要充分尊重当事人、其他诉讼参与人的人格尊严和主体地位，保障其应有的知情、参与、陈述、抗辩、申诉、获得法律帮助等各项权利，使其感受到客观、公平、充分参与，主张和意见得到充分表达。对于妨碍诉讼参与人的各种行为，公安司法人员则应采取措施予以制止，对于侵害诉讼参与人诉讼权利的行为应当认真查处。

**（二）制定理由**

办案质量是人民法院、人民检察院、公安机关、司法行政机关工作的生命线。死刑是剥夺犯罪分子生命的最严厉的刑罚，适用死刑，必须慎之又慎，质量问题尤为重要。改革开放以来，各级政法机关认真履行法定职责，坚持“以事实为根据，以法律为准绳”，依法办理了大量刑事案件，为打击犯罪、保护人民、维护社会稳定和国家安全发挥了重要作用。通过深入开展社会主义法治理念教育，改革司法体制和工作机制，规范执法行为，集中解决涉法涉诉信访问题，加强政法机关相互之间的监督制约，广大公安司法人员公正、廉洁、文明、规范执法的理念不断增强，执法办案水平不断提高。但也必须清醒地看到，近几年来，一些地方先后发现个别重大冤案、错案。这些案件在社会上引起强烈反响，也在一定程度上暴露出刑事司法工作中存在的问题。分析这些冤案、错案，呈现出一些共同的特点：第一，从案件的类型上看，被错误裁判的死刑案件大多为故意杀人案件。第二，从错案的错误性质看，原判认定事实错误或者认定事实不清，证据不足是错案领域的一种普遍现象。第三，从导致错误裁判的主要原因看，把刑讯逼供获得的口供作为定案根据是重要原因之一。有的学者对近年来发生的50起错案进行了实证分析，统计数据表明，有47起案件存在“被告人虚假口供”，其中，4起案件已经法院或者检察机关正式认定存在刑讯逼供的情况，有43起案件虽未经法院或者检察机关正式认定但是可能存在刑讯逼供的情况。① 第四，公安司法机关发现错误裁判的机制失灵，部分死刑案件裁判错误的发现纯属偶然。例如佘祥林、赵作海如果不是因为“亡者”归来，将含冤终身。杜培武、黄亚全如果不是真凶现身并良心发现，也将把牢底坐穿。确保办理死刑案件质量，杜绝冤案、错案发生，是人民法院、人民检察院、公安机关、司法行政机关依法担负的重大责任。公安司法人员应当从这些刑事错案中认真吸取教训，严格执行刑法和刑事诉讼法，切实做到事实清楚，证据确实、充分，程序合法，适用法律正确，严把事实关、证据

① 何家弘：《证据的语言——法学新思维录》，中国人民公安大学出版社2009年版，第196～197页。

关、法律关，做到不错不漏、不枉不纵，确保案件质量。

**（三）应注意的问题**

1. 充分认识确保办理死刑案件质量的重要意义

死刑是剥夺犯罪分子生命的最严厉的刑罚。中央决定将死刑案件核准权统一收归最高人民法院行使，是构建社会主义和谐社会，落实依法治国基本方略，尊重和保障人权的重大举措，有利于维护社会政治稳定，有利于国家法制统一，有利于从制度上保证死刑裁判的慎重和公正，对于保障在全社会实现公平和正义，巩固人民民主专政的政权，全面建设小康社会，具有十分重要的意义。

最高人民法院统一行使死刑案件核准权，对人民法院、人民检察院、公安机关和司法行政机关的工作提出了新的、更高的要求。办案质量是人民法院、人民检察院、公安机关、司法行政机关工作的生命线，死刑案件人命关天，质量问题尤为重要。确保办理死刑案件质量，是中央这一重大决策顺利实施的关键，也是最根本的要求。各级人民法院、人民检察院、公安机关和司法行政机关必须高度重视，统一思想，提高认识，将行动统一到中央决策上来，坚持以邓小平理论和“三个代表”重要思想为指导，全面落实科学发展观，牢固树立社会主义法治理念，依法履行职责，严格执行刑法和刑事诉讼法，切实把好死刑案件的事实关、证据关、程序关、适用法律关，使办理的每一起死刑案件都经得起历史的检验。

2. 保证死刑案件质量应着力解决的问题

从目前披露的冤案、错案来看，出现问题的重要原因就是严重违反法定程序，违法办案。为保证死刑案件质量，应着力解决以下几个问题：

（1）要着力遏制解决刑讯逼供。刑讯，是程序上最大的不公，它使犯罪嫌疑人、被告人在诉讼中、定罪前便受到残酷的肉体或精神折磨；刑讯，也是造成实体不公的重要原由，我国司法实践中的冤假错案，绝大多数都与刑讯逼供有很大的关系。刑讯逼供屡禁不止既有思想认识的因素，也有工作机制的原因。长期以来“从供到证”的办案思路根深蒂固，许多办案人员迷信口供这个证据之王，强迫犯罪嫌疑人自证其罪，而忽略全面客观地收集证据，用证据体系印证口供。根据《刑事诉讼法》、《办理死刑案件证据规定》的要求和司法工作的实际需要，从根本上遏制刑讯逼供违法现象的发生，迫切需要建立以下工作机制：一是要严格执行排除非法证据的工作机制。以检察机关为例，检察人员在办理案件时要注意通过对全案证据材料的审查，讯问犯罪嫌疑人，听取被害人及犯罪嫌疑人、被害人委托的人的意见，调查复核案件证据，介入侦查或者派员参加侦查机关对于重大案件的讨论等多种途径，发现是否存在违法取证的情况。在审查起诉工作中，对以刑讯逼供方式取得的犯罪嫌疑人供述、以暴力取证方式取得的证人证言和以威胁、引诱、欺骗等非法方式取得的犯罪嫌疑人供述、证人证言、被害人陈述等言词证据，应当依法予以排除。对以非法搜查、非法扣押等方式取得的物证、书证等实物证据，要结合案件实际情况，严格审查，认真甄别。要注意审查各种实物证据是否客观真实，是否与其他证据相互印证，审查全案证据是否能够形成完整的证据体系，是否符合提起公诉的条件。二是要建立对刑讯逼供的预防控制机制。主要是对办案人员办案活动实行全程跟踪监督，要求在保证两人以上办案的同时，对讯问活动实行全程同步录音录像，录音录像资料作为裁判的重要证据进行展示，这是有效消除刑讯逼供的重要手段。三是要营造严肃执法执纪的良好氛围。由于刑讯逼供是职务行为，多是办案人员为了抓紧破案而采取的暴力行为，因而出现刑讯逼供行为后，许多单位不是认真查处，严肃执法执纪，而是进行袒护，个别领导还为检察机关查办刑讯逼供案件设置障碍，百般阻挠，在客观上放纵了这种不法行为。所以政法机关的各级领导要从保证公平正义出发，对刑讯逼供行为不护短，严肃执法执纪，并通过经常性的教育，营造一个严肃执法执纪的良好氛围。

（2）要着力解决律师执业难问题。律师执业难是一个非常普遍的问题，已经引起各执法机关的重视，并陆续出台了关于保障律师依法执业的措施。应该看到，律师作为重要的诉讼参与人，其辩护意见对于维护公平正义有着重要的作用。从推进程序公正、保障诉讼参与人的合法权益出发，公安司法人员应该重视律师执业行为，尽量为律师营造宽松的执业环境，对律师在执业中提出的意见，应给予重视，对有理有据的，应予采信。人民检察院自收到移送审查起诉的案件材料之日起三日内，应当告知犯罪嫌疑人有权委托辩护人；犯罪嫌疑人经济困难的，应当告知其可以向法律援助机构申请法律援助。辩护律师自审查起诉之日起，可以查阅、摘抄、复制本案的诉讼文书、技术性鉴定材料，可以同在押的犯罪嫌疑人会见和通信。其他辩护人经人民检察院许可，也可以查阅、摘抄、复制上述材料，同在押的犯罪嫌疑人会见和通信。人民检察院应当为辩护人查阅、摘抄、复制材料提供便利。被告人可能被判处死刑而没有委托辩护人的，人民法院应当通过法律援助机构指定承担法律援助义务的律师为其提供辩护。法律援助机构应当在收到指定辩护通知书三日内，指派有刑事辩护经验的律师提供辩护。律师在提供法律帮助或者履行辩护职责中遇到困难和问题，司法行政机关应及时与公安机关、人民检察院、人民法院协调解决，保障律师依法履行职责。

(3) 全面实行办案工作流程管理。公安司法机关内部的办案工作流程管理既是规范执法行为、司法行为的重要机制，又是案件质量的有效保障。要做到有法必依、执法必严应当全面实行办案工作流程管理，规范执法行为要从办案流程管理入手。

第一，细化流程，明确执法岗位责任权限。这是防止越权办案和工作不作为的有效途径。公、检、法三机关都要按照《刑事诉讼法》的规定，结合相关司法解释，对诉讼过程中每个环节的工作流程进行细化，将工作任务细化到部门，将工作责任细化到具体的办案人员，在细化中严格岗位责任，明确办案权限。

第二，严格实行诉讼流程作业。要按照《刑事诉讼法》对每个诉讼环节进行具体的流程设计，对每个办案环节的管理权限作出明确规定，在办案中要严格按照诉讼流程开展工作，对每个诉讼环节都要做到办案程序合法，法律手续齐备，保证依法办案。

第三，实行流程监督，建立责任追究制度。要建立案件流程监督制度。公、检、法三机关都要定期组织专人对诉讼流程的执行情况进行检查，建立诉讼流程绩效考核制度。对能够严格执行案件流程，在保证案件质量的前提下提高办案效率的人员要给予表扬奖励，对违反诉讼流程，造成案件质量不高，工作效率低下的人员要实行责任追究。

**(四) 典型案例分析**

### 董文芳绑架致人死亡案件①

1. 案情

2005 年 8 月 14 日，宝鸡市陈仓区虢镇西堡村发生了一起绑架杀人的恶性案件，一名年仅两岁半的幼童于当日下午 6 时失踪，当晚 11 时家人在自家后院收到了歹徒投放的勒索信。报警后，歹徒并未按信中所说的方式来收取赎金，次日早晨却在被害人的邻居董某家后院墙外的菜地里发现了幼童的尸体。案发后，公安机关将董某作为犯罪嫌疑人向宝鸡市陈仓区检察院提请批捕，区检察院以证据不足为由不予批准逮捕，公安机关又申请复议，区检察院维持了原决定。后经过公安机关一年多的缜密侦查，终于将真凶董文芳缉拿归案。经宝鸡市人民检察院提起公诉，2006 年 12 月 31 日，宝鸡市中级人民法院一审判处被告人董文芳死刑。被告人上诉后，经陕西省人民检察院出庭履行职责，陕西省高级人民法院 2007 年 7 月 18 日依法改判被告人死刑，缓期两年执行。

---

① 案件来源于宝鸡市陈仓区人民检察院。

2. 分析

本案之所以得以成功告破，其原因在于：

（1）严把批捕关口，筑牢错案发生第一道防线

幼童被害案发生后，公安机关首先将在其家后院墙外抛有被害人尸体的董某锁定为犯罪嫌疑人，并对董某进行监视居住。在被监视居住期间经公安机关反复讯问，董某供认了失手致幼童死亡，又为转移公安人员视线而写了勒索信，后投放勒索信并抛尸的“事实”。公安机关遂以故意杀人罪将董某提请批准逮捕。陈仓区检察院承办人认真审查了全部案卷材料，并讯问了董某，发现该案存在诸多问题：第一，经文书鉴定勒索信无法肯定是董某所写；第二，被害人头脸部的凉席印痕无法肯定是董某家凉席所致；第三，董某开始不承认犯罪事实，后来虽然供认了，但每次供述的具体细节均不一致，且供述中所说的致死方式与尸体上的伤痕不符。这些证据不仅使董某的“供述”成为孤证，而且对董某的“供述”起到了相反的排斥作用，使其“供述”难以成立。虽然公安机关移送认定董某系绑架案疑犯，但是认定的证据主要是董某的“供述”而缺乏其他证据支持。据此，陈仓区检察院认为认定董某杀害幼童的证据不足，无法证实其有犯罪行为，遂依法作出证据不足，不予批准逮捕的决定。公安机关认为犯罪嫌疑人已作了交代，案件已经告破，对区检察院提出的疑点认为是在“挑刺”，遂提出复议。区检察院检委会经认真研究后，坚持了对案件的处理结果，依法维持了不批捕决定。

（2）指导侦查工作，缉拿杀害幼童的真正凶手

该院对董某涉嫌故意杀人案依法作出不批捕的决定后，不是置之不管，而是积极主动引导侦查工作，缉拿真凶。区检察院在作出不批捕决定的同时，向公安机关发出了《提供法庭审判所需证据材料意见书》，指出应从以下三个方面补充证据：第一是继续补充侦查勒索信系谁所为；第二是补充侦查装尸体的编织袋的关联性证据；第三是补充侦查作案用的三把刀具的唯一确定性证据。并将“勒索信”作为案件的突破口。公安机关根据以上指导意见，重新排查嫌疑对象，经过一年多的缜密侦查，将目标锁定在被害人邻居家的女青年董文芳身上。通过公安部鉴定中心鉴定，勒索信上的字迹系董文芳所写。公安机关依据此鉴定结论将作案潜逃外地的董文芳抓获，并通过对证据的筛选、补强和认定，使案件达到了证据确实、充分。补充的主要证据有：①勒索信上的笔迹经鉴定与董文芳的笔迹一致。②书写勒索信的纸张来源清楚。③董文芳交代的杀死幼童的方式与尸体上的伤痕及鉴定结论相符。④证人董文芳之母证实在案发半年后，董文芳从外地打电话告诉她，是她作的案，与董文芳的供述相吻合。

上述证据确实、充分，而且能够相互印证，形成证据锁链：第一，笔迹鉴

定和纸张来源证实勒索信系董文芳所写；第二，证人证言与犯罪嫌疑人供述相吻合，系本案的直接证据，证实了作案事实；第三，物证、尸体检验和鉴定结论与董文芳供述的杀人经过相吻合。据此，终于使这起重大疑难案件的疑点得以一一排除。在大量的证据和事实面前，董文芳终于低头认罪，交代了其为勒索钱财，绑架并杀害幼童的犯罪事实。

（3）及时固定证据，锁定犯罪嫌疑人杀人事实

在董文芳归案后，区检察院立即派员提前介入侦查，指导公安机关及时固定完善证据，锁定事实。第一，建议对审讯过程进行全程录音录像，既固定了口供，也防止董文芳以受刑讯逼供为借口翻供；第二，对书写勒索信的纸张来源进行追查，彻底查清了纸张的来源；第三，对其他重要物证如书写勒索信的圆珠笔、装尸体的编织袋、杀害被害人时使用的菜刀等进行辨认、提取和拍照，及时固定证据；第四，调取证人证言，印证案件事实。通过上述工作，充分证明了犯罪嫌疑人董文芳绑架并杀害被害人的犯罪事实，为案件的出庭公诉奠定了坚实的基础。案件提起公诉后，董文芳推翻了以前的供述，否认其绑架杀人的事实，称其是在与被害幼童开玩笑玩耍时，失手致人死亡，而后为转移视线才写了勒索信，意图将案件的性质由绑架罪改变为过失致人死亡罪。公诉人当庭出示了被害人的尸检报告，证明被害人右眉外、右下颌及颈中部有锐器伤；系被他人扼压颈部致机械性窒息死亡，及董文芳归案后的多次供述等。由于及时掌握和固定了大量的证据，驳倒了被告人的狡辩，法庭亦采纳了检察机关的意见，以绑架罪判处董文芳死刑。被告人上诉后，陕西省人民检察院认为原判认定董文芳绑架犯罪的事实清楚，证据确实、充分，定罪正确，建议综合全案情况依法公正判处。陕西省高级人民法院根据董文芳犯罪的情节、社会危害程度、人身危险性综合考虑，改判董文芳死刑，缓期两年执行。

**（五）相关法条链接**

最高人民法院、最高人民检察院、公安部、司法部《关于进一步严格依法办案确保办理死刑案件质量的意见》

5. 人民法院、人民检察院和公安机关进行刑事诉讼，既要保证案件实体处理的正确性，也要保证刑事诉讼程序本身的正当性和合法性。在侦查、起诉、审判等各个阶段，必须始终坚持依法进行诉讼，坚决克服重实体、轻程序，重打击、轻保护的错误观念，尊重犯罪嫌疑人、被告人的诉讼地位，切实保障犯罪嫌疑人、被告人充分行使辩护权等诉讼权利，避免因剥夺或者限制犯罪嫌疑人、被告人的合法权利而导致冤错案件的发生。

## 二、证据裁判原则

**第二条 认定案件事实，必须以证据为根据。**

**（一）法条内容释义**

本条款涉及证据裁判原则，是我国第一次对该原则的明确规定。证据裁判，是指对于案件争议事项的认定，应当依据证据。证据裁判原则要求裁判的形成必须以达到一定要求的证据为依据，没有证据不得认定犯罪事实。根据各国立法及司法实践，证据裁判原则至少包括三层含义。

1. 裁判的形成必须以证据为依据，没有证据不得认定犯罪事实。刑事诉讼中犯罪嫌疑人、被告人是否犯罪，如何犯罪是客观存在的事实。由于这些事实都是诉讼前发生的，承办案件的司法人员要认识它，只能依靠证据，通过证明活动来实现。而行为人在预谋、实施犯罪的过程中及犯罪后，一方面会留下物品、痕迹、文书或是与案件事实有关的环境状况等客观存在的实体物质和客观情况；另一方面其犯罪行为还可能为其他人所知悉。这些反映了案件事实的痕迹、物品、文书以及知情人陈述等经公安司法人员收集、固定后即成为证明犯罪嫌疑人、被告人实施犯罪的证据。由这些主、客观痕迹去逻辑地推断案件事实真相，是由思维科学及哲学认识论所确认的理性和科学的证明方法。① 在诉讼发展史上，曾经存在凭借证据之外的其他客观社会现象如对神宣誓、水审、火审、决斗或者依靠司法人员的主观臆测、长官意志来认定案件事实，评判是非曲直的证据制度。事实证明，在一般情况下，依靠神灵启示、主观臆断既不能揭示案件真相，也不能保障当事人的合法权益。由此“随着近代合理主义的兴起，开始通过人的理性发现事实真相。因此，形成一项原则：认定事实必须依据证据，其他人和东西都不是认识案件事实的依据”。②

2. 作为认定犯罪事实基础的证据必须具有证据能力。证据裁判主义的基本要义是证据、是裁判的基本依据。于是，以什么样的证据认定犯罪事实即成为人们首先要解决的问题。在大陆法系，作为判决基础的证据必须具备证据能力。证据能力，亦称证据资格，或称证据适格性，是指具有可为严格证明系争

---

① 龙宗智：《刑事庭审制度研究》，中国政法大学出版社 2001 年版，第 66 页。

② ［日］田口守一：《日本刑事诉讼法》，刘迪、张凌、穆津译，法律出版社 2000 年版，第 217 页。

议的实体法事实之资料的能力。① 在大陆法系，为了发挥职权主义的精神，法律上对于证据能力一般不作出积极的规定，而是仅仅消极地对无证据能力或限制其证据能力的情况进行明确。证据能力属于可以作为证据使用的一般形式的资格，不允许法院自由判断。大陆法系虽然由富有知识和经验的法官进行审判，可以期待他们作出合法适当的证据判断，但是，大陆法系对于证据能力也并非毫无限制。违背如下原则所取得之证据，一般被认为无证据能力：（1）直接审理原则。不能依照直接审理原则进行调查的证据资料，如单纯的传闻、调查报告、警察局案件移送书、自诉状、意见书，都没有证据能力；证人在审判外所作的陈述，除法律另有规定外，也不得作为证据使用。（2）任意性法则。被告人自白必须处于强暴、胁迫、利诱、诈欺、违法羁押或其他不正当之方法取得，才具有证据能力。（3）关联性法则。（4）合法性法则。未具备法定方式或要件之证据，如没有依照勘验程序而进行的勘验，未经宣誓的证言或鉴定。（5）信用性原则。基于不正当方法取得之证据。（6）意见法则。证人之个人意见或者推测之词，不得作为证据。② 在英美法系，证据要能够被允许在诉讼中出示，用以证明争议事实并为法院所采纳，必须既具有相关性，又具有可采性。为此，确立了相关性规则、非法证据排除规则、传闻证据规则等一系列的证据规则，这些规则使得某些具备上述基本品质的“证据”丧失了证据资格，从而不能再作为裁判的根据。根据我国证据法学界的主流观点，我国的诉讼证据应具备三个基本特征，即证据的客观性、关联性和合法性。证据的客观性是从辩证唯物论的哲学反映论的观点来分析证据特征的。它是指证据必须以客观存在的事实为依据。证据的关联性，指的是作为证据内容的事实与案件的待证事实之间存在某种客观的联系，具有对案件事实加以证明的作用。证据的合法性体现为四个方面：第一，提供、收集证据的主体必须合法。例如，出具鉴定结论的鉴定人必须具有相应的鉴定资格，否则其鉴定结论不得作为合法的诉讼证据使用。第二，证据必须具有合法的形式。我国《刑事诉讼法》规定，刑事诉讼证据，必须符合《刑事诉讼法》第 42 条第 2 款规定的形式。第三，证据必须由法定人员依照合法的程序和方法收集和提供。我国《刑事诉讼法》对于当事人及其辩护人、代理人以及司法人员提供或收集证据的权

① 严格证明是自由证明的对称，来自德国证据理论，指对于犯罪事实是否存在以及与刑法权范围有关的待证事实严格按照证据法的规定进行的证明。自由证明主要是对程序事实的证明，立法上不直接设立客观法则，而委诸法官的裁量，也称释明。参见卞建林主编：《证据法学》，中国政法大学出版社 2000 年版，第 73 页。

② 陈朴生：《刑事证据法》，三民书局 1979 年版，第 177 页。

利和义务、方法和途径都作了明确的规定，凡是违反法律规定，收集或者提供的证据，都不得作为定案的依据。例如，我国《刑事诉讼法》第43条明确规定："严禁刑讯逼供和以威胁、引诱、欺骗以及其他非法的方法收集证据。"第四，证据必须经过法定程序查证属实。我国《刑事诉讼法》第42条第3款规定，证据必须经过查证属实，才能作为定案的根据。因此，司法审判活动中，物证必须当庭出示，并由被告人辨认。证人证言必须在法庭上经过公诉人、被害人和被告人、辩护人双方讯问、质证、听取各方证人的意见，并查证属实。

3. 据以作出裁判的证据必须达到相应的标准和要求。证据裁判原则要求以证据作为裁判的根据，但是，在没有证据的情况下，裁判者仍然要作出裁判，并且，在双方都没有证据的情况下，裁判者并不能判决双方都败诉。因此，从相反的方向来看，证据裁判原则还包括这样一层含义：对就某事实承担证明责任的那方当事人来说，如果他没有足够的证据进行证明（"没有证据"非指证据在数量上为零，而是指依据这些证据所进行的证明达不到证明标准的要求），那么，裁判者不能认定其所主张的事实，也即应当认定该事实不成立。① 本《规定》第5条即规定，办理死刑案件，对被告人犯罪事实的认定，必须达到证据确实、充分。第36条第3款规定，不能排除被告人具有从轻、减轻处罚等量刑情节的，判处死刑应当特别慎重。第40条第2款规定，未排除证据之间的矛盾，无充分证据证明被告人实施被指控的犯罪时已满18周岁且确实无法查明的，不能认定其已满18周岁。

**（二）制定理由**

证据裁判主义的确立是人类理性的回归，它使法官从神坛走向法庭，是诉讼文明、科学发展、社会进步的必然结果。许多国家和地区的刑事诉讼法或证据法都有相应的规定。日本《刑事诉讼法》第317条规定："认定事实，应当依据证据。"② 该条款是证据裁判主义在日本法中的体现。德国《刑事诉讼法》第244条第2款规定："为了查明事实真相，法院应当依照职权将证据调查延伸到对裁判有意义的所有事实和证据。"第261条规定："对证据调查的结果，由法庭根据在审理的全过程中建立起来的内心确信而决定。"③ 法国

① 卫跃宁："诉讼现代化：从'以事实为根据'原则转向'证据裁判'原则"，载《湘潭大学学报》（哲学社会科学版）2008年第4期。

② 《日本刑事诉讼法》，宋英辉译，中国政法大学出版社2000年版，第72页。

③ 《德国刑事诉讼法典》，李昌珂译，中国政法大学出版社1998年版，第101页、第106页。

《刑事诉讼法》第427条明确规定，在轻罪的审判中，“除法律另有规定外，罪行可通过各种证据予以确定，法官根据其内心确信判决案件。法官只能以提交审理并经双方辩论的证据为依据作出判决”；第536条规定，对违警罪案件中证据的处理，同样适用第427条的规定；第537条规定，违警罪或由笔录或报告证明，或在无报告和笔录时由证人证明，或由其他事实证明。①我国《刑事诉讼法》第46条规定，对一切案件的判处都要重证据，重调查研究，不轻信口供。只有被告人供述，没有其他证据的，不能认定被告人有罪和处以刑罚；没有被告人供述，证据充分确实的，可以认定被告人有罪和处以刑罚。第162条规定，在被告人最后陈述后，审判长宣布休庭，合议庭进行评议，根据已经查明的事实、证据和有关的法律规定，作出判决。从这些条文的内容来看，我国刑事诉讼法体现了证据裁判原则的精神。此次对该原则予以明确规定，并在其他条款中贯彻其基本要求，具有重大意义。

证据裁判主义的确立有利于发现真实和保障人权的实现。人类摒弃神示证明方式后，证据无疑是查明案情的唯一手段和最重要的手段。正如有的学者所言：不管是何种方法，只要是证据以外的方法，都是游离于案件事实的外在方法，而不是以事实求证事实的内在方法。而证据则是这样一种内在的方法。这种方法之所以产生并发挥作用，是因为它相信三种因素的存在：一是任何发生过的事实都会以这样或那样的形式，在客观的自然界或人类的精神界留下各种印记或痕迹。这是由物质不灭定律所决定的，也是客观事物的发展和变化的规律所决定的。二是这种印记或痕迹与案件事实之间存在一种客观的、内在的联系。三是人类可以通过精神的力量和逻辑的力量，发现和认识这种印记或痕迹与案件事实之间所存在的这种客观的、内在的联系。也就是说，人类具有将这种已知的事实和未知的事实联系起来，从而以已知事实推导出未知事实的精神力量。这就是理性的力量，也是逻辑的力量。②为贯彻证据裁判原则，各国普遍设置了收集证据、固定证据、保全、运用证据的规则，以防止公权力机关滥用权力，侵害民权，并对公权力机关非法取证的行为设置了程序性制裁措施，这些规定均有助于保障人权。“一个民主国家的刑事审判，必须采取严格之证据裁判主义，尤其是采取自由心证主义之国家，更要严格之证据裁判主义，两

① 《法国刑事诉讼法典》，余叔通、谢朝华译，中国政法大学出版社1997年版，第154页、第181页。

② 汤维建：“关于证据属性的若干思考和讨论——以证据的客观性为中心》，载何家弘主编：《证据学论坛》第1卷，中国检察出版社2000年版，第249页。

者互相为用方称完善之制度，足以减少无辜与冤狱，人权保障赖以确立。”①

证据裁判主义有利于约束公安司法人员的恣意妄为和主观擅断。证据裁判主义要求作为定案根据的证据必须是具备证据资格并接受法庭调查之后的证据，并且从反面规定了某些证据不能作为定案根据、证据运用不得违背经验法则和逻辑法则、证据评价必须接受法律关于证明力的明确限制，这些都在一定程度上限制了公安司法人员自由裁量的范围。

证据裁判主义是增强司法裁判的确定性、正当性和权威性的重要保障。证据裁判主义要求裁判的作出以证据为依据，并说明采纳与否的理由，证据的运用要符合经验法则和逻辑规则，这就避免了以主观臆断或者其他不具有证据能力的证据资料作为认定案情基础的现象，使得裁判具有较强的说理性和逻辑性，因而能够增强司法裁判的可接受性和确定性、减少裁判形成过程中带来的争议，从而增强裁判的信服力、维护司法权威性。此外，基于理性的证明方式因其符合经验法则和逻辑规则具有可预期性，从而使得建立在理性证明基础之上的裁判也具备可预见性。

**（三）应注意的问题**

1. 正确理解案件事实

以事实为根据、以法律为准绳，是我国法治的基本原则。以事实为根据，就是要求司法人员在审理案件的过程中，必须以客观存在的案件事实为根据，不能以主观的臆测、推断、猜疑为基础。在刑事审判中，必须认真落实这一原则，正确理解案件事实。

首先，认定事实只能依靠证据，即依据证据规则和程序规则由当事人或司法机关发现、提供给法庭的证据。现代证据制度是以证据事实求证案件的客观事实，因为证据的实质内容是随着案件的发生、发展过程而遗留下来的。这种事实一经发生，即不以人们的意志为转移。人类正是根据证据这一已知的事实，推导出案件事实这一未知的事实，获得了极大的可靠性。因此，与其他任何方法相比，利用证据来认识和确定案件事实是最可靠的，也是最坚实、最有说服力的。当然，证据并不等同于客观事实。必须认识到，证据裁判原则并非一种尽善尽美的方法，它在重构案件事实方面也存在着难以克服的弱点，这主要根源于证据相对于案件事实的不完整性。证据作为案件发生之后遗留下来的蛛丝马迹，就像一只花瓶打破后的碎片，由其重新拼接起来的花瓶尤如案件事实，与客观事实之间或多或少地存在差异。

---

① 林金茎：“论证据裁判主义”，载刁荣华主编：《比较刑事证据法各论》，台湾汉林出版社1984年版，第52页。

其次，发现和判断案件事实要严格遵照法律程序，不能脱离刑事诉讼程序去认定事实，要通过法庭调查、法庭辩论等环节来认定有证据支持的案件事实，即法律事实。从理想状态而言，裁判所依据的事实，必须是客观真实的事实即事实真相。然而，受认识能力、认识手段等主、客观条件的限制，司法裁判绝对地以客观真实的事实作为根据是根本不可能的。但法院裁判依据的事实即法律事实是以客观事实为基础的，是经过严格的法定程序所确定的。要贯彻和落实以事实为根据这一原则，就要使根据证据获得的事实尽可能接近于客观事实，尽可能与客观事实相符合、相一致。《办理死刑案件证据规定》所确定的证据裁判原则与刑事诉讼法所规定的以事实为根据原则是一致的。①

2. 坚持无罪推定，慎重处理证据存疑案件

在死刑案件的实际办理过程中，由于种种原因，会出现证据不确实、不充分，在事实的认定上可作这样认定，也可作那样认定的时候，公安司法人员应贯彻无罪推定原则的精神，从防止冤枉无辜，防止错判误判，有利于犯罪嫌疑人、被告人的方面去理解和认定存疑证据，以下处理模式和处理标准可供参考：

（1）当无充分证据认定被告人犯罪，认定被告人犯罪的主要证据之间或者证据与案件事实之间存在无法排除的矛盾，认定被告人犯罪的主要证据不确实时，依据全案证据无法得出排他性结论时，应认定无罪。

（2）被告人犯罪的事实已经查清，认定犯罪的主要证据查证属实，但影响其量刑的证据没有全部查清，或者不能排除被告人具有立功、自首等从轻、减轻处罚等量刑情节，对被告人判处死刑立即执行的证据不足，但判处死刑缓刑或者无期的证据充足，应就低处理。

（3）在共同犯罪案件中，如果多数案犯在逃尚未追捕归案，已归案的少数案犯在罪责上又否认或互相推托，主要责任确实难以划清的时候，对已归案的少数案犯，宜留有余地，不应判处死刑立即执行。

如果多数或半数案犯已归案（如两人作案一人在逃或三人作案一人在逃），主要罪责可以划清认定，对已归案的半数或多数案犯，该判死刑的可判死刑。

（4）在共同故意杀人犯罪案件中，当被告人罪责相当，轻重难分的，要从实际出发，审慎认定、处理。在司法实务中，没有绝对同一的罪责，也没有罪行绝对均等的罪犯，在适用刑罚，尤其适用死刑时，要始终贯彻坚持惩罚打

① 吕广伦、罗国良、刘雅玲、王锋永、冯黔刚、朱晶晶：“办理死刑案件审查判断证据的若干问题”，载《人民司法》2010年第13期。

击少数，挽救教育多数的方针。

（5）在雇凶杀人、伤人，或组织、策划指挥他人杀人、伤人案件中，罪责的划分应遵循如下原则：一人指挥，多人杀人（伤害），则指挥者罪责最重；一人指挥，一人或个别人去杀人（伤害），则杀人（伤害）者罪责最重。①

（6）当未排除证据之间的矛盾，无充分证据证明被告人实施被指控的犯罪时已满18周岁且确实无法查明的，不能认定其已满18周岁时，不得判处被告人死刑。

**（四）典型案例分析**

## 案例一：佘祥林杀妻案

1. 案情

1994年1月20日，湖北省京山县居民佘祥林的妻子张在玉突然失踪。由于其夫妻感情中有些矛盾，张在玉亲属怀疑其被佘祥林所杀。4月11日，当地一个水塘发现一具无名女尸，经张在玉亲属简单辨认，认定这具女尸的体貌特征与张在玉相符合，公安机关遂立案侦查。佘家人始终没有看到死者的真容，他们问派出所凭什么认定时，警察的回答是：这个不由你说了算，政府肯定没有错。4月28日，佘祥林因涉嫌故意杀人罪被京山县人民检察院批准逮捕。在公安机关侦查期间，佘祥林受到了刑讯逼供，承认自己杀害了自己的妻子，但是先后交代了四种不同的作案经过、五种杀妻动机。在此期间，京山县警方对佘祥林提审时，他反复交代在他妻子出走的当晚，他从凌晨两点半到六点钟一直在外面寻找他的妻子，其间曾经搭过两次过路汽车，询问有无见过这样一名妇女，而通过警方的调查，佘祥林搭车的司机证实了佘祥林的说法。

1994年8月28日，原荆州地区检察分院以佘祥林犯故意杀人罪对佘祥林提起公诉。同年10月13日，湖北省荆州市中级法院一审判处被告人佘祥林死刑。佘祥林不服提出上诉。此时佘祥林的哥哥佘锁林在湖北省天门市石河乡姚岭村八组打听到张在玉（张在玉又名张爱青）曾经出现过。并且，该村3名帮助并收留了张在玉一晚的村民为此写下了一份《关于张爱青来我村的经过》的证明。随后，佘锁林拿着准备好的材料以及一份申诉状去找办案民警和有关部门时，并未得到重视。佘锁林回忆办案民警对他的答复是，“你们这种事情我们见得多了，有本事你们自己找张在玉回来再说”。

湖北省高级法院以“事实不清、证据不足”为由，发回重审。次年5月

① 陈华杰：“死刑案件事实证据审查‘七要’”，载《人民检察》2005年第5期（上）。

15日，荆州地区检察分院将此案退回补充侦查。1996年2月7日，京山县检察院补充侦查后再次向荆州地区检察分院移送起诉，后因证据不足再次退查。1997年由于行政区划变更，京山县检察院于11月23日向荆门市检察院移送起诉。12月15日，荆门市检察院经审查认为佘祥林不足以判处无期徒刑以上刑罚，根据我国关于管辖的法律规定，将案件移送京山县检察院起诉。1998年3月31日京山县检察院将此案起诉至京山县法院，京山县法院以“故意杀人罪”判处佘祥林有期徒刑十五年，剥夺政治权利五年。2005年3月28日，佘祥林的妻子张在玉突然“生还”，从外地返回家乡。经当地司法机关组织进行了DNA鉴定，认定确系佘祥林案被害人张在玉本人。3月30日下午，京山县法院决定对佘祥林变更强制措施。4月1日上午，佘祥林在家人的陪同下走出了服刑11年的沙阳监狱的大门。4月13日，京山县法院依法对佘祥林案进行了再审，宣判佘祥林无罪，当庭释放。

2. 分析

坚持证据裁判原则，要坚持三个“必须”：第一，必须做到认定案件事实有相应的证据予以证明，一切要靠证据说话，无证据不得认定犯罪事实；第二，必须做到存疑的证据不能采信，确保判决认定的事实证据确实、充分，这是对证据运用的最基本要求；第三，必须做到用合法的证据来证明案件事实，非法取得的证据应当排除，不能作为定案的根据。

犯罪嫌疑人（被告人）在整个刑事诉讼中处于中心地位，整个刑事诉讼活动是围绕证明犯罪嫌疑人（被告人）是否有罪进行的。侦查人员在初步接触案件后，会对谁有可能是犯罪嫌疑人形成一个初步的判断或推断。既然是判断可能正确，也可能错误。正确与否都取决于收集到的证据。就收集到的证据证明方向而言，有的是肯定证据，支持侦查人员的最初判断；有的是否定证据，反对侦查人员的最初判断。侦查人员随着收集到证据的变化而不断修正自己的判断，是一种正确的侦破案件模式。

如果侦查人员先入为主，把犯罪嫌疑人等同于罪犯，收集证据只是为了巩固自己的内心确信，只是为了证明自己的推断正确，在收集证据的过程中，就会背离证据收集的客观全面的要求。收集证据就会带有明显的入罪倾向：符合自己推断的就收集，反之，就有意识或无意识地予以拒绝，甚至以刑讯逼供的方式逼取自己想要的证据，这就是用不全面、不客观的证据印证推断的过程，是一种错误、危险的侦查模式，其本质上是在搞有罪推定。在佘祥林案中，尽管侦查人员投入大量人力、物力、精力收集证据，但其目的，只是为了印证自己的推断正确——佘祥林就是罪犯；拒绝与自己想象不相吻合的证据纳入证据体系之中。

佘祥林案的产生还在于司法机关把未形成证明体系的间接证据以及尚未查证属实的证据材料作为定案证据使用，降低了证明标准。在本案中要证明佘祥林杀死其妻，还必须有证据证明：他妻子确已死亡，尸体就是佘祥林妻子；佘祥林有杀妻的动机；佘祥林有具体的作案工具、手段和时间。而侦查机关仅凭佘祥林妻子出走的事实；其与一女青年有特殊的关系；一具面目全非的女尸，张家人一口咬定死者就是佘祥林出走的妻子张在玉，就认定佘祥林存在杀人事实，显然过于草率。为进一步证明其犯罪事实，通过严酷的刑讯获取了佘祥林的口供，使得本案证据体系中既有直接证据，又有间接证据，似乎形成了证据锁链，但作为定案根据的口供，非合法取得，本应排除，所谓的被害人身份未有确凿证据证明，从而使得检察机关对犯罪的指控如无根之木，法院的判决成为无基之屋，当所谓的“被害人”张在玉出现在人们视野中时，就立即轰然倒塌，经不起任何检验。

**案例二：郭火故意杀人案①**

1. 案情

被告人郭火，男，35岁（1968年4月6日出生），汉族，北京市人，大专文化，中国摄影家杂志社记者，住北京市昌平区平西府镇冠雅苑小区12号楼3单元302号（户籍地北京市海淀区白石桥路7号院92单元101号）；因涉嫌犯故意杀人罪于2001年3月10日被羁押，同年4月18日被逮捕。2002年1月9日，北京市人民检察院第一分院以京检一分刑诉字（2001）第334号起诉书指控被告人郭火犯故意杀人罪，向北京市第一中级人民法院提起公诉。检察机关指控：被告人郭火于2000年11月3日23时许，在北京市昌平区平西府镇冠雅苑小区12号楼3单元302号家中，因琐事与妻子麦琪（殁年32岁）发生争吵，即猛掐麦琪颈部并用袜子堵塞其口腔，致麦琪机械性窒息死亡，后将尸体弃于冠雅苑小区北侧荒地内。被告人郭火作案后被抓获归案。在法庭审理中，被告人郭火否认公诉机关的指控事实。其辩护人认为，检察机关指控被告人郭火犯有故意杀人罪的证据不足，要求本案鉴定人及相关证人出庭作证，请求宣告被告人郭火无罪。北京市第一中级人民法院认定，被告人郭火于2000年11月3日23时许，在北京市昌平区平西府镇冠雅苑小区12号楼3单元302号家中，与其妻麦琪（时年32岁）发生争吵，其猛掐麦琪的颈部，并用袜子堵塞麦琪的口腔，麦琪因被扼压颈部及闷堵口鼻致机械性窒息死亡，后郭火将麦琪的尸体移出室外，弃于冠雅苑小区北侧荒地内。被告人郭火于2001年3月10日被查获归案。由于被告人郭火的犯罪行为致使附带民事诉讼原告人麦

① 本案例来源于北京市第一中级人民法院。

某某、魏某某遭受了一定的经济损失。

判决认定上述事实，有下列证据证明：(1) 证人景某证言证明：2001年3月10日8时许，在冠雅苑小区外散步时，发现冠雅苑小区外北侧地里有一具尸体，头东脚西，身体裸着，脸和两腿之间盖着东西。(2) 证人姚某证言证明：2000年12月之前或11月的一天，楼下302房间吵过两次架，晚上11点钟左右吵得很厉害，还有关门下楼的声音。(3) 证人魏某证言证明：2000年11月3日15时许，她在西安曾给麦琪打过电话，麦琪告诉她给其汇款人民币1000元。麦琪失踪后，她来北京，在冠雅苑小区麦琪的住处，发现了麦琪往家里寄钱的邮局汇款单。(4) 证人李某证言证明：2000年11月3日18时许，麦琪来到酒吧上班，当晚19时许离开酒吧。(5) 证人郭某证言证明：2000年11月3日晚9时许，郭火同她及她丈夫郑某回到亚运村北侧的卧龙小区230号楼504号其家中，后郭火于当晚不到12点离开，回冠雅苑小区。(6) 证人郑某证言证明：2000年11月3日晚，郭火到他家，当晚23时许郭火自己乘出租车离开。(7) 现场勘查笔录证明：现场位于昌平区平西府镇冠雅苑小区路北荒地内，尸体向东约400米是立汤路，向南80米是定泗路。尸体为女性，头东脚西仰卧，头上盖着一件绿白相间方格秋衣，一件紫色带白色细条纹的针织衫；口腔中塞有两只白色女式针织袜；脖颈上有掐痕，尸体乳房上方有一件白色乳罩，尸体其他部位裸露，下身被焚烧，腿上有焚烧过的衣服碎片。距尸体西南约2.5米处有一片火烧灰烬，经勘查为一件蓝色带拉链粗线针织毛衣；距尸体位置东北方向70米处地面上发现一个被烧毁的棕黑色带花的皮包，包内有一本被烧毁的记账本及用塑料袋包着的三个橘子。(8) 北京市公安局刑事科学技术法医物证鉴定结论证明：经对尸体头发与麦琪之母魏某某静脉血进行同一鉴定，不排除尸体头发为魏某某之女麦琪所拥有。(9) 北京市公安局刑事科学技术尸检报告检验结论证明：死者麦琪颈部可见皮肤损伤，该损伤扼压可以形成，麦琪符合被他人扼压颈部及闷堵口鼻致机械性窒息死亡。(10) 辨认笔录证明：2001年3月15日3时许，由犯罪嫌疑人郭火辨认其交代的抛尸路线及现场。犯罪嫌疑人郭火将公安人员带至冠雅苑小区东门东侧4米土堆处，指出当时由此翻越铁栏将尸体运出，后肩扛尸体穿过定泗路至北侧荒地中；后带路至南距定泗路约80米、东距立汤路约400米的荒地处，郭火指出当时尸体就抛于此处。(11) 被告人郭火于2001年3月14日、15日、16日供述杀死麦琪的作案时间、地点、情节、手段与上述证据基本吻合，可以相互印证。

根据以上事实及证据，北京市第一中级人民法院认为，被告人郭火故意非法剥夺他人生命，致人死亡，其行为已构成故意杀人罪，犯罪后果特别严重，依法应予惩处。但根据本案的具体情节，对被告人郭火判处死刑可不立即执行。一审宣判后，原公诉机关北京市人民检察院第一分院对原审刑事部分判决提出抗诉，郭火上诉。北京市人民检察院经审查，认为抗诉不当，于2003年4月2日决定撤回抗诉。

北京市高级人民法院经审理查明，原判认定郭火之妻麦琪被杀害的事实存在，上述事实有证人证言、现场勘查笔录、尸体检验鉴定结论等证据在案证明，但原判认定郭火将麦琪杀死的事实不清，证据不足。原审判决认定郭火犯故意杀人罪所依据的证据，除郭火在预审期间所作的有罪供述外，没有其他确实、充分的证据证明郭火是杀死麦琪的案犯；发现尸体现场未能获取与原判认定的杀人现场有关联的物证，郭火的有罪供述与现场勘查情况存在的矛盾缺乏合理解释，有罪证据无法形成完整的证明体系；郭火推翻有罪供述，使本案缺少了据以定罪的充分根据。故原审判决认定郭火杀死被害人麦琪的事实不清，证据不足，不能认定上诉人郭火有罪；附带民事赔偿亦失去根据。北京市人民检察院决定撤回北京市人民检察院第一分院的抗诉，依法应予准许。上诉人郭火及辩护人所提原判认定郭火犯罪的证据不足的上诉理由和辩护意见成立，本院予以采纳。据此，北京市高级人民法院于2003年12月8日作出终审刑事判决，判决上诉人郭火无罪。

2. 分析

实践中，对于犯罪嫌疑人、被告人的供述，应当综合案件的全部证据以判断其真伪。本案中，检察机关指控被告人郭火实施了故意杀人行为。关于指控的故意杀人事实，被告人郭火曾经在侦查机关作出有罪供述，但在后来侦查讯问及审查起诉、法庭审理阶段又推翻了原来的供述，否认实施了故意杀人行为，因此，对被告人郭火是否实施了故意杀人行为，在证据的审查判断上就存在一个如何看待和适用口供的问题。根据口供的补强规则，如采纳被告人郭火的有罪供述，则仍然需要对口供所证明的内容进行补强，且补强证据应当必须与有罪供述的内容一致，并确保有罪供述的真实性。如不采纳被告人郭火的有罪供述，则除口供以外的其他证据应能够证明被告人实施了故意杀人行为，且必须达到确实、充分的程度。因此，被告人郭火是否实施了故意杀人行为，并不取决于其是否作出了有罪供述，关键在于证据是否具有证据能力，有多大的证明力。

从本案现有证据看，指控被告人郭火实施了故意杀人行为证据不足。理由如下：原审判决认定郭火犯故意杀人罪的11项证据中，证人景某的证言、现场勘查笔录、法医物证鉴定书、尸检报告检验结论可以证明麦琪被他人扼压颈部及闷堵口鼻致机械性窒息死亡，以及发现麦琪尸体的现场情况。证人姚某的证言证明2000年12月之前或11月份一天晚上11点钟左右，郭火家曾发生过吵架，还有关门下楼的声音；证人郭某和郑某的证言证明2000年11月3日23时许，郭火从位于亚运村北侧的卧龙小区返回冠雅苑小区；上述二份证言可以证明郭火家曾发生过争吵，推论麦琪于2000年11月3日夜被杀害时，郭火有作案时间。证人魏某的证言证明2000年11月3日15时许，麦琪通过电话告诉其当天给其汇款，后在冠雅苑小区麦琪的住处发现了邮局汇款单；证人李某的证言证明2000年11月3日18时许麦琪来上班，19时许麦琪下班离开；上述二份证言可以证明麦琪在2000年11月3日曾经回家，但不能排除麦琪在同日18时上班前已回过一次家，将邮局汇款单先放在家中的可能，故不能作为具有排他性的证据证明麦琪在当晚下班回到家中被害和排除在其他地点被害的可能。郭火曾于2001年3月14日、15日、16日供认杀死麦琪，并辨认了其交代的抛尸路线及现场；但郭火的有罪供述与其他证据存在矛盾，包括郭火供述的麦琪的衣着、麦琪的书包及包内物品的种类、抛弃物品位置等，与现场勘查情况明显不符，且郭火在此后的讯问及审判中，均否认犯罪。尸体检验报告和照片中显示尸体左额顶部有一处5厘米×4厘米的皮下出血，该伤成因不明。

经核查，尸体上已有被烧毁的蓝色裤子一条，随案移送在发现尸体现场附近提取的牛仔裤、破旧床单等物品，与原判认定的杀人现场缺少关联性。能证明杀人现场与抛尸现场关联性的证据，原判认为有床单和袜子，现经审查发现，郭火没有供述过床单的特征，也没有经过辨认，现场附近就堆积有破旧生活用品的垃圾，没有证据能证明抛尸现场的床单与案件有关联，不能就此认定为郭火杀人运尸的证据。从袜子情况看，如认定袜子是在被害人生前被塞入口中的，则排除了袜子是在被害人死后抛尸时为伪造现场而塞入口中的，虽能说明抛尸现场与杀人现场的关联，但仅这一个证据较为单薄，因尸体被发现时脚上无袜子，现场也未发现第二双袜子，郭火又推翻了原来的供述，因而不能完全排除被害人在尸体被发现的现场附近被他人杀害的可能。

因此，本案一审基本上是根据口供定案，无确实、充分的证据证实被告人郭火犯罪，且郭火的交代与现场勘查结果存在矛盾，抛尸现场未发现与郭火或郭火家中有关联的物证，现有证据无法形成证据体系，得出的结论不具有排他性，在郭火翻供的情况下，定罪证据不足，应以证据不足宣告被告人郭火无罪。二审据以改判是正确的。

**（五）相关法条链接**

1.《刑事诉讼法》

**第六条** 人民法院、人民检察院和公安机关进行刑事诉讼，必须依靠群众，必须以事实为根据，以法律为准绳。对于一切公民，在适用法律上一律平等，在法律面前，不允许有任何特权。

**2. 最高人民法院、最高人民检察院、公安部、司法部《关于进一步严格依法办案确保办理死刑案件质量的意见》**

6. 办理死刑案件，要坚持重证据、不轻信口供的原则。只有被告人供述，没有其他证据的，不能认定被告人有罪；没有被告人供述，其他证据确实充分的，可以认定被告人有罪。对刑讯逼供取得的犯罪嫌疑人供述、被告人供述和以暴力、威胁等非法方法收集的被害人陈述、证人证言，不能作为定案的根据。对被告人作出有罪判决的案件，必须严格按照刑事诉讼法第一百六十二条的规定，做到“事实清楚，证据确实、充分”。证据不足，不能认定被告人有罪的，应当作出证据不足、指控的犯罪不能成立的无罪判决。

25. 人民检察院对于退回补充侦查的案件，经审查仍然认为不符合起诉条件的，可以作出不起诉决定。具有下列情形之一，不能确定犯罪嫌疑人构成犯罪和需要追究刑事责任的，属于证据不足，不符合起诉条件：(1) 据以定罪的证据存在疑问，无法查证属实的；(2) 犯罪构成要件事实缺乏必要的证据予以证明的；(3) 据以定罪的证据之间的矛盾不能合理排除的；(4) 根据证据得出的结论具有其他可能性的。

35. 人民法院应当根据已经审理查明的事实、证据和有关的法律规定，依法作出裁判。对案件事实清楚，证据确实、充分，依据法律认定被告人有罪的，应当作出有罪判决；对依据法律认定被告人无罪的，应当作出无罪判决；证据不足，不能认定被告人有罪的，应当作出证据不足、指控的犯罪不能成立的无罪判决；定罪的证据确实，但影响量刑的证据存有疑点，处刑时应当留有余地。

## 三、程序法定原则

**第三条 侦查人员、检察人员、审判人员应当严格遵守法定程序，全面、客观地收集、审查、核实和认定证据。**

**（一）法条内容释义**

本条确立了程序法定原则。在刑事法领域，法治精神在实体法上表现为罪刑法定原则，在程序法上表现为程序法定原则。程序法定原则包含了对立法和司法两个方面的要求。(1) 在立法的形式上，刑事程序应当而且只能由国家立法机关制定的法律加以确定。在立法的内容上，刑事诉讼立法一方面应当预先确定各司法机关的管辖范围，以杜绝就特定案件设置临时法庭或任意选择管辖法院。另一方面应预先明确专门机关的职权及其追诉犯罪的程序，以避免专门机关假借追诉犯罪之名随意扩张追诉权。同时刑事立法不得包含未经正当程序就剥夺公民权利的条款。（2）在司法的形式上，行使权力的国家机关一方面必须按照程序法律规定的方式和限度行使权力，否则将承担程序性制裁的后果。另一方面，在执法过程中，执法（司法）机关不得通过解释任意扩张自身权力或者随意限制公民权利，在发生疑问的情况下，应当朝着有利于受追诉人的方向解释这些法律。

收集、审查、核实和认定证据必须严格遵守法定程序，是司法公正的体现和要求。一方面，严格遵守法定程序是实现证据法实体公正的体现和要求。依照法定程序收集、审查、判断和运用证据，更容易保证证据的真实性。《办理死刑案件证据规定》第 9 条规定，经勘验、检查、搜查提取、扣押的物证、书证，未附有勘验、检查笔录，搜查笔录，提取笔录，扣押清单，不能证明物证、书证来源的，不能作为定案的根据。物证、书证的收集程序、方式存在一定瑕疵，通过有关办案人员的补正或者作出合理解释的，可以采用；对物证、书证的来源及收集过程有疑问，不能作出合理解释的，该物证、书证不能作为定案的根据。对未经遵循法定程序收集的物证、书证，不能证明其来源的，实行绝对排除，对物证、书证的收集程序、方式存在瑕疵的实行裁量排除，就是出于保证物证、书证的真实性、客观性、完整性的目的，促进案件事实的发现，实现实体公正。另一方面，严格遵循法定程序是程序独立价值的体现。程序法在保障实体法正确实施的同时，有独立的价值。《办理死刑案件证据规定》第 12 条、第 19 条规定，以暴力、威胁等非法手段取得的证人证言，采用刑讯逼供等非法手段取得的被告人供述，不能作为定案的根据。对违反法定程序获取的言词证据，尤其是侵犯犯罪嫌疑人、被告人、证人、被害人等诉讼参与人的人权而获取的证据予以排除，对尊重和保障人权，提升判决的可接受性，实现刑事司法的有序性和诉讼民主均有积极作用。

侦查人员、检察人员、审判人员应全面、客观地收集、审查、核实和认定证据，是保证案件质量的基本要求。所谓“全面”，一方面是要求收集证据时应全面，既要收集犯罪构成要件事实，又要收集影响量刑的证据，既要注意收集有罪证据、罪重的证据，又要注意收集无罪证据以及罪轻的证据，既要努力收集直接证据，又不能忽视间接证据。另一方面是要求侦查人员、检察人员、审判人员在审查、核实和认定证据时要具备缜密的思维，全面看待证据，这既包括全面看待单个证据，例如，《办理死刑案件证据规定》第 6 条第 5 款规定，对物证、书证应当着重审查与案件事实有关联的物证、书证是否全面收集。第 25 条规定，对勘验、检查笔录应当着重审查勘验、检查笔录的内容是否全面、详细、准确、规范：是否准确记录了提起勘验、检查的事由，勘验、检查的时间、地点，在场人员、现场方位、周围环境等情况；是否准确记载了现场、物品、人身、尸体等的位置、特征等详细情况以及勘验、检查、搜查的过程；文字记载与实物或者绘图、录像、照片是否相符；固定证据的形式、方法是否科学、规范；现场、物品、痕迹等是否被破坏或者伪造，是否是原始现场；人身特征、伤害情况、生理状况有无伪装或者变化等。同时也包括全面看待全案证据。《办理死刑案件证据规定》第 32 条第 1 款规定，对证据的证明力，应当结合案件的具体情况，从各证据与待证事实的关联程度、各证据之间的联系等方面进行审查判断。所谓“客观”，一方面是要求公安司法人员在履行侦查、检察、审判职能时严格按照法定程序办案，忠实执行刑法、刑事诉讼法；另一方面是要求公安司法人员端正执法、司法观念，由强调打击犯罪向维护公平正义、重视人权保障目的观转变，由重实体轻程序向实体公正与程序公正并重。

**（二）制定理由**

程序，决定了法治与恣意的人治之间的基本区别。① 作为恣意的对立物的程序，具有开放的结构和紧缩的过程，成为有节度的自由、有组织的民主、有保障的人权、有制约的权威、有进取的保守这样一种社会状态的制度化的最重要基石。② 但是如果程序本身就是恣意的产物，不但不会成为防止司法恣意的利剑，而且会成为司法恣意的帮凶，为人治披上法治的外衣，其害更甚。为了防止程序自身成为恣意的产物，在主权在民的自由民主思想、依法治国的治国理念、控制国家权力的分权制衡理论的奠基下，程序法定原则便呼之欲出。法国 1789 年《人权宣言》第 7 条规定：“除非在法律规定的情况下，并按照法律所规定的程序，不得控告、逮捕和拘留任何人。”《联邦德国基本法》第 2 条（2）规定：“人人有生存权和肉体完整权。人自由不容侵犯，这些权利只有根据法律才能进行干预。”第 20 条规定：“国家一切权力来自人民，它由人民在选举与投票产生，由立法、执法及司法等特别机关行使。立法权受到宪法的限制，行政权和司法权受法律和法权的限制。”③ 2001 年修订的《俄罗斯刑事诉讼法典》第 7 条规定：“法院、检察长、侦查员、调查机关和调查人员无权适用与本法典相抵触的联邦法律。法院如在刑事案件诉讼过程中确认联邦法律或其他规范性文件不符合本法典，应根据本法典作出决定。法院、检察长、侦查员、调查机关或调查人员在刑事诉讼过程中违反本法典的规范所取得的证

① 季卫东：《法治秩序的建构》，中国政法大学出版社 1999 年版，第 3 页。

② 季卫东：《法治秩序的建构》，中国政法大学出版社 1999 年版，第 11 页。

③ 《德国刑事诉讼法法典》，李昌珂译，中国政法大学出版社 1995 年版，第 12 页。

据不允许采信。法院的裁定，法官、检察长、侦查员、调查人员的决定应该是合法的、有根据的并应说明理由。”① 日本战后受美国影响很大，但是仍然明确规定了程序法定原则。1950 年的《欧洲理事会保护人权和基本自由公约》第 5 条规定：“人人享有自由和人身安全的权利。任何人不得被剥夺自由，但下列依法定程序采取行动的情形除外……” 由于英、法、德等国均为欧盟成员国，所以，该规定在各国国内均适用。1966 年联合国《公民权利和政治权利国际公约》第 9 条第 1 款规定：“每个人都享有人身自由与安全的权利，任何人不得被任意逮捕或羁押，除非依据法律所规定的理由并遵守法定的程序，任何人不得被剥夺自由。”在英美法系，则通过“正当法律程序”的原则和制度实现刑事司法的法治。1791 年，“正当法律程序”被正式写入美国联邦宪法，成为美国联邦宪法第五条修正案的核心内容。但是，美国宪法仅仅规定要遵守“正当法律程序”，而对于正当法律程序包括哪些内容则没有进一步的解释，因此，对正当程序进行司法解释的余地是相当大的。经过长期的努力，美国联邦最高法院已经逐渐而坚定地从含义模糊的正当程序条款中发展出了一套以宪法前 10 条修正案即权利法案为核心的程序保障体系，形成自己独特的正当程序方法论——在解释正当程序条款的外衣下，行使着修正宪法的权力。除此之外，由于深受自然法理论的影响，美国的正当法律程序不仅被用于支持司法领域的程序性保障，而且还被用于规制立法和行政行为，形成所谓的“实质性正当程序”。②

虽然我国《刑事诉讼法》第 43 条规定：“审判人员、检察人员、侦查人员必须依照法定程序，收集能够证实犯罪嫌疑人、被告人有罪或者无罪、犯罪情节轻重的各种证据。”但是程序法定化不足，是我国现行刑事诉讼制度的一个形式和结构缺陷，这直接导致我国刑事诉讼程序的软化和刚性不足，并间接损害了刑事诉讼程序有效处理社会冲突的机能。③ 这突出表现在不严格遵守法定程序办案，对当事人权利保障不力，违法办案缺乏程序性制裁，极大地损害了法定程序的权威性，损害了当事人的利益。《办理死刑案件证据规定》明确规定程序法定原则既是对实现刑事司法法治化的宣示，也为保障人权奠定了基础。

---

① 《俄罗斯刑事诉讼法典》，黄道秀译，中国政法大学出版社 2002 年版，第 11 页。

② 魏晓娜：“程序法定：刑事诉讼领域的‘法治国’原则”，载《人民法院报》2006 年 2 月 10 日第 B04 版。

③ 万毅、林喜芬：“现代刑事诉讼法的‘帝王’原则：程序法定原则重述”，载《当代法学》2006 年第 1 期。

**（三）应注意的问题**

司法公正包括实体公正和程序公正，两者是辩证统一的。坚持实体公正与程序公正相结合，既重视实体公正，又保证程序公正，是政法工作中应当着重把握的要求。目前，在一些公安司法人员中一定程度上还存在着“重实体轻程序”、“程序虚无主义”的观念。在这种观念的主导下，一些执法主体不惜采取各种违法手段求证实体公正，结果造成了一系列不公正。特别是在刑事诉讼方面，为了求证所谓的客观事实真相，一些执法人员不惜用刑讯逼供等严重侵犯人权的手段要求犯罪嫌疑人自证其罪，结果造成了大量的冤假错案，这方面的教训是极其深刻的，公安司法机关及其工作人员作为司法公正的实现者、捍卫者，应该吸取这方面的教训。

强调程序公正的价值，但结合中国实际不主张程序优先，而主张实体公正和程序公正并重。因为当事人参加诉讼，其主要目的不是追求过程的公正，而是要求有一个有利于自己的公正结果。司法实践中，当事人不服一审判决提起上诉，或者对已生效裁判提出再审申诉的，其理由绝大多数是由于实体不公。因此，要进一步端正执法思想，牢固树立实体法和程序法并重、打击犯罪和保障人权并重的刑事诉讼观念。

程序公正和实体公正各自有着独立的内涵和标准，不能互相替代，它们在总体上是一致的，但有时会发生冲突。冲突时要具体分析，有时要程序优先，比如非法证据排除、超期羁押必须放人。有时要实体优先，例如，错误认定事实或者错误适用法律造成了错判、错杀，冤枉无辜，一旦发现就不受程序和诉讼时限的约束，必须纠正并且给予国家赔偿，而不是一律程序优先。

程序公正和实体公正，不是静态的并重，而是动态的平衡。中国长期存在着“重实体轻程序”的传统，应当着力加以纠正，在立法上完善公正程序，司法上大力克服程序不公的现象，力争办理案件更好地做到司法公正，保障实现社会公平和正义，促进和谐社会建设。

**（四）典型案例分析**

**杨佳袭警案**

1. 案情

上海市人民检察院第二分院以沪检二分刑诉（2008）123号起诉书指控被告人杨佳犯故意杀人罪，于2008年7月17日向上海市人民法院第二中级人民法院提起公诉。上海市人民法院第二中级人民法院于同年8月26日公开开庭审理了本案。上海市人民检察院第二分院指派检察人员出庭支持公诉，被告人杨佳及其辩护人谢有某、谢某，证人林某、顾某到庭参加诉讼。

上海市人民检察院第二分院指控，2007年10月5日晚，被告人杨佳在沪骑一辆无牌照自行车而受到上海市公安局闸北分局（以下简称“闸北公安分局”）芷江西路派出所（以下简称“芷江西路派出所”）巡逻民警询问和盘查。之后，杨佳向公安机关投诉并提出赔偿精神损失费人民币一万元等要求。闸北公安分局派员疏导劝解。杨佳因要求未被接受，而决意对闸北公安分局民警行凶报复。

2008年6月26日，杨佳来沪后购买了“鹰达”牌单刃刀（刀全长29厘米，其中刀刃长17厘米）、催泪喷射器、防毒面具、汽油、铁锤、手套等犯罪工具。

同年7月1日上午9时40分许，杨佳携带上述犯罪工具，至本市天目中路578号闸北公安分局办公大楼门前，投掷装有汽油的啤酒瓶引起燃烧，并趁保安员灭火之际，杨佳头戴防毒面具闯入闸北公安分局办公大楼。在闸北公安分局办公大楼底层大厅等处，杨佳先用刀砍击保安员顾某头部，继而持刀分别猛刺正在工作且赤手空拳、毫无防备的民警方福某、倪景某、张义某、张建某的头、颈、胸腹等要害部位，致四名民警当场受伤倒地。之后，杨佳沿消防楼梯从九楼至十一楼途中，又持刀先后猛刺、猛砍赤手空拳且猝不及防的民警徐维某、王凌某、李某的头、胸腹等要害部位，致徐维某、李某当场受伤倒地，并致王凌某受伤。杨佳继续冲上二十一楼后，又持刀刺伤正在等候电梯的民警吴钰某，并闯入2113室行凶，致民警李某某受伤，被在场民警林某某等人当场捕获。

民警方福某、倪景某、张义某、张建某、徐维某、李某虽经急送医院抢救，但终因失血性休克而于案发当日死亡。民警王凌某、李某某构成轻伤。民警吴钰某、保安员顾某构成轻微伤。

上海市人民检察院第二分院针对上述指控的事实，向上海市人民法院第二中级人民法院提供了被害人的陈述、证人证言、有关书证、物证和录像资料，公安机关的《现场勘查笔录》、《尸体检验报告》、《鉴定书》，司法科学技术研究所的《司法鉴定中心鉴定意见书》，被告人杨佳的供述等证据。上海市人民检察院第二分院认为，被告人杨佳因其无理要求未被公安机关接受，携带犯罪工具，闯入公安机关办公场所，持刀连续故意杀害六名民警，还致其他毫无防备的三名民警和一名保安员受伤，其行为已触犯《中华人民共和国刑法》第二百三十二条，应当以故意杀人罪追究刑事责任。

被告人杨佳以辩护人申请传唤薛某、陈银某、吴钰某等证人出庭作证未获法庭准许，诉讼程序有失公正为由，拒绝回答法庭审理中的讯问和发问；对控辩双方宣读或出示的证据不发表意见，也没有为自己作辩护。

被告人杨佳的辩护人当庭宣读了2008年7月29日会见杨佳的笔录，请求法庭播放芷江西路派出所对杨佳盘查时的相关录音、录像等视听资料，并经法庭同意，申请法庭传唤证人顾某出庭作证，据此提出如下辩护意见：

1. 芷江西路派出所民警对杨佳的盘查缺乏法律依据，且不能排除杨佳在接受盘查的过程中遭公安人员殴打的可能性，而警方对杨佳的投诉处置不当是引起本案发生的重要因素。

2. 杨佳认为，闸北公安分局警务督察支队民警吴钰某对杨佳的投诉处理不当。杨欲对吴进行报复伤害，其间遭到其他被害人的阻拦。被害人的死亡是出于杨佳的意料之外，且杨佳未对保安人员实施加害。因此，杨佳的行为构成故意伤害罪，不构成故意杀人罪。

3. 参与部分侦查工作的闸北公安分局的侦查人员，与本案被害人是同事，没有依照《中华人民共和国刑事诉讼法》第二十八条之规定进行回避，因此，所收集的证人证言不能作为定案的证据。

4. 杨佳很有可能存在精神方面的异常，具有精神疾病，故有必要对其精神状态和刑事责任能力重新进行鉴定和评定。

此外，辩护人还以杨佳案发前表现良好，到案后有一定的悔罪表现等为由，请求法庭对杨佳慎用极刑。经法庭调查、法庭辩论，合议庭评于2008年9月1日作出判决，被告人杨佳犯故意杀人罪，判处死刑，剥夺政治权利终身。随后杨佳提出上诉，辩称：其闯入闸北公安分局大楼时无杀人故意，造成多名民警死亡，实属意外；在芷江西路派出所接受盘查时，被数名民警按倒在地殴打；要求相关民警出庭未获准许，一审审判程序不公正。辩护人认为：公安机关未能提供杨佳在芷江西路派出所接受盘查时的完整录像，不能排除杨佳曾遭公安民警殴打的可能；司法鉴定科学技术研究所司法鉴定中心不具备鉴定资质，该中心对杨佳所作的鉴定结论不具有法律效力；杨佳可能存在精神异常情况，建议对杨佳重新进行精神病司法医学鉴定。

二审法院认为，上诉人杨佳因对公安民警就其所骑无牌照自行车依法进行盘查及对公安机关就其投诉的处理不满，蓄意行凶报复，经充分准备，携带尖刀等作案工具闯入公安机关，连续捅刺、砍击数名民警及保安人员，造成六人死亡、两人轻伤、两人轻微伤的严重后果，其行为已构成故意杀人罪，犯罪手段极其残忍，罪行极其严重，社会危害极大，且无法定从轻情节，应依法惩处。原判认定被告人杨佳故意杀人的犯罪事实清楚，证据确实、充分，适用法律正确，量刑适当，审判程序合法。杨佳的上诉理由不能成立。辩护人的辩护意见，本院不予采纳。上海市人民检察院建议驳回上诉，维持原判的意见正确，应予支持。现依照《中华人民共和国刑事诉讼法》第一百八十九条第（一）项的规定，裁定如下：驳回上诉，维持原判。

2. 分析

人们为什么如此关注杨佳袭警案？如上所述，杨佳被判死刑是罪有应得，审判的结果早在意料之中。但人们真正想看到的不是审判结果，而是审判过程，以及杨佳实施犯罪行为背后的根源。一审法庭虽然审判了杨佳，对判决结果没什么争议，但一审程序却被指违反司法公开原则，甚至有言辞激烈者认为是对杨佳的“暗杀”。因为“杨佳袭警案”不属于涉及国家秘密、商业秘密或个人隐私的案件，理应公开审理，而所谓公开审理，就是对当事人公开，对社会公开，但一审时，武装人员密布在法院周围，媒体和公众都被拒之门外。此种做法明显违背审判公开原则。除审判程序之外，杨佳的一审辩护律师谢某也备受争议。有人认为，谢某是上海闸北区政府的法律顾问，其身份可疑、辩护立场乖谬，这使得“杨佳袭警案”一审的公信力和合法性岌岌可危。由于一审程序受到抨击，二审法院在审判公开和被告人辩护权的保护上作了改进。在二审中，控辩双方围绕三大争论焦点展开辩论：

第一，杨佳是否被警察非法殴打。庭审中，二审辩护人翟某详细询问了杨佳3次来上海的经过，尤其是引发袭警案的起因。在庭审时，杨佳辩称，自己在被警察盘查时确实挨打了。杨佳称，2007年10月5日晚，当他被警察盘问带回派出所之后，曾遭受警察两次非法殴打，在多名警察一起殴打了他一通之后，两名警察又单独殴打了他一次，身体上当时留有明显的伤痕。针对杨佳的说法，法庭出示了2007年10月5日晚上杨佳被带到派出所期间的8分钟录像。录像中没有警察殴打杨佳的镜头，不过，几名警察将他抬到了另一间屋子，随后监控录像中断。杨佳是否被殴打，因为杨佳提供不出确凿的证据，这一争议留给法官作出判定。

第二，杨佳是否精神有问题 。辩护方一直对此前有关机构对杨佳作的精神鉴定持有争议。2008年7月5日，只对杨佳进行了2个小时的询问，没有作任何仪器检测，鉴定结果第二天就出来了，这个鉴定结论的作出显得有些草率。检察机关根据侦查机关移交的证据——鉴定结果，一二审都认为杨佳的精神没有问题，具有完全行为能力，应该承担刑事责任。而二审的辩护律师翟某，经过与杨佳的三次接触，认为：“杨佳的精神有问题”。他指出，杨佳的行为符合对偏执型、冲动型和反社会型人格障碍的描述。辩护律师翟某已经向法庭提出申请，要求重新对杨佳进行精神病鉴定，但是这一要求没有得到法院的批准而是被当庭驳回，但是从二审的长达7个小时的庭审时间看，控辩双方对“杨佳的精神是否有问题”，辩论应该是相当激烈的，辩方显然不同意检察机关观点，不认可鉴定机构的鉴定意见，那么由公安机关委托的鉴定机构作出的鉴定结论是否公正？杨佳的精神是否有问题？随着杨佳死刑的执行，人们已经无法得知了，但是却给广大民众留下了深深的疑问和想象的空间。

第三，证人出庭作证问题。庭审中，杨佳称自己之所以要提出上诉，理由是自己并不是要故意杀人，一审中他没有提出过无理要求，而他要求的证人也没有在一审中出庭作证。而在二审时，几个主要证人依然没有到庭作证，虽然，检察机关补充了相关证人证言。但是，没有经过当庭质证的证人证言不应成为定案的根据。

杨佳论罪当诛，审判的结果体现了实体正义，即结果公平。但在现代法治社会，人所共知的一个法律常识是，正义不仅应得到实现，而且要以人们看得见的方式加以实现，这就是所谓的程序正义。就杨佳案而言，杨佳最后被判什么刑固然重要，但同样重要的是，法院通过什么样的程序来判杨佳死刑。“杨佳袭警案”在司法过程中出现诸多程序公正问题，其包括法律援助律师的指定程序被公然违反；律师会见权遭受不合理的限制；审判公开通过技术性操纵被规避；异地管辖未引起慎重对待以及针对证人出庭和重新鉴定的申请在裁判理由上体现的懈怠与漠视。这种状况集中反映了我国长期以来形成的“重实体轻程序”的司法观念。随着时代的变迁，司法应当迅速转变这种传统观念，尤其是在办理死刑案件时一定要实体与程序并重，打击犯罪与保障人权并重，才能切实保证死刑案件的质量。

**（五）相关法条链接**

1.《刑事诉讼法》

**第三条**　对刑事案件的侦查、拘留、执行逮捕、预审，由公安机关负责。检察、批准逮捕、检察机关直接受理的案件的侦查、提起公诉，由人民检察院负责。审判由人民法院负责。除法律特别规定的以外，其他任何机关、团体和个人都无权行使这些权力。

人民法院、人民检察院和公安机关进行刑事诉讼，必须严格遵守本法和其他法律的有关规定。

**第七条**　人民法院、人民检察院和公安机关进行刑事诉讼，应当分工负责，互相配合，互相制约，以保证准确有效地执行法律。

2. 最高人民法院、最高人民检察院、公安部、司法部《关于进一步严格依法办案确保办理死刑案件质量的意见》

8. 侦查机关应当依照刑事诉讼法、司法解释及其他有关规定所规定的程序，全面、及时收集证明犯罪嫌疑人有罪或者无罪、罪重或者罪轻等涉及案件事实的各种证据，严禁违法收集证据。

15. 对于可能判处死刑的案件，人民检察院在审查逮捕工作中应当全面、客观地审查证据，对以刑讯逼供等非法方法取得的犯罪嫌疑人供述、被害人陈述、证人证言应当依法排除。对侦查活动中的违法行为，应当提出纠正意见。

## 四、未经质证不得认定原则

**第四条 经过当庭出示、辨认、质证等法庭调查程序查证属实的证据，才能作为定罪量刑的根据。**

**（一）法条内容释义**

本条规定了死刑案件的证据质证原则。

一方面，证据必须经过当庭出示、辨认、质证等法庭调查程序，才能作为定罪量刑的根据。法庭调查是指在审判人员主持下，控、辩双方和其他诉讼参与人的参加下，当庭对案件事实和证据进行审查、核实的诉讼活动。① 一项证据要想成为最终定罪量刑的根据，一个基本的前提就是必须经过当庭出示、辨认、质证等法庭调查程序，否则，该证据不能作为定罪量刑的根据。换句话说，即使证据在客观上具有真实性，但并未经过在法庭上出示、辨认或质证等调查程序，那么，该证据也不能作为定罪量刑的根据。

另一方面，证据必须经过查证属实，才能作为定罪量刑的根据。并不是所有经过法庭调查程序的证据都能作为定罪量刑的根据。一项证据能否作为据以定罪量刑的根据，取决于该项证据能否客观、真实地反映案件事实真相。能够作为定罪量刑根据的证据，必须能够客观、真实地反映案件事实，而不是主观想象、猜测和捏造的。如果对某项证据的真实性存有疑问，则必须提供相应的材料来辅助证明其真实性，或者由法庭予以调查核实。经过补充收集证据或者法官调查核实，仍然难以查明该项证据是否属实的，则该项证据不能作为定罪量刑的根据。换句话说，只有那些经过法庭调查程序查证属实的证据，才能作为定罪量刑的根据。

**（二）制定理由**

本条规定了证据质证原则，其制定理由有以下几点：

首先，证据必须经过当庭出示、辨认、质证等法庭调查程序，是直接言词原则的基本要义之一。直接言词原则是直接原则和言词原则的合称，贯彻直接言词原则是现代刑事审判的基本要求。直接原则要求，只有法官在直接审理过程中直接调查所得的证据才能作为定案的根据；言词原则要求，法庭判决只能

---

① 宋英辉主编：《刑事诉讼法学》，中国人民大学出版社2007年版，第379页。

由诉讼主体在法庭上以言词陈述的形式提供的证据材料作为认定案件事实的根据。① 在法庭调查程序中，通过直接听取控辩双方对证据所持的意见、质疑和辩驳，可以更为有效地甄别证据是否具有真实性。

其次，证据必须经过查证属实才能作为定罪量刑的根据，是准确查明和认定案件事实的基本前提。对过去发生的案件事实的恢复和重构，必须以客观真实的证据为前提和基础，因此，要准确地查明和认定案件事实就必须以查证属实的证据为依据。

最后，证据必须经过查证属实才能作为定罪量刑的根据，也符合诉讼认识的基本规律。所谓诉讼认识，是指办案人员通过诉讼活动对案件事实的认识，是一种回溯性的认识。诉讼认识的客体是发生于诉讼之前的案件事实，而对案件事实真相的认识和重构是一个回溯性的过程，这个过程是通过逐步收集、审查判断并运用证据来逐步得以实现的，同时，对于证据的审查判断也是一个认识不断深化的过程，初期收集到的证据在后期审查时有可能会被发现并不真实可靠，因此，只有最终经过当庭出示、辨认、质证等法庭调查程序查证属实的证据，才能作为定罪量刑的根据。

**（三）应注意的问题**

在实践中，适用本条规定时应当注意以下问题：

首先，法庭最终据以定罪量刑的根据，必须是在法庭上予以出示，并经过控辩双方询问、质证的证据。如果某项证据没有在法庭上出示，或者没有经过控辩双方的询问、质证，无论其是否具有证据能力以及证明力的大小如何，都不能作为定罪量刑的根据。

其次，要注意法庭调查的程序和方法问题，使得通过控辩双方的询问、辩驳等确实能够真正揭示出证据的真伪，同时要防止法官形成先入为主的判断而使法庭调查流于形式。

最后，当某一证据经过当庭出示、辨认、质证等法庭调查程序后仍然难辨真伪时，应当允许法官于庭外对这些证据予以调查核实。但对法官行使庭外调查权的范围、措施和程序都应当有所限制或规制，以保障法官的中立立场，而防止其演变为一个积极主动地追查罪证的犯罪调查者与追诉者，保障控审分离。例如，法官调查的范围应仅限于对控辩双方提出的证据予以核实，而不应积极主动地去搜寻新的证据，如果在核实证据的过程中确实发现了可能影响定罪量刑的新证据，也应当在通知控辩双方到场的情况下调取新的证据，等等。

---

① 陈永生：“论直接言词原则与公诉案卷的移送及庭前审查”，载《法律科学》2001年第3期。

总之，法官庭外调查应以确定控辩双方所提供证据之真伪，也即判明证据是否属实，是否能够作为定罪量刑的依据为目的。

**（四）相关法条链接**

1.《刑事诉讼法》

**第四十二条** 证明案件真实情况的一切事实，都是证据。证据有下列七种：

（一）物证、书证；

（二）证人证言；

（三）被害人陈述；

（四）犯罪嫌疑人、被告人供述和辩解；

（五）鉴定结论；

（六）勘验、检查笔录；

（七）视听资料。

以上证据必须经过查证属实，才能作为定案的根据。

**第四十七条** 证人证言必须在法庭上经过公诉人、被害人和被告人、辩护人双方讯问、质证，听取各方证人的证言并且经过查实以后，才能作为定案的根据。法庭查明证人有意作伪证或者隐匿罪证的时候，应当依法处理。

**第一百五十八条** 法庭审理过程中，合议庭对证据有疑问的，可以宣布休庭，对证据进行调查核实。

人民法院调查核实证据，可以进行勘验、检查、扣押、鉴定和查询、冻结。

2.《最高人民法院关于执行〈中华人民共和国刑事诉讼法〉若干问题的解释》

**第五十八条** 证据必须经过当庭出示、辨认、质证等法庭调查程序查证属实，否则不能作为定案的根据。

对于出庭作证的证人，必须在法庭上经过公诉人、被害人和被告人、辩护人等双方询问、质证，其证言经过审查确实的，才能作为定案的根据；未出庭证人的证言宣读后经当庭查证属实的，可以作为定案的根据。

法庭查明证人有意作伪证或者隐匿罪证时，应当依法处理。

3.《人民检察院刑事诉讼规则》

**第三百四十六条** 人民法院根据律师申请收集、调取的证据或者合议庭休庭后自行调查取得的证据，必须经过庭审辨认、质证才能决定是否作为判决的依据。未经庭审辨认、质证直接采纳为判决依据的，人民检察院应当提出纠正意见；作出判决的，应当依法提出抗诉。

## 五、死刑案件的证明标准

**第五条第一款 办理死刑案件，对被告人犯罪事实的认定，必须达到证据确实、充分。**

**证据确实、充分是指：**

**（一）定罪量刑的事实都有证据证明；**

**（二）每一个定案的证据均已经法定程序查证属实；**

**（三）证据与证据之间、证据与案件事实之间不存在矛盾或者矛盾得以合理排除；**

**（四）共同犯罪案件中，被告人的地位、作用均已查清；**

**（五）根据证据认定案件事实的过程符合逻辑和经验规则，由证据得出的结论为唯一结论。**

**（一）法条内容释义**

本款规定了死刑案件的证明标准。

首先，当前理论界的通说认为，证明标准是指法律关于负有证明责任的诉讼主体运用证据证明案件事实、论证诉讼主张所须达到的程度方面的要求。[①]显然，其首先是将证明界定为了控辩双方的他向证明，也即控辩双方提出证据，向他人（法官）证明自己的诉讼主张的活动。但是，负有证明责任的证明主体对案件事实的证明究竟是否达到了证明标准，最终还是要由案件事实的认定者，也即法官来予以判断。因此，西方国家往往会从法官认识的角度来对证明标准作出描述。在英美法系国家，根据证明的具体问题不同，可以将证明标准分为不同等级，其中对被告人作出有罪判决必须达到"排除合理怀疑"的证明标准。所谓"合理怀疑"，是指"基于原因和常识的怀疑——那种将使一个理智正常的人犹豫不决的怀疑"，所以，排除合理怀疑的证明必须是如此令人信服以至于"一个理智正常的人在处理他自己的十分重要的事务时将毫不犹豫地依靠它并据此来行事"。[②] 在大陆法系国家，认定被告人有罪的证明标准通常被称为"内心确信"。这与法官的自由心证联系密切，即法官通过对证据的审查判断所形成的那种内心信念为"心证"，当这种"心证"达至深信不疑或者排除合理怀疑的程度，便形成确信。在我国，根据刑事诉讼法的相关规定，人民法院对被告人作出有罪判决，必须做到犯罪事实清楚，证据确实、充分。理论界也通常认为我国刑事诉讼中认定被告人有罪的证明标准是"案件事实清楚，证据确实、充分"。

其次，证据确实与证据充分是相互联系、不可分割的两个方面。证据确实是就个别证据而言的，证据充分是就全案证据而言的，证据充分以证据确实为基础。

一方面，"确实"是对证据在质上的要求，是指每一项证据都必须真实可

① 宋英辉主编：《刑事诉讼法学》，中国人民大学出版社2007年版，第379页。

② Deritt & Blackmar, "Federal Jury Practice and Instructions", 3rd ed., 1977, pp. 11 - 14.

靠，都必须能够如实地反映案件的事实真相。具体包括：第一，每个证据都必须是客观存在的，且与案件存在客观联系；每个证据都必须经过查证属实，具有证明案件事实的资格和能力。也就是说，即使证据是真实的，但如果与犯罪事实无客观联系，也谈不上此项证据达到了确实的标准。第二，证据与证据之间、证据与案件事实之间不存在矛盾或者矛盾得以合理排除。只有当各个证据之间，证据与案件事实之间没有任何相互排斥的矛盾，才能据此认定被告人实施了犯罪行为，依法予以定罪量刑。如果证据之间或者证据与案件事实之间有矛盾，必须合理地予以排除，否则，应当按照“疑罪从无”的原则，不能认定被告人有罪。

另一方面，“充分”是对证据在量上的要求，是指符合确实标准的证据在量上必须达到法律规定的能够认定案件事实的要求。证据的量因案件而异，在不同的案件中有不同的规定性，要以能够证明案件事实情况为标准。具体包括：第一，属于犯罪各构成要件的事实都有相应的证据加以证明。也就是说，有关犯罪时间、地点、过程、手段、工具、后果、目的、动机、犯罪嫌疑人和被告人的个人情况等，都有相应的证据予以证明。第二，如果是共同犯罪的案件，应当查明被告人在共同犯罪中所处的地位以及所起的作用。被告人在共同犯罪案件中的地位和作用直接关系到其刑事责任的承担，只有清晰地查明被告人在共同犯罪案件中的地位和作用，才能对其正确定罪和判处相应的刑罚。第三，所有的证据综合起来必须形成一个完整的、协调的证明体系，对案件事实的推论过程不违反逻辑和经验规则，足以得出唯一的、确定无疑的结论，排除一切合理的怀疑。如果对案件事实的推论过程存在瑕疵，不符合逻辑和经验规则，或者根据已经收集到的证据不能得出唯一结论，则不能据此认定案件事实。

最后，证据确实、充分不仅是对被告人定罪量刑时应当遵守的证明标准，也是公安机关侦查终结移送审查起诉和检察机关依法决定提起公诉时应当遵守的证明标准。如果认为案件没有达到事实清楚，证据确实、充分的标准，那么公安机关不应当将案件移送审查起诉，检察机关也不应当提起公诉。

**（二）制定理由**

本款规定了死刑案件的证明标准，其制定理由有以下几点：

首先，死刑案件的证明标准问题，历来是理论界和实务界关注的重点问题之一。有的认为，死刑案件涉及人的生命，一旦发生错误，造成的影响难以挽回，宜采取高于普通刑事案件的证明标准。“一般案件有罪判决的证明标准应当和死刑案件的证明标准具有不同的层次，一般刑事案件的证明标准为案件事实清楚，证据确实、充分，排除合理怀疑；死刑案件的证明应当为案件事实清楚，证据确实、充分，具有排他性和唯一性。即是说，死刑案件的证明标准要比一般刑事案件的证明标准更为严格。"① 我们认为，在证明标准上区分死刑案件和普通刑事案件是没有实际意义的。不能因为普通刑事案件不涉及人的生命，就可以适用不太严格的证明标准，这种区分，可能会导致普通刑事案件定罪标准的降低，从而影响办理案件的质量。因此，无论死刑案件还是普通刑事案件，都应当一律适用"案件事实清楚，证据确实、充分"的证明标准。事实上，我国的刑事诉讼法也并没有区分死刑案件和普通刑事案件的证明标准，而是将认定被告人犯罪事实的证明标准一律规定为"案件事实清楚，证据确实、充分"。本规定实际上是对死刑案件中要适用"证据确实、充分"的证明标准的重申与强调。

其次，明确"证据确实、充分"的具体要求，有助于严格把握死刑案件的证明标准，防止在实践中由于缺乏具体要求，导致法官的自由裁量缺乏合理规制，而在判案时有意或无意地降低证明标准，造成冤假错案。

最后，明确"证据确实、充分"的具体要求，有利于统一法律适用。长期以来，对于"证据确实、充分"存在不同的理解，造成实践中具体办理案件时，掌握的标准不尽一致。一方面，对哪些案件事实的证明需要达到证据确实、充分的程度，刑事诉讼法没有明确规定，导致各地办案机关无所适从；另一方面，对案件事实的证明究竟达到什么程度，才能满足"证据确实、充分"的要求，刑事诉讼法对此也没有作出明确的规定。基于此，同样或者类似的案件，基于办案人员对证明标准的不同理解，最终可能会产生不同的处理结果。本款规定了"证据确实、充分"的具体要求，有利于在司法实践中统一法律适用，防止同样的情况由于办案人员的理解不同而形成不同的后果。

**（三）应注意的问题**

在实践中，适用本条款规定时应当注意以下问题：

首先，在具体办案时，应当注意不能孤立地去看待"证据确实、充分"，而要将其与"案件事实清楚"结合起来，作为一个整体予以贯彻、落实。"证据确实、充分"与"案件事实清楚"是相互依存、缺一不可的关系。其中，"证据确实、充分"是手段，"案件事实清楚"是目的，证据确实、充分的根本目的是为了查清案件的事实真相。只有证据达到确实、充分的程度，案件的事实真相才可能查清，如果证据尚不确实、充分，那么，案件事实也就缺少了外在支撑。同时，只有查清案件事实，才能使"证据确实、充分"的证明标准具有现实的意义。

---

① 黄芳："死刑适用的国际标准与国内法的协调"，载《法学评论》2003年第6期。

其次，证据确实、充分，并不只是法院作出有罪判决时需要达到的证明标准。根据刑事诉讼法的规定，在公安机关侦查终结移送审查起诉和检察机关依法决定提起公诉时，也应当达到“证据确实、充分”的程度。当然，在刑事诉讼中，并不是任何时候都要求达到证据确实、充分的程度。不同的诉讼阶段，法律对案件的证据要求是不同的。在具体办案时，应当注意区分。根据刑事诉讼法的规定，在立案阶段，要求侦查机关明确“有犯罪事实并且要求追究刑事责任”。也就是说，既不要求查明谁是犯罪分子，也不要求查明犯罪动机、手段和犯罪过程等。在自诉案件中，被害人直接向法院起诉时，对证明的要求是“案件事实清楚，有足够的证据”。如果办案机关要作出逮捕的强制措施，其证据需要达到的要求是“有证据证明有犯罪事实，可能判处徒刑以上刑罚”。具体是指：有证据证明发生了犯罪事实；有证据证明犯罪事实是犯罪嫌疑人实施的；证明犯罪嫌疑人实施犯罪行为的证据已有查证属实的，而不要求达到案件事实清楚、证据确实充分。

最后，本款关于“证据确实、充分”的具体解释，同样应当适用于普通刑事案件。在办理普通刑事案件时，也应当从上述五个方面审查证据是否确实、充分，只有同时满足五个方面的内容时，才能认定犯罪嫌疑人、被告人的犯罪事实和据此判处相应的刑罚。

**（四）典型案例分析**

### 孙万刚杀人案①

1. 案情

1996 年 1 月 3 日下午 6 点 30 分左右，公安局接到一名中学生的电话报警，称在巧家县丝厂附近发现一具女尸。经查，死者陈兴会，女，22 岁，汉族，巧家县大寨乡人，云南财贸学院会计专业二年级学生，在巧家县城郊红卫山一块草地上遭人奸淫后被勒昏，被刀割开颈部死亡。她的左眼、右乳房及腹部各有一处刀伤，左乳房、阴部、肛门被割下，盆腔里塞有泥土，右裤腿上有擦拭泥土的痕迹。巧家县公安局组织进行侦查后认定系他杀。

经过调查，公安机关发现陈兴会的男友孙万刚（1975 年 11 月 4 日生，云南财贸学院学生）有重大嫌疑。主要依据有：一是血型鉴定。孙万刚本人是 B 型血，而从孙万刚的衣裤、睡过的床单、被子、线毯上检验出与陈兴会一样的 AB 型血。二是孙万刚具备作案的时间和空间条件。根据尸检确定陈兴会死亡的时间是 1996 年 1 月 2 日晚上 9 点左右，而调查证明当晚 8 点 20 分左右，孙万刚和陈兴会从孙万刚姐姐家离开后到过现场，当晚 10 点 20 分左右时，他仅

① 详见“云南孙万刚杀人案”，载 http：//blog. gxsky. com/blog_ view_ 191566. html。

一个人到同学曹某家。三是孙万刚的四次有罪供述中对作案过程和细节描述与尸检结果基本吻合。

4月24日，孙万刚因涉嫌故意杀人被巧家县公安局刑事拘留，4月30日被执行逮捕。8月5日，云南省人民检察院昭通地区（现昭通市）分院依法向昭通地区中级人民法院提起公诉。1996年9月，云南省昭通地区中级法院以故意杀人罪判处孙万刚死刑，剥夺政治权利终身。法院认定，孙万刚在昆明读书期间，向同乡借了350元钱给女友陈兴会作为报考费。1996年1月2日中午，同乡打电话催款。孙万刚向多名朋友借款未果，遂于当晚8点30分左右将陈兴会骗至红卫山一块草地上将其奸淫，为了灭口，孙万刚用陈的挎包将其勒昏，用随身携带的尖刀切割其颈部致死。

孙万刚则辩解当时情况是这样的：晚上8点30分左右，他和女友陈兴会从姐姐家出来到了红卫山。正当他们躺在草坪上聊天时，他的头部突然被人用钝器击伤，晕了过去。醒来时发现陈兴会不见了。但不远处的水池边传来说话声，他循声过去，发现陈兴会和一个黑衣人在说话。黑衣人见了孙万刚，就说自己是查卖淫的，问孙万刚是否和陈兴会发生性关系。“我答没有。黑衣人就掏出一把刀让我走，说再不走就用刀在我脸上留下记号。我当时很害怕，加上被砸得昏沉沉的，就下山了。后来我和几个同学上山找陈兴会，没找着。第二天还是没找着。晚上11点多，我被公安带走了，这才知道陈兴会已经死了。”

一审判决后，孙万刚向云南省高级法院提起上诉。1997年9月19日，云南省高级人民法院经二审，以孙万刚杀死陈兴会的事实不清，证据不足为由，裁定撤销昭通地区中级人民法院的一审判决，发回重审。1998年5月9日，昭通地区中级人民法院重审后，判决被告人孙万刚犯故意杀人罪，判处死刑，剥夺政治权利终身。孙万刚仍不服判决，继续上诉。1998年11月12日，云南省高级人民法院终审判决确定了一审判决认定的犯罪事实，判决被告人孙万刚犯故意杀人罪，判处死刑，缓期两年执行，剥夺政治权利终身。判决生效后，孙万刚被送到云南省第四监狱服刑。孙万刚及家人不服云南省高级人民法院的终审判决，不断申诉。

2002年6月30日，巧家县公安局抓获一个抢劫、强奸、杀人犯罪团伙，首犯李茂富身系数桩命案，既没请律师，也未上诉。从县公安局办案人员家属口中传出的消息说，李曾经招认了自己杀害陈兴会的过程，并且说出了作案所用的刀子和割下的器官丢弃在桑树林中。孙万刚的父亲亲眼看见贴在县公安局橱窗里李茂富指认现场的照片，那个现场，正是红卫山。2002年9月，孙万刚的父亲在信中告诉儿子这些情况，认为陈兴会很有可能是李茂富杀的。孙万刚将李茂富是杀害陈兴会的真凶的情况写成申诉材料寄给有关部门。孙万刚的申诉材料同时引起了云南省人民检察院和云南省高级人民法院的重视。接到这份申诉材料后，两院分别立即赴巧家县展开调查。然而证据显示，李茂富不是杀害陈兴会的真凶。但在对孙万刚一案的复查中，两院都发现，此案确实存在诸多疑点，有错判的可能。

在重新调查中，省检察院发现此案存在七个方面的重大问题：一、孙万刚仅有的四次有罪供述笔录上清楚地反映出办案人员先入为主、有罪推定的思想。这些供述相互矛盾、前后不一，与现场勘查笔录、尸体检验报告、刑事科学技术鉴定书等证据不吻合。二、孙万刚控告侦查人员对其刑讯逼供。根据原与孙万刚同监的犯人满某证词反映，孙万刚在关押期间，其手指、腿、后背有伤痕，并曾绝食三四天。孙万刚的辩护律师又提供了孙万刚被刑讯逼供的情况。据此，不能排除有逼供、诱供、指明问供等非法取证的可能。孙万刚的有罪供述可能是在刑讯逼供的情况下作出的。三、孙万刚作案动机和目的不清。四、法院认定孙万刚有罪的关键证据之一的血型鉴定不具有唯一性和排他性，孙万刚衣服上有与被害人同一血型的血液，并不能完全证明孙就是凶手。五、作案工具来源不明、去向不清；被害人被割下的器官去向不明。六、孙万刚一份重要的有罪供述笔录中孙的可疑签名，经鉴定，不是他本人所签，而是案件承办人代签。七、现场没有发现孙万刚的血迹、脚印，却留有他人的纽扣和皮带扣。经过两个多月的复查，云南省检察院认为，孙万刚一案在程序上，在侦查、起诉、审判阶段的各诉讼环节均存在违法问题；在实体上，整个案件事实不清，证据之间存在诸多矛盾和严重瑕疵。2003 年 9 月 18 日，省检察院向省高级法院提出检察建议，建议法院对孙万刚案启动再审程序，并移送了案件全部卷宗材料。2003 年 9 月 28 日，省高级法院决定按照审判监督程序再审孙万刚案，并于 2004 年 1 月 15 日再审。2004 年 2 月 10 日下午 3 点，云南省高级法院三位法官在监狱宣布：孙万刚无罪，予以释放。

2. 分析

本案中，作为指控被告人孙万刚犯有故意杀人、强奸罪的证据显然是不确实和不充分的，无法认定孙万刚实施了被指控的犯罪事实。

首先，作为定案根据的证据，其真实性值得怀疑，不符合证据确实的标准。例如，孙万刚的有罪供述可能是在刑讯逼供的情况下作出的，检察人员在审查起诉阶段也未提讯孙万刚，从而导致孙万刚所作的有关供述存在虚假的可能。此外，孙万刚一份重要的有罪供述笔录中孙的可疑签名不是他本人所签，而是案件承办人代签的。这些证据都不符合经法定程序查证属实的要求。

其次，证据与证据之间、证据与案件事实之间存在矛盾，并且矛盾难以得到合理的排除，从而不能认定犯罪事实系孙万刚实施的。例如，现场遗留衣物上的血型与孙万刚的血型不相符合；被害人的尸体，根据孙万刚的供述找不到；孙万刚的有罪供述与现场勘查笔录、现场复勘笔录、尸体检验报告等证据不相吻合；从案发现场提取了两枚纽扣和一个皮带扣，并非孙万刚衣物上脱落的；等等。

最后，根据指控证据并不能得出唯一的结论，存在他人实施犯罪行为的可能。在本案中，根据办案机关收集到的证据，并不能得出是孙万刚实施犯罪行为的唯一的、确定无疑的结论。例如，在现场没有发现孙万刚的血迹、脚印，却留有他人的纽扣和皮带扣，因此不能排除他人实施犯罪的可能。

基于以上几点原因，办案机关收集到的证据的真实性存在疑点，证据与证据之间、证据与案件事实之间的矛盾也无法得到合理排除，根据这些证据所得出的结论也不是唯一的，从而不能认定孙万刚实施了被指控的犯罪行为。同时，在本案中，非但是控方对孙万刚实施了强奸、杀人犯罪的指控达不到“证据确实、充分”的程度，并且，从省检察院复查发现的问题来看，本案中还存在多项能证明孙万刚无罪的证据，因此应当判决孙万刚无罪。

**（五）相关法条链接**

1.《刑事诉讼法》

**第一百二十九条**　公安机关侦查终结的案件，应当做到犯罪事实清楚，证据确实、充分，并且写出起诉意见书，连同案卷材料、证据一并移送同级人民检察院审查决定。

**第一百三十七条**　人民检察院审查案件的时候，必须查明：

（一）犯罪事实、情节是否清楚，证据是否确实、充分，犯罪性质和罪名的认定是否正确；

（二）有无遗漏罪行和其他应当追究刑事责任的人；

（三）是否属于不应追究刑事责任的；

（四）有无附带民事诉讼；

（五）侦查活动是否合法。

**第一百四十一条**　人民检察院认为犯罪嫌疑人的犯罪事实已经查清，证据确实、充分，依法应当追究刑事责任的，应当作出起诉决定，按照审判管辖的规定，向人民法院提起公诉。

**第一百六十二条**　在被告人最后陈述后，审判长宣布休庭，合议庭进行评议，根据已经查明的事实、证据和有关的法律规定，分别作出以下判决：

（一）案件事实清楚，证据确实、充分，依据法律认定被告人有罪的，应当作出有罪判决；

（二）依据法律认定被告人无罪的，应当作出无罪判决；

（三）证据不足，不能认定被告人有罪的，应当作出证据不足、指控的犯罪不能成立的无罪判决。

2.《最高人民法院关于执行〈中华人民共和国刑事诉讼法〉若干问题的解释》

**第一百七十六条** 人民法院应当根据案件的具体情形，分别作出裁判：

（一）起诉指控的事实清楚，证据确实、充分，依据法律认定被告人的罪名成立的，应当作出有罪判决；

（二）起诉指控的事实清楚，证据确实、充分，指控的罪名与人民法院审理认定的罪名不一致的，应当作出有罪判决；

（三）案件事实清楚，证据确实、充分，依据法律认定被告人无罪的，应当判决宣告被告人无罪；

（四）证据不足，不能认定被告人有罪的，应当以证据不足，指控的犯罪不能成立，判决宣告被告人无罪；

（五）案件事实部分清楚，证据确实、充分的，应当依法作出有罪或者无罪的判决；事实不清，证据不足部分，依法不予认定；

（六）被告人因不满十六周岁，不予刑事处罚的，应当判决宣告被告人不负刑事责任；

（七）被告人是精神病人，在不能辨认或者不能控制自己行为的时候造成危害结果，不予刑事处罚的，应当判决宣告被告人不负刑事责任；

（八）犯罪已过追诉时效期限，并且不是必须追诉或者经特赦令免除刑罚的，应当裁定终止审理；

（九）被告人死亡的，应当裁定终止审理；对于根据已查明的案件事实和认定的证据材料，能够确认被告人无罪的，应当判决宣告被告人无罪。

3.《人民检察院刑事诉讼规则》

**第二百三十四条** 经过侦查，认为犯罪事实清楚，证据确实、充分，依法应当追究刑事责任的案件，侦查人员应当写出侦查终结报告，并且制作起诉意见书。

**第二百四十条** 人民检察院直接立案侦查的共同犯罪案件，如果同案犯罪嫌疑人在逃，但在案犯罪嫌疑人犯罪事实清楚，证据确实、充分的，对本案犯罪嫌疑人应当根据本规则第二百三十四条的规定分别移送审查起诉或者移送审查不起诉。

**第二百七十九条** 人民检察院对案件进行审查后，认为犯罪嫌疑人的犯罪事实已经查清，证据确实、充分，依法应当追究刑事责任的，应当作出起诉决定。

具有下列情形之一的，可以确认犯罪事实已经查清：

（一）属于单一罪行的案件，查清的事实足以定罪量刑或者与定罪量刑有关的事实已经查清，不影响定罪量刑的事实无法查清的；

（二）属于数个罪行的案件，部分罪行已经查清并符合起诉条件，其他罪行无法查清的；

（三）无法查清作案工具、赃物去向，但有其他证据足以对被告人定罪量刑的；

（四）证人证言、犯罪嫌疑人供述和辩解、被害人陈述的内容中主要情节一致，只有个别情节不一致且不影响定罪的。

对于符合第（二）项情形的，应当以已经查清的罪行起诉。

**第二百八十条** 人民检察院在办理公安机关移送起诉的案件中，发现遗漏依法应当移送审查起诉同案犯罪嫌疑人的，应当建议公安机关补充移送审查起诉；对于犯罪事实清楚，证据确实、充分的，人民检察院也可以直接提起公诉。

**第二百八十六条** 人民检察院对于退回补充侦查的案件，仍然认为证据不足，不符合起诉条件的，经检察委员会讨论决定，可以作出不起诉决定。

作出不起诉决定前应当根据案件情况在法律规定的范围内确定补充侦查的次数。

具有下列情形之一的，不能确定犯罪嫌疑人构成犯罪和需要追究刑事责任的，属于证据不足，不符合起诉条件：

（一）据以定罪的证据存在疑问，无法查证属实的；

（二）犯罪构成要件事实缺乏必要的证据予以证明的；

（三）据以定罪的证据之间的矛盾不能合理排除的；

（四）根据证据得出的结论具有其他可能性的。

**4.《公安机关办理刑事案件程序规定》**

**第二百六十四条** 对于犯罪事实清楚，证据确实、充分，犯罪性质和罪名认定正确，法律手续完备，依法应当追究刑事责任的案件，应当制作《起诉意见书》，经县级以上公安机关负责人批准后，连同案卷材料、证据，一并移送同级人民检察院审查决定。

**5. 最高人民法院、最高人民检察院、公安部、司法部《关于进一步严格依法办案确保办理死刑案件质量的意见》**

6. 办理死刑案件，要坚持重证据、不轻信口供的原则。只有被告人供述，没有其他证据的，不能认定被告人有罪；没有被告人供述，其他证据确实充分的，可以认定被告人有罪。对刑讯逼供取得的犯罪嫌疑人供述、被告人供述和以暴力、威胁等非法方法收集的被害人陈述、证人证言，不能作为定案的根据。对被告人作出有罪判决的案件，必须严格按照刑事诉讼法第一百六十二条的规定，做到“事实清楚，证据确实、充分”。证据不足，不能认定被告人有罪的，应当作出证据不足、指控的犯罪不能成立的无罪判决。

24. 人民检察院对案件进行审查后，认为犯罪嫌疑人的犯罪事实已经查清，证据确实、充分，依法应当追究刑事责任的，应当作出起诉决定。具有下列情形之一的，可以确认犯罪事实已经查清：(1) 属于单一罪行的案件，查清的事实足以定罪量刑或者与定罪量刑有关的事实已经查清，不影响定罪量刑的事实无法查清的；(2) 属于数个罪行的案件，部分罪行已经查清并符合起诉条件，其他罪行无法查清的；(3) 作案工具无法起获或者赃物去向不明，但有其他证据足以对犯罪嫌疑人定罪量刑的；(4) 证人证言、犯罪嫌疑人的供述和辩解、被害人陈述的内容中主要情节一致，只有个别情节不一致且不影响定罪的。对于符合第 (2) 项情形的，应当以已经查清的罪行起诉。

25. 人民检察院对于退回补充侦查的案件，经审查仍然认为不符合起诉条件的，可以作出不起诉决定。具有下列情形之一，不能确定犯罪嫌疑人构成犯罪和需要追究刑事责任的，属于证据不足，不符合起诉条件：(1) 据以定罪的证据存在疑问，无法查证属实的；(2) 犯罪构成要件事实缺乏必要的证据予以证明的；(3) 据以定罪的证据之间的矛盾不能合理排除的；(4) 根据证据得出的结论具有其他可能性的。

35. 人民法院应当根据已经审理查明的事实、证据和有关的法律规定，依法作出裁判。对案件事实清楚，证据确实、充分，依据法律认定被告人有罪的，应当作出有罪判决；对依据法律认定被告人无罪的，应当作出无罪判决；证据不足，不能认定被告人有罪的，应当作出证据不足、指控的犯罪不能成立的无罪判决；定罪的证据确实，但影响量刑的证据存有疑点，处刑时应当留有余地。

## 六、证明对象

**第五条第二款　办理死刑案件，对于以下事实的证明必须达到证据确实、充分：**

**(一) 被指控的犯罪事实的发生；**

**(二) 被告人实施了犯罪行为与被告人实施犯罪行为的时间、地点、手段、后果以及其他情节；**

**(三) 影响被告人定罪的身份情况；**

**(四) 被告人有刑事责任能力；**

**（五）被告人的罪过；**

**（六）是否共同犯罪及被告人在共同犯罪中的地位、作用；**

**（七）对被告人从重处罚的事实。**

**（一）法条内容释义**

本款规定了死刑案件的证明对象。

首先，证明对象也是理论界争议较大的一个问题。如果将“证明”界定为公、检、法机关的自向查明的话，那么证明对象是全部需要查明的、与定罪量刑有关的法律要件事实。而如果将“证明”界定为控辩双方的他向证明的话，证明对象则应当是承担证明责任的证明主体需要运用证据加以证明，并且该证明需要达到证明标准的那部分法律要件事实。从范围上讲，其区别在于，前者不仅包括控方主张的事实，也包括辩方主张的事实，不仅包括不利于被告人的事实，也包括有利于被告人的事实，而后者则仅包括控方主张的由其承担证明责任的、不利于被告人的事实。本条款显然是从后一角度来厘定死刑案件的证明对象的。只是由于控方是否对全部证明对象都予以了证明，并且该证明是否全都达到了证明标准，最终都要由法官来决定，也就是说，法官最终是否支持控方的指控，要视法官是否认为控方对其所应证明的证明对象的证明都达到了法定的证明标准而定，因此，控方的证明对象和证明标准，实际上也是法官支持控方的指控，认定被告人有罪或应当从重处罚所必须确认的对象和其确认所必须达到的标准，换句话说，只有法官确认控方对其所有证明对象的证明都达到了证明标准，或者说法官确认上述证明对象均有确实、充分的证据予以证明，才能作出认定被告人有罪或应当从重处罚的裁判。

其次，凡是能够证明被告人有罪和应当处以刑罚以及应当从重处罚的事实和情节都属于需要由控方承担证明责任，运用确实、充分的证据来予以证明的证明对象，如果控方不能以确实、充分的证据来对这些证明对象加以证明，那么法官就应当作出有利于被告人的裁判。具体来说，控方应当运用确实、充分的证明来证明以下事实：（一）被指控的犯罪事实的发生；（二）被告人实施了犯罪行为与被告人实施犯罪行为的时间、地点、手段、后果以及其他情节；（三）影响被告人定罪的身份情况；（四）被告人有刑事责任能力；（五）被告人的罪过；（六）是否共同犯罪及被告人在共同犯罪中的地位、作用；（七）对被告人从重处罚的事实。其中，如果控方不能以确实、充分的证据证明被指控的犯罪事实的发生、被告人实施了犯罪行为与被告人实施犯罪行为的时间、地点、手段、后果以及其他情节、影响被告人定罪的身份情况、被告人有刑事责任能力，那么法官就应当判决被告人无罪。如果控方不能以确实、充分的证据证明被告人有过失的，应按无罪处理，不能证明被告人以确实、充分的证据有故意，但可以证明被告人有过失的，应按过失处理；不能以确实、充分的证据证明被告人在共同犯罪中是主犯的，应按从犯处理；不能以确实、充分的证据证明对被告人应从重处罚的，不能对被告人从重处罚。

最后，自案件侦查终结、移送审查起诉时起就需要做到以上七个方面的事实都有确实、充分的证据来加以证明，此后的每一个环节都要以此为标准来对案件证据予以审查，对于前四项事实，只要发现对其中任何一项的证明达不到此标准，诉讼就不应当再继续推进。如果是对后三项事实的证明达不到证据确实、充分的要求，也应相应作出有利于犯罪嫌疑人、被告人的推定和处理。

**（二）制定理由**

本款规定了死刑案件的证明对象，其制定理由有以下几点：

首先，对证明对象的明确规定有助于审判人员明确在哪些方面必须得由公诉人提供确实、充分的证据加以证明才能予以认定，从而防止其随意在案件的某些方面或环节降低证明标准，导致冤假错案。

其次，对证明对象的明确规定有助于指导侦查人员明确在侦查阶段都需要调查、收集哪些证据，以及这些证据对案件事实的证明要达到什么程度，才能认为犯罪嫌疑人有罪和可以移送审查起诉。

最后，对证明对象的明确规定有助于指导检察员明确在哪些方面需要有确实、充分的证据证明，其指控才有可能被支持，从而正确判断出该案件是应当提起公诉，还是应当作出证据不足不起诉的处理，以免提起公诉后被法院以证据不足宣告无罪，防止司法资源的浪费和对犯罪嫌疑人造成不必要的侵害。

**（三）应注意的问题**

在实践中，适用本款规定时应当注意以下问题：

首先，应当注意并不是对所有事实的证明都必须达到“证据确实、充分”的程度。第一，根据有关的司法解释和司法实践的经验，有些事实属于免证的事实，如为一般人共同知晓的常识性事实、法律规定的推定事实等。第二，一般认为，刑事诉讼中的证明对象包括实体法事实和程序法事实两个方面。对于程序法事实，只要求达到“优势证据”或法律规定的证明标准即可，而无须达到“证据确实、充分”的程度，如有关回避的事实、有关耽误诉讼期限是否有不能抗拒的原因或者其他正当理由的事实、有关管辖争议的事实，等等。第三，对有利于被告人的事实的证明一般不需要达到证据确实、充分的标准，相反，只要对不利于被告人的事实的证明达不到证据确实、充分的标准，就应当推定该事实不存在，也即作出有利于被告人的推定。

其次，除了对侦查、审查起诉活动均有指导意义外，辩方也可以根据本款的规定确定可以质疑控方指控的环节，辩方对指控的质疑只需要达到使法官对指控产生怀疑即可获得有利于自己的推定，而不需要以确实、充分的证据证明指控不成立。

最后，尽管本款所规定的是死刑案件的证明对象，但其同样应当适用于普通刑事案件。因此，在办理普通刑事案件时，也应当注重上述七个方面的事实情况，只有在有确实、充分的证据证明这些事实的基础上，才能认定犯罪嫌疑人、被告人的犯罪事实和据此判处相应的刑罚。在任何一个方面的事实没有确实、充分的证据予以证明时，都应当作出有利于被告人的推定。

**（四）典型案例分析**

### 朱陵杰故意杀人案①

1. 案情

2008年12月3日晚9时许，被告人朱陵杰因长期在外上网、租房没钱，准备到新郑市八千乡新万惠超市自己家中盗窃现金。次日凌晨2时许，朱陵杰携带事先准备的匕首潜入其母亲朱某某的卧室，持刀往其母朱某某身上连刺数刀将朱某某捅死。事后，朱陵杰盗窃现金1000余元并逃离现场。

针对上述事实，公诉机关向法院提供了被告人朱陵杰的供述和辩解、证人证言、现场勘查笔录、刑事科学技术鉴定书、法医鉴定书、辨认笔录等证据。具体包括：

（1）被告人朱陵杰供述，其和父亲朱加某、母亲朱某某在新郑市八千乡新万惠超市居住。2007年下半年辍学后经常偷拿家里的钱在外上网打游戏。2008年5月，上网时认识了呼和浩特的虞某某。2008年9月20日，偷了家里现金9000元到呼和浩特找虞某某，于9月27日和虞某某一起回到新郑市，在外租房居住。11月下旬，虞某某要回呼和浩特，当时身上的钱连路费也不够，被告人朱陵杰就想回家偷钱。其以前多次偷钱，被发现后受到父母批评，因此想把家人杀了再偷钱。2008年12月2日，被告人到新郑炎黄广场附近买了一把黑色折叠匕首。3日晚上9点，被告人带着买来的匕首回到新万惠超市，先到住室睡觉，准备等父母睡后下楼偷钱。夜里2时30分许，见母亲睡着了，被告人便用左手拿枕头捂住她的脸，右手拿出准备好的匕首朝她的头顶扎了2刀，其母亲挣扎着倒在地上，被告人又用被子又捂着她的头，用匕首朝她前胸、大腿、背上猛刺数刀，后拿钥匙开保险柜，因密码记不起来没有打开，就用匕首撬开保险柜，把匕首头撬断后扔在床上，又用钥匙开电脑桌下边的木箱子，钥匙被拧断了没打开。其后，被告人到卫生间洗掉手上的血，到收银台把

① 详见"朱陵杰故意杀人案"，载 http：//vip. chinalawinfo. com/case/displaycontent. asp？gid = 117617117。

抽屉里600元钱偷走，又把收银台装钱的铁盒抱上，拿着其母亲的手机，打开超市大门，出门后用其母亲的手机叫了出租车，回到租房处，换掉身上的血秋衣，和虞某某打车到郑州，坐火车到北京，又坐汽车到呼和浩特。5日晚上6点多，被告人在虞某某家被公安人员抓获。

(2) 证人朱加某（朱陵杰之父）证明，2008年12月3日晚9时许，其儿子朱陵杰回来，妻子朱某某到朱陵杰的房间训斥他。后朱加某怕朱陵杰再偷店里的东西，就让其上楼和他一起睡。睡觉前，劝朱陵杰大概有两个小时，就睡着了。等其醒来时是3点04分，朱陵杰不在屋里，下楼看见超市的大门开着，上面还挂着朱某某的钥匙，超市的钱箱不见了。其先把超市的门给锁上，拔下钥匙到朱某某住的屋子里，看见朱某某趴在地上，和被子卷到一块，被子和她身上满是血，已经没气了，保险柜的转锁上全是血，其就用手机报警。

(3) 证人陈某某（出租车司机）证明，2008年12月4日凌晨2点左右，其接到总台报“八千邮局门口有人等车”，其在八千邮局门口，接了一个年轻人，那个年轻人抱了一个跟电脑主机的形状差不多的白色铁箱子。上车后，那个年轻人说：“到水岸年华。”还没有到水岸年华门口，那个年轻人就下车顺着胡同往东去了。

(4) 证人彭某（朱陵杰之女友）证明，其叫彭某，又名虞某某，2008年12月3日晚上9点30分，朱陵杰出去了，其以为他去上网就没理他，先睡了。不知啥时候朱陵杰把她叫醒，要送她回家，她看到朱陵杰抱着一个浅色的盒子。朱陵杰把秋衣脱到屋里换了衣服，他们一起打车到郑州后坐火车到北京，即坐上大巴车，于晚上11点左右到了呼和浩特市，朱陵杰就住在她家里。5日中午，朱陵杰酒后对其说他把他母亲杀了，其以为他说醉话也没有在意。晚上，公安人员就到她家里把朱陵杰带走了。

(5) 公安机关从案发现场床上提取的黑色折叠刀刀刃上可疑斑迹、一楼卧室内门东桌钥匙上可疑斑迹、卫生间拖把上可疑斑迹、收银台上卫生纸团可疑斑迹及卧室内保险柜密码锁上可疑斑迹，经鉴定均为人血，是朱陵杰所留的似然比为$2.00\times10^{21}$。

(6) 生物物证、遗传关系鉴定书证明，公安机关从案发现场床上提取的黑色折叠刀的刀把上可疑斑迹、收银台西南角扶手上抹布上可疑斑迹、卧室门东门框南60厘米过道地上可疑斑迹、床西侧地面可疑斑迹、桌下方纸张上可疑斑迹、床南地面上可疑斑迹、靠南墙木桌下木箱上可疑斑迹、床南床单上可疑斑迹及根据朱陵杰的供述在其租住处提取的上衣袖口处可疑斑迹，经检验为人血，是被害人朱某某所留的似然比是$1.53\times10^{21}$。

(7) 鉴定结论：朱某某系被他人用单刃刺器刺破双侧肺脏及肝脏致失血性

休克而死亡。

法院经审理认为，被告人朱陵杰为了偷拿家里的钱不被家人阻拦便持刀将其母亲朱某某杀害，其行为已构成故意杀人罪，应予惩处。公诉机关指控被告人朱陵杰犯故意杀人罪事实清楚，证据确实、充分，指控成立，应予支持。

但鉴于案发后，被告人朱陵杰已经认识到自己的严重罪行，真诚悔罪，并获得被害人朱某某父母的谅解，故依法判决，被告人朱陵杰犯故意杀人罪，判处死刑，缓期二年执行，剥夺政治权利终身。

2. 分析

首先，有证据证明发生了被指控的犯罪事实。本案中，犯罪现场遗留的血迹和痕迹，被害人尸体，证人证言等，相互印证，足以证明被指控的犯罪事实发生。例如，证人朱加某（朱陵杰之父）证明的案件事实发生的情节与证人宋某某（新万惠超市售货员）的证言印证一致。

其次，有证据证明犯罪行为系被告人实施，且足以证明被告人实施犯罪行为的时间、地点、手段、后果以及其他情节。（1）被告人朱陵杰供述的其辍学后经常偷拿家里的钱在外上网打游戏的情节与证人朱加某（朱陵杰之父）、宋某某（新万惠超市售货员）的证言印证一致。（2）被告人朱陵杰供述的其认识虞某某的过程及虞某某要回家没钱，其准备回家偷钱的情节有证人彭某（网名虞某某）的证言佐证。（3）被告人朱陵杰供述的其与虞某某在外租房居住的情节与证人朱加某（朱陵杰之父）、郑某某（房东）的证言印证一致，并有朱陵杰交房租的收款收据和其他记录情况以及雷某某（郑某某之妻）的辨认笔录予以佐证。（4）证人陈某某（出租车司机）证明的上述情节与被告人朱陵杰供述的杀害母亲后，用母亲的手机叫了出租车，然后抱着超市的钱箱打车回住处的情节印证一致。（5）证人彭某（朱陵杰之女友，即虞某某）证明的其离家的时间及和朱陵杰回其家的时间、朱陵杰被捕的情况与证人彭某（彭某之父）、罗某某（彭某之母）的证言印证一致。（6）公安机关对现场遗留的血迹进行鉴定后，该鉴定结论印证了被告人朱陵杰供述的其在杀害母亲时左手被折叠刀划伤之情节，并有人身检查笔录及照片佐证。（7）证明被害人朱某某系被他人用单刃刺器刺破双侧肺脏及肝脏致失血性休克而死亡的鉴定结论，与被告人朱陵杰供述作案时使用的凶器特征及致害被害人的部位相吻合。（8）公安机关提取折叠刀的地点与被告人朱陵杰供述的其杀完人后将刀扔到床上的情节印证一致。（9）提取的折叠刀照片当庭经被告人朱陵杰辨认，确认系其作案时所使用的凶器。

再次，根据以上证据，足以认定被告人为故意犯罪。

此外，被告人的身份及其刑事责任能力具有相应的证据予以证明。被告人系被害人之子，不具有可能影响定罪量刑的特殊身份；已经年满18周岁，具有完全的刑事责任能力。

综上所述，在本案中，与被告人定罪量刑有关的事实均有相应的证据予以证明，且作为定案根据的各项证据均经法定程序查证属实，证据与证据之间、证据与案件事实之间可以相互印证；根据证据认定案件事实的过程符合逻辑和经验规则，由证据得出的结论是唯一的。因此，被告人朱陵杰涉嫌故意杀人的犯罪事实清楚，证据确实、充分，法院所作判决在定性和适用刑罚方面均正确、适当。

**（五）相关法条链接**

**1.《最高人民法院关于执行〈中华人民共和国刑事诉讼法〉若干问题的解释》**

**第五十二条** 需要运用证据证明的案件事实包括：

（一）被告人的身份；

（二）被指控的犯罪行为是否存在；

（三）被指控的行为是否为被告人所实施；

（四）被告人有无罪过，行为的动机、目的；

（五）实施行为的时间、地点、手段、后果以及其他情节；

（六）被告人的责任以及与其他同案人的关系；

（七）被告人的行为是否构成犯罪，有无法定或者酌定从重、从轻、减轻处罚以及免除处罚的情节；

（八）其他与定罪量刑有关的事实。

**2.《人民检察院刑事诉讼规则》**

**第二百五十条** 人民检察院审查移送起诉的案件，必须查明：

（一）犯罪嫌疑人身份状况是否清楚，包括姓名、性别、国籍、出生年月日、职业和单位等；

（二）犯罪事实、情节是否清楚，认定犯罪性质和罪名的意见是否正确；有无法定的从重、从轻、减轻或者免除处罚的情节；共同犯罪案件的犯罪嫌疑人在犯罪活动中的责任的认定是否恰当；

（三）证据材料是否随案移送，不宜移送的证据的清单、复制件、照片或者其他证明文件是否随案移送；

（四）证据是否确实、充分；

（五）有无遗漏罪行和其他应当追究刑事责任的人；

（六）是否属于不应当追究刑事责任的；

（七）有无附带民事诉讼；对于国家财产、集体财产遭受损失的，是否需要由人民检察院提起附带民事诉讼；

（八）采取的强制措施是否适当；

（九）侦查活动是否合法；

（十）与犯罪有关的财物及其孳息是否扣押、冻结并妥善保管，以供核查。对被害人合法财产的返还和对违禁品或者不宜长期保存的物品的处理是否妥当，移送的证明文件是否完备。

**第三百三十三条**　公诉人讯问被告人，询问证人、被害人、鉴定人，出示物证，宣读书证、未出庭证人的证言笔录等应当围绕下列事实进行：

（一）被告人的身份；

（二）指控的犯罪事实是否存在，是否为被告人所实施；

（三）实施犯罪行为的时间、地点、方法、手段、结果，被告人犯罪后的表现等；

（四）犯罪集团或者其他共同犯罪案件中参与犯罪人员的各自地位和应负的责任；

（五）被告人有无责任能力，有无故意或者过失，行为的动机、目的；

（六）有无依法不应当追究刑事责任的情况，有无法定的从重或者从轻、减轻以及免除处罚的情节；

（七）犯罪对象、作案工具的主要特征，与犯罪有关的财物的来源、数量以及去向；

（八）被告人全部或者部分否认起诉书指控的犯罪事实的，否认的根据和理由能否成立；

（九）与定罪量刑有关的其他事实。

**第三百三十四条**　在法庭审理中，下列事实不必提出证据进行证明：

（一）为一般人共同知晓的常识性事实；

（二）人民法院生效裁判所确认的并且未依审判监督程序重新审理的事实；

（三）法律、法规的内容以及适用等属于审判人员履行职务所应当知晓的事实；

（四）在法庭审理中不存在异议的程序事实；

（五）法律规定的推定事实。

3.《公安机关办理刑事案件程序规定》

**第五十六条**　需要查明的案件事实包括：

（一）犯罪嫌疑人的身份；

（二）立案侦查的犯罪行为是否存在；

（三）立案侦查的犯罪行为是否为犯罪嫌疑人实施；

（四）犯罪嫌疑人实施犯罪行为的动机、目的；

（五）实施犯罪行为的时间、地点、手段、后果以及其他情节；

（六）犯罪嫌疑人的责任以及与其他同案人的关系；

（七）犯罪嫌疑人有无法定从重、从轻、减轻处罚以及免除处罚的情节；

（八）其他与案件有关的事实。

# 第二章　证据的分类审查与认定

## 第一节　物证、书证

### 一、审查的内容

**第六条　对物证、书证应当着重审查以下内容：**

**（一）物证、书证是否为原物、原件，物证的照片、录像或者复制品及书证的副本、复制件与原物、原件是否相符；物证、书证是否经过辨认、鉴定；物证的照片、录像或者复制品和书证的副本、复制件是否由二人以上制作，有无制作人关于制作过程及原件、原物存放于何处的文字说明及签名。**

**（二）物证、书证的收集程序、方式是否符合法律及有关规定；经勘验、检查、搜查提取、扣押的物证、书证，是否附有相关笔录或者清单；笔录或者清单是否有侦查人员、物品持有人、见证人签名，没有物品持有人签名的，是否注明原因；对物品的特征、数量、质量、名称等注明是否清楚。**

**（三）物证、书证在收集、保管及鉴定过程中是否受到破坏或者改变。**

**（四）物证、书证与案件事实有无关联。对现场遗留与犯罪有关的具备检验鉴定条件的血迹、指纹、毛发、体液等生物物证、痕迹、物品，是否通过DNA 鉴定、指纹鉴定等鉴定方式与被告人或者被害人的相应生物检材、生物特征、物品等作同一认定。**

**（五）与案件事实有关联的物证、书证是否全面收集。**

（一）法条内容释义

物证之含义，有广义和狭义之分。狭义的物证是指以其外部特征、存在状态、物质属性等来证明有关案件事实的物品和痕迹。这里的“物”，不同于民法中的必须有使用价值之物，泛指司法实践中所有可以作为物证之物，如各种物品、动物、植物、人体等有形物和气体等无形物。广义的物证是以物质形式表现出来的证据，就是我们通常说的“实物证据”，包括狭义的物证、书证和视听资料等。本条文中的物证，即狭义之物证。本条文中的书证是指以文字、符号、图画等表达的思想或者记载的内容来证明有关案件事实的书面文件或其他物品。书证的范围十分广泛，包括载有文字、符号、数字、图画、印章或其他具有表情达意功能痕迹的所有实物材料。根据本条规定，对物证、书证应当从以下五个方面进行审查：

一是审查物证、书证的来源。审查物证、书证的来源，应当查明物证是何人于何时何地在何种情况下发现、提供或收集的，彻底弄清物证提供、收集的时间、地点以及形成的原因和经过，查明该物证是原物品还是相似的物品，是原件还是复制品。在审查物证的来源时，必须特别注意有无栽赃陷害的情况，如有的犯罪分子将作案工具丢在别人的住处，或把别人家的东西偷来作为犯罪工具，作案后故意遗留在犯罪现场等。

二是审查物证、书证的收集程序是否合法，譬如是否由两名侦查人员收集；经勘验、检查、搜查提取、扣押的物证、书证，是否附有相关笔录或者清单；笔录或者清单是否有侦查人员、物品持有人、见证人签名，没有物品持有人签名的，是否注明原因；对物品的特征、数量、质量、名称等是否注明。另外，具备辨认条件的物证、书证应当交由当事人或者证人进行辨认，必要时应当进行鉴定。

三是审查物证、书证在收集、保管及鉴定过程中有无伪造、损害、变形、变色、变质等情况。犯罪分子作案后为了逃避罪责，经常会破坏现场、伪造证据，制造种种假象。另外，随着自然条件的变化或人为因素的影响，一些物证、书证可能会被损害、变形、变色、变质等，如一些有色痕迹时间长了会退色，立体脚印因风吹雨淋变形等。

四是审查物证、书证与案件的关联程度。物证是不会说话的“哑巴”证据，它自己不能像人一样讲清自己与案件有何联系。但是物证随着犯罪行为的发生和实施而产生，必然会与案件事实有着客观的联系，与案件事实没有关联的其他物品不能作为定案的根据。一般来说，物证、书证与案件的关联需要借助一定的方法才能识别。如审查物证、书证是否交由当事人或者证人辨认；对现场遗留与犯罪有关的血迹、精斑、毛发、指纹等生物物证、痕迹、物品，是否通过 DNA 鉴定、指纹鉴定等方式对与犯罪嫌疑人或者被害人有无关联作出确认。在死刑案件中，对于血迹、精斑等仅仅通过血型鉴定建立关联是不够的，因为血型鉴定只能用于排除认定，不能作同一认定。因此，死刑案件原则上要求只要具备条件的，就要做 DNA 鉴定，以避免冤案发生。

五是审查与案件有关的证明被告人有罪、无罪、罪重和罪轻的物证、书证是否全面收集，不能有所偏漏。

（二）制定理由

本条全面规定了对物证、书证的审查内容，具有如下意义：一是防止故意或者过失将物证、书证的来源、出处弄错，从而对案件事实出现错误认识。二是确保物证、书证收集程序的正当性。收集物证、书证，主要是通过搜查、扣押等侦查手段，这些侦查手段的运用与公民的宪法权利息息相关，因此现代各国刑事诉讼法对搜查与扣押的运用都有严格的程序要求，我国刑事诉讼法也不例外。对于通过严重侵犯公民基本权利的方法获取的实物证据，现代法治国家普遍允许法院排除。我国最高人民法院等有关部门制定的《关于办理刑事案件排除非法证据若干问题的规定》对此也有相关规定。三是审查物证、书证在收集、保管以及鉴定过程中是否存在发生腐化、变质、污染等影响案件事实真相发现的因素。有些物证，如血液、精液等在保管以及鉴定的过程中，可能会发生污染，或者与其他样本弄混。一旦出现此类情况，对案件事实的认定就可能会出错。四是对相关物证进行鉴定有助于防止错案的发生。实践中，相当一部分物证通过人体感官往往能直接辨别，但是有些物证只有通过鉴定才能准确判断。因此，在死刑案件中，为确保万无一失，对具备鉴定条件的人体生物物证原则上应当鉴定。五是审查与案件有关证明被告人有罪、无罪、罪重和罪轻的物证、书证是否全面收集，这主要是考虑到侦查、检察机关在刑事诉讼中负有客观义务，而且被告方的取证能力有限，如此要求有助于法院准确认定案件事实。

（三）应注意的问题

适用本条规定在实践中应注意以下问题：

第一，对物证、书证审查判断时一定要“全”。一般来说，在面对物证、书证时，办案人员都会从不同的角度进行审查，不会直接相信物证、书证。但是，容易出问题的地方往往是顾此失彼，即仅从某一方面对该物证、书证进行审查，而忽略了其他某些方面。

第二，对物证、书证的审查，经常需要与鉴定结论、勘验笔录联系起来，因为很多物证，如一些生物物证、痕迹物证都需要鉴定，对签名、真假有疑问的书证，也需要通过鉴定后才能判断其证明力。

（四）典型案例分析

### 李化伟杀妻案

1. 案情

1986 年 10 月 29 日下午 4 点多，李化伟 21 岁的妻子邢伟在家中被害。警方接到报案，赶到了现场。法医现场勘查结果表明，邢伟没有被强奸，室内没有被抢劫的痕迹，从而排除了抢劫或强奸杀人的可能。此外，刑事技术人员在犯罪现场的录音磁带上和作案刀把上分别提取了同一人的指纹；在炕上提取了42号北京板鞋足迹。

经过比对，这些指纹和足迹都不是李化伟的。但是，警方依然将李化伟认定为犯罪嫌疑人，原因是警方在排查中注意到了这样一条线索：有人向警方提出李化伟和邢伟曾出现过感情问题。基于此，警方将视线转移到了李化伟身上，开始寻找他杀人的证据。后来法院认定李化伟有罪的关键证据之一就是李化伟衣服上的一滴血迹，经多个专业部门分析被认定是“喷溅式血迹”，由此认定该血迹是李化伟行凶杀人时喷溅到衣服上的。最终，李化伟被判处死刑，缓期两年执行。

2000年6月，海城市人民检察院在监狱中开展检举揭发活动，一个犯人检举了大石桥市名叫江海的人有命案。大石桥市公安局迅速将江海捉拿归案，审讯中，江海供述了四起杀人命案，并交代自己才是十四年前杀害李化伟妻子邢伟的真凶。为此，有关部门调取了当年在现场提取的指纹和鞋印。经过比对，现场的指纹和鞋印正是江海留下的，加之江海供述的杀人经过甚至一些当年无法解释的细节，都与现场吻合，从而认定杀死邢伟的真凶是江海。

2. 分析

本案中，值得肯定的是，公安机关对现场的指纹、足迹以及血迹等作了全面的收集，而且对关键物证还作了技术鉴定，这为此案后来的平反奠定了基础。但是，冤案依然发生，究其原因，是公安司法机关在本案中对物证的运用犯了两个错误：一是在作案现场提取的指纹和足迹排除了是李化伟的情况下，有关部门未能继续追查该指纹和足迹究竟是谁留下的，如此关键物证之来源未能查清、相关疑点未能排除。二是仅凭李化伟的衣服上有“喷溅式血迹”就认定李化伟杀妻；在此暂且不论衣服上的“血迹”系“喷溅”之鉴定是否准确，仅凭李化伟衣服上有此血迹就认定其杀人，显然是对物证证明力的错误解读。

**（五）相关法条链接**

1.《刑事诉讼法》

**第一百一十一条** 进行搜查，必须向被搜查人出示搜查证。

在执行逮捕、拘留的时候，遇有紧急情况，不另用搜查证也可以进行搜查。

**第一百一十二条** 在搜查的时候，应当有被搜查人或者他的家属，邻居或者其他见证人在场。

搜查妇女的身体，应当由女工作人员进行。

**第一百一十三条** 搜查的情况应当写成笔录，由侦查人员和被搜查人或者他的家属，邻居或者其他见证人签名或者盖章。如果被搜查人或者他的家属在逃或者拒绝签名、盖章，应当在笔录上注明。

**第一百一十四条** 在勘验、搜查中发现的可用以证明犯罪嫌疑人有罪或者无罪的各种物品和文件，应当扣押；与案件无关的物品、文件，不得扣押。

对于扣押的物品、文件，要妥善保管或者封存，不得使用或者损毁。

**第一百一十六条** 侦查人员认为需要扣押犯罪嫌疑人的邮件、电报的时候，经公安机关或者人民检察院批准，即可通知邮电机关将有关的邮件、电报检交扣押。

不需要继续扣押的时候，应即通知邮电机关。

2.《人民检察院刑事诉讼规则》

**第一百八十三条** 进行搜查的人员，应当遵守纪律，服从指挥，文明执法，不得无故损坏搜查现场的物品。对于查获的重要书证、物证、视听资料及其放置地点应当拍照，并且用文字说明有关情况，必要的时候，可以录像。

**第一百八十四条** 搜查情况应当制作笔录，由检察人员和被搜查人或者他的家属、邻居或者其他见证人签名或者盖章。如果被搜查人或者他的家属在逃，或者拒绝签名、盖章的，应当记明笔录。

**第一百九十二条** 扣押犯罪嫌疑人的邮件、电报或者电子邮件，应当经检察长批准，通知邮电机关或者网络服务机构将有关的邮件、电报或者电子邮件检交扣押。

不需要继续扣押的时候，应当立即通知邮电机关或者网络服务机构。

**第一百九十三条** 对于扣押在人民检察院的物品、文件、邮件、电报，应当指派人员妥善保管，不得使用、调换、损毁或者自行处理。经查明确实与案件无关的，应当在三日以内解除扣押，退还原主或者原邮电机关。

## 二、瑕疵证据的补救

**第七条 对在勘验、检查、搜查中发现与案件事实可能有关联的血迹、指纹、足迹、字迹、毛发、体液、人体组织等痕迹和物品应当提取而没有提取，应当检验而没有检验，导致案件事实存疑的，人民法院应当向人民检察院说明情况，人民检察院依法可以补充收集、调取证据，作出合理的说明或者退回侦查机关补充侦查，调取有关证据。**

### （一）法条内容释义

本条规定了由于侦查机关的失误，致使“与案件事实可能有关联的血迹、指纹、足迹、字迹、毛发、体液、人体组织等痕迹和物品应当提取而没有提取，应当检验而没有检验，导致案件事实存疑的”，人民检察院和法院应当如何处理。对于人民法院而言，此时应当向人民检察院说明情况，建议检察院补充侦查。对于人民检察院而言，既可以自行调查收集，也可以退回侦查机关补充侦查；在补充侦查后依然无法收集到相关证据的，应当作出合理的说明。

**（二）制定理由**

根据我国《刑事诉讼法》第162条规定，人民法院对于开庭审理后事实不清、证据不足的案件，应当作出证据不足、指控的犯罪不能成立的无罪判决。而本条规定，对于应该收集或者检验的关键证据，没有收集或者检验，导致案件事实存疑的，人民法院不宜机械地根据《刑事诉讼法》第162条的规定作出证据不足的无罪判决，而是应尽力让人民检察院采取补救措施。我们认为，此规定体现了近年来人民法院在追求法律效果与社会效果的统一，这种努力值得肯定。不过，对于人民法院而言，在此方面应当把握好两个底线：一是仅仅只能建议检察院补充侦查，不能回到1996年《刑事诉讼法》修改前法院可以将案卷退回给检察院的老路上去；二是在采取补救措施后，如果案件关键事实依然存疑的，应当敢于根据《刑事诉讼法》第162条的规定作出无罪判决。

**（三）应注意的问题**

适用本条规定在实践中应注意以下问题：

第一，对于案件中一些关键性的证据，如果“应当提取而没有提取，应当检验而没有检验，导致案件事实存疑的”，人民法院不宜简单地按照疑罪从无处理，而是应当采取一定的补救措施。不过此时人民法院只能向人民检察院说明情况，建议检察院补充收集或者作出合理的解释，无权将案件再退回人民检察院。

第二，对于一些在侦查中应当提取而没有提取的指纹、血迹等物证，补充侦查时由于某种原因确实无法收集到，导致案件存疑的，人民检察院和法院应当敢于坚持原则，按照疑义有利于被告的原则处理。

**（四）典型案例分析**

**赵作海杀人案**

1. 案情

1998年2月15日，商丘市柘城县老王集乡赵楼村赵振晌的侄子赵作亮到公安机关报案，其叔父赵振晌于1997年10月30日离家后已失踪4个多月，怀疑被同村的赵作海杀害，公安机关当年进行了相关调查。

1999年5月8日，赵楼村在挖井时发现一具高度腐烂的无头、膝关节以下缺失的无名尸体，公安机关遂把赵作海作为重大嫌疑人于5月9日刑拘。1999年5月10日至6月18日，赵作海作了9次有罪供述。由于证据不足，商丘市检察院在两次退卷后，拒绝再次接卷。而警方坚持认为赵作海是杀人凶手，不同意放人，造成赵作海在看守所长期羁押。后经商丘市政法委等多次协调后，检察院提出：公安向检方移卷，要提供DNA鉴定。但由于DNA鉴定没有结果，检察院最后放弃了此疑点，于2002年10月22日以被告人赵作海犯故意杀人罪向商丘市中级人民法院提起公诉。2002年12月5日商丘中院作出一审判决，以故意杀人罪判处被告人赵作海死刑，缓期两年执行，剥夺政治权利终身。河南省高级法院经复核，于2003年2月13日作出裁定，核准商丘中院上述判决。

2010年4月30日，赵振晌回到赵楼村。经调查，1997年10月30日夜，赵振晌携自家菜刀在杜某某家中向赵作海头上砍了一下，怕赵作海报复，也怕把赵作海砍死，就收拾东西于10月31日凌晨骑自行车，带400元钱和被子、身份证等外出，以捡废品为生。因去年患偏瘫无钱医治，才回到村里。经DNA鉴定，证明回村的“赵振晌”确属10多年前被法院认定为赵作海“杀死”的赵振晌。

2. 分析

在本案中，检察院审查起诉时已经发现了关键的疑点，即对于已经腐败的尸体，“应当检验而没有检验，导致案件事实存疑”，并且向公安机关提出要求DNA鉴定，在公安机关既没有给出明确的鉴定结果，也没有对此作出任何合理解释和说明的前提下，检察院放弃了此疑点。更为遗憾的是，法院在审理此案时，也疏忽了此关键性疑点，直接相信了公诉主张，认定该尸体就是赵振晌。一起本来可以避免的冤案，却由于相关办案机关对于有瑕疵的关键性证据没有严格把关，而未能避免。

**（五）相关法条链接**

1.《刑事诉讼法》

**第一百六十五条** 在法庭审判过程中，遇有下列情形之一，影响审判进行的，可以延期审理：

（一）需要通知新的证人到庭，调取新的物证，重新鉴定或者勘验的；

（二）检察人员发现提起公诉的案件需要补充侦查，提出建议的；

（三）由于当事人申请回避而不能进行审判的。

2.《人民检察院刑事诉讼规则》

**第三百四十八条** 法庭审理过程中遇有下列情形之一的，公诉人应当要求法庭延期审理：

（一）发现事实不清、证据不足，或者遗漏罪行、遗漏同案犯罪嫌疑人，需要补充侦查或者补充提供证据的；

（二）发现遗漏罪行或者遗漏同案犯罪嫌疑人，虽不需要补充侦查和补充提供证据，但需要提出追加或者变更起诉的；

（三）需要通知开庭前未向人民法院提供名单的证人、鉴定人或者经人民法院通知而未到庭的证人出庭陈述的。

**第三百五十条**　在审判过程中，对于需要补充提供法庭审判所必需的证据或者补充侦查的，人民检察院应当自行收集证据和进行侦查；必要时可以要求公安机关提供协助。

3.《最高人民法院关于执行〈中华人民共和国刑事诉讼法〉若干问题的解释》

**第一百五十七条**　在庭审过程中，公诉人发现案件需要补充侦查，提出延期审理建议的，合议庭应当同意。但是建议延期审理的次数不得超过两次。

法庭宣布延期审理后，人民检察院在补充侦查的期限内没有提请人民法院恢复法庭审理的，人民法院应当决定按人民检察院撤诉处理。

**第一百五十八条**　人民法院向人民检察院调取需要调查核实的证据材料，或者根据辩护人、被告人的申请，向人民检察院调取在侦查、审查起诉中收集的有关被告人无罪和罪轻的证据材料，应当通知人民检察院在收到调取证据材料决定书后三日内移交。

**第一百五十九条**　合议庭在案件审理过程中，发现被告人可能有自首、立功等法定量刑情节，而起诉和移送的证据材料中没有这方面的证据材料的，应当建议人民检察院补充侦查。

## 三、原始物证、书证优先原则

**第八条　据以定案的物证应当是原物。只有在原物不便搬运、不易保存或者依法应当由有关部门保管、处理或者依法应当返还时，才可以拍摄或者制作足以反映原物外形或者内容的照片、录像或者复制品。物证的照片、录像或者复制品，经与原物核实无误或者经鉴定证明为真实的，或者以其他方式确能证明其真实的，可以作为定案的根据。原物的照片、录像或者复制品，不能反映原物的外形和特征的，不能作为定案的根据。**

**据以定案的书证应当是原件。只有在取得原件确有困难时，才可以使用副本或者复制件。书证的副本、复制件，经与原件核实无误或者经鉴定证明为真实的，或者以其他方式确能证明其真实的，可以作为定案的根据。书证有更改或者更改迹象不能作出合理解释的，书证的副本、复制件不能反映书证原件及其内容的，不能作为定案的根据。**

**（一）法条内容释义**

本条包括四层含义：一是据以定案的物证、书证原则上应当是原物、原件。原件是文书制作人将有关的内容加以记载而作成的原始文本，又称原本或者底本。二是只有在原物不便搬运、不易保存或者依法应当由有关部门保管、处理或者依法应当返还时，才可以拍摄或者制作足以反映原物外形或者内容的照片、录像或者复制品。这些情况如：作为赃物的楼房、汽车等比较大的物证，就属于不便搬运；犯罪嫌疑人盗窃的鲜活的海鲜，就属于不易保存的物证；侦查机关收缴的假币、毒品、淫秽物品等就属于应当由有关部门保管、处理的物证；犯罪分子从被害人处获取的物品、钱财等就属于应当返还的物证；对于书证，只有在取得原件确有困难时，才可以使用副本或者复制件，比如原件属于国家重要的机密文件或者非常珍贵的文物等。三是复制件、复制品、复印件只有经与原物、原件核实无误，或者经过鉴定等方式证明其确属真实的，才能作为定案的根据。四是原物的复制件、复制品等如果不能反映原物的外形和特征，书证有更改或者更改迹象不能作出合理解释的，书证的副本、复制件不能反映书证原件及其内容的，均不能作为定案的根据。

**（二）制定理由**

之所以规定原始物证、书证优先，是因为原物、原件真实的可能性更大，而复制件、复制品、复印件等虚假的可能性更大。如此规定，有助于促使证据收集主体努力收集更可能具有真实性的原始证据，从而更准确、及时地查明案件事实，实现实体公正。但是，在司法实践中，有些情况下原物、原件无法收集或者不宜提交，如果一概否定其复制件、复制品、复印件的证据效力，既不现实，也不利于案件事实真相的查明，故针对一些特定的情况，在能够确保复制品、复制件、复印件真实性的情况下，认可其证据效力。当然，对于一些真实性无法保证的复制品、复制件、复印件，就不应允许其作为定案的根据。

**（三）应注意的问题**

适用本条规定在实践中应注意以下问题：

第一，虽然本规定强调原始物证、书证优先，但是也不要只收集原始证据，而不重视对派生证据的收集。事实上，有些案件中，在收集不到原始证据的情况下，依靠扎实、充分的派生证据同样可以定案。

第二，在运用复制品、复制件以及复印件认定案件事实时，关键是要保证这些派生证据的真实性。

**（四）典型案例分析**

**徐卫刚贩卖毒品案**

1. 案情

被告人徐卫刚涉嫌贩卖毒品。侦查机关从其房屋内缴获冰毒2包，分别重

150 克和 160 克。检验报告书表明，其中重 150 克的毒品中，经鉴定冰毒含量为 94.9%；重 160 克的毒品未作含量鉴定。检察院在审查起诉时注意到此情节，将案件退回公安机关补充侦查，并在《补充侦查提纲》中指出："在翠景花园出租屋缴获的冰毒中，只就其中 150 克进行含量鉴定为 94.9%，对其余 160 克未作鉴定，请作含量鉴定，以便量刑。"公安局补充侦查报告对此的回应是："对其余 160 克没有鉴定含量，因所有毒品已移交无法再作鉴定。"根据上述事实，一审法院判处被告人死刑立即执行。二审时，辩护人提出，在部分毒品未作成分含量鉴定的情况下，一审判处被告人死刑明显不当，理由是：最高人民法院 2008 年 12 月下发的《全国部分法院审理毒品犯罪案件工作座谈会纪要》指出："对可能判处被告人死刑的毒品犯罪案件，应当根据最高人民法院、最高人民检察院、公安部 2007 年 12 月颁布的《办理毒品犯罪案件适用法律若干问题的意见》，作出毒品含量鉴定。"因此，本案将未作含量鉴定的 160 克毒品作为判处被告人死刑的依据有违此规定。后来，二审法院酌情判处被告人死刑，缓期两年执行。

2. 分析

本案中的关键物证——毒品，属于依法应当由有关部门集中保管、处理的违禁品。侦查机关在上缴此物证时，务必通过相关有效的方式固定和保全该证据。本案中，由于侦查机关对关键的 160 克毒品没有作含量鉴定，后来要求鉴定时因毒品已经被集中处理无法鉴定，从而导致在此问题上存疑。后来，二审法院对此案改判，在很大的程度上是因为：对 160 克毒品的成分及含量无法获得正确的认识，对此关键事实存疑。由此可见，即便对于一些不易保存或者需要依法集中处理的物证，事先对其特征、属性等作全面的固定和保全是多么重要。

**（五）相关法条链接**

1.《最高人民法院关于执行〈中华人民共和国刑事诉讼法〉若干问题的解释》

**第五十三条** 收集、调取的书证应当是原件。只有在取得原件确有困难时，才可以是副本或者复制件。

收集、调取的物证应当是原物。只有在原物不便搬运、不易保存或者依法应当返还被害人时，才可以拍摄足以反映原物外形或者内容的照片、录像。

书证的副本、复制件，物证的照片、录像，只有经与原件、原物核实无误或者经鉴定证明真实的，才具有与原件、原物同等的证明力。

制作书证的副本、复制件，拍摄物证的照片、录像以及对有关证据录音时，制作人不得少于二人。提供证据的副本、复制件及照片、音像制品应当附有关于制作过程的文字说明及原件、原物存放何处的说明，并由制作人签名或者盖章。

2.《人民检察院刑事诉讼规则》

**第一百八十八条** 调取书证、视听资料应当调取原件。取得原件确有困难或者因保密需要不能调取原件的，可以调取副本或者复制件。

调取物证应当调取原物。原物不便搬运、保存，或者依法应当返还被害人，或者因保密工作需要不能调取原物的，可以将原物拍照、录像。对原物拍照或者录像应当足以反映原物的外形、内容。

调取书证、视听资料的副本、复制件和物证的照片、录像的，应当附有不能调取原件、原物的原因、制作过程和原件、原物存放地点的说明，并由制作人员和原书证、视听资料、物证持有人签名或者盖章。

## 四、物证、书证的排除

**第九条第一款 经勘验、检查、搜查提取、扣押的物证、书证，未附有勘验、检查笔录，搜查笔录，提取笔录，扣押清单，不能证明物证、书证来源的，不能作为定案的根据。**

### （一）法条内容释义

本条款是关于物证、书证排除的规定，包括两个方面的含义：一是对于物证、书证收集的笔录及扣押清单要求。实践中，物证、书证的收集方法主要有勘验、检查、搜查提取、扣押。运用这些方法收集物证、书证应当制作笔录，笔录内容应当能够反映物证和书证的来源，即该物证、书证是何人在何地、何时、用何种手段收集到的。二是如果没有附上相关笔录及扣押清单，且又无其他证据能够证明物证、书证来源的，该物证、书证不能作为定案的根据。这意味着追诉机关对其收集的物证、书证，应当向法庭明确证明该物证、书证的来源。

### （二）制定理由

一方面，物证、书证属于实物证据，具有很强的客观性和稳定性，但是被动性和依赖性也较明显，其证明价值常常要依赖于诉讼主体运用一定的技术手段加以发现和固定。而且，物证、书证还容易受外力作用而消失，故更需要及时地发现、固定和保全。笔录及清单的制作是固定和保全物证、书证的重要手段，也是收集证据的基本要求。另一方面，只有明确应该附有而没有附有相关笔录、清单导致证据来源不明的后果——相关物证、书证不能作为定案的根据，才能进一步促使侦查机关依法收集物证、书证。

**（三）应注意的问题**

适用本条规定在实践中应注意以下问题：对于通过勘验、检查、搜查提取、扣押等方法取得的物证、书证，只有在没有附上勘验检查笔录、搜查笔录、提取笔录和扣押清单，而且又无其他方法证明其来源时，该证据才应排除。根据本《规定》第九条第三款，如果对物证、书证的来源存疑，但能作出合理解释的，可以作为证据使用。

**（四）典型案例分析**

**吴金义故意杀人案①**

1. 案情

被告人吴金义，男，1971年2月18日出生，农民。因涉嫌犯故意杀人罪于2004年12月13日被逮捕。周口市中级人民法院经审理认为，虽然被告人吴金义当庭拒不供认故意杀人的犯罪事实，但其在公安机关曾多次供认，且从现场提取的血掌印经鉴定确系吴金义所留，足以认定。故判处被告人吴金义死刑，剥夺政治权利终身。一审宣判后，被告人吴金义以“没有杀人”向河南省高级人民法院提出上诉。河南省高级人民法院经审理认为，本案事实清楚，证据确实、充分，足以认定，裁定驳回上诉，维持原判，并依法报请最高人民法院核准。

最高人民法院经复核认为，一审、二审认定被告人吴金义故意杀人案的主要证据是经鉴定为被告人所留的“血掌印”和被告人在侦查阶段的有罪供述。但现场勘验、检查笔录不能清楚地反映该掌印的来源，也无提取笔录；该掌印是否是“血掌印”也无证据证实，在案证据不能形成完整的证据链。一审判决和二审裁定认定被告人吴金义故意杀人犯罪事实不清，证据不足，故裁定：不核准死刑裁定，撤销原审判决和裁定，发回重审。

2. 分析

本案涉及痕迹物证来源不清时应当如何采信的问题。本案中，虽然现场勘验笔录记载提取了该掌纹和另外两枚指纹，但没有见证人证明，对“血掌印”没有单独制作提取笔录，现场照片不能确切证明血掌印是从哪里提取的。从本案的破案经过看，“血掌印”是从现场床帮上提取的，但卷内只有一张有掌印的木块的照片，看不出该木块来自哪个部位。现场勘查照片不能反映现场重点区域的概貌、局部以及痕迹物证具体特征的细节。因此，关键物证“血掌印”的来源不清，虽然鉴定结论能够证明在案的掌印系被告人所留，但不能证明该

---

① 本案例来源于李智明：“物证提取不全或来源不清案件的证据审查”，载《刑事审判参考》2009年第5辑。

检材就是现场床帮上的“血掌印”；现场勘查中记载的其他“血指印”未通过鉴定等形式予以固定，不能完全排除其他人作案的可能。综上，本案的有罪证据不能形成完整的证据链，达不到确实、充分的程度，故最高人民法院依法作出不核准被告人吴金义死刑、发回重审的裁定是正确的。

**（五）相关法条链接**

1.《刑事诉讼法》

**第一百一十五条** 对于扣押的物品和文件，应当会同在场见证人和被扣押物品持有人查点清楚，当场开列清单一式二份，由侦查人员、见证人和持有人签名或者盖章，一份交给持有人，另一份附卷备查。

2.《最高人民法院关于执行〈中华人民共和国刑事诉讼法〉若干问题的解释》

**第五十四条** 人民法院依法向有关单位和个人收集、调取、调查、核实证据，认为必要时，可以通知检察人员、辩护人到场。

人民法院向有关单位收集、调取的书面证据材料，必须由提供人署名，并加盖单位印章；人民法院向个人收集、调取的书面证据材料，必须由本人确认无误后签名或者盖章。

**第五十六条** 人民法院对有关单位和个人提供的证据，应当出具收据，注明证据的名称、收到的时间、件数、页数以及是否原件等，由书记员或者审判员签名。

**第一百五十条** 当庭出示的物证、书证、视听资料等证据，应当先由出示证据的一方就所出示的证据的来源、特征等作必要的说明，然后由另一方进行辨认并发表意见。控辩双方可以互相质问、辩论。

## 五、瑕疵物证、书证的采用

**第九条第二、三款 物证、书证的收集程序、方式存在下列瑕疵，通过有关办案人员的补正或者作出合理解释的，可以采用：**

**（一）收集调取的物证、书证，在勘验、检查笔录，搜查笔录，提取笔录，扣押清单上没有侦查人员、物品持有人、见证人签名或者物品特征、数量、质量、名称等注明不详的；**

**（二）收集调取物证照片、录像或者复制品，书证的副本、复制件未注明与原件核对无异，无复制时间、无被收集、调取人（单位）签名（盖章）的；**

**（三）物证照片、录像或者复制品，书证的副本、复制件没有制作人关于制作过程及原物、原件存放于何处的说明或者说明中无签名的；**

**（四）物证、书证的收集程序、方式存在其他瑕疵的。**

**对物证、书证的来源及收集过程有疑问，不能作出合理解释的，该物证、书证不能作为定案的根据。**

**（一）法条内容释义**

本条包含以下几层含义：一是瑕疵物证、书证的类型，包括以上四种情况。在此，需要特别指出的是，有瑕疵的物证、书证与非法取得的物证、书证存在本质差别。非法取得的证据，强调的是取证手段与方法严重违法，侵害了公民基本权利；而有瑕疵的证据，一般是指在取证过程或者某一环节中遗漏了某些事项，导致该证据在形式上有欠缺，不够完美。对于严重非法取得的物证、书证，应当排除；对于有瑕疵的证据，一般不直接排除，而是允许先采取补救措施。二是对于瑕疵证据，必须通过有关办案人员的补正或者作出合理解释后方可以采用。所谓补正，是直接纠正原有的遗漏，如没有签名的，补充签名；没有详细记录的，重新补上。所谓作出合理的解释，是在补正不可能的情况下，由相关办案人员对该瑕疵作出合情合理的解释，使人确信该物证、书证是真实的。三是对物证的来源及收集过程有疑问，举证人又不能作出合理解释的，法院不能将其作为定案的根据。

**（二）制定理由**

对于有瑕疵的物证、书证，之所以没有规定强制排除，而是允许采取补救措施，使其转化为合格的证据，主要是考虑到：对于没有严重侵犯基本权利，又对证明案件真实情况有直接作用的瑕疵证据一概予以排除，无疑会因为证据不足而使犯罪分子逍遥法外，导致对犯罪的打击不力，社会公众的利益得不到保护。将瑕疵证据予以转化使其具有合法性，能使其证明实体真实的作用得到充分发挥，可有效避免放纵犯罪。

**（三）应注意的问题**

适用本条规定在实践中应注意以下问题：

第一，有瑕疵的物证、书证最终能否采用，取决于补正和合理解释的效果。而且，并非作出补正或者合理解释后，就必须采用，只是“可以采用”。至于最终是否采用，还得结合案情和其他证据综合审查判断。

第二，注意把握非法证据与有瑕疵的证据之界限，这当中不可避免地涉及裁判者的自由裁量权。我们认为，此界限可以从以下两个方面综合把握：一是是否侵犯公民宪法权利。如果侵犯了公民宪法权利，应视为非法证据；反之，就属于有瑕疵的证据；二是对该证据真实之影响。如果取证的方式、程序存在的问题导致该证据真实性难以保障的，可以认定为是非法证据；反之，应认定为有瑕疵的证据。

**（四）相关法条链接**

《人民检察院刑事诉讼规则》

**第一百九十条** 对于扣押的文件、资料和其他物品，侦查人员应当会同在场见证人和被扣押物品持有人查点清楚，当场开列扣押物品清单一式二份，写明文件、资料和其他物品的名称、型号、规格、数量、重量、质量、颜色、新旧程度和缺损特征等，由检察人员、见证人和持有人签名或者盖章，一份交给持有人，另一份附卷备查。如果持有人拒绝签名或者盖章的，应当在扣押物品清单上记明。

对于扣押的金银珠宝、文物、名贵字画、违禁品以及其他不易辨别真伪的贵重物品，应当当场密封，并由扣押人员、见证人和被扣押物品持有人在密封材料上签名或者盖章。

**第一百九十一条** 对于应当扣押但是不便提取的物品，经拍照或者录像后，可以交被扣押物品持有人保管，并且单独开具扣押物品清单一式二份，在清单上注明该物品已经拍照或者录像，物品持有人应当妥善保管，不得转移、变卖、毁损，由检察人员、见证人和持有人签名或者盖章，一份交给物品持有人，另一份连同照片或者录像带附卷备查。

## 六、物证、书证的辨认与鉴定

**第十条 具备辨认条件的物证、书证应当交由当事人或者证人进行辨认，必要时应当进行鉴定。**

**（一）法条内容释义**

本条包括两层含义：第一，凡是具备辨认条件的物证、书证，均应交由当事人或者相关证人进行辨认，即由当事人或者相关证人对该物证、书证的来源及真实性发表意见，如在杀人案中，侦查机关可能会从犯罪现场收集一把刀，但此刀是否是被告人行凶时用的刀，就需要交由被告人辨认，这是对物证、书证审查的一般原则。第二，必要时，应当对物证、书证进行鉴定，这是特殊原则。所谓“必要时”，是指有些物证、书证的证明力必须经过鉴定才能展示出来，当事人或者证人通过五官的直接感知不易辨认或者对方对辨认有异议；该物证、书证意义重大，一旦毁损对以后的诉讼将造成重大的影响，需要通过鉴定来固定其证明力等。

**（二）制定理由**

之所以规定“具备辨认条件的物证、书证应当交由当事人或者证人进行辨认，必要时应当进行鉴定”，主要是由物证、书证的特点决定的。对于一个实物证据而言，只有既与特定的犯罪时空相联系，又与犯罪嫌疑人相联系的时候，才能对案件事实发挥证明作用。例如，一把刀，只有证明被害人确实是被这把刀杀死的，而且能够证明这把刀与犯罪嫌疑人存在关联，譬如刀把上遗留有其指纹，才具有证据价值。对此两种关联度的揭示，靠被称之为“哑巴证据”的物证、书证自身是不可能完成的，这就需要辨认或者鉴定。在司法实践中，对于物证、书证的辨认，主要是解决物证、书证与嫌疑人之间的关联度。对于书证、物证的鉴定，主要从以下几个方面解决物证、书证与案件事实及嫌疑人之间的关联度：一是客体的同一认定，即指案件中先后出现的客体是否同一的问题，如现场的血迹是否来自被害人或者犯罪嫌疑人。二是客体种属认定问题，即对客体的类型、物质属性等作出判断。三是客体真伪认定问题，这主要是为了解决有争议文书真伪问题而进行的一类鉴定，譬如文书由何人制作，印章是否伪造，等等。

**（三）应注意的问题**

适用本条规定在实践中应注意以下问题：

第一，原则上所有的物证、书证均需由当事人或者证人进行辨认，而且辨认时应该遵循辨认的相关规则。

第二，在死刑案件中，对已经死亡的被害人以及被告人真实身份的认定，原则上应当进行 DNA 鉴定；对于其他的生物物证，只要其证明力通过感官难以揭示，原则上应进行鉴定。

**（四）典型案例分析**

### 佘祥林杀妻案

1. 案情

（此案情请参见本书第一编中 p. 23，此处略）

2. 分析

本案无疑让法律人痛心，留给我们的教训也是深刻的。本案之所以出错，就是因为对关键物证——尸体作了错误的判断，以为该尸体就是张在玉，但客观事实却相反！如果当初办案机关在面对此尸体时，不是仅仅通过被害人家属的辨认，而是谨慎、负责地通过相关物证鉴定，此冤案就不会发生。通过本案，我们可以发现，规定中“对现场遗留与犯罪有关的具备检验鉴定条件的血迹、指纹、毛发、体液等生物物证、痕迹、物品，是否通过 DNA 鉴定、指纹鉴定等鉴定方式与被告人或者被害人的相应生物检材、生物特征、物品等作同一认定”之表述，是有着很强的现实意义的。

**（五）相关法条链接**

1.《刑事诉讼法》

**第一百五十七条** 公诉人、辩护人应当向法庭出示物证，让当事人辨认，对未到庭的证人的证言笔录、鉴定人的鉴定结论、勘验笔录和其他作为证据的文书，应当当庭宣读。审判人员应当听取公诉人、当事人和辩护人、诉讼代理人的意见。

**2.《最高人民法院关于执行〈中华人民共和国刑事诉讼法〉若干问题的解释》**

**第一百五十条** 当庭出示的物证、书证、视听资料等证据，应当先由出示证据的一方就所出示的证据的来源、特征等作必要的说明，然后由另一方进行辨认并发表意见。控辩双方可以互相质问、辩论。

**3.《人民检察院刑事诉讼规则》**

**第二百五十八条** 人民检察院对物证、书证、视听资料、勘验、检查笔录存在疑问的，可以要求侦查人员提供物证、书证、视听资料、勘验、检查笔录获取、制作的有关情况。必要时也可以询问提供物证、书证、视听资料的人员并制作笔录，对物证、书证、视听资料进行技术鉴定。

**第三百四十条** 公诉人向法庭出示物证，应当对该物证所要证明的内容、获取情况作概括的说明，并向当事人、证人等问明物证的主要特征，让其辨认。

宣读书证应当对书证所要证明的内容、获取情况作概括的说明，向当事人、证人问明书证的主要特征，并让其辨认。对该书证进行技术鉴定的，应当宣读鉴定书。

## 第二节 证人证言

### 一、审查的内容

**第十一条 对证人证言应当着重审查以下内容：**

**（一）证言的内容是否为证人直接感知。**

**（二）证人作证时的年龄、认知水平、记忆能力和表达能力，生理上和精神上的状态是否影响作证。**

**（三）证人与案件当事人、案件处理结果有无利害关系。**

**（四）证言的取得程序、方式是否符合法律及有关规定：有无使用暴力、威胁、引诱、欺骗以及其他非法手段取证的情形；有无违反询问证人应当个别进行的规定；笔录是否经证人核对确认并签名（盖章）、捺指印；询问未成年证人，是否通知了其法定代理人到场，其法定代理人是否在场等。**

**（五）证人证言之间以及与其他证据之间能否相互印证，有无矛盾。**

**（一）法条内容释义**

证人证言，是指除当事人以外的知道案件事实情况的第三人，向办案人员所作的有关案件部分或者全部事实真相的陈述。对证人证言的审查判断，应当从以下五个方面进行：

一是审查证人感知案件事实的来源，即审查证人所陈述的情况是证人亲身感知的，还是从别人处间接获知的，或者是证人的主观推测、道听途说等。若是从别人处间接获知的，还应将这个传播链的各个环节弄清。

二是从证人自然状况的角度进行审查，这包括：（1）审查证人感知案件事实的自然条件，如感知案件事实时的天气、光线、距离、方位、声音强弱等。（2）审查证人感知案件事实时的心理状态，对案件事实的发生，证人是惊恐，还是冷静自若。（3）审查证人的年龄、健康状况、文化程度、感知能力和表达能力等。如有的证人眼睛近视，在没戴眼镜的情况下显然不能清楚地看见远处发生的事情。（4）审查证人提供证言的时间距案件发生时间的长短，从感知案件事实到提供证言相距的时间越短，证人的记忆越清楚；反之时间越长，证人的记忆就越模糊。

三是审查证人与案件当事人及案件处理结果有无利害关系。一般来说，如果证人与案件当事人之间存在亲属、友情关系，则可能提供对其有利的证言；如果证人与案件当事人之间有仇或其他矛盾，则很有可能提供对其不利的证言。证人如果与案件处理结果有关系，如对于一些污点证人，其提供的证词之客观性也应慎重考虑。

四是审查证言的取得程序、方式是否符合法律及有关规定。我国现行刑事诉讼法及相关司法解释对于公安司法机关询问证人有系列程序性要求。根据这些规定，在审查证言的取得程序、方式是否符合法律及有关规定时，应重点审查如下内容：有无使用暴力、威胁、引诱、欺骗以及其他非法手段取证的情形；有无违反询问证人应当个别进行的规定；笔录是否经证人核对确认并签名（盖章）、捺指印；询问未成年证人，是否通知了其法定代理人到场，其法定代理人是否在场等。

五是审查证人证言之间以及与其他证据之间能否相互印证，有无矛盾。审查判断证人证言所证实的内容同案件待证事实之间有无内在的客观联系，有何种联系。只有证人证言与案件事实之间存在着客观联系，才有可能对案件事实起到证明作用。另外，还应审查证言所证实的内容与其他证据之间、与案件待证事实之间是否互相吻合，有无矛盾之处。如果存在矛盾，则有必要进一步调查核实，甚至补充收集证据。

**（二）制定理由**

本条之所以作如此规定，是因为上述因素直接影响证人证言的客观性、合法性和关联性。一般来说，原始证据的证明力大于传来证据的证明力。证人对案件事实的了解如果直接来源于案件事实，此证人证言就属于原始证据；如果是从当事人或者其他人处听说的，则此证人证言就属于传来证据。证人证言的形成包括感知、记忆、陈述三个环节，证人的年龄、认知水平、记忆能力和表达能力、生理和精神上的状态等自然因素对证人的感知、记忆和陈述能力都会产生影响。尽管很多证人是基于正义感作证；但是，当证人与案件当事人及案件处理结果有利害关系的时候，证人作证的诚实度就会降低。对询问证人程序的严格规定，既是为了保证尽可能取得客观的证言，也是对证人权利的保护，对其进行审查就大有必要。证人证言属于言词证据，证明力相对比较薄弱，因此需要通过其他证据的印证来判断其真实性。

**（三）应注意的问题**

适用本条规定在实践中应注意以下问题：

第一，对证人证言的审查，关键是要在全面考虑的基础上再作判断，防止思维片面，考虑不足。

第二，证人与案件当事人及处理结果有利害关系，并不意味着该证人证言不可采信，这只是影响证人证言真实性的一个因素，而非决定性的因素。

第三，通过其他证人证言和相关证据审查判断证人证言时，要善于从细节着手，发现能相互印证的地方或者存在破绽的地方。

**（四）典型案例分析**

**张海生强奸案**

1. 案情

河南省某县检察院指控：2003年12月12日下午5时，被告人张海生到淅川县仓房镇党子口村小王沟做药品生意，路过一片柏树林，遇到从此经过的磊山小学的学生张某等4名学生。张海生上前谎称其妹妹在柏树林放羊时将腿摔伤，让张某去帮忙治一下，将张某骗到了树林深处后，将其双手用塑料绳拴着，摁倒在地实施了强奸。

开庭审理时，受害人张某一口咬定是被告人所为，公诉机关出示的其余三个参加辨认的小学生的证言和辨认结果，也证明了案发时叫走张某的那个男子就是他。但是，被告人及辩护人辩称：张海生没有作案时间。同时提出，公安机关出示的侦查卷中，被告人张海生也没有承认其有强奸的行为和实施强奸的细节，实属零口供；公安机关所作的对强奸者在受害人身上留下的体液鉴定，与张海生血液的DNA鉴定结果比照，也证明不了强奸者在受害人身上留下的体液系张海生所为；辨认时，派出所违背了被辨认人数应该在7人以上的法律规定，且办案民警还提示来辨认的小学生“看清楚鞋子”，有诱导嫌疑；疑犯作案时所穿的是灰色上衣、红色毛衣，张海生当天穿的是黑色上衣，二者截然不同。

2004年9月28日，淅川县法院对这起罕见的零口供强奸案作出了刑事附带民事判决，认为淅川县检察院指控罪名成立，公诉机关所列证据已构成完整的证据链条，故认定被告人张海生犯强奸罪，对其判处有期徒刑9年。一审判决后，张海生立即提起上诉。南阳市中级法院经审理认为，原判决认定事实不清、证据不足，遂作出撤销原判、发回重审的裁定。

就在张海生等待淅川县法院重审时，一个消息传来：与淅川县毗邻的湖北省丹江口市警方侦破了一个系列强奸未成年少女案。据名叫王玉平的犯罪嫌疑人交代，2003年12月12日下午5时，他在淅川县仓房镇党子口村小王沟，见到几个小学生放学归来，顿生歹意，将其中一人诱骗到附近的柏树林里实施了强奸。

2. 分析

本案是一起典型的对被害人陈述及证人证言审查不善导致的错案。在本案中，影响被害人陈述及证人证言真实性的几个关键因素都没有引起一审法官注意：一是被害人及证人都是未成年人，其作证能力有限；二是侦查机关对相关未成年证人取证时存在引诱的不正当行为；三是被害人陈述及证人证言与案件中其他证据，如被告人的辩解、鉴定意见等，相互矛盾，无法印证。如果法官在审查本案被害人陈述及证人证言时，对此三个方面的因素予以充分考虑，错案就不会发生。

**（五）相关法条链接**

1.《刑事诉讼法》

**第九十九条** 本法第九十五条的规定，也适用于询问证人。

2.《人民检察院刑事诉讼规则》

**第一百五十七条** 人民检察院在侦查过程中，应当及时询问证人，并且告知证人履行作证的权利和义务。

人民检察院应当保证一切与案件有关或者了解案情的公民，有客观地充分地提供证据的条件，并为他们保守秘密。除特殊情况外，人民检察院可以吸收证人协助调查。

**第一百五十八条** 询问证人，应当由检察人员进行。询问的时候，检察人员不得少于二人。

**第一百六十一条** 询问不满十八岁的证人，可以通知其法定代理人到场。

**第一百六十二条** 本规则第一百四十一条至第一百四十二条的规定，适用于询问证人。

**第一百六十三条** 人民检察院应当保障证人及其近亲属的安全。

询问中涉及证人隐私的，应当保守秘密。

对证人及其亲属进行威胁、侮辱、殴打或者打击报复，构成犯罪或者应当给予治安管理处罚的，应当移送公安机关处理；情节轻微的，予以批评教育、训诫。

**第一百六十四条** 询问被害人，适用询问证人的规定。

## 二、证人证言的证据能力

**第十二条第一、二款　以暴力、威胁等非法手段取得的证人证言，不能作为定案的根据。**

**处于明显醉酒、麻醉品中毒或者精神药物麻醉状态，以致不能正确表达的证人所提供的证言，不能作为定案的根据。**

### （一）法条内容释义

本条对证人证言的证据能力作出了规定。根据本条规定，以下两种情况下的证人证言不具有证据能力：一是通过暴力、威胁等非法手段取得的证人证言。所谓通过暴力、威胁等手段取得的证人证言，是指以暴力、威胁等手段迫使证人对案件进行陈述作证。凡是以此手段取得的证人证言，均应绝对排除；至于暴力、威胁手段是否必然导致该证言虚假，在所不问。二是处于明显醉酒、麻醉品中毒或者精神药物麻醉状态，以致不能正确表达的证人所提供的证言，不能作为定案的根据。需要指出的是，这里的“明显醉酒、麻醉品中毒或者精神药物麻醉状态”必须导致其神智不清、不能正确表达，相关证言才需要排除；如果仅有前者，但证人依然能够正确表达的，其证言可以作为定案的根据。

### （二）制定理由

以暴力、威胁等非法手段收集证人证言，严重侵犯了证人的基本权利，属于严重的程序不公；而且，证人在暴力、威胁的强迫下，往往不能根据自己的真实意思陈述案件事实，其证言虚假的可能性很大。因此，以此手段取得证人证言，必须排除。

证人资格是一个人能够作为证人提供证言的资格。具备证人资格的条件是：一是感知案件事实；二是具有辨别是非的能力；三是具有正确表达的能力。这三个条件必须同时具备，才有资格作为证人。正处于明显醉酒状态、麻醉品中毒或者精神药物麻醉状态的人，神智不是很清晰，甚至处于幻觉状态，其辨别是非的能力和正确表达的能力受到酒精、麻醉品或者精神药物的影响，通常都会存在一定的障碍。因此，此类证言不具有证据资格。

**（三）应注意的问题**

适用本条规定在实践中应注意以下问题：

第一，本规定与我国《刑事诉讼法》及《最高人民法院关于执行〈中华人民共和国刑事诉讼法〉若干问题的解释》有少数不一致的地方。《刑事诉讼法》第43条规定，严禁刑讯逼供和以威胁、引诱、欺骗以及其他非法的方法收集证据。最高人民法院上述《解释》第61条规定：严禁以非法的方法收集证据。凡经查证确实属于采用刑讯逼供或者威胁、引诱、欺骗等非法的方法取得的证人证言、被害人陈述、被告人供述，不能作为定案的根据。据此，凡是通过暴力、威胁、引诱和欺骗取得的证人证言都应当排除。但是，本规定仅仅只排除通过“暴力、威胁”手段取得的证人证言，对以“引诱、欺骗”等方法取得的证人证言如何处理，没有明确规定，这将成为司法实践中的争议焦点。

第二，本规定对由谁来证明是否存在对证人有“暴力、威胁”行为没有作出规定。我们认为，可以参照《关于办理刑事案件排除非法证据若干问题的规定》中有关非法供述排除之证明机制。

**（四）典型案例分析**

**赵作海杀人案**

1. 案情

在本章前述的赵作海被错判杀人案中，赵作海的前妻赵某对记者表示，当午，井里尸体被发现后，她曾经被警方关在乡里一个酒厂一个月，受到很多折磨。“用棍子打我，让我跪在砖头上，砖头上还有棍子”。她说，民警一直问她是不是知道赵作海杀人。“我什么都不知道”，说不知道就一直被打。她说每天只能吃一个馒头，还经常几天不让睡觉。而被称为赵作海“相好”的甘花表示，她也曾被警方审问，被棍子打过，让她直起腰、屁股不挨地地长期跪着，致两个膝盖直不起来。

2. 分析

在我国司法实践中，侦查机关以暴力、威胁等方式收集证人证言的违法事件时有发生，本案就是典型的一例。一般来说，侦查机关以暴力、威胁等方式收集证人证言，目的是试图让口供与证人证言相互印证。如此做法，既侵犯了证人的基本权利，同时还不利于案件事实真相的发现，只会引发更多的错案。因此，对于以暴力、威胁等方式收集的证人证言，只要查证属实，就应坚决予以排除。

（五）相关法条链接

1.《刑事诉讼法》

**第四十三条** 审判人员、检察人员、侦查人员必须依照法定程序，收集能够证实犯罪嫌疑人、被告人有罪或者无罪、犯罪情节轻重的各种证据。严禁刑讯逼供和以威胁、引诱、欺骗以及其他非法的方法收集证据。必须保证一切与案件有关或者了解案情的公民，有客观地充分地提供证据的条件，除特殊情况外，并且可以吸收他们协助调查。

**第四十八条** 凡是知道案件情况的人，都有作证的义务。

生理上、精神上有缺陷或者年幼，不能辨别是非、不能正确表达的人，不能作证人。

2.《最高人民法院关于执行〈中华人民共和国刑事诉讼法〉若干问题的解释》

**第五十七条** 对于证人能否辨别是非，能否正确表达，必要时可以进行审查或者鉴定。

**第五十八条** 证据必须经过当庭出示、辨认、质证等法庭调查程序查证属实，否则不能作为定案的根据。

对于出庭作证的证人，必须在法庭上经过公诉人、被害人和被告人、辩护人等双方询问、质证，其证言经过审查确实的，才能作为定案的根据；未出庭证人的证言宣读后经当庭查证属实的，可以作为定案的根据。

法庭查明证人有意作伪证或者隐匿罪证时，应当依法处理。

**第六十一条** 严禁以非法的方法收集证据。凡经查证确实属于采用刑讯逼供或者威胁、引诱、欺骗等非法的方法取得的证人证言、被害人陈述、被告人供述，不能作为定案的根据。

## 三、意见证据规则

**第十二条第三款 证人的猜测性、评论性、推断性的证言，不能作为证据使用，但根据一般生活经验判断符合事实的除外。**

（一）法条内容释义

本条规定的是意见证据规则。该规则要求：证人只能就他们感知的事实提供陈述。这些感知的事实既可以是证人在案发现场亲身经历的事实，也可以是证人从他人口中间接得知的事实。但是，证人根据其感知的事实所发表的猜测性、评论性和推断性意见，不具有证据资格，不能作为证据使用。证人根据其感知的事实所作的猜测性、评论性和推断性意见，是指证人基于其知识、经验，通过推理等思维方法对其感知的事实进行推理、分析所形成的主观性意见，这种主观性意见不能作为证据使用。不过，如果证人的意见，根据一般生活经验就可以判断符合事实的，该意见可以作为证据使用，譬如证人发表的诸如“闻起来像火药味”、“车开得非常快”、“是他的声音”、“他醉醺醺的，喝了好多酒”、“他看上去很紧张”等意见，就属于根据一般生活经验可以判断符合事实。

**（二）制定理由**

在英美国家，广义的证人分为“事实证人”和“专家证人”两类。事实证人只能就自己感官所感知的有关案件事实进行陈述，如果陈述的内容仅仅是个人的意见、判断或者感想，这样的陈述不能采纳为定案的依据。意见证据规则禁止事实证人提供与其感官体验相分离的单纯意见，但证人在事实陈述中提出的依一般经验作出的推测，可以采纳为判决的依据。意见证据规则的法理基础是：（1）在事实基础上进行推断、形成意见，是法官的职能，事实证人提出自己的推断、意见，超越了自己作为证人的界限；（2）事实证人提出自己的推断、意见，容易与他们自己感知的事实相混淆，造成偏见或者预断，影响案件事实的正确认定。

我国现行刑事诉讼法没有规定意见证据规则。本条规定在我国刑事诉讼中确立意见证据规则，有助于规范证人的作证活动，避免证人将自己的猜测、意见与所感知的案件事实情况混为一谈，防止法官被这些猜测、意见所误导，进而对案件事实作出错误的认定。此外，还值得肯定的是，本条规定注意到了《最高人民法院关于民事诉讼证据的若干规定》中确立没有例外的意见证据规则之不足，明确了意见证据的例外，这主要是考虑到：（1）在证人的意见和证人感知的事实之间划出绝对的界限非常困难；（2）人的感知活动是综合进行的，允许证人对所感知的某些现象进行综合性的描述不仅有助于证人对案件情况的描述，而且更有助于审判者对案件事实的了解。

**（三）应注意的问题**

适用本条规定在实践中应注意以下问题：

第一，在我国，证人仅指“事实证人”，不包括专家证人。

第二，在法院开庭审判时，一旦证人对案件事实发表相关意见，公诉人或者辩护人、代理人等应及时提请审判长制止，并告知证人只能对案件事实进行陈述，不能发表意见。

第三，意见证据规则存在例外，把握此种例外，需要裁判者根据生活经验酌情把握。

**（四）典型案例分析**

1. 案情

在一起被告被指控溺死自己儿子梁某的杀人案件中，证人作证说，“我当时离被告太远，无法确定被告当时抓着的那个孩子就是梁某。然而，那个孩子看着好像是梁某。”

2. 分析

本案证言中，“那个孩子看着好像是梁某”，就属于意见证据，不应被采纳；该证人的证言只能证明：被告人当时抓着一个孩子。

## 四、证人证言的排除

**第十三条　具有下列情形之一的证人证言，不能作为定案的根据：**

**（一）询问证人没有个别进行而取得的证言；**

**（二）没有经证人核对确认并签名（盖章）、捺指印的书面证言；**

**（三）询问聋哑人或者不通晓当地通用语言、文字的少数民族人员、外国人，应当提供翻译而未提供的。**

**（一）法条内容释义**

本条明确了三种情形下取得的证人证言必须排除，不能作为定案的根据：一是询问证人没有个别进行而取得的证言。所谓“个别进行”，指的是公安司法人员在询问证人时，在同一时间同一地点只能询问一名证人，而且此时其他证人不能在场。二是没有经证人核对确认并签名（盖章）、捺指印的书面证言。证人在被询问完毕后，必须在证言笔录上签名确认笔录内容属实；否则，此书面证言无法保证是证人的真实意思表示。三是询问聋哑人或者不通晓当地通用语言、文字的少数民族人员、外国人，应当提供翻译而未提供的。这里的“翻译”必须是翻译出的语言文字能为证人所知悉和理解。

**（二）制定理由**

我国《刑事诉讼法》规定：（1）询问证人应当个别进行。这主要是考虑到：询问证人个别进行，有利于证人解除思想顾虑，而且不会受其他证人的干扰和影响，独立地提供证言，从而确保证言的真实性。（2）对证人的询问笔录应当交证人核对，对于没有阅读能力的，应当向他宣读；如果记载有遗漏或者差错，证人可以提出补充或者改正；证人承认笔录没有错误后，应当签名或者盖章；证人请求自行书写证词的，应当准许；必要的时候，办案人员也可以要求证人亲笔书写证词。这主要是为了证明该证言笔录确属证人的真实意思表示。（3）询问聋哑人或者不通晓当地通用语言、文字的少数民族人员、外国人，应当为其提供翻译。《刑事诉讼法》作出上述规定，目的是为了通过程序保障证人证言的真实性。遗憾的是，如果证人证言的取得违反了上述规定，该证人证言的效力如何？我国《刑事诉讼法》没有明文规定，这显然不利于上述规定在实践中得到遵守。为此，本规定明确违反上述规定所取得的证人证言无效，这对于确保证人证言质量、提升刑事程序的独立价值具有重要的意义。

**（三）应注意的问题**

适用本条规定在实践中应注意以下问题：

第一，为了保证询问证人个别进行原则在实践中得到落实，特别需要注意的是：证人不能到法院旁听其作证的案件，否则其在法庭上提供的证人证言也不能作为定案的根据。

第二，证言笔录需经证人签名、盖章或者捺指印后才有可能作为定案的根据。

在实践中，还需要注意的是，如果证言笔录上有修改、补充痕迹的，在修改、补充处还应有证人的签名、盖章或者捺指印；否则，修改、补充部分也不能作为证据使用。

**（四）典型案例分析**

1. 案情①

某农机局局长于1993年携带67万元到外地做钢材买卖，人民检察院根据群众的举报指控被告人犯挪用公款罪。被告人辩解其挪用行为是农机局党委的决定，并非个人行为。根据这一辩解意见，农机局党委书记王某便成为本案的主要证人。一天晚上11点，检察院反贪局侦查人员敲门通知证人王某到某宾馆进行询问调查，王某一出门，外边漆黑一片，便想起没戴眼镜，要求返回家取眼镜，侦查人员说不用戴了。通过询问，群众的举报得到证实，并当场制作了询问笔录。侦查机关将此笔录给王某看时，证人王某说："我要戴眼镜，你们不让戴，我根本看不清。"侦查人员讲："看不清我们读给你听。"读完后，侦查人员便把询问笔录交给证人王某签署意见并签名，证人王某在笔录的最后一页签署了"听后属实"的字样，并签了自己的名字。

让人想不到的是，王某出庭作证时表示起诉书指控被告人挪用的款项确是自己授意被告人处理。于是，公诉人强烈要求出示证人王某庭前所作的证言，该书面证词的内容同当庭证言刚好相反。此时，证人王某辩解说："刚才公诉人念的证词，我签的只是'听后属实'，这份证言由于不让我戴眼镜，是他们念给我听的，那天听的和我今天讲的完全一致，我根本不知道笔录上是如何写的，因此应以我今天庭上讲的为准！"

---

① 参见樊崇义："'听后属实'与'看后属实'"，载《检察日报》2002年4月25日。

2. 分析

本案最终以检察院撤诉告终。问题的关键在于：侦查机关庭前获取的王某证言是否经王某核对确认并签名。显然，从证人的辩解及当天询问证人的情况来看，基本上可以认定：侦查机关在庭前对王某所作的询问笔录未严格地经王某核对确认。因此，相关司法机关最终排除此询问笔录的证据能力是妥当的。

**（五）相关法条链接**

1.《刑事诉讼法》

**第九条** 各民族公民都有用本民族语言文字进行诉讼的权利。人民法院、人民检察院和公安机关对于不通晓当地通用的语言文字的诉讼参与人，应当为他们翻译。

在少数民族聚居或者多民族杂居的地区，应当用当地通用的语言进行审讯，用当地通用的文字发布判决书、布告和其他文件。

**第九十五条** 讯问笔录应当交犯罪嫌疑人核对，对于没有阅读能力的，应当向他宣读。如果记载有遗漏或者差错，犯罪嫌疑人可以提出补充或者改正。犯罪嫌疑人承认笔录没有错误后，应当签名或者盖章。侦查人员也应当在笔录上签名。犯罪嫌疑人请求自行书写供述的，应当准许。必要的时候，侦查人员也可以要犯罪嫌疑人亲笔书写供词。

**第九十七条** 侦查人员询问证人，可以到证人的所在单位或者住处进行，但是必须出示人民检察院或者公安机关的证明文件。在必要的时候，也可以通知证人到人民检察院或者公安机关提供证言。

询问证人应当个别进行。

**第九十九条** 本法第九十五条的规定，也适用于询问证人。

2.《人民检察院刑事诉讼规则》

**第一百五十九条** 询问证人，可以到证人的所在单位、住处进行，检察人员应当出示人民检察院的询问证人通知书和工作证。必要时，也可以通知证人到人民检察院提供证言。

询问证人应当个别进行。

## 五、瑕疵证人证言的采用规则

**第十四条 证人证言的收集程序和方式有下列瑕疵，通过有关办案人员的补正或者作出合理解释的，可以采用：**

**（一）没有填写询问人、记录人、法定代理人姓名或者询问的起止时间、地点的；**

**（二）询问证人的地点不符合规定的；**

**（三）询问笔录没有记录告知证人应当如实提供证言和有意作伪证或者隐匿罪证要负法律责任内容的；**

**（四）询问笔录反映出在同一时间段内，同一询问人员询问不同证人的。**

**（一）法条内容释义**

本条规定的是瑕疵证人证言的采用规则，包括两个方面的内容：

一是瑕疵证人证言的类型：（1）询问笔录上没有载明询问人、记录人、法定代理人姓名或者询问的起止时间、地点的。（2）询问证人的地点不符合规定的。根据我国《刑事诉讼法》第97条第1款的规定，询问证人的地点只能是证人所在单位或者住处；在必要的时候，也可以通知证人到人民检察院或者公安机关提供证言。（3）询问笔录没有记录告知证人应当如实提供证言和有意作伪证或者隐匿罪证要负法律责任内容的。我国《刑事诉讼法》第98条规定，询问证人，应当告知他应当如实地提供证据、证言和有意作伪证或者隐匿罪证要负的法律责任。（4）询问笔录反映出在同一时间段内，同一询问人员询问不同证人的。这指的是询问笔录上记载的时间表明同一询问人员同时在对不同的证人进行询问。这在客观上显然是不可能的；如果出现此种情况，要么是笔误，要么是有的询问人员根本没有参与询问，但在笔录上自己或被他人签名了。

二是对有瑕疵的证人证言，通过有关办案人员的补正或者作出合理解释后，如果该证人证言被查证属实，依然可以作为定案的根据。这里的“补正”，包括让相关办案人员补充签名、重新询问取证、补充告知等方式。所谓“合理的解释”，可以理解为包括两个方面：（1）瑕疵的出现事出有因。（2）此瑕疵的存在不足以影响证人证言的真实性。

**（二）制定理由**

本条之所以将上述四种情形列为有瑕疵的证人证言，是因为这些情形的存在对证人证言的合法性、客观性会产生一定的影响；但是，如果通过补正或者合理的解释，又可以适当消除或者降低这些影响。基于此，本条允许在通过补正或者作出合理解释后，有条件地采用此类有瑕疵的证人证言。我们认为，如此规定，既有助于保证证人证言的客观真实性，又适当体现了程序公正的价值。

**（三）应注意的问题**

适用本条规定在实践中应注意以下问题：

第一，对有瑕疵的证人证言，即便对相关瑕疵进行了补正或者作出了合理解释，并不意味着必然采用该证人证言；最终是否采用该证人证言，还取决于该证人证言的客观性、真实性和关联性。

第二，实践中发现证人证言的上述瑕疵，关键是要求办案人员对照我国刑事诉讼法及相关司法解释有关询问的规定，仔细研读所有的询问笔录，必要时对数份询问笔录进行比较。

**（四）典型案例分析**

**王怀忠受贿案**

1. 案情

被告人王怀忠，原系安徽省人民政府副省长。因涉嫌犯受贿罪，于2002年9月30日被刑事拘留，同年10月14日被逮捕。山东省济南市人民检察院指控：被告人王怀忠自1994年9月至2001年3月期间，利用担任安徽省阜阳市地委副书记、阜阳地区行政公署专员、阜阳地委书记、阜阳市委书记、安徽省副省长等职务上的便利，为有关单位、个人谋取利益，非法收受、索取他人财物，共折合人民币517.1万元。被告人王怀忠夫妇拥有各类财产共计折合人民币1085.79万元，其中，517.1万元是王怀忠受贿所得，88.11万元来源合法，另有价值人民币480.58万元的财产，被告人王怀忠不能说明合法来源。

被告人王怀忠对于公诉机关指控其索取、非法收受人民币517.1万元的事实全部予以否认，辩称其不构成受贿罪。理由之一是：证人证言都是虚假的，不可采信。被告人王怀忠的辩护人提出的辩护意见之一是：根据《中华人民共和国刑事诉讼法》第97条和“六部委”《关于刑事诉讼法实施中若干问题的规定》第17条的规定，侦查人员询问证人应当在证人所在单位或者证人所在的住所进行，或者在侦查机关内进行，不得另行指定其他地点。本案中，侦查人员对证人的询问几乎全部是在宾馆或者招待所进行的，违反了法律的强制性规定。由于取证地点不合法，不能排除证人提供证言时基于恐惧心理，为了迎合办案人员指控犯罪的需要，说了假话。

山东省济南市中级人民法院认为，公诉机关指控被告人王怀忠犯受贿罪、巨额财产来源不明罪的事实清楚，证据确实、充分，指控的罪名成立。判决如下：1. 被告人王怀忠犯受贿罪，判处死刑，剥夺政治权利终身，并处没收个人全部财产；犯巨额财产来源不明罪，判处有期徒刑四年。决定执行死刑，剥夺政治权利终身，并处没收个人全部财产。2. 扣押在案的财物，上缴国库；不足部分，继续追缴。一审判决送达后，被告人王怀忠不服，提出上诉。山东省高级人民法院经审理后驳回上诉，维持原判。最高人民法院随后对此案也予以核准。

2. 分析

在侦查实践中，侦查机关询问证人的地点常常不在法定的场所，而是在有关宾馆或者招待所等地方进行。这一方面，是基于案件保密的需要，尽量避免让人知道侦查机关在调查哪些人；另一方面，与侦查机关试图通过"加压"让证人开口说话不无关系。本案中，在辩护方对询问证人的地点提出异议的情况下，相关司法机关既未采取补救措施，也未作出回应，显然是不妥的。

（五）相关法条链接

1.《刑事诉讼法》

**第九十七条第一款** 侦查人员询问证人，可以到证人的所在单位或者住处进行，但是必须出示人民检察院或者公安机关的证明文件。在必要的时候，也可以通知证人到人民检察院或者公安机关提供证言。

**第九十八条** 询问证人，应当告知他应当如实地提供证据、证言和有意作伪证或者隐匿罪证要负的法律责任。

询问不满十八岁的证人，可以通知其法定代理人到场。

2.《人民检察院刑事诉讼规则》

**第一百六十条** 询问证人，应当问明证人的基本情况以及与当事人的关系，并且告知证人应当如实地提供证据、证言和有意作伪证或者隐匿罪证要负的法律责任，但是不得向证人泄露案情，不得采用羁押、刑讯、威胁、引诱、欺骗以及其他非法方法获取证言。

## 六、证人出庭作证

**第十五条第一款 具有下列情形的证人，人民法院应当通知出庭作证；经依法通知不出庭作证证人的书面证言经质证无法确认的，不能作为定案的根据：**

**（一）人民检察院、被告人及其辩护人对证人证言有异议，该证人证言对定罪量刑有重大影响的；**

**（二）人民法院认为其他应当出庭作证的。**

（一）法条内容释义

本条是对证人出庭作证的规定，包含两个方面的内容：首先，明确了证人应当出庭作证的两种情形：（1）控辩双方对证人证言有异议，而且该证人证言属于关键性证据，对证明被告人是否实施犯罪以及有无法定、酌情从重、从轻、加重、减轻以及免除处罚起着决定性作用。（2）人民法院认为其他应当出庭作证的，这主要是指：即便控辩双方对该证人证言没有异议，但是该证人证言对于本案的定罪量刑又具有重要的意义。一旦出现上述两种情形，人民法院应当依据控辩双方的申请或者依照职权通知证人出庭作证。其次，明确了经依法通知不出庭作证证人的书面证言经质证无法确认的，不能作为定案的根据。此条款包括三个要点：一是该证人必须是被法院依法通知出庭，但是最终没有出庭；二是未出庭作证证人的书面证言在法庭质证时无法确认其真实性；三是该证言应当排除，不能作为定案的根据。

**（二）制定理由**

本条之所以规定，经依法通知不出庭作证证人的书面证言经质证无法确认的，不能作为定案的根据，主要是考虑到：一方面，与不利于自己的证人在法庭上对质，是联合国《公民权利和政治权利国际公约》赋予被告人的基本权利，是法治国家刑事诉讼程序公正的基本要求。另一方面，从查明案件事实真相来讲，证人不出庭作证，控辩双方在法庭上对庭前证言笔录难以展开有效的质证，无法揭露庭前证人证言的虚假性，从而不利于实现实体公正。

本条并没有要求所有的证人都必须出庭作证，而是将证人出庭作证的范围重点限定在控辩双方有异议且该证人证言对案件定罪量刑有影响以及法院认为应当出庭作证的其他情形，这主要是考虑到：一方面，没有必要让所有的证人都出庭作证，譬如对于一些控辩双方均无异议、与案件事实关联不大的证人证言等，基于节省司法资源的考虑，就没有必要让这些证人都出庭作证。另一方面，也不可能让所有的证人都出庭作证。司法资源的有限性等因素决定了让所有的证人都出庭作证不太现实。事实上，即便是在刑事法治比较发达的西方国家，也并非要求所有的证人都出庭作证。

**（三）应注意的问题**

适用本条规定在实践中应注意以下问题：

第一，本条规定了证人应当出庭作证的两种情形。从条文规定来看，是否属于此两种情形的决定权在人民法院。我们认为，法院在决定某一证人是否应当出庭作证时，应当优先考虑控辩双方的意见。原则上，只要控辩双方申请该证人出庭的，法院均应当通知证人出庭作证，除非控辩双方故意利用申请证人出庭拖延诉讼。

第二，我国刑事诉讼法、相关司法解释及本《规定》对于证人接到法院出庭通知但依旧拒绝出庭的，没有规定保障措施。因此，在实践中还需进一步探索鼓励和促使证人出庭作证的保障机制。

**（四）相关法条链接**

1.《刑事诉讼法》

**第四十七条** 证人证言必须在法庭上经过公诉人、被害人和被告人、辩护人双方讯问、质证，听取各方证人的证言并且经过查实以后，才能作为定案的根据。法庭查明证人有意作伪证或者隐匿罪证的时候，应当依法处理。

2.《最高人民法院关于执行〈中华人民共和国刑事诉讼法〉若干问题的解释》

**第一百四十一条** 证人应当出庭作证。

符合下列情形，经人民法院准许的，证人可以不出庭作证：

（一）未成年人；

（二）庭审期间身患严重疾病或者行动极为不便的；

（三）其证言对案件的审判不起直接决定作用的；

（四）有其他原因的。

## 七、庭前证言的采信

**第十五条第二、三款 证人在法庭上的证言与其庭前证言相互矛盾，如果证人当庭能够对其翻证作出合理解释，并有相关证据印证的，应当采信庭审证言。**

**对未出庭作证证人的书面证言，应当听取出庭检察人员、被告人及其辩护人的意见，并结合其他证据综合判断。未出庭作证证人的书面证言出现矛盾，不能排除矛盾且无证据印证的，不能作为定案的根据。**

### （一）法条内容释义

本条对庭前证言的采信作出了明确规定，分为两种情形：一是对于出庭作证的证人，如果在法庭上的证言与庭前证言不一致，只有在证人当庭对翻证作出合理解释的情况下，并且当庭证言有其他证据相互印证，才能采信当庭证言；否则，当庭证言不予采信，不过此时是否意味着就必须采信庭前证言呢？笔者认为，不能一概而论。只有结合其他证据综合审查判断，认定庭前证言属实时，才能采信庭前证言。

二是对于没有出庭作证证人的书面证言，并不必然意味着不能作为定案的根据。如果法官在听取出庭检察人员、被告人及其辩护人的意见，并结合其他证据综合判断后，认为该证言属实的，可以作为定案的根据。当然，如果未出庭作证证人的书面证言出现矛盾，此矛盾不能排除且无证据印证的，就绝对不能作为定案的根据。这里的证言内容的前后矛盾包括：同一份证言的内容前后矛盾；同一证人对同一案件事实的几份证言有矛盾。

### （二）制定理由

我国《刑事诉讼法》第47条规定，证人证言必须在法庭上经过公诉人、被害人和被告人、辩护人双方讯问、质证，听取各方证人的证言并且经过查实以后，才能作为定案的根据。然而，当证人在法庭上面对公诉人、被害人、被告人、辩护人的询问，否定庭前陈述，当庭作出与其不一致的证言时，庭前陈述与当庭陈述的法律效力如何，谁优谁劣，如何采用？

任何一种证据材料最终被采纳作为定案的根据，必须具有客观性。就证人证言的客观性而言，庭前陈述与当庭陈述谁更符合案件的客观事实，无法确定一个量化的标准，更谈不上谁优谁劣。一般来说，证人的庭前陈述，往往是案发不久作出的，此时证人的记忆比较清晰，而且对各种利害关系顾虑较少。但是，证人的庭前陈述，由于是在庭外由控方或辩方单独进行的，而且也没有接受控辩双方的交叉询问，法官难以通过察言观色辨别真伪。因此，对证人的庭前陈述与当庭陈述的客观性之判断，不能一概而论，而必须坚持实事求是的精神，具体情况具体分析。基于此，本条规定，证人在法庭上的证言与其庭前证言相互矛盾，如果证人当庭能够对其翻证作出合理解释，并有相关证据印证的，应当采信庭审证言；反之，可以考虑采用庭前证言。对于其他一般没有出庭作证的证人证言，鉴于当前我国证人出庭作证率还比较低，加之考虑到诉讼资源的紧张，本规定并没有要求绝对排除，而是允许在综合判断、查证属实后作为定案的根据。

**（三）应注意的问题**

适用本条规定在实践中应注意以下问题：

第一，在理解本《规定》第十五条第三款中的“未出庭作证证人的书面证言”时，需要结合本条第一款理解。这里的“未出庭作证证人的书面证言”显然仅仅指未被通知出庭作证或者可以依法不出庭作证证人的证言，不包括依法通知应当出庭作证而未出庭作证证人的证言。

第二，没有出庭作证证人的庭前证言，由于缺乏程序保障，因此在认定其真实性时务必慎重把握，根据全案证据综合判断。

**（四）相关法条链接**

《刑事诉讼法》

**第四十七条** 证人证言必须在法庭上经过公诉人、被害人和被告人、辩护人双方讯问、质证，听取各方证人的证言并且经过查实以后，才能作为定案的根据。法庭查明证人有意作伪证或者隐匿罪证的时候，应当依法处理。

## 八、对证人的保护

**第十六条　证人作证，涉及国家秘密或者个人隐私的，应当保守秘密。**

**证人出庭作证，必要时，人民法院可以采取限制公开证人信息、限制询问、遮蔽容貌、改变声音等保护性措施。**

**（一）法条内容释义**

本条是关于证人保护的规定，主要包括两层含义：

一是证人作证，涉及国家秘密和个人隐私的，有关办案机关和个人应当为其保密。有些证人，基于工作职务的原因，掌握了国家秘密，对此相关事项，证人可以作证，但是应当保密。根据我国《保守国家秘密法》第 2 条和第 9

条的规定，“国家秘密”是指关系国家安全和利益，依照法定程序确定，在一定时间内只限一定范围的人员知悉的事项。下列涉及国家安全和利益的事项，泄露后可能损害国家在政治、经济、国防、外交等领域的安全和利益的，应当确定为国家秘密：(1) 国家事务重大决策中的秘密事项；(2) 国防建设和武装力量活动中的秘密事项；(3) 外交和外事活动中的秘密事项以及对外承担保密义务的秘密事项；(4) 国民经济和社会发展中的秘密事项；(5) 科学技术中的秘密事项；(6) 维护国家安全活动和追查刑事犯罪中的秘密事项；(7) 经国家保密行政管理部门确定的其他秘密事项。本条中的“个人隐私”，是指证人不愿公开、不愿为他人所知悉的个人信息；这些信息如果为他人得知，可能会给证人的名誉造成损害或者给其生活、工作带来影响。需要指出的是，在侦查和起诉阶段，证人有权不公开自己的身份信息。但是，在开庭审判时，证人个人身份信息状况原则上应当在法庭上公开。

二是对证人出庭作证的保护，这里规定的保护主体是人民法院，保护方法有限制公开证人信息、限制询问、遮蔽容貌、改变声音等保护性措施。所谓限制公开证人信息，是指不向被告人或者旁听观众公开证人的住址、电话、单位等相关信息；所谓限制询问，是指禁止特定的人在法庭上询问证人，或者对某些问题进行询问；所谓“遮蔽容貌”、“改变声音”等，是对证人的特殊保护，即通过技术手段让证人接受法庭的询问，改变其容貌和声音等，以防止被告方知悉证人身份后进行打击报复。需要指出的是，对证人的特殊保护与被告人质证权之间有时会发生紧张的冲突，如果过分强调对证人的保护，则被告人的质证权可能会受到影响；反之，证人可能容易遭受二次伤害。因此，本规定赋予法院采取特殊保护措施的前提是“必要时”，即只有在不如此保护，证人极有可能受到打击报复时才能采用。

**（二）制定理由**

如前所述，关键证人出庭作证，无论是对于确保被告人的质证权、实现程序公正，还是对于法院准确审查判断证人证言、进而查明事实、实现实体公正都具有重要的意义。但是，实践中，证人很少出庭作证，一个重要的原因就是担心其本人及其近亲属遭受打击报复。在有组织犯罪案件的诉讼中，这一问题尤为突出。丹宁勋爵曾言：“每个法院都必须依靠证人，证人应当自由地、无所顾忌地作证，这对执法者来说是至关重要的。但众所周知，证人可能被指使作伪证（可能会有人威胁证人，如果说出真情，就要自食恶果），他们会因吐露真情而遭到报复。"[①] 因此，只有为证人解除后顾之忧，为证人或者证人近亲属的人身安全提供切实的保障，才有利于解决证人作证难的问题。正是基于此，本规定对刑事审判中证人的特殊保护作出了规定。

**（三）应注意的问题**

适用本条规定在实践中应注意以下问题：

第一，按照我国现行刑事诉讼法的规定，在侦查、起诉阶段，公安司法机关应当对证人的身份信息保密。但是，在审判阶段，证人的身份信息应当向辩护方公开。不过，有关证人举报、报案等行为，如果证人不愿公开的，公安司法机关在整个诉讼中应当为其保密。

第二，注意在保护证人与被告人之间寻求平衡。目前，西方国家对于通过限制公开证人信息、限制询问、遮蔽容貌、改变声音等措施对证人进行特别保护，一般仅限于恐怖犯罪、有组织犯罪等少数案件中的证人，或者是一些易受恐吓、伤害的儿童证人、被害人等。

**（四）典型案例分析**

### 王文勇、陈清贩毒案[②]

1. 案情

"传证人出庭作证。"审判长余剑的话音刚落，技术人员轻轻点击鼠标，隔壁法庭内的关键证人立即通过视频"站"到了法庭上指证——经马赛克特殊处理后的身影出现在法庭右上角的52英寸的等离子显示屏上，对两名被告人被当场抓获的经过向法庭进行当庭指证。这是记者2009年3月23日在上海市第一中级人民法院第八法庭内看到的一幕。据悉，采用证人屏蔽方式进行法庭作证，在上海法院公开开庭审案中尚属首次。

根据公诉机关指控，浙江籍人王文勇、陈清于2007年12月21日上午在上海中亚饭店2420房间交接毒品时被公安人员当场抓获。除现场查获毒品外，公安人员还在王文勇驾驶的车辆和入住的房间内查获大量冰毒，共计4000余克。公诉机关移送的材料显示，犯罪嫌疑人王文勇此前对犯罪行为"零口供"，且涉嫌贩毒重罪。法庭为确保对案件的公正审判，决定传唤关键证人到庭作证，并运用现代化法庭技术手段对证人采取保护措施。

上海市一中院副院长黄祥青表示：启用证人屏蔽技术，主要是希望对关键

---

① ［英］丹宁：《法律的正当程序》，李克强等译，群众出版社1984年版，第18页。

② 本案详情参见刘建："上海一中院：首次启用证人屏蔽技术庭审"，载《法制日报》3月24日。

证人进行保护，打消证人出庭作证的顾虑，必要时还可配以变声技术对关键证人进行双重保护，并以此探索符合中国国情的证人保护机制，更好地追求审判公正。

2. 分析

如案情所述，通过技术手段屏蔽证人的容貌，使其既能出庭作证，接受控辩双方的询问，又不至受到打击报复。需要指出的是，如此做法在我国尚处于起步阶段，国外已有诸多立法规定，如美国法律就规定，当被害人作为证人出庭时，如果法院认为被害人对被告人有恐惧感，在精神方面比较脆弱，由于被告人或者律师的行为能提供证言以及通过鉴定证明了如被害人提供证言则可能遭受进一步的伤害等，则被害人可以申请以闭路电视的方式接受询问。① 日本国会于 2000 年 3 月 17 日通过的《修改刑事诉讼法及检察审查会部分条文的法律》第 157 条之三、之四也规定，在询问证人的场合，考虑到犯罪的性质、证人的年龄、身心状态、与被告人的关系及其他情况，如果证人于被告人面前作出陈述有可能受到压迫而显著损害其精神平稳，法院认为适当时，听取检察官及被告人或者辩护人的意见，可以采取使该证人到证人席以外的场所通过影像和声音的发送与接受使双方相互知悉谈话的方法，并进行询问。② 再如葡萄牙《证人保护法》第 4 条就规定："为了避免证人被识别，法院可以根据公诉人、被告人或者民事诉讼赔偿请求人的要求作出非正式的决定：收集证言或者陈述必须要通过对证人进行隐身或者变声，或者两者兼用，以取代采用程序法上的形式或者交叉询问的形式。决定的作出必须给予在证人身上所显示的被胁迫的事实情况或者高风险，同时这些也是变像或者变声程度的参考。"③

需要指出的是，在通过信息技术改变证人的声音或者让法庭以及控辩双方只能在听得见证人声音而看不见证人面相的情况下作证，这与要求证人亲自出席法庭作证相比，显然不利于控辩双方对证人的有效质证。而且，在通过视听技术作证的情况下，被告人尽管能与不利于自己的证人质证，然而这种质证的空间位置却发生了变化，此时被告人与证人不是面对面，而是隔着一层媒介。那么这种不是面对面，而是隔着一层媒介的质证方式是否有违被告人质证权之

① 转引自杨正万：《刑事被害人问题研究》，中国人民公安大学出版社 2002 年版，第 371 页。

② 宋英辉译："日本刑事程序中保护被害人等附带措施的法律"，载樊崇义主编：《诉讼法学研究》，中国检察出版社 2002 年版，第 450 页。

③ 杨家庆译："葡萄牙证人保护法"，载《中国刑事法杂志》2005 年第 3 期，第 112 页。

基本要求呢？目前，尽管相关国家都认为视听技术作证没有侵犯被告人的质证权，但是又都非常谨慎地对视听技术作证的适用范围进行了限制，并从程序上进行了严格的控制，这实际上暗示着视听技术作证在一定的程度上对被告人的质证权有负面影响。因此，域外立法与判例对视听技术作证在刑事诉讼中运用的规制，实际上是利益权衡的产物，即在证人保护、诉讼效率与被告人的公正审判权之间进行妥协与平衡。

**（五）相关法条链接**

《刑事诉讼法》

**第四十九条** 人民法院、人民检察院和公安机关应当保障证人及其近亲属的安全。

对证人及其近亲属进行威胁、侮辱、殴打或者打击报复，构成犯罪的，依法追究刑事责任；尚不够刑事处罚的，依法给予治安管理处罚。

**第八十五条第三款** 公安机关、人民检察院或者人民法院应当保障报案人、控告人、举报人及其近亲属的安全。报案人、控告人、举报人如果不愿公开自己的姓名和报案、控告、举报行为的，应当为他保守秘密。

## 第三节 被害人陈述

### 一、被害人陈述的特点

被害人陈述，是指受犯罪行为直接侵害的人向公安司法机关就其遭受犯罪行为侵害的事实和有关犯罪嫌疑人、被告人的情况所作的口头或者书面的陈述。

被害人是合法权益遭受犯罪行为直接侵害的人，一般是自然人，有的案件中可能是单位。不是所有的案件都有被害人，在一些“无被害人的犯罪”案件中，如贩卖毒品、贿赂犯罪案件等，就没有被害人。作为证据种类的被害人陈述，具有以下特点：

一是被害人陈述主体的不可替代性。被害人必须是遭受犯罪行为侵害的人，因此只有实际遭受犯罪侵害的人才能以被害人的身份提供此种形式的证据，其他任何人包括间接遭受犯罪侵害的人，都不能代替被害人陈述案件事实经过。

二是被害人陈述内容的双重性。一方面，被害人亲身经历了案件事实，直接遭受了犯罪的侵害，甚至与犯罪分子有直接的接触，因此被害人的陈述一般来说比较真实，而且具有直接、形象、具体、生动等特点。另一方面，由于各种主客观因素的影响，被害人的陈述有可能是虚假的、不真实的。此类情形一般在以下情况下发生：（1）因受犯罪侵害精神高度紧张，心理状态异常，观察有偏差或者有遗漏，记忆模糊，造成陈述存在差错；（2）在受到犯罪侵害后，出于仇恨犯罪人的心理而夸大犯罪事实；（3）由于自身存在一定过错，对案件中某些事实加以掩盖，为此进行虚假陈述，或者出于个人私利或某种卑劣目的，虚构事实，企图以虚假陈述诬告陷害他人；（4）受到犯罪行为侵害后，失去了感知能力或者记忆出现障碍，如因受伤而昏迷、因中毒而出现幻觉，无法对被害经过作出陈述或者作出虚假陈述；（5）顾虑个人利益，如前途、名誉、家庭关系、子女利益等，没有勇气如实陈述有关犯罪事实；（6）出于亲情或者人情，或者受他人威胁、恐吓、干扰，作出虚假陈述。

三是被害人陈述表达方式的多样性。被害人在实践中通常以口头的方式进行陈述，此时应有公安司法人员做笔录。被害人陈述也可以以文字的形式表现出来，被害人可以自行书写能够证明遭受犯罪行为侵害的事实及相关情况的书面材料。同时，被害人陈述也可以用录音、录像、电子储存信息等形式加以表达，等等。

在英美国家，被害人被看作证人，与证人处于同等地位，被害人陈述视同证人证言；因此，对于当事人以外的其他证人适用的法律规定，一般也都适用于被害人。我国《刑事诉讼法》考虑到被害人特殊的诉讼地位及其陈述的特殊性，将被害人陈述规定为一种独立的诉讼证据。与证人证言相比，被害人陈述的最大特点是：陈述内容的真实性与虚假性并存。一般来说，证人证言仅仅是对案件事实的自然发展过程作出描述，很少有对犯罪的控诉及其要求惩罚犯罪的内容。而且，证人只能就案件客观事实作出反应，不得发表对于案件事实和法律问题的意见和看法。因此，证人证言的客观性、真实性相对来说比较高。然而，被害人陈述，不仅包括对案件事实的客观描述，一般还会涉及被害人对于犯罪事实的控诉以及要求严惩犯罪分子的诉求，这些陈述意见超出了证据视野中的“被害人陈述”之范畴。不仅如此，如前所述，被害人陈述因其主体上的特殊性，而内在地具有夸大事实、情绪偏激的倾向性，因而较之证人证言而言，其真实性问题更应辩证地看待。

## 二、被害人陈述的审查

**第十七条　对被害人陈述的审查与认定适用前述关于证人证言的有关规定。**

### （一）法条内容释义

对被害人陈述的审查与认定，适用本《规定》第 11 条至第 16 条关于证人证言的有关规定。

**（二）制定理由**

被害人同证人一样，均为知悉案件事实的人。实践中，侦查机关询问证人的程序要求适用于询问被害人。因此，本《规定》参照刑事诉讼法的相关规定，采用准用规定，以节省法律条文。

**（三）应注意的问题**

适用本条规定在实践中应注意以下问题：

第一，无论是在审判前程序还是在法庭开庭审判时，与询问证人相比，一定要注意被害人的情绪以及心理感受，防止刺激和再次伤害被害人。

第二，鉴于被害人陈述有不同于证人的特点，因此在审查判断被害人陈述时，还需特别注意：（1）审查判断被害人与犯罪嫌疑人和被告人之间的关系。被害人与犯罪嫌疑人和被告人之间过去是否认识，是否有冤仇或其他关系等，对其陈述的真实性一般会产生影响。一般来说，如果被害人与犯罪嫌疑人和被告人在案发前就互相认识，而且有一定的矛盾，甚至积怨较深，则被害人的陈述就有可能夸大或缩小案件的有关事实。反之，如果双方在案发前根本不认识，或者虽然认识，但关系一般甚至较好，则其陈述虚假的可能性就小。（2）审查判断被害人一贯的思想作风、道德品质和陈述时的心理状况。被害人平时一贯的思想作风和道德品质在一定的程度上会影响其陈述的真实性，如在强奸犯罪案件中，若被害人经常与其他男人有不正当关系，则对其控告强奸的陈述的真实性应格外慎重。另外，被害人陈述时的心理状况，如是否受到威胁、引诱或欺骗，或者考虑到自身的名誉、利害关系等而有顾虑等，都有可能会影响其陈述的真实性。在发现可疑的情况下，应当及时解除被害人的心理顾虑，促使其如实陈述。

**（四）典型案例分析**

**张金波强奸案①**

1. 案情

1998年4月14日，南岗区人民检察院指控：被告人张金波于1995年3月下旬某日14时许，到被害人郭某家中，以手枪相威胁，将其强奸；1995年4月初某日14时许，被告人张金波用手枪顶着被害人郭某饭店服务员李某的脑袋，逼其敲开被害人郭某的房门，将郭某强奸；1995年5月某日15时许，被告人张金波用手枪顶着李某的脑袋，逼其敲开被害人郭某的房门，将郭某强

① 本案详情参见张玥：“民警张金波的十年冤狱”，载《中国青年报》2007年2月9日。

奸。公诉机关提出的主要证据是被害人郭某的陈述和李某的证言。张金波拒不认罪。

1998年10月26日，南岗区人民法院作出判决宣告张金波犯有强奸罪，判处其有期徒刑10年。张金波当庭提出上诉。1999年4月22日，哈尔滨市中级人民法院驳回上诉，维持原判。张金波被收监到黑龙江省黎明监狱。张金波坚信自己无罪，又在狱中提出申诉，被哈尔滨市中级人民法院驳回。

在监狱外面，张金波的父母不断地到哈尔滨及北京上访，张金波的案情终于引起了各级有关部门的重视。2001年7月，最高人民法院指示黑龙江省高级人民法院对此立案审理。2004年5月12日，黑龙江省高级人民法院作出《再审判决书》，认为原判认定张金波犯强奸罪的事实不清，证据不足，指令哈尔滨市中级人民法院另行组成合议庭对本案进行再审。

2004年8月26日，哈尔滨市中级人民法院作出的《刑事裁定书》认为，有被害人郭某的陈述证实，有证人李某的证言佐证，足以认定被告人张金波以持枪威胁手段强奸被害人的事实。2005年7月18日，黑龙江省高级人民法院对张金波一案再次发出《再审决定书》，决定由本院进行提审。开庭前，省高级法院法官到监狱中问张金波有什么要求。张金波请求：此次开庭时请法院传郭某和李某到庭，张金波要当庭和她们对证。黑龙江省高级人民法院同意了张金波的请求。但此时，郭某与李某已不见踪影，法官费了一番周折才找到她们，并将开庭传票送到她们手中。但在2005年11月29日开庭时，郭某和李某并没有出庭。

2006年12月1日，黑龙江省高级人民法院作出《刑事判决书》，认为被害人郭某证实张金波几次对其实施强奸的陈述不够稳定，既有本身不一致的地方，又有与证人李某证言相矛盾之处，李某的证言亦如此。且被告人张金波始终不供认强奸被害人郭某。因而原裁定依据被害人郭某的陈述和证人李某的证实认定张金波强奸犯罪的事实不清，证据不足。宣告张金波无罪。

2. 分析

本案是一起错误地运用被害人陈述导致的典型错案。被害人之所以故意作虚假陈述，是因为被害人与被告人之间发生了纠纷和矛盾，且看："那天下午3时左右，张金波来到郭某的小饭店检查，听到房间里有打麻将的声音。他推门而进，发现郭某正同三个男人打麻将。当时张金波身穿警服，三个男人看见他就推倒了手中的牌，只有郭某无动于衷。张金波回忆说：'当时郭某对其他人说，别理他，继续玩儿。'张金波感觉像是受到了'污辱'，非常生气，看到桌上有钱，就认定他们是聚众赌博，于是上前收起麻将。郭某与她儿子的女朋友李某上前与张金波撕抢。张金波更加恼火，认为郭某和李某的行为是妨碍民警执行公务，要求她们到派出所听候处理。大约半个小时后，张金波回到派出所。令他没想到的是，郭某与李某正在派出所里控告张金波耍流氓。事后张金波从当时的笔录内容得知，郭某说，张金波打李某，并持枪威胁李某。李某说，张金波打她，还撕扯她的衣服摸其乳房。5月31日下午，郭某又到哈尔滨市公安局南岗分局控告张金波，说他在1995年3月至5月间3次强奸了她。”

本案中，除了郭某的陈述和李某的证言佐证之外，没有发现强奸案中最重要的物证，特别是犯罪嫌疑人的精斑；而且被告人拒不认罪。事实上，当时的承办法官曾亲自找到了郭某与李某核实情况，发现证言有多处明显的瑕疵。比如李某在证言中提道：“张金波用手枪顶着她的脑袋从饭店后门将她拖出，然后叫开郭某的房门将郭某强奸。”而实际上，饭店离郭某的住处有20多米远，且门前是公交车站，人来人往，“持枪胁迫”不符合常理。而按照李某的陈述，李某敲开郭某房门后，张金波将李某撵走。“李某并不在现场，又怎么会认定张金波强奸了郭某呢?”遗憾的是，相关意见没有被重视和采纳。

**（五）相关法条链接**

《刑事诉讼法》

**第一百条** 询问被害人，适用本节（编者注：询问证人）各条规定。

## 第四节　被告人供述和辩解

### 一、审查的内容

**第十八条　对被告人供述和辩解应当着重审查以下内容：**

**（一）讯问的时间、地点、讯问人的身份等是否符合法律及有关规定，讯问被告人的侦查人员是否不少于二人，讯问被告人是否个别进行等。**

**（二）讯问笔录的制作、修改是否符合法律及有关规定，讯问笔录是否注明讯问的起止时间和讯问地点，首次讯问时是否告知被告人申请回避、聘请律师等诉讼权利，被告人是否核对确认并签名（盖章）、捺指印，是否有不少于二人的讯问人签名等。**

**（三）讯问聋哑人、少数民族人员、外国人时是否提供了通晓聋、哑手势的人员或者翻译人员，讯问未成年同案犯时，是否通知了其法定代理人到场，其法定代理人是否在场。**

**（四）被告人的供述有无以刑讯逼供等非法手段获取的情形，必要时可以调取被告人进出看守所的健康检查记录、笔录。**

**（五）被告人的供述是否前后一致，有无反复以及出现反复的原因；被告人的所有供述和辩解是否均已收集入卷；应当入卷的供述和辩解没有入卷的，是否出具了相关说明。**

**（六）被告人的辩解内容是否符合案情和常理，有无矛盾。**

**（七）被告人的供述和辩解与同案犯的供述和辩解以及其他证据能否相互印证，有无矛盾。**

**对于上述内容，侦查机关随案移送有录音录像资料的，应当结合相关录音录像资料进行审查。**

**（一）法条内容释义**

本条规定了如何审查被告人供述和辩解。所谓被告人供述和辩解，也称为“口供”，是指被告人就有关案件的情况向侦查、检察和审判人员所作的陈述，它的内容主要包括被告人承认自己有罪的供述和说明自己无罪、罪轻的辩解。被告人检举他人犯罪是否属于被告人供述，理论界认识不一。一般认为，对被告人检举他人犯罪的性质、内容应当加以适当分析，只有在共犯同案被告人检举、揭发其他共犯的犯罪事实时才是口供，否则是证人证言。我们赞同此观点。被告人供述和辩解应当是口头陈述，以笔录的形式加以固定；经被告人的请求或办案人员的要求，也可以由被告人亲笔书写供词。对被告人口供的审查，应当从以下几个方面综合进行：

（1）讯问笔录上载明的时间、地点、讯问人的身份等是否符合法律及有关规定，讯问被告人的侦查人员是否不少于二人，讯问被告人是否个别进行等。根据我国《刑事诉讼法》及相关司法解释规定，对于未被羁押的被告人，拘传讯问的时间不得超过 12 小时；对于被羁押的被告人，侦查机关原则上只能在看守所讯问；讯问人只能是侦查人员，而且不能少于二人；讯问应当遵循个别进行原则，不能让几名被告在一起同时讯问。

（2）讯问笔录的制作、修改是否符合法律及有关规定，讯问笔录是否注明讯问的起止时间和讯问地点，首次讯问时是否告知被告人申请回避、聘请律师等诉讼权利，被告人是否核对确认并签名（盖章）、捺指印，是否有不少于二人的讯问人签名等。根据我国《刑事诉讼法》及相关司法解释规定，侦查机关首次讯问被告人时，应告知被告人有申请回避、聘请律师等诉讼权利；讯问笔录上应该详细载明讯问的时间、地点；讯问完毕后，讯问人员应当在笔录上签名，被告人需要在笔录上注明“笔录内容属实”的字样，并签名、捺指印；对于笔录中有修改痕迹的，需要有被告人签名、捺指印。

（3）讯问聋哑人、少数民族人员、外国人时是否提供了通晓聋、哑手势的人员或者翻译人员；讯问未成年被告人时，是否通知了其法定代理人到场，其法定代理人是否在场。根据我国《刑事诉讼法》及相关司法解释规定，讯问聋哑人、少数民族人员、外国人时，侦查机关应当提供通晓聋、哑手势的人员或者翻译人员为其翻译；讯问未成年被告人时，除有碍侦查或者无法通知的以外，应当通知法定代理人到场。

(4) 被告人的供述有无以刑讯逼供等非法手段获取的情形，必要时可以调取被告人进出看守所的健康检查记录、笔录。通过刑讯逼供获取的口供，其真实性往往难以保障。为了查明是否有刑讯逼供，法院可以到看守所调取被羁押人的身体健康检查记录。

(5) 审查判断犯罪嫌疑人、被告人的供述和辩解是否符合常理，前后是否矛盾和反复。这就要求审查犯罪嫌疑人、被告人供述和辩解的内容具体详细，合情合理，前后基本一致，几次供述和辩解的内容基本吻合等。一般来说，如果犯罪嫌疑人、被告人供述和辩解的内容符合常理，前后基本一致，则真实的可能性就大些；如果犯罪嫌疑人、被告人供述和辩解的内容前后矛盾，不合情理，则其虚假的可能性较大。此外，还须注意：被告人的所有供述和辩解是否均已收集入卷；应当入卷的供述和辩解没有入卷的，是否出具了相关说明。

(6) 被告人的供述和辩解能否与其他证据相互印证，这包括：一是与同案犯的供述和辩解能否相互印证；二是与本案中的其他证据，尤其是实物证据能否相互印证，有无矛盾。

此外，在当前的刑事侦查中，对于职务犯罪案件的讯问，人民检察院已经开始全程录音录像。在重大命案等严重的可能判处死刑案件的讯问中，一些公安机关也经常通过录音录像固定、保全犯罪嫌疑人的有罪供述。因此，侦查机关随案移送有录音录像资料的，检察院、法院应当结合相关录音录像资料对口供进行审查。

**（二）制定理由**

本条对被告人口供审查内容的总结，其中第一项至第四项来源于我国《刑事诉讼法》及相关司法解释对侦查机关讯问犯罪嫌疑人、被告人的程序规定。这些程序规定，对于保障口供的真实性和讯问过程的文明性都具有重要的意义，故在审查口供时必须予以考虑。第五项至第七项主要是基于司法实践中对口供运用的经验总结，也是实践中运用口供容易出现问题的地方，如审查被告人的所有供述和辩解是否均已收集入卷，这主要是考虑到：客观全面收集被告人有罪无罪的证据，本是侦查机关的基本义务；相应地，将所有的供述和辩解都存入案卷是理所当然的。但是，实践中有的侦查人员不愿意将无罪的辩解以及与先前相互矛盾的口供放入案卷，如此做法显然不利于发现被告人有罪口供的破绽，因此通过审查被告人的所有供述和辩解是否均已收集入卷对于发现有罪证据的漏洞往往具有非同小可的作用。

**（三）应注意的问题**

适用本条规定在实践中应注意以下问题：

第一，对被告人口供的审查，关键是要善于从讯问程序要求和生活常识两个方面进行全面的审查，防止遗漏。

第二，实践中有些犯罪嫌疑人和被告人的供述内容前后惊人的一致，完全吻合，但后来在法庭时被告人翻供，在这种情况下，不排除侦查阶段的供述有刑讯逼供的可能。

第三，如果被告人的口供前后矛盾，或者几名被告人的口供相互矛盾，审查时既要注意从细节着手，善于发现问题，也要注意被告人对个别案件事实细节的供述前后不一致也属正常。

**（四）典型案例分析**

**王胜平故意伤害案①**

1. 案情

起诉书指控：2000年1月3日凌晨4时许，被告人王胜平伙同张海浪骑摩托车到滨海县天场乡陶河村五组境内窃得被害人蒋国友、孟来梅家共50余只鸡后，张海浪在偷自行车时被人追赶落荒逃跑，王胜平在大塘边等张海浪时，用随身携带刀具对追赶其的人刺戳一刀，致被害人蒋国友因胸部外伤致失血性休克抢救无效死亡。王、张二人在村外会合时，王将以刀戳人之事告诉张海浪，并将刀上血迹洗掉。

王胜平辩称，其未去过本案抢劫犯罪的现场，在侦查期间对抢劫罪作有罪供述系刑讯逼供、诱供所致。其辩护人提出，作案凶器未找到，指控王胜平犯抢劫罪的证据基本上是间接证据，没有形成证据锁链，认定王胜平犯抢劫罪的证据不充分。

江苏省盐城市中级人民法院经审理认为，对于公诉机关就被告人王胜平犯抢劫罪的指控，因未能出示证明被告人王胜平实施抢劫作案的直接证据，且被告人王胜平又矢口否认，故认定其犯抢劫罪并致人死亡的证据不足，对公诉机关就被告人王胜平犯抢劫罪的指控不予支持。宣判后，盐城市人民检察院以原判未认定被告人王胜平犯抢劫罪不当为由，向江苏省高级人民法院提出抗诉。江苏省人民检察院经审查，决定支持抗诉。

① 本案详细材料来源于高军："王胜平抢劫案——如何审查判断被告人的翻供理由?"，载《刑事审判参考》2004年第6辑。

江苏省高级人民法院经审理认为，抗诉机关和支持抗诉机关指控被告人王胜平犯抢劫罪并致一人死亡的证据不足，不予认定。原审被告人及其辩护人针对检察机关抗诉意见的辩解和辩护意见成立，予以采纳。故裁定驳回抗诉，维持原判。

2. 分析

本案焦点在于被告人王胜平在侦查阶段作的有罪供述能否采用。二审法院在综合全案证据后认为，不排除王胜平在侦查阶段作的有罪供述系刑讯逼供所致，理由如下：

其一，认定被告人王胜平抢劫杀人使用刀具的特征不清，不能排除王胜平在侦查阶段所画的作案刀具图形系诱供的结果。控方试图将本案凶器特征的认定作为连接法医鉴定、被告人供述、证人证言之间相互关联一致的连结点，以通过证明作案凶器的真实性印证被告人实施抢劫行为的客观性。但是：①案发后侦查机关并未提取到本案的作案凶器；②案发后侦查机关出具的被害人蒋国友死亡鉴定书中，并未对死者致伤锐器单、双刃的特征作出推断；③被告人王胜平辩解，其在侦查阶段所画刀具形状系应侦查人员要求画出，其并没有该形状的刀具；④二审期间，法庭向张海浪调查核实证据时，张海浪翻证称，其是应侦查机关的要求，按侦查人员的提示画出了单刃刀具图形，事实上作案中使用的凶器是双刃匕首，并当场画出了双刃刀具图形。因此，通过对本案作案凶器特征的审查，不仅不能得出控方据以证明的事实结论，相反产生了对控方个别举证是否具有事实依据和对侦查机关相关取证行为合法性的质疑。现有证据不能证实被告人使用了公诉机关所指控的单刃刀具。

其二，控方证据不能推翻被告人王胜平的翻供理由。被告人王胜平在本案进入审查起诉阶段后，翻供称，其在侦查阶段对抢劫罪的有罪供述是侦查机关刑讯逼供、诱供的结果。控方根据看守所管教干部王文华、李道林的证言，被告人王胜平进入滨海县看守所时的健康检查表，同监犯吴恩贵、周一青的证言，2003 年 4 月 26 日、27 日王胜平在滨海县看守所分别与管教干部和侦查人员的谈话、审讯笔录，认为王胜平以刑讯逼供为翻供理由不能成立。但控方的证据不足以推翻王胜平的翻供理由：①王胜平换押入滨海县看守所时的健康检查表、证人王文华、李道林的证言，均证实滨海县看守所对被告人王胜平入所体检日期为 2003 年 4 月 16 日。现有证据仅能证明王胜平从响水县看守所换押入滨海县看守所时做过体检。②在侦查期间，被告人王胜平先后 13 次对抢劫罪作了有罪供述，但滨海县公安局提讯证和审讯笔录证实，这 13 次有罪供述均在 2003 年 4 月 16 日以后作出，且其中的 11 次是在看守所外形成的。由于王胜平于 2003 年 4 月 16 日从响水县看守所换押至滨海县看守所当日，即被滨海县公安局侦查人员从看守所提押出所，直至 26 日才被押回看守所。看守所的健康检查表和有关人员的证言不能证明侦查人员曾对王胜平刑讯逼供。③与被告人王胜平在滨海县看守所同号房关押的证人吴恩贵、周一青的证言表明王胜平入所后曾告诉他们，王曾在盗窃过程中戳人一刀，但在二审庭审出庭作证时证实，控方在庭审中宣读的侦查机关询问其两证人的笔录内容不完整，王胜平从刑警大队被押回看守所后还曾说，公安人员要其承认其有抢劫杀人行为，而其喊冤；王胜平被押回看守所后，两眼黑肿，双脚、双手腕有伤，行走不便。

综上，结合被告人王胜平被提出看守所审讯 11 天、看守所对王胜平的体检实施于其被提出看守所审讯之前、两同号房证人在二审庭审中所作与此前侦查机关向其二人取证所作笔录内容相反的证言，以及对王胜平被审讯还押后身体状况的描述等证据，即使尚不足以确认侦查机关对王胜平有刑讯逼供之行为，亦足以排除控方证明王胜平刑讯逼供翻供理由不存在的意见。

其三，侦查机关是在掌握案发现场相关细节后，又在审讯中取得被告人对案发现场细节一致的口供，因此，检察机关排除原审被告人王胜平关于诱供翻供理由的意见与事实不符。控方认为，被告人王胜平对抢劫犯罪某些细节的供述非其亲身经历不能作出，进而证明侦查机关对其无诱供的可能，本案抢劫犯罪系王胜平所为。在逻辑上，这种推理是可以成立的，但本案的证据证实：①公安机关是在本案抢劫致人死亡事实发生后，已对案发现场进行勘查、拍摄，对被害者尸体进行法医鉴定，对相关证人提取证言，且经张海浪检举的情况下，抓获并审讯被告人王胜平。②对案发时村里大喇叭在喊叫的细节，证人张海浪在 2002 年 4 月 15 日的证言中早已提及，并非由被告人王胜平首先供述。

**（五）相关法条链接**

1.《刑事诉讼法》

**第十四条第二款** 对于不满十八岁的未成年人犯罪的案件，在讯问和审判时，可以通知犯罪嫌疑人、被告人的法定代理人到场。

**第九十一条** 讯问犯罪嫌疑人必须由人民检察院或者公安机关的侦查人员负责进行。讯问的时候，侦查人员不得少于二人。

**第九十二条** 对于不需要逮捕、拘留的犯罪嫌疑人，可以传唤到犯罪嫌疑人所在市、县内的指定地点或者到他的住处进行讯问，但是应当出示人民检察院或者公安机关的证明文件。

传唤、拘传持续的时间最长不得超过十二小时。不得以连续传唤、拘传的形式变相拘禁犯罪嫌疑人。

**第九十三条** 侦查人员在讯问犯罪嫌疑人的时候，应当首先讯问犯罪嫌疑人是否有犯罪行为，让他陈述有罪的情节或者无罪的辩解，然后向他提出问题。犯罪嫌疑人对侦查人员的提问，应当如实回答。但是对与本案无关的问题，有拒绝回答的权利。

2.《人民检察院刑事诉讼规则》

**第一百三十六条** 讯问犯罪嫌疑人，由检察人员负责进行。讯问的时候，检察人员不得少于二人。

**第一百三十七条** 对于不需要逮捕、拘留的犯罪嫌疑人，经检察长批准，可以传唤到犯罪嫌疑人所在市、县内的指定地点或者到他的住处进行讯问。

传唤犯罪嫌疑人，应当向犯罪嫌疑人出示传唤通知书和有关证件，并责令犯罪嫌疑人在传唤通知书上签名或者盖章。

本规则第三十五条第二款的规定适用于传唤犯罪嫌疑人。

**第一百三十八条** 一次传唤持续的时间最长不得超过十二小时。不得以连续传唤的形式变相拘禁犯罪嫌疑人。

**第一百三十九条** 提讯在押的犯罪嫌疑人，应当填写提押证，在看守所进行讯问。因侦查工作需要，需要提押犯罪嫌疑人出所辨认罪犯、罪证或者追缴犯罪有关财物的，可以提押犯罪嫌疑人到人民检察院接受讯问。

提押犯罪嫌疑人到人民检察院讯问的，应当经检察长批准，由二名以上司法警察押解。

**第一百四十条** 讯问犯罪嫌疑人的时候，应当首先查明他的基本情况，讯问其是否有犯罪行为，让其陈述有罪的事实或者作无罪的辩解，然后向他提出问题。对提出的反证要认真查核。严禁刑讯逼供和以威胁、引诱、欺骗以及其他非法的方法获取供述。

**第一百四十三条** 犯罪嫌疑人请求自行书写供述的，检察人员应当准许。必要的时候，检察人员也可以要犯罪嫌疑人亲笔书写供词。

**第一百四十四条** 讯问犯罪嫌疑人，可以同时采用录音、录像的记录方式。

**第一百四十五条** 检察人员第一次讯问犯罪嫌疑人后或者对其采取强制措施之日起，应当告知犯罪嫌疑人可以聘请律师为其提供法律咨询、代理申诉、控告或者为其申请取保候审，并将告知情况记明笔录。

## 二、被告人供述和辩解排除之一

**第十九条 采用刑讯逼供等非法手段取得的被告人供述，不能作为定案的根据。**

**（一）法条内容释义**

本条明确规定了通过刑讯逼供取得的被告人供述应当排除，不能作为定案的根据。所谓刑讯逼供，就是通过肉刑和变相肉刑的审讯方式，逼取犯罪嫌疑人或被告人口供的行为。这里的“肉刑”，是指对被追诉者的肉体进行摧残或伤害，如殴打、夹指、捆绑、吊起、用警棍电击等。“变相肉刑”，是指罚站、罚跑、罚冻、罚晒、罚饿、不让睡眠、搞“车轮战”等。

**（二）制定理由**

我国《刑事诉讼法》早已明确禁止通过刑讯逼供的方法获取口供。《最高人民法院关于执行〈中华人民共和国刑事诉讼法〉若干问题的解释》第61条明确规定，凡经查证确实属于采用刑讯逼供取得的被告人供述，不能作为定案的根据。本《规定》第19条再次重申，采用刑讯逼供等非法手段取得的被告人供述，不能作为定案的根据。之所以如此，是因为：刑讯逼供不仅会造成冤假错案，使无罪的人被迫承认犯罪，而且还严重损害了公安司法机关的威信，降低了司法公信力，不利于建立公正、权威的社会主义司法制度。在刑事诉讼中严禁刑讯逼供，除将公安司法人员刑讯逼供等暴力逼取口供的行为规定为犯罪予以惩治外，还必须对采取刑讯逼供等非法手段取得的口供予以排除，才能达到釜底抽薪之效果。我国已经签署并加入的联合国《禁止酷刑和其他残忍、不人道或有辱人格的待遇或处罚公约》第15条规定：“每一缔约国应确保在任何诉讼程序中，不得援引任何已经确定系以酷刑取得的口供为证据，但这类口供可以用作被控施用酷刑者刑讯逼供的证据。”因此，明确规定通过刑讯逼供获取的口供应当排除，同时也是我国应尽的国际义务。

**（三）应注意的问题**

适用本条规定在实践中应注意以下问题：

第一，本条采用的是“采用刑讯逼供等非法手段”之表述，而我国刑事诉讼法和相关司法解释采用的是“采用刑讯逼供或者威胁、引诱、欺骗等非法的方法”。相比之下，本条只是明确了通过刑讯逼供获取的口供应当排除，对于通过引诱和欺骗的方法获取的口供，是否应当排除，本条没有作出明确规定。之所以如此，可能一方面是因为有关部门在此问题上存在的分歧较大；另一方面，一概排除所有通过引诱和欺骗的方法获取的口供，也不符合侦查讯问的客观规律和实践。笔者认为，对通过引诱和欺骗的方法获取的口供，是否应当排除不能一概而论，应该在综合考虑欺骗和引诱的具体情形、社会对此的容忍程度、如此做法对公安司法机关诚信的负面影响以及案件严重程度、由此取得的口供的真实性等因素的基础上，决定是否应当排除。

第二，目前媒体揭露的诸多冤假错案，如杜培武、佘祥林、赵作海案等，无不与刑讯逼供有关。因此，司法机关在审查口供时，应当敢于排除通过刑讯逼供获取的口供。

**（四）典型案例分析**

**杜培武杀人案**

1. 案情

1999年2月5日，杜培武被昆明市中院以故意杀人罪判处死刑。杜培武不服，以“没有杀人，公安机关刑讯逼供”为由提出上诉；同年10月20日，云南省高院以故意杀人罪对杜培武改判死刑，缓期二年执行。2000年7月6日，基于本案真凶的出现，云南省高院对杜培武故意杀人案再审，宣告杜培武无罪并予释放。杜培武被刑讯逼供后遗留的伤痕，经昆明医学院法医技术鉴定中心鉴定为“双手腕外伤与手铐铐压有关；双额叶轻度脑萎缩与外伤有关，系轻伤”。2001年1月，曾经对杜培武刑讯逼供的两名警察被法院以刑讯逼供罪定罪处罚。

2. 分析

杜培武自己身为人民警察，但是在涉嫌犯罪以后，也没有逃脱被刑讯逼供的噩运。此案是21世纪初发生的一起有关刑讯逼供导致冤案的标本性案例。在此案的庭审过程中，当杜培武请求公诉人出示因被刑讯逼供而留下的伤情照片遭到拒绝时，当即解开风衣，从裤子里扯出一套血迹斑斑的衣服，说道：“我还有他们刑讯逼供的证据！这是我当时穿在身上被他们打烂的衣服”，审判长却让法警收起血衣，说：“不要再纠缠这些问题了。”① 由此可见，在审判实践中让法官排除刑讯逼供获取的口供是多么的艰难。本案正是由于错误地采用了通过刑讯逼供获取的口供，从而酿成错案。

**（五）相关法条链接**

1.《刑事诉讼法》

**第四十三条** 审判人员、检察人员、侦查人员必须依照法定程序，收集能够证实犯罪嫌疑人、被告人有罪或者无罪、犯罪情节轻重的各种证据。严禁刑讯逼供和以威胁、引诱、欺骗以及其他非法的方法收集证据。必须保证一切与案件有关或者了解案情的公民，有客观地充分地提供证据的条件，除特殊情况外，并且可以吸收他们协助调查。

2.《最高人民法院关于执行〈中华人民共和国刑事诉讼法〉若干问题的解释》

**第六十一条** 严禁以非法的方法收集证据。凡经查证确实属于采用刑讯逼

① 参见《南方周末》2001年8月23日第6版的相关报道。

供或者威胁、引诱、欺骗等非法的方法取得的证人证言、被害人陈述、被告人供述，不能作为定案的根据。

3.《人民检察院刑事诉讼法规则》

**第二百六十五条** 严禁以非法的方法收集证据。以刑讯逼供或者威胁、引诱、欺骗等非法的方法收集的犯罪嫌疑人供述、被害人陈述、证人证言，不能作为指控犯罪的根据。

人民检察院审查起诉部门在审查中发现侦查人员以非法方法收集犯罪嫌疑人供述、被害人陈述、证人证言的，应当提出纠正意见，同时应当要求侦查机关另行指派侦查人员重新调查取证，必要时人民检察院也可以自行调查取证。

侦查机关未另行指派侦查人员重新调查取证的，可以依法退回侦查机关补充侦查。

## 三、被告人供述和辩解排除之二

**第二十条 具有下列情形之一的被告人供述，不能作为定案的根据：**

**（一）讯问笔录没有经被告人核对确认并签名（盖章）、捺指印的；**

**（二）讯问聋哑人、不通晓当地通用语言、文字的人员时，应当提供通晓聋、哑手势的人员或者翻译人员而未提供的。**

### （一）法条内容释义

本条规定了两种情形下获取的被告人供述应当排除，不能作为定案的根据：（1）讯问笔录没有经被告人核对确认并签名（盖章）、捺指印的。根据我国《刑事诉讼法》及相关司法解释的规定，被告人在核对笔录内容无误后，需要在讯问笔录的三个地方签名（盖章）、捺指印：一是在笔录的结尾注明"以上笔录内容属实，无误"的字样，并签名（盖章）、捺指印的；二是在笔录的每一页的页边空白处签名（盖章）、捺指印；三是在讯问笔录有更改的地方之空白处签名（盖章）、捺指印。（2）讯问聋哑人、不通晓当地通用语言、文字的人员时，应当提供通晓聋、哑手势的人员或者翻译人员而未提供的。

### （二）制定理由

之所以规定讯问笔录没有经被告人核对确认并签名（盖章）、捺指印的，应当排除该口供，是因为：口供具有证据能力的前提条件是被告人自愿作出。一般来说，如果被告人承认自己有罪，就没有理由不在与自己意思表示一致的讯问笔录上签字；反之，如果被告人是被迫地承认犯罪，则笔录记载的有罪供述并非是自己的真实意思表示，因而不会自愿地在笔录上签字。因此，明确规定没有经被告人核对确认并签名（盖章）、捺指印的讯问笔录不能作为定案的根据，有助于进一步保证口供是在被告人自愿的前提下作出。

我国《刑事诉讼法》规定，讯问聋、哑犯罪嫌疑人，应当有通晓聋、哑手势的人参加，并且将这种情况记明笔录；各民族公民有权使用自己本民族的语言文字进行诉讼。之所以如此，一方面，使用自己的语言文字，本身就是人的基本权利；另一方面，只有要求讯问聋哑人、不通晓当地通用语言、文字的人员时，提供通晓聋、哑手势的人员或者翻译人员，才能保证讯问顺利进行，不至于在提问与回答上发生误解，从而保证讯问笔录内容的真实性。反之，在此种情况下，如果没有通晓聋、哑手势的人员或者翻译人员参与，就难以保证笔录内容的真实性，因此这样的讯问笔录就只有排除。

**（三）应注意的问题**

适用本条规定在实践中应注意以下问题：

第一，没有经被告人签名、捺指印的讯问笔录，绝对无效，不能作为证据使用；但是，有被告人签名、捺指印的讯问笔录，并不一定就具有证据能力。

第二，在讯问笔录有修改的地方，也需要有被告人的签名、捺指印；否则，修改的部分不能作为证据使用。

第三，《人民检察院刑事诉讼法规则》第142条规定："如果犯罪嫌疑人拒绝签名或者盖章的，应当在笔录上注明。"我们认为，根据本条规定，此情况下形成的笔录，只能证明讯问过程本身的相关事实，笔录的内容不能作为指控被告有罪的证据。

**（四）相关法条链接**

1.《刑事诉讼法》

**第九十四条** 讯问聋、哑的犯罪嫌疑人，应当有通晓聋、哑手势的人参加，并且将这种情况记明笔录。

**第九十五条** 讯问笔录应当交犯罪嫌疑人核对，对于没有阅读能力的，应当向他宣读。如果记载有遗漏或者差错，犯罪嫌疑人可以提出补充或者改正。犯罪嫌疑人承认笔录没有错误后，应当签名或者盖章。侦查人员也应当在笔录上签名。犯罪嫌疑人请求自行书写供述的，应当准许。必要的时候，侦查人员也可以要犯罪嫌疑人亲笔书写供词。

2.《人民检察院刑事诉讼规则》

**第一百四十一条** 讯问聋、哑的犯罪嫌疑人，应当有通晓聋、哑手势的人在场，并且将这种情况记明笔录。

**第一百四十二条** 讯问犯罪嫌疑人，应当制作讯问笔录。讯问笔录应当字迹清楚，详细具体，忠实原话，并交犯罪嫌疑人核对。对于没有阅读能力的，应当向他宣读。如果记载有遗漏或者差错，应当补充或者改正。犯罪嫌疑人认为讯问笔录没有错误的，由犯罪嫌疑人在笔录上逐页签名或者盖章。如果犯罪嫌疑人拒绝签名或者盖章的，应当在笔录上注明。检察人员也应当在笔录上签名。

## 四、瑕疵讯问笔录的采用

**第二十一条　讯问笔录有下列瑕疵，通过有关办案人员的补正或者作出合理解释的，可以采用：**

**（一）笔录填写的讯问时间、讯问人、记录人、法定代理人等有误或者存在矛盾的；**

**（二）讯问人没有签名的；**

**（三）首次讯问笔录没有记录告知被讯问人诉讼权利内容的。**

### （一）法条内容释义

本条对有瑕疵的讯问笔录之采用作出了规定。所谓有瑕疵的讯问笔录是指：一是讯问笔录填写的讯问时间、讯问人、记录人、法定代理人等有错误或者存在矛盾的。一份完整的讯问笔录，在首部应详尽、明确地载明讯问时间、讯问人、记录人、法定代理人的姓名等事项。实践中，讯问时间、讯问笔录、记录人等存在矛盾，主要体现在：对同一被告人，在相互交叉的时间段有两份或者两份以上的讯问笔录；在共同犯罪案件中，同一讯问人在同一时间段内讯问不同的被告，等等。二是讯问人没有在讯问笔录上签名的。三是首次讯问笔录没有记录告知被讯问人诉讼权利的。我国《刑事诉讼法》及相关司法解释规定，侦查机关在第一次讯问犯罪嫌疑人时，应当明确告知犯罪嫌疑人可以聘请律师为其提供法律咨询、代理申诉、控告或者为其申请取保候审。对于上述三种有瑕疵的讯问笔录，只有在有关办案人员对此作出补正或者作出合理解释的前提下，才能作为证据使用。

### （二）制定理由

本条之所以规定三种有瑕疵的讯问笔录，只有通过有关办案人员的补正或者作出合理解释后才可以作为证据采用，主要是考虑到：上述三种情形，客观上违反了讯问程序的相关要求或者违背了生活逻辑和常识，因此不宜直接允许其作为定案的根据；但是，在一般情况下，这些瑕疵不足以影响笔录内容的真实性，因此只要能够更正或者作出合理解释，就可以考虑允许其作为证据使用。我们认为，如此规定，有助于实现程序公正与实体公正的“双赢”局面，也符合当前我国司法实践状况。

### （三）应注意的问题

适用本条规定在实践中应注意以下问题：

第一，注意“讯问笔录没有经被告人核对确认并签名（盖章）、捺指印的”与笔录上“讯问人没有签名的”之间的差别，前者是根本没有经被告人确认、核对；后者是经被告人确认、核对，甚至捺指印了，仅仅只是没有签名。前者的后果是绝对排除该笔录的适用；后者则允许在补正或者作出合理解释后作为证据使用。

第二，对于有上述有瑕疵的讯问笔录，即便进行了更正或者作出了合理解释，但是如果笔录内容的真实性无法保障，或者与其他证据相矛盾，则该笔录也可能不被采用。

**（四）相关法条链接**

1.《刑事诉讼法》

**第九十六条第一款** 犯罪嫌疑人在被侦查机关第一次讯问后或者采取强制措施之日起，可以聘请律师为其提供法律咨询、代理申诉、控告。犯罪嫌疑人被逮捕的，聘请的律师可以为其申请取保候审。涉及国家秘密的案件，犯罪嫌疑人聘请律师，应当经侦查机关批准。

2.《人民检察院刑事诉讼规则》

**第一百四十五条** 检察人员第一次讯问犯罪嫌疑人后或者对其采取强制措施之日起，应当告知犯罪嫌疑人可以聘请律师为其提供法律咨询、代理申诉、控告或者为其申请取保候审，并将告知情况记明笔录。

**第二百六十五条第二、三款** 人民检察院审查起诉部门在审查中发现侦查人员以非法方法收集犯罪嫌疑人供述、被害人陈述、证人证言的，应当提出纠正意见，同时应当要求侦查机关另行指派侦查人员重新调查取证，必要时人民检察院也可以自行调查取证。

侦查机关未另行指派侦查人员重新调查取证的，可以依法退回侦查机关补充侦查。

## 五、被告人供述和辩解的采信

**第二十二条 对被告人供述和辩解的审查，应当结合控辩双方提供的所有证据以及被告人本人的全部供述和辩解进行。**

**被告人庭前供述一致，庭审中翻供，但被告人不能合理说明翻供理由或者其辩解与全案证据相矛盾，而庭前供述与其他证据能够相互印证的，可以采信被告人庭前供述。**

**被告人庭前供述和辩解出现反复，但庭审中供认的，且庭审中的供述与其他证据能够印证的，可以采信庭审中的供述；被告人庭前供述和辩解出现反复，庭审中不供认，且无其他证据与庭前供述印证的，不能采信庭前供述。**

**（一）法条内容释义**

本条是对被告人供述和辩解采信的规定，包括以下四层含义：

一是对被告人供述和辩解的审查，应当结合控辩双方提供的所有证据以及被告人本人的全部供述和辩解进行。这实际上意味着仅凭被告人供述和辩解，不能认定案件事实。对被告人供述和辩解真实性之判断，必须放在全部案情和证据中综合考虑；对被告人供述和辩解前后不一致的，还需结合所有的供述和辩解综合判断，不能任意地偏爱某一口供或者辩解。

二是庭前供述与庭审供述不一致时采信被告庭前有罪供述的条件。庭前供述指的是被告人在侦查和审查起诉阶段接受公安司法人员的询问时所作的承认有罪的陈述。庭审中翻供是指被告人在法庭开庭审判时推翻先前的有罪供述。在被告人当庭翻供，推翻庭前有罪供述的情况下，采纳庭前有罪供述必须满足以下条件：（1）庭前供述基本一致；（2）庭前供述与案件中的其他证据能够相互印证；（3）被告人不能合理说明翻供理由或者其辩解与全案证据相矛盾。

三是庭前供述与庭审供述不一致时法庭采纳庭审供述必须满足以下条件：（1）被告在法庭审理供认有罪；（2）此有罪供述与其他证据能够相互印证。

四是被告人庭前供述和辩解出现反复，庭审中不供认，且无其他证据与庭前供述相印证的，不能采信庭前供述。

**（二）制定理由**

如何看待被告人口供的证据价值，在证据法理论和诉讼实践中都是个很复杂的问题。在被告人当庭翻供，庭前陈述与庭审陈述不一致的情况下，如何使用庭前和庭审陈述，是司法实践中经常面临的问题。本条针对此问题，没有笼统地规定庭前陈述优先还是庭审陈述优先，而是具体分析、分别规定了采纳庭前陈述与庭审陈述的条件，这主要是基于如下考虑：

一是我国刑事诉讼法已经确立唯口供不能定罪规则。我国《刑事诉讼法》第46条规定，只有被告人供述，没有其他证据的，不能认定被告人有罪和处以刑罚；没有被告人供述，证据充分确实的，可以认定被告人有罪和处以刑罚。实践中由于种种原因，被告人认罪虚假的可能性确实存在，此时如果仅凭被告人供述认定被告人有罪，则很可能冤枉无辜；同时，一旦被告人翻供，也会使司法机关的工作处于十分被动的局面。因此，即使是被告人自愿承认犯罪，如果没有其他证据，也不能认定其有罪。认定被告人有罪，必须有其他证据，做到证据确实、充分；即使被告人不承认犯罪，如果其他证据确实、充分，也可以认定被告人有罪。

二是口供具有反复性、真假并存性。口供具有很强的主观性，犯罪嫌疑人、被告人的心态随着诉讼程序的进行会不断地发生变化，口供的内容也会出现不断的反复。同时，随着此种心理变化，再加之诸如错觉、认识偏差、书写错误等客观原因，使得犯罪嫌疑人、被告人的陈述常常真中有假、假中有真。在此情况下，究竟是采用庭前陈述，还是庭上陈述，显然不能一概而论，需要具体分析。从实践情况来看，庭前陈述可能为真，也可能为假，还有可能是真假并存；庭审陈述也是如此。因此，这就需要我们综合全案证据，慎重判断何种口供为真、何种口供为假。

**（三）应注意的问题**

适用本条规定在实践中应注意以下问题：

第一，对于相互矛盾的庭前供述与庭审供述，有可能同假也可能前假后真或相反，或真假参半，但不可能同真。

第二，科学、客观地对待翻供。无论当庭翻供是真是假，它都是被告人行使辩护权的表现，能够促使法院谨慎地行使裁判权。对待翻供的正确态度，应该是允许翻供、认真审查判断翻供的真伪，切实做好口供以外其他证据的调查、收集、固定工作，从源头上遏止翻供。

第三，关于同案犯口供的印证问题。我国《刑事诉讼法》第46条规定，“只有被告人供述，没有其他证据的，不能认定被告人有罪和处以刑罚；”那么，这里的“被告人”是专指单个被告人还是包括共同犯罪案件的被告人？共同犯罪案件中其他被告人的一致供述，是否属于本条规定的“其他证据”？对此，理论界有不同的认识。有的认为，鉴于口供的特点和共同犯罪中犯罪嫌疑人、被告人相互之间不同程度地存在着利害关系，即使共犯口供一致，可以相互印证，也不能据此定罪判刑。有的则认为，共犯之间的关系是互为证人的关系，其口供只要可以互相印证，就可以据此定罪判刑。我们认为，从我国《刑事诉讼法》第46条的立法精神来看，是为了强调认定有罪不能仅凭口供，要重视其他证据。因此，我们赞同第一种观点，在追求最高证明标准的死刑案件中更应如此。

**（四）典型案例分析**

**杨淑敏杀人案①**

1. 案情

通化市中级人民法院经公开审理查明：被告人杨淑敏与被害人梁德宏同村居住。梁德宏让杨淑敏帮忙购买一辆农用运输车，杨淑敏表示同意。2007年4月3日早晨，杨淑敏用一黑色拎包装了四瓶啤酒来到梁家，二人吃过早餐后一

① 本案相关资料来源于何泽宏：“在被告人翻供的情况下如何根据供证关系定案——杨淑敏故意杀人案”，载《刑事审判参考》2010年第1辑。

起到银行将梁德宏的1.7万元购车款存入杨淑敏持有的建设银行卡内。当日下午，杨淑敏给梁德宏打电话后到梁家，二人看了一会儿电视连续剧《像风一样离去》，此时杨淑敏产生杀死梁德宏占有购车款的念头，遂趁梁不备，用随身携带的闭路电视线套住梁的脖子，转身背起梁拖往厨房。此时，杨淑敏听见梁家房后有摩托车的声音，怕被人发觉，遂背着梁挪至厨房西侧暗处，让其头朝下趴在水缸上。梁德宏因颈部被勒致机械性窒息死亡。后杨淑敏拽出闭路电视线，到院内拿起装有四个啤酒瓶的黑色拎包，跳过梁家东侧院墙逃离现场。

通化市中级人民法院认为，杨淑敏在侦查机关的有罪供述能够得到其他证据的印证，已经形成完整的证据链条，足以认定。杨淑敏的翻供内容与其他证据相矛盾，翻供理由不成立，故判决被告人杨淑敏犯故意杀人罪，判处死刑，剥夺政治权利终身。一审宣判后，被告人杨淑敏以其没有作案为由，提出上诉。其辩护人提出，杨淑敏没有杀害梁德宏的动机；现场提取的杨淑敏的足迹系何时所留不清，是下雪前还是下雪后提取的亦不明；不能确定案发后从现场跳墙逃走的人就是杨淑敏，现有证据不足以认定杨淑敏犯有故意杀人罪。吉林省高级人民法院裁定驳回上诉，维持原判，并依法报请最高人民法院核准。最高人民法院经复核后裁定核准吉林省高级人民法院维持第一审以故意杀人罪判处被告人杨淑敏死刑，剥夺政治权利终身的刑事裁定。

2. 分析

本案被告人在侦查阶段作出了有罪供述，但在审查起诉和审判阶段翻供。本案没有目击证人，也缺乏足以锁定被告人杨淑敏作案的强有力的客观证据。在此情况下，需综合全案证据，科学对待被告人庭前有罪供述和庭上无罪辩解。

被告人杨淑敏在侦查阶段的供述是：同村村民梁德宏请其帮忙联系购买一辆农用运输车，其表示同意。2007年4月3日早上，其与梁德宏通过电话后，用女儿杨某平时装化妆品的一个黑色拎包装了4瓶啤酒到梁家，与梁德宏吃过早饭后，一同到通化市二道江建设银行，将梁德宏的1.7万元购车款存入杨淑敏借用其姐杨淑艳的身份证办的一张建设银行卡内。存款后该卡仍由杨淑敏保管。当日下午，杨与梁德宏通过电话后再次到梁家。16时30分许，其忽然产生杀死梁德宏，占有购车款的念头，遂趁梁不备，用随身携带的一段闭路电视线猛地套在梁的脖子上，顺势反身背起梁拖往厨房。此时，其听到院外有摩托车声音，害怕来人发现，遂背着梁躬身走到厨房窗户西侧，起身想看看外面的情况。这时梁的身体已经软了，其顺势将梁趴着放到墙角的水缸上，拽出闭路电视线，拿上早上装啤酒到梁家来的黑包，从东面跳出院墙逃离现场。

有关法院之所以采信上述供述，是因为以上供述详细、完整再现了其作案的过程，而且各个环节均得到相关证据的印证，主要体现在：（1）现场勘验检查笔录、足迹鉴定结论等证据证实，被害人梁德宏家院内留有多枚足迹，其中位于院内东南侧地面上的一枚清晰立体足迹具有鉴定价值。公安机关将该足迹与杨淑敏所穿鞋子一起送到专业机构进行足迹鉴定，结论为该足迹系杨淑敏右脚鞋子所留。这是证明杨淑敏发案当天下午到过被害人家的重要客观性证据。通化气象站 2007 年 4 月地面月报表显示，案发当天下过三场雪：第一场是 10 时 41 分至 12 时 33 分，第二场是 13 时 39 分至 16 时 27 分，第三场是 17 时 28 分至 18 时 18 分。公安人员拍摄这枚足迹的时间是当日 20 时 39 分。从照片上看，该足迹周围地面已基本被积雪覆盖，但这枚立体足迹十分清晰，上面只有少许积雪。显然，该足迹是在地面已经被积雪覆盖以后所留。如果系当天上午所留，则该足迹早就与周围地面一样被积雪覆盖，不可能到 20 时 39 分还那样清晰。足迹上有少许积雪，说明该足迹留下以后还下过雪，故该足迹也不可能是 18 时 18 分雪停以后所留。据此推断，该足迹只能是案发当天下午 18 时 18 分之前所留。从该足迹所处位置及朝向来看，其处于被害人家房门外与东侧院墙之间，脚尖朝向东南。这与被告人供述其作案后于 16 时 30 分许从被害人家东侧院墙翻墙逃跑的时间和路线完全吻合。（2）尸体检验鉴定结论证实，死者梁德宏系被绳索勒颈部致机械性窒息死亡，印证了被告人杨淑敏关于作案工具为闭路电视线、作案手段为背着被害人勒颈致死的供述。（3）搜查笔录、扣押物品、文件清单及照片证实，公安人员根据杨淑敏的供述，从其家中钉在卧室门框上方的一张胶合板夹缝巾，搜查出一张建设银行卡；从其家院内房屋东头黄泥堆附近搜查到一条长约 1 米、被焚烧过的用闭路电视线做成的绳套；从其卧室地柜内搜查出一个黑色梯形双带皮包。该证据印证了杨淑敏关于作案后隐藏涉案银行卡和黑色手提袋，焚烧并丢弃作案工具闭路电视线的供述。因公安人员一开始并不知道杨淑敏的作案动机，也不知道有这些物证及其藏匿位置，均系根据杨淑敏的供述在其家中隐蔽部位找到，属于先供后证，证明力强。（4）建设银行卡客户交易查询单证实，公安人员从杨淑敏家中搜查到的建设银行卡的开户人为杨淑艳，2007 年 4 月 3 日存入人民币 1.7 万元。同时，公安人员从通化市二道江十宁街建设银行储蓄所调取到了杨淑敏和梁德宏 2007 年 4 月 3 日到该所存款的录像资料。证人杨淑艳（被告人杨淑敏之姐）也证实，2006 年春天，杨淑敏因身份证遗失，借用其身份证在建设银行办过一张银行卡。这些证据印证了杨淑敏关于涉案银行卡的来历及发案当日上午其与梁德宏一起到银行存款的供述。（5）手机通话清单证实，杨淑敏的手机分别于 2007 年 4 月 3 日 7 时 12 分、14 时 11 分主叫被害人梁德宏的手机，印证了杨淑敏关于发案当天两次去梁德宏家之前均先与梁通过电话的供述。

(6) 证人赵某明（梁德宏的邻居）证实，2007 年 4 月 3 日 16 时 30 分许，其驾驶摩托车途经梁德宏家房后回家，印证了杨淑敏关于其作案时听到有摩托车经过的供述。该证言系公安人员根据杨淑敏的供述取得，属于先供后证，可信度高。(7) 证人赵某珍（梁德宏的邻居）证实，2007 年 4 月 3 日下午刚下完第二场雪（约 16 时 30 分），其看到一个男的右手拿着一个长方形黑色的兜，从被害人家东面围墙跳下来，顺着围墙往北走了。该证言印证了杨淑敏关于作案后从被害人家东面跳出院墙逃离现场的供述。由此可见，杨淑敏供述的作案动机、时间、地点、工具、手段、放置被害人尸体的位置和姿势、作案时听见摩托车声音、作案后从东面院墙跳出逃走、藏匿银行卡、焚烧闭路电视线并予以丢弃等内容，均得到了其他证据的印证，形成了完整的证据链条。

而且，杨淑敏的翻供内容与其他证据相矛盾，不能成立。杨淑敏翻供称，发案当日 13 时许，其女友刘春萍到其家中待到近 15 时才离开。之后，其生完炉子，接近 16 时到邻居纪某家，与纪的两个女婿苏某、康某和纪的妻子李某一起看了一会儿电视，说了几句话，16 点多钟回到家，去小卖部退了啤酒瓶，就拿伞去接女儿杨某放学。其当天下午根本没有去过被害人梁德宏家，更没有杀人。但这种翻供内容被相关证人证言所否定，具体体现在：(1) 证人刘春萍（杨淑敏的女友）证实，2007 年 4 月 3 日，其和杨淑敏通过七次电话，其中，第三次通话时（11 时 45 分）杨让刘去他家，刘去杨家待了近一个小时就回家了。第四次通话时（13 时 11 分），杨说他要去问问账的事。过了 20 分钟左右，刘看见杨外出，从刘门前经过。这证明杨淑敏翻供所称发案当天刘春萍在其家待到 15 时许才离开的辩解是假的。(2) 证人杨某（杨淑敏的女儿，11 岁）证实，2007 年 4 月 3 日 16 时 30 分，其放学以后去同学家写作业，大约 17 时多一点回到家，当时其父亲杨淑敏在家生炉子。其发现自己的玩具和化妆品放在桌子上，问“谁动我的包了”，其父亲说他拿去用了一下，然后从厨房把包拿进里屋，从包里拿出 6 个啤酒瓶盖放在桌子上。其把瓶盖拿到经销店去退了 1.2 元钱，买了小食品。该证言印证杨淑敏关于其用杨某平时装化妆品的包提啤酒到梁德宏家的供述，与证人赵某珍关于跳墙男子手里拿着一个黑包的证言吻合。同时，杨某的证言也证实杨淑敏翻供所称其案发当日 16 点多去接杨某放学的辩解是虚假的。(3) 证人苏某、康某、李某（均系杨淑敏的邻居）证实，2007 年 4 月 3 日下午，苏某、康某外出捡渣铁，直到晚上才回来；李某一直在家，杨淑敏当天没有来过其家。这说明杨淑敏翻供所称发案当日 16 时许其与该三名证人一起看电视的辩解是虚假的。

根据上述分析，虽然被告人杨淑敏自审查起诉阶段翻供不承认杀人犯罪，但在侦查阶段的有罪供述与案件中的其他证据能够相互印证，而翻供后的辩解又与全案证据相矛盾，故可以采信庭前有罪供述、排除庭审的无罪辩解。

（五）相关法条链接

《刑事诉讼法》

**第四十六条** 对一切案件的判处都要重证据，重调查研究，不轻信口供。只有被告人供述，没有其他证据的，不能认定被告人有罪和处以刑罚；没有被告人供述，证据充分确实的，可以认定被告人有罪和处以刑罚。

## 第五节 鉴定意见

### 一、审查的内容

**第二十三条 对鉴定意见应当着重审查以下内容：**

**（一）鉴定人是否存在应当回避而未回避的情形。**

**（二）鉴定机构和鉴定人是否具有合法的资质。**

**（三）鉴定程序是否符合法律及有关规定。**

**（四）检材的来源、取得、保管、送检是否符合法律及有关规定，与相关提取笔录、扣押物品清单等记载的内容是否相符，检材是否充足、可靠。**

**（五）鉴定的程序、方法、分析过程是否符合本专业的检验鉴定规程和技术方法要求。**

**（六）鉴定意见的形式要件是否完备，是否注明提起鉴定的事由、鉴定委托人、鉴定机构、鉴定要求、鉴定过程、检验方法、鉴定文书的日期等相关内容，是否由鉴定机构加盖鉴定专用章并由鉴定人签名盖章。**

**（七）鉴定意见是否明确。**

**（八）鉴定意见与案件待证事实有无关联。**

**（九）鉴定意见与其他证据之间是否有矛盾，鉴定意见与检验笔录及相关照片是否有矛盾。**

**（十）鉴定意见是否依法及时告知相关人员，当事人对鉴定意见是否有异议。**

（一）法条内容释义

鉴定意见，即鉴定人的意见，是由鉴定人接受委托或聘请，运用自己的专门知识和现代科学技术手段，对诉讼中所涉及的专门性问题进行检测、分析、判断后，所出具的结论性书面意见。鉴定意见是全部鉴定过程的最终结果，是我国刑事诉讼法规定的一种法定证据形式。

根据本条规定，对鉴定意见的审查应包括以下几个方面：（1）审查判断鉴定机构和鉴定人是否具有鉴定资格。鉴定机构和鉴定人必须具有鉴定资格，否则其作出的鉴定结论不能作为定案的根据。对鉴定人鉴定资格的审查，主要包括：鉴定人是否具有解决鉴定问题的专门知识，是否经过公安司法机关的指派或聘请，是否具有法定的回避条件，是否是自然人；对精神病鉴定或对人身伤害的医学鉴定有争议需要重新鉴定的，是否是省级人民政府指定的医院鉴定等。（2）审查判断送检的鉴定材料是否真实、充分。送检的鉴定材料，是鉴定的前提和对象，也是形成鉴定结论的基础。如果提供的鉴定材料是虚假的，得出的鉴定结论则必然错误。如果送检的材料不充分，即使是再高明的鉴定人，也会"巧妇难为无米之炊"，难以得出正确的结论，甚至难以根据这些材料作出鉴定结论，当然也就不能作为认定案件事实的根据。（3）审查判断检材的收集、保管、鉴定程序、鉴定标准等是否规范。主要包括：检材的收集方法是否科学，收集、提取时是否污染、破坏了检材等；检材收集后至鉴定这段时间的保管地点和方式是否科学，检材是否变质、污染或腐烂等；在鉴定的过程中，鉴定的提起、委托与受理程序，鉴定主体的选择，鉴定对象与鉴定标准的确认，重新鉴定与补充鉴定的提出，鉴定结论的审查与采用等，都是否符合法律的规定。（4）对鉴定意见书的形式进行审查，主要包括：鉴定意见的形式要件是否完备，是否注明提起鉴定的事由、鉴定委托人、鉴定机构、鉴定要求、鉴定过程、检验方法、鉴定文书的日期等相关内容，是否由鉴定机构加盖鉴定专用章并由鉴定人签名盖章；鉴定意见是否明确。（5）对鉴定结论进行审查，这包括鉴定意见与案件待证事实有无关联；鉴定意见与其他证据之间是否有矛盾，鉴定意见与检验笔录及相关照片是否有矛盾。（6）审查侦查机关是否将用作证据的鉴定结论告知犯罪嫌疑人、被害人，当事人对鉴定意见是否申请重新鉴定和补充鉴定。

**（二）制定理由**

鉴定意见具有很强的专业性、科学性和可靠性，被誉为新的"证据之王"。司法实践中，普遍存在着对鉴定结论过分依赖，而疏于对其审查判断的现象，这是很危险的。为了保证鉴定意见的客观准确，现代诉讼制度对鉴定之前、鉴定之中以及鉴定之后进行全过程的监控。综观本条文对鉴定意见的审查，大致就是从这三个方面展开的：一是在鉴定前通过严格鉴定人资格制度、鉴定人回避、鉴定程序的启动等途径确保合格的鉴定人从事鉴定工作，为鉴定意见的准确奠定基础。二是在鉴定过程中对鉴定的条件、鉴定过程、鉴定技术标准、鉴定方法等作出统一规定，鉴定人只有严格按照统一的鉴定标准操作，才能得出正确的鉴定意见。三是鉴定后要求鉴定人签名，对其鉴定意见负责，并允许对此鉴定意见不服的当事人申请重新鉴定和补充鉴定。一般来说，通过上述三个方面的控制和监督，鉴定意见的科学性能够得到保证。

（三）应注意的问题

适用本条规定在实践中应注意以下问题：

第一，对鉴定意见的审查判断，首先要克服鉴定意见是科学的法官之错误观念，对鉴定意见敢于审查，勇于质疑。当然，要做到此点，刑事司法工作人员应该具有一定的法医学、物证技术学、司法会计学方面的基础知识。

第二，法官对鉴定意见的审查，要善于利用鉴定人出庭、诉辩双方对鉴定意见的质证、对鉴定人的发问等程序性审查发现鉴定意见在客观性上可能存在的漏洞。

（四）典型案例分析

**李端庆强奸案**

1. 案情

2003 年 6 月 4 日晚上，湖北省鄂州市鄂城区杨叶镇的村民张女士熟睡之际，一个蒙面男子闯进了她的家欲行不轨，由于惊醒了孩子，歹徒逃走。第二天晚上歹徒又来了，张女士刚想反抗，歹徒就掏出刀抵在张女士的胸前。张女士害怕歹徒伤害孩子，只好忍痛就范。

遭受了奇耻大辱之后，张女士去当地派出所报了案。派出所的领导估计，大胆歹徒第三天可能还会再来，于是决定 6 月 6 日晚上实施守候抓捕。为了能尽快抓住那名男子，张女士只好按照警方的侦查方案忍受再被强奸一次的痛苦。大约在当天午夜过后，不出派出所预料，歹徒如期而至。让谁也想不到的是，蒙面歹徒不但在四位警察的身边把受害人再次侮辱，而且又从四位警察的包围之中逃之夭夭，追出门去的警察一直搜索到天亮，也没有把裸体逃脱的歹徒找到。

案发后，派出所在镇上排查出许多重点对象，抽取了他们的血样，与被害人身体上取到的精液残迹一起送到具备 DNA 鉴定技术的市公安局。一个月后，鉴定出来了，同村的一个叫李端庆的人，他的血液与犯罪现场遗留的精液残迹 DNA 一致。据此，李端庆被捕，强奸案告破，歹徒落网，派出所一身轻松。

但是镇上的村民们却不干了。据村民们反映，李端庆家族有遗传病史，他本人体质很弱，性格内向，并且腿脚有一些跛，说他作案逃跑，实在是冤。李端庆的律师指出，这个案子疑点很多，比如犯罪现场遗留的鞋子是 42 码的，但是李端庆只能穿 39 码的鞋。受害人陈述说歹徒身材高大，而李端庆身高不到 1.65 米。李端庆与受害人既是亲戚，又做了 10 年的邻居，音容笑貌相互熟悉。案发时受害人曾与歹徒对话，如果作案的真是李端庆，那么受害人肯定能听出他的声音来。此外，当初的采血程序很不严谨。村里的医生采血之后，并没有进行严格封存，存在血样搞混甚至被人调包的可能。

开庭审理时，李端庆当庭否认对自己犯强奸罪的指控，并且提出要求重新进行 DNA 鉴定。在法官的安排下，根据法医重新为李端庆抽取的血样，湖北省高院的鉴定结论是犯罪现场的可疑斑痕非李端庆所留。最终，公安部物证鉴定中心所作的鉴定，也彻底排除了李端庆的作案嫌疑。2004 年 1 月，李端庆走出了看守所，重获自由的他感受更多的是一种委屈和侮辱。

2. 分析

本案是因 DNA 鉴定出错导致的一起典型案例。在此案中，辩护方着重从以下两个方面对本案的关键证据——DNA 鉴定展开了质疑：一是 DNA 鉴定意见与犯罪嫌疑人辩解、被害人陈述等证据相互矛盾，与现场勘验笔录相互矛盾。二是 DNA 鉴定的取样程序不规范，存在污染、搞混甚至被人为调包的可能。在已有的 DNA 鉴定之客观性面临严重质疑的情况下，法官积极负责地依法重新鉴定，结果湖北省高院以及公安部的两次鉴定都表明第一次鉴定是错误的。通过本案，我们可以看出，在上述对鉴定意见进行审查的诸多要点中，只要其中一个或几个存在问题，都有可能导致鉴定意见出错。

**（五）相关法条链接**

1.《刑事诉讼法》

**第一百二十条** 鉴定人进行鉴定后，应当写出鉴定结论，并且签名。对人身伤害的医学鉴定有争议需要重新鉴定或者对精神病的医学鉴定，由省级人民政府指定的医院进行。鉴定人进行鉴定后，应当写出鉴定结论，并且由鉴定人签名，医院加盖公章。鉴定人故意作虚假鉴定的，应当承担法律责任。

**第一百二十一条** 侦查机关应当将用作证据的鉴定结论告知犯罪嫌疑人、被害人。如果犯罪嫌疑人、被害人提出申请，可以补充鉴定或者重新鉴定。

2.《人民检察院刑事诉讼规则》

**第二百条** 鉴定由检察长批准，由人民检察院技术部门有鉴定资格的人员进行。必要的时候，也可以聘请其他有鉴定资格的人员进行，但是应当征得鉴定人所在单位的同意。

具有刑事诉讼法第二十八条、第二十九条规定的应当回避的情形的，不能担任鉴定人。

**第二百零一条** 人民检察院应当为鉴定人进行鉴定提供必要条件，及时向鉴定人送交有关检材和对比样本等原始材料，介绍与鉴定有关的情况，并且明确提出要求鉴定解决的问题，但是不得暗示或者强迫鉴定人作出某种鉴定结论。

**第二百零三条** 鉴定人故意作虚假鉴定的，应当承担法律责任。

**第二百零四条** 对于鉴定结论，检察人员应当进行审查，必要的时候，可以提出补充鉴定或者重新鉴定的意见，报检察长批准后进行补充鉴定或者重新鉴定。检察长也可以直接决定进行补充鉴定或者重新鉴定。

**第二百零五条** 用作证据的鉴定结论，人民检察院办案部门应当告知犯罪嫌疑人、被害人；被害人死亡或者没有诉讼行为能力的，应当告知其法定代理人、近亲属或诉讼代理人。如果犯罪嫌疑人、被害人或被害人的法定代理人、近亲属、诉讼代理人提出申请，经检察长批准，可以补充鉴定或者重新鉴定，但应由请求方承担鉴定费用。

告知犯罪嫌疑人、被害人或被害人的法定代理人、近亲属、诉讼代理人鉴定结论，可以只告知其结论部分，不告知鉴定过程等其他内容。

**第二百零六条** 人民检察院决定重新鉴定的，应当另行指派或者聘请鉴定人。

**第二百零七条** 对人身伤害的医学鉴定有争议需要重新鉴定或者对精神病的医学鉴定，由省级人民政府指定的医院进行。鉴定人进行鉴定后，应当写出鉴定结论，并且由鉴定人签名，医院加盖公章。

对人身伤害的医学鉴定有争议需要重新鉴定的情形包括：

（一）对同一人身伤害已存在两个以上的不同鉴定结论，人民检察院与公安机关、犯罪嫌疑人、被害人之间或者被害人与犯罪嫌疑人之间不能形成一致认识，人民检察院认为需要重新鉴定的；

（二）人民检察院认为公安机关的人身伤害医学鉴定不能作为定案依据，需要重新鉴定的；

（三）人民检察院与公安机关、被害人、犯罪嫌疑人之间或者被害人与犯罪嫌疑人之间对同一人身伤害的医学鉴定有不同认识，人民检察院认为需要重新鉴定的。

## 二、鉴定意见的排除

**第二十四条　鉴定意见具有下列情形之一的，不能作为定案的根据：**

**（一）鉴定机构不具备法定的资格和条件，或者鉴定事项超出本鉴定机构项目范围或者鉴定能力的；**

**（二）鉴定人不具备法定的资格和条件、鉴定人不具有相关专业技术或者职称、鉴定人违反回避规定的；**

**（三）鉴定程序、方法有错误的；**

**（四）鉴定意见与证明对象没有关联的；**

**（五）鉴定对象与送检材料、样本不一致的；**

**（六）送检材料、样本来源不明或者确实被污染且不具备鉴定条件的；**

**（七）违反有关鉴定特定标准的；**

**（八）鉴定文书缺少签名、盖章的；**

**（九）其他违反有关规定的情形。**

**对鉴定意见有疑问的，人民法院应当依法通知鉴定人出庭作证或者由其出具相关说明，也可以依法补充鉴定或者重新鉴定。**

### （一）法条内容释义

本条明确规定了九种鉴定意见不能作为证据使用，应当排除：一是出具鉴定意见的鉴定机构不是公安部、最高人民检察院、司法部依法设立或批准成立的鉴定机构，或者鉴定的事项超出了其鉴定业务范围或者鉴定能力的。例如，对犯罪嫌疑人进行的心理测试，目前就属于超越了鉴定范围和能力，因此其测试结果就不能以鉴定意见的形式作为证据使用。二是鉴定人没有取得公安部、最高人民检察院或者司法部颁发的鉴定人资格证，或者鉴定人不具备相关鉴定领域的专业技术知识，或者鉴定人根据我国刑事诉讼法之规定应当回避而没有回避的。三是鉴定的启动程序、操作程序以及鉴定方法等错误的。四是鉴定意见与待证事实无关的。五是鉴定人鉴定所依据的检材和样本与委托或者聘请鉴定的机构送检的材料、样本不一致的。六是送检材料是何人何时从何地收集之来源不明，或者因提取、保管不善等原因导致污染致使不符合鉴定条件的。七是违反了有关鉴定的技术性标准的。八是载明鉴定意见的文书没有鉴定人本人签名或者盖上鉴定机构的公章的。九是其他有关违法法律、司法解释以及鉴定技术行业规范中相关规定的。

本条同时还指出，控、辩、审三方对鉴定意见的客观性、关联性以及合法性等有疑问的，人民法院应当向鉴定机构发出通知，要求鉴定人出庭作证或者由鉴定人出具相关说明。在鉴定意见不全或者不明确的情况下，人民法院可以要求原鉴定机构和鉴定人补充鉴定；在认为鉴定意见可能有误的情况下，人民法院可以委托另外的鉴定机构和鉴定人重新鉴定。

### （二）制定理由

之所以明确规定上述九种鉴定意见不能作为定案的根据，应当排除，是因为：（1）司法鉴定是专业性、技术性很强的工作。为保证鉴定质量，我国司法部、最高人民检察院、公安部对司法鉴定机构和鉴定人都有严格的管理，只有具备相应资质和条件的单位及其个人才能依法从事司法鉴定工作。因此，凡是不具备鉴定资格和条件的单位和个人出具的鉴定意见，均一律无效。（2）鉴定是由具有专门知识的鉴定人根据科学知识对送检材料进行科学分析的活动，必须遵循科学本身的规律。如果鉴定的材料与送检材料不一致，或者送检的材料被污染，或者鉴定的方法不科学，采用的标准不符合行业规范要求等，鉴定的准确性就会受到很大的影响，如此鉴定意见的客观性难以保证，因此应当排除。(3) 鉴定人必须依附于一定的鉴定机构工作，鉴定人实行个人负责制，因此每一份鉴定意见书都应当加盖鉴定机构的公章和鉴定人签署本人的名字。

鉴定意见属于言词证据，因此当控、辩、审三方对鉴定意见有疑问或者异议时，应当让鉴定人出庭接受诉讼各方的询问或者由其出具相关说明。法官毕竟不是鉴定人，经过庭审质证后，当法官发现应当鉴定的事项由于某种原因漏鉴或者对现有鉴定意见的客观性感到怀疑时，可以要求原鉴定人补充鉴定或者重新委托鉴定人鉴定。

**（三）应注意的问题**

适用本条规定在实践中应注意以下问题：

第一，有关鉴定机构和鉴定人是否具备相应的资格和条件，负责司法鉴定管理的司法行政部门、公安和检察部门对其有专门的文件，这些鉴定机构和鉴定人的名册在相关主管部门可以查询。

第二，对鉴定方法、技术标准等方面进行审查时，必要时应咨询相关领域专家，或者聘请专家辅助人进行解释说明。

第三，在有些领域，有关鉴定的技术标准，譬如笔迹鉴定究竟需要多少个特征点吻合，才能作出同一认定？国家并无统一的标准，类似这样的问题只能依赖于鉴定行业通行规则或惯例，慎重把握。

第四，在控辩双方对鉴定意见有异议时，原则上应要求鉴定人出庭；只有确实无法出庭时，才允许其提交书面说明。

**（四）典型案例分析**

**李建林杀人案**

1. 案情

2001 年 4 月 1 日，青海省互助县东和乡宋庄村村民张延祥到他自己经营的小卖部时，发现他的外甥任成录被杀死在小卖部床上，随即他们家人到公安机关报案。接到报警后，互助县公安局刑警大队迅速赶到现场。经过对现场的初步勘查，确认死者系锐器刺破心脏、肺脏急性失血性休克死亡。经过排查，县公安局初步断定是附近青海省特种水泥厂单身青年作案，而重点突破口是现场带血迹的床单。

2001 年 4 月 6 日，县公安局决定对李建林执行拘留。讯问中李建林先是承认自己杀人，但在具体的细节上，却无法讲清，在后面的审讯中又拒不承认杀人事实，一直辩解自己无罪。县公安局当即决定作 DNA 鉴定。4 月 9 日，青海省公安厅“法物字0034号”刑事科学技术鉴定书（DNA鉴定）表明：送检嫌疑人李建林家中卧室内提取的灰色夹克衫及李建林宿舍煤斗内提取的卫生纸上均留有死者任成录的血迹。不久，李建林承认自己杀了任成录。

2001年7月4日，县公安局侦查终结并经该县人民检察院审查后，移送到青海省人民检察院海东分院审查起诉。在退回补充侦查后，海东检察分院于8月30日正式向海东地区中级人民法院提起公诉。海东地区中级人民法院受理该案后，于2001年9月20日公开开庭审理了此案。

开庭审理时，被告人李建林辩称：自己是无罪的，侦查期间有两次供述有罪是逼供的；省公安厅的检验结论是错误的。灰色夹克衫和卫生纸上的血迹是脸上出青春痘后擦上的血，不是任成录的血；请求法院重新鉴定。

法庭认真细致地听取了控辩双方的意见后，感到本案案情重大，宣布休庭后，由合议庭进行评议。合议庭成员在数次审阅案卷材料和证据后，发现多处疑点：1. 被告人在侦查期间只有两次供述有罪，其余供述均称无罪，而且从侦查后期到起诉、审判阶段，都说自己是冤枉的；2. 被告人两次的有罪供述中，在关键情节上也有六处相互矛盾，并且与法医鉴定、现场勘查笔录不一致；3. 被告人再三辩解灰色夹克衫上的血迹与被告人的血型是一致的；4. 经查，被告人李建林经常到张延祥的小卖部买东西，与其外甥任成录也认识，相互之间从未发生过矛盾，那么，杀人的目的和动机不清楚；5. 起诉书认定从小卖部货架上拿走了部分香烟。但究竟拿了多少，这些香烟的下落如何，缺乏证据证明；6. 卷内其他证据只能证明被告人李建林有作案时间的嫌疑以及任成录被他人杀死的事实，但不能证实被害人任成录确系被告人李建林所杀害。

鉴于此，2001年11月6日，海东地区中级人民法院委托青海省公安厅重新鉴定。2002年1月11日，省公安厅经过公安部协助，作出了“法物字0058号”刑事科学技术鉴定书，检验结论是：送检嫌疑人李建林家中卧室内提取的灰色夹克衫及李建林宿舍煤斗内提取的卫生纸上的血迹是嫌疑人李建林所留的几率大于99.99%，不是死者任成录的血迹。并注明两次鉴定以此次鉴定为准。获知省公安厅的重新鉴定结论后，公诉机关提出撤诉，海东中院准许海东检察分院撤诉。

2. 分析

这是一起办案法官根据辩方意见严格审查鉴定意见从而有效防止冤案发生而受到最高人民法院通报表扬的案件。在本案中，合议庭注意到：鉴定意见与案卷中其他证据存在多处矛盾，相关疑点难以排除。此时，合议庭没有轻信鉴定意见，而是依法对本案相关物证重新鉴定，结果发现原有的鉴定错误。通过本案，我们可以发现，鉴定意见并非“证据之王”，鉴定意见既可能用来审查其他证据的真伪，也应接受其他证据的审查。只有在鉴定意见与其他证据相互一致、不存在矛盾的情况下，鉴定意见才能作为定案的根据；否则，应当排除。

**（五）相关法条链接**

1.《全国人大常委会关于司法鉴定管理问题的决定》

十、司法鉴定实行鉴定人负责制度。鉴定人应当独立进行鉴定，对鉴定意见负责并在鉴定书上签名或者盖章。多人参加的鉴定，对鉴定意见有不同意见的，应当注明。

十一、在诉讼中，当事人对鉴定意见有异议的，经人民法院依法通知，鉴定人应当出庭作证。

2.《最高人民法院关于执行〈中华人民共和国刑事诉讼法〉若干问题的解释》

**第五十九条** 对鉴定结论有疑问的，人民法院可以指派或者聘请有专门知识的人或者鉴定机构，对案件中的某些专门性问题进行补充鉴定或者重新鉴定。

**第六十条** 人民法院在开庭审理时，对省级人民政府指定的医院作出的鉴定结论，经质证后，认为有疑问，不能作为定案根据的，可以另行聘请省级人民政府指定的其他医院进行补充鉴定或者重新鉴定。

3.《人民检察院刑事诉讼规则》

**第二百零八条** 人民检察院认为省级人民政府指定的医院作出的鉴定结论不能作为定案依据的，应当另行委托省级人民政府指定的其他医院重新鉴定或者补充鉴定。

**第二百零二条** 鉴定人进行鉴定后，应当出具鉴定结论、检验报告，并且签名或者盖章。

几个鉴定人意见有分歧的，应当在鉴定结论上写明分歧的内容和理由，并且分别签名或者盖章。

## 第六节　勘验、检查笔录

### 一、审查的内容

**第二十五条　对勘验、检查笔录应当着重审查以下内容：**

**（一）勘验、检查是否依法进行，笔录的制作是否符合法律及有关规定的要求，勘验、检查人员和见证人是否签名或者盖章等。**

**（二）勘验、检查笔录的内容是否全面、详细、准确、规范：是否准确记录了提起勘验、检查的事由，勘验、检查的时间、地点，在场人员、现场方位、周围环境等情况；是否准确记载了现场、物品、人身、尸体等的位置、特征等详细情况以及勘验、检查、搜查的过程；文字记载与实物或者绘图、录像、照片是否相符；固定证据的形式、方法是否科学、规范；现场、物品、痕迹等是否被破坏或者伪造，是否是原始现场；人身特征、伤害情况、生理状况有无伪装或者变化等。**

**（三）补充进行勘验、检查的，前后勘验、检查的情况是否有矛盾，是否说明了再次勘验、检查的原由。**

**（四）勘验、检查笔录中记载的情况与被告人供述、被害人陈述、鉴定意见等其他证据能否印证，有无矛盾。**

（一）法条内容释义

本条对怎样审查勘验、检查笔录作出了规定。勘验，是指公安司法工作人员针对与案件有关的场所、物品、尸体等“死”的物体所进行观察、测量、拍照、绘图等活动，其目的是为了直接了解案件的有关场所、物品、尸体，发现和收集证据材料。检查，是指公安司法工作人员针对与案件有关的“活”着的人所进行的观察、检验等活动，其目的在于确定犯罪嫌疑人、被害人的某些特征、伤害情况或者生理状态。对此两种行为所作的书面记录，就属于勘验、检查笔录这种证据形式。此外，侦查实验是为验证在某种条件下某一事件或者现象是否发生和后果如何，而实验性地重演该事件的侦查行为，由于其目的、方式和参加人员与勘验、检查基本相同，而且常与勘验、检查同时进行，因此一般将侦查实验笔录归于勘验、检查笔录。

根据本条规定，实践中对勘验、检查笔录的审查，一般从以下几个方面进行：一是勘验、检查是否依法进行，主要包括：主持勘验、检查的是否是公安司法人员；相关人员是否存在应当回避而没有回避的情形；进行勘验、检查时有无见证人在场；检查妇女的身体是否是女工作人员或医师；侦查实验是否存在侮辱人格、有伤风化的行为；勘验、检查笔录的制作是否符合法律规定，勘验、检查人员以及见证人是否在笔录上签名或盖章等。二是勘验、检查笔录的内容是否全面、详细、规范、准确，即是否准确记录了提起勘验、检查的事由，勘验、检查的时间、地点，在场人员、现场方位、周围环境等情况；是否准确记载了现场、物品、人身、尸体等的位置、特征等详细情况以及勘验、检查、搜查的过程；文字记载与实物或者绘图、录像、照片是否相符；固定证据的形式、方法是否科学、规范；现场、物品、痕迹等是否被破坏或者伪造，是否是原始现场；人身特征、伤害情况、生理状况有无伪装或者变化等。三是是否进行了补充勘验、检查；如果是，是否说明补充勘验、检查的原由；再次进行的勘验、检查结果与先前的勘验、检查情况是否一致，不一致的地方能否得到合理的解释。四是勘验、检查笔录与案件中的其他证据能否印证，重点是笔录记载的情况与被告人供述、被害人陈述、鉴定意见等其他证据能否印证，有无矛盾。

**（二）制定理由**

勘验、检查笔录是一种固定、保全证据的方法和手段，其证明作用在于它固定和保全的内容同案件事实具有关联性。因此，对此种证据的要求，就是要客观、全面、准确地加以固定，不能有任何疏漏。勘验、检查笔录能否客观全面地反映案件事实，取决于勘验、检查是否依照法定的诉讼程序进行，勘验、检查本身是否遵循了现场勘验、人身检查的一些技术性规范要求。即便如此，如果勘验、检查笔录未能客观记录勘验、检查过程，则此勘验、检查笔录也就没有有效的证据意义。此外，勘验、检查笔录直接反映了案发现场有关人身的情况，而被告人、被害人等对案发现场和有关人身的情况一般比较熟悉，因此通过审查勘验、检查与被告人、被害人陈述以及反映案发现场的鉴定意见等证据是否能够相互印证，也能判断出勘验、检查笔录是否客观地反映案件事实。另外，在实践中，由于种种原因，有时需要对案件现场和有关人身进行第二次勘验、检查，这是我国刑事诉讼法许可的；但是，后来再次进行的勘验、检查笔录应当明确载明补充勘验、检查的原由，以使人明白为什么需要补充勘验、检查，补充勘验、检查与先前的勘验、检查有何不同，具体原因是什么？这些直接影响相关勘验、检查结果的真实性和准确性，因此应当一并纳入审查的范围。

**（三）典型案例分析**

**杜培武杀人案**

1. 案情

1998 年 4 月 22 日，昆明警方在一辆弃置的微型面包车内发现了杜培武的妻子昆明市公安局的干警王晓湘和石林县公安局副局长王俊波被人枪杀的尸体。而此刻正在焦急寻找妻子的杜培武已经被列为重大犯罪嫌疑人。在经过 70 余天的侦查和刑讯之后，杜培武终于招供，并“揣摩”审讯者的意图编好了杀人现场，但是作案的凶器——王俊波携带的一支七七式手枪却一直没有下落。1999 年 2 月 5 日，杜培武被昆明市中级人民法院一审以故意杀人罪判处死刑，剥夺政治权利终身。经过二审，云南省高级人民法院改判死刑缓期两年执行。2000 年 6 月 17 日，杀害“二王”的真凶杨天勇在另一案件中落网，而那把作为杀人凶器的手枪也赫然出现。同年 7 月 6 日杜培武被云南省高级人民法院再审改判无罪，当庭释放。

2. 分析

本案涉及的证据问题颇多，本处仅从对勘查笔录审查的角度进行分析。本案《现场勘查笔录》及《现场照片》仅客观记载："车内离合器踏板上附着有足迹遗留泥土……"但是，鉴定意见书表明：本案以后所有鉴定的提取泥土均来自"油门踏板"、"刹车踏板"，这与勘验笔录的记载背道而驰。对此矛盾，本案辩护人在一审时明确指出，但是，一审法院以警方的"补充勘验"或仅仅是"某一证据记录的疏漏"而忽略不计，从而造成错案。

**（四）应注意的问题**

适用本条规定在实践中应注意以下问题：

第一，对勘验、检查笔录内容的审查，尤其是对其中有关技术性细节问题的审查，有时可能需要借助于一定的专业技术知识，必要时可以咨询相关专家。

第二，从司法实践来看，审查勘验、检查笔录时，需要特别注意对笔录中有关物证、痕迹、生物物证内容的审查，并与相关实物证据的特征以及鉴定意见等进行比较分析，判断其能否相互印证。这是实践中发现疑点、防止冤假错案发生的重要途径。

第三，有的案件可能会有多个犯罪现场，此时侦查机关需要独立制作多份勘察笔录，法官还应仔细审查数份勘查笔录之间的关系。

**（五）相关法条链接**

1. 《刑事诉讼法》

**第一百零一条** 侦查人员对于与犯罪有关的场所、物品、人身、尸体应当进行勘验或者检查。在必要的时候，可以指派或者聘请具有专门知识的人，在侦查人员的主持下进行勘验、检查。

**第一百零三条** 侦查人员执行勘验、检查，必须持有人民检察院或者公安机关的证明文件。

**第一百零五条** 为了确定被害人、犯罪嫌疑人的某些特征、伤害情况或者生理状态，可以对人身进行检查。

犯罪嫌疑人如果拒绝检查，侦查人员认为必要的时候，可以强制检查。

检查妇女的身体，应当由女工作人员或者医师进行。

**第一百零七条** 人民检察院审查案件的时候，对公安机关的勘验、检查，认为需要复验、复查时，可以要求公安机关复验、复查，并且可以派检察人员参加。

2.《人民检察院刑事诉讼规则》

**第一百六十六条** 进行勘验、检查，应当持有检察长签发的勘查证。

**第一百六十八条** 人民检察院决定解剖死因不明的尸体时，应当通知死者家属到场，并让其在解剖通知书上签名或者盖章。

死者家属无正当理由拒不到场或者拒绝签名、盖章的，不影响解剖的进行，但是应当在解剖通知书上记明。对于身份不明的尸体，无法通知死者家属的，应当记明笔录。

**第一百六十九条** 为了确定被害人、犯罪嫌疑人的某些特征、伤害情况或者生理状态，检察人员可以对人身进行检查。

犯罪嫌疑人如果拒绝检查，检察人员认为必要的时候，可以强制检查。

检查妇女的身体，应当由女工作人员或者医师进行。

**第一百七十二条** 侦查实验，在必要的时候可以聘请有关人员参加，也可以要求犯罪嫌疑人、被害人、证人参加。

## 二、勘验、检查笔录的排除

**第二十六条第一款　勘验、检查笔录存在明显不符合法律及有关规定的情形，并且不能作出合理解释或者说明的，不能作为证据使用。**

### （一）法条内容释义

本条明确了满足以下两个条件的勘验、检查笔录不能作为证据使用：一是明显不符合法律及有关规定的情形。我们认为，这些情形至少包括：勘验、检查笔录不是由公安司法机关工作人员制作的；对被害人强制进行身体检查的；身体检查过程中，存在侮辱人格等非法行为的；以造成危险、侮辱人格或者有伤风化的行为进行侦查实验的；等等。二是不能作出合理解释或者说明的，即公安司法机关对此违法勘验、检查无法作出合理解释或者说明的。在此，我们需要指出的是，本条对勘验、检查笔录的排除，意旨是为了保证勘验、检查程序的正当性，因此对于严重违反程序规定的勘验、检查，司法机关在认定是否属于“合理解释或者说明”时应该从严把握。

### （二）制定理由

本条之所以对部分勘验、检查笔录的排除作出规定，主要是因为：一方面，明显不符合法律及有关规定所进行的勘验检查及制作的勘验、检查笔录，已经破坏了程序公正的价值，有的甚至严重侵犯相关人的宪法权利。另一方面，明显不符合法律及有关规定制作的勘验、检查笔录，其真实性难以得到保证，以此作为定案的根据，容易发生冤假错案。对违法的勘验检查笔录，如果能够作出合理解释或者说明，其真实性能够得到保障，考虑到实现实体公正的需要，可以采用此勘验、检查笔录。

**（三）应注意的问题**

适用本条规定在实践中应注意的是：违法进行的勘验、检查，既破坏了程序公正的价值，实体公正有时也难以得到保证。对于违法进行的勘验、检查，在作出合理解释或者说明之后，如果笔录内容的真实性能够保障，此时可以考虑采用勘验、检查笔录；但是如果该解释和说明，不足以对程序违法本身也作出合理解释的，是否采用该证据，司法人员应按照程序公正与实体公正并重的理念进行合理的权衡。

**（四）典型案例分析**

1. 案情

在某绑架人质案件中，侦查人员在对犯罪嫌疑人张某（女）和陈某进行拘留的过程中，发现两人神色可疑，怀疑其身上可能带有危险物品。此时，陈某突然恐惧万分地喊道："她身上有雷管！"侦查人员当机立断，决定对二人进行人身检查。结果发现张某贴身带有雷管数枚，随时可能引爆。在此案中，由于事先没有准备，没有女工作人员跟随，所以在对张某进行人身搜查的时候是由男侦查人员进行。

2. 分析

根据我国《刑事诉讼法》的规定，对妇女进行人身检查或者搜查，都只能由女性进行。但是，在本案中，犯罪嫌疑人随身携带爆炸物品，随时可能发生危险，造成重大人身伤亡。我们认为，此时男性侦查人员进行的人身检查和搜身活动，虽然明显不符合法律规定，但是作出的解释是合理的，因此相关检查笔录不应排除，可以作为证据使用。

**（五）相关法条链接**

1.《刑事诉讼法》

**第一百零八条** 为了查明案情，在必要的时候，经公安局长批准，可以进行侦查实验。

侦查实验，禁止一切足以造成危险、侮辱人格或者有伤风化的行为。

2.《人民检察院刑事诉讼规则》

**第一百七十一条** 为了查明案情，在必要的时候，经检察长批准，可以进行侦查实验。

侦查实验，禁止一切足以造成危险、侮辱人格或者有伤风化的行为。

## 三、勘验、检查笔录的采信

**第二十六条第二款 勘验、检查笔录存在勘验、检查没有见证人的，勘验、检查人员和见证人没有签名、盖章的，勘验、检查人员违反回避规定的等**

**情形，应当结合案件其他证据，审查其真实性和关联性。**

**（一）法条内容释义**

本条对有瑕疵的勘验、检查笔录的采信作出了规定。有瑕疵的勘验、检查笔录主要是指：一是勘验、检查时没有见证人在场的；二是勘验、检查人员和见证人没有在勘验、检查笔录上签名、盖章的；三是勘验、检查人员应当回避没有回避的。对于上述有瑕疵的勘验、检查笔录，能否采信，不能一概而论，关键是应结合案件中的其他证据，综合审查判断。如果勘验、检查笔录的内容，与案件中的被告人陈述、被害人陈述、鉴定意见等证据能够相互印证，则可以采信此有瑕疵的勘验、检查笔录；反之，应当排除。

**（二）制定理由**

为了确保客观、公正地进行勘验、检查及其笔录的制作，应当邀请与案件无利害关系的公民做见证人，并让见证人在勘验、检查笔录中签名。没有见证人在场或者见证人没有在勘验、检查笔录上签名，意味着公安司法机关办案人员进行的勘验、检查缺乏独立的案外人监督，因此该笔录存在明显的瑕疵。但是，在实践中，有时事发突然，找不到见证人。或者在勘验、检查完毕后，因疏忽忘记了让见证人在笔录上签名。勘验、检查人员没有在勘验、检查笔录上签名，一般情况下多为疏忽；勘验、检查一般在案件发生后进行，此时哪些人属于回避的范围，尚无法有效确定。因此，当出现这些瑕疵后，一方面，一概排除勘验、检查笔录的证据资格不太现实；另一方面，这些瑕疵也不属于故意严重的违法行为。因此，只要结合案件其他证据，能够判断出勘验、检查笔录的客观性、真实性，就应当采信。

**（三）应注意的问题**

适用本条规定在实践中应注意以下问题：在勘验、检查笔录不存在本条规定的瑕疵情形时，对勘验、检查笔录的审查也应结合案件中的其他证据进行；在勘验、检查笔录存在本条规定的瑕疵情形时，更应如此。

**（四）相关法条链接**

1.《刑事诉讼法》

**第一百零六条** 勘验、检查的情况应当写成笔录，由参加勘验、检查的人和见证人签名或者盖章。

2.《人民检察院刑事诉讼规则》

**第一百七十三条** 侦查实验，应当制作笔录，记明侦查实验的条件、经过和结果，由参加侦查实验的人员签名或者盖章。

**第一百六十七条** 勘验时，人民检察院应当邀请二名与案件无关的见证人在场。

**第一百七十条** 勘验、检查的情况应当制作笔录，由参加勘验、检查的人和见证人签名或者盖章。

## 第七节 视听资料

### 一、审查的内容

**第二十七条 对视听资料应当着重审查以下内容：**

**（一）视听资料的来源是否合法，制作过程中当事人有无受到威胁、引诱等违反法律及有关规定的情形；**

**（二）是否载明制作人或者持有人的身份，制作的时间、地点和条件以及制作方法；**

**（三）是否为原件，有无复制及复制份数；调取的视听资料是复制件的，是否附有无法调取原件的原因、制作过程和原件存放地点的说明，是否有制作人和原视听资料持有人签名或者盖章；**

**（四）内容和制作过程是否真实，有无经过剪辑、增加、删改、编辑等伪造、变造情形；**

**（五）内容与案件事实有无关联性。**

**对视听资料有疑问的，应当进行鉴定。**

**对视听资料，应当结合案件其他证据，审查其真实性和关联性。**

#### （一）法条内容释义

视听资料是以录音磁带、录像带、电影胶片等高科技设备储存的信息作为证明案件事实的信息材料。视听资料之外延，是否包含于电子证据，理论界有不同的看法。本《规定》将视听资料与电子证据作为两种不同的证据种类进行规定，我们认为，此立法体例比较合理，将来《刑事诉讼法》再修改时值得借鉴。本条对视听资料的审查作出了规定，包括三个方面的内容：

一是对视听资料进行审查的要点，这主要包括：（1）视听资料的来源是否合法，制作过程中当事人有无受到威胁、引诱等违反法律及有关规定的情形。刑事诉讼中的视听资料一般来源于三个方面：公安司法机关制作的视听资料；公安司法机关搜查和扣押的视听资料；他人提供的视听资料。对于侦查机关在侦查过程中制作的视听资料，应当审查这些视听资料的制作是否符合法定的程序，如侦查机关通过监听获取的录音，是否经过有关部门的批准等；对公安司法机关搜查和扣押的视听资料，要审查其搜查和扣押是否符合法定的程序；对他人提供的视听资料，则要审查它是在什么情况下制作的。（2）是否载明制作人或者持有人的身份，以及录制是公开进行还是秘密进行；录制的设备、录制者的技术水平；录制的时间和地点；录制时的客观环境和条件，包括地形、气候、电子干扰等。（3）是否为原件，有无复制及复制份数；调取的视听资料是复制件的，是否附有无法调取原件的原因、制作过程和原件存放地点的说明，是否有制作人和原视听资料持有人签名或者盖章；视听资料是母带还是后来转录的；等等。如果是转录的，则应当尽力查找原始资料对照审查。（4）内容和制作过程是否真实，有无经过剪辑、增加、删改、编辑等伪造、变造情形。（5）视听资料是否与案件事实有关，能否证明案件事实。

二是对视听资料的审查，必要时应当进行鉴定。视听资料极易被伪造、篡改，而且伪造、篡改后，仅凭人的感官很难发现。因此，对视听资料的审查判断，必须借助现代高科技手段进行鉴定。例如，通过音素分辨仪鉴别，可知录音带中的声响是否是模仿、伪造的；通过分辨仪勘测，可知录像带中的图像是否是剪辑、拼凑而成的。

三是对视听资料，应当结合案件其他证据，审查其真实性和关联性。这意味着仅凭视听资料，不能认定案件事实；唯有视听资料与其他证据能够相互印证，才能根据视听资料认定案件事实。

**（二）制定理由**

作为证据种类的视听资料是当今科学技术发展的产物，具有准确、逼真，而且能够动态直观地反映案件事实的特点，因而在实践中运用频繁，尤其是对一些发生在银行、医院等安装有摄像装置的公共场所的刑事案件中，更是如此。但是，视听资料也存在容易被人篡改、伪造的特点，因此对视听资料的审查判断，需要从源头着手，审查其来源、制作方法及过程等；必要时，还应借助于物证技术鉴定判断其是否伪造、篡改等。此外，视听资料尽管能够动态地反映案件事实，但是由于极易被伪造、篡改，因此还应结合案件中的其他证据综合审查其真实性和关联性。

**（三）应注意的问题**

适用本条规定在实践中应注意以下问题：

第一，对视听资料真实性的审查，常常需要借助于技术鉴定。我们认为，当诉辩双方对视听资料的真实性有异议时，法院原则上应当启动物证技术鉴定程序。

第二，尽管视听资料能够动态直观地证明案件事实，很多情况下是直接证据，但是此直接证据比较脆弱，因此不宜仅凭视听资料就作出有罪裁决。

**（四）典型案例分析**

1. 案情

某检察院在指控被告人张某、陈某涉嫌贩卖毒品时，当庭播放了二被告人在迪斯科舞厅分配贩毒数量及所获利润的录音。由于舞厅环境嘈杂，辩护律师及被告人对此录音的真实性提出质疑。随后，法院将该录音带委托公安部鉴定中心进行声纹鉴定，证实确为张某、陈某的录音无误，最后法院结合案件其他证据，对张某、陈某两人定罪量刑。

2. 分析

本案中，因现场环境的影响，录音带播放出的声音非常不清晰；控辩双方对该视听资料的真实性存有分歧，此时唯有通过技术鉴定才能查清真相。倘若录音带的声音大体清晰，基本上能够听出系两被告所说，但是辩护方仍然提出质疑的，则在未对录音带进行技术鉴定的情况下，亦不能凭该录音带定案。

**（五）相关法条链接**

《人民检察院刑事诉讼规则》

**第一百八十八条** 调取书证、视听资料应当调取原件。取得原件确有困难或者因保密需要不能调取原件的，可以调取副本或者复制件。

调取书证、视听资料的副本、复制件和物证的照片、录像的，应当附有不能调取原件、原物的原因、制作过程和原件、原物存放地点的说明，并由制作人员和原书证、视听资料、物证持有人签名或者盖章。

**第二百五十八条** 人民检察院对物证、书证、视听资料、勘验、检查笔录存在疑问的，可以要求侦查人员提供物证、书证、视听资料、勘验、检查笔录获取、制作的有关情况。必要时也可以询问提供物证、书证、视听资料的人员并制作笔录，对物证、书证、视听资料进行技术鉴定。

## 二、视听资料的排除

**第二十八条 具有下列情形之一的视听资料，不能作为定案的根据：**

**（一）视听资料经审查或者鉴定无法确定真伪的；**

**（二）对视听资料的制作和取得的时间、地点、方式等有异议，不能作出合理解释或者提供必要证明的。**

**（一）法条内容释义**

本条是有关视听资料排除的规定。根据本条规定，以下两种情形下，视听资料不能作为定案的根据：一是视听资料的客观性、真实性难以确定，也就是司法人员通过结合案件其他证据或者通过司法鉴定等方式，对视听资料的真实性仍然存疑，无法确定真伪的。二是诉辩双方对视听资料由谁制作、何时何地制作，通过何种方式取得异议，公诉方又无法作出合理的解释或者提供必要证明的。

（二）制定理由

任何证据都必须查证属实，才能作为定案的根据，视听资料也不例外。鉴于视听资料很容易被篡改，其真实性往往又难以判断，因此一旦视听资料的真实性无法确认，理应排除。如果诉辩双方对视听资料的制作和取得的时间、地点、方式等有异议，则一方面，可能使视听资料来源的合法性受到动摇；另一方面，视听资料的真实性也难以保障，此时如果公诉方又对此难以作出合理的解释或者提供必要证明的，唯有排除此视听资料的证据资格。

（三）应注意的问题

适用本条规定在实践中应注意以下问题：对视听资料的来源发生分歧比较常见的是在秘密侦查和技术侦查的案件中。侦查机关通过秘密侦查和技术侦查获得的证据在法定形式上多表现为视听资料。目前，我国《刑事诉讼法》和相关司法解释对秘密侦查和技术侦查尚没有明确的规定。实践中有的地方在特定的案件中允许采用通过秘密侦查和技术侦查获得的视听资料作为证据使用，不过此时对视听资料的来源一般不公开，最多作为内卷仅让法官知悉；有的地方，对于通过秘密侦查和技术侦查获得的视听资料，一般不允许其作为证据直接使用，仅允许作为侦查的线索或者通过转化后以其他的证据种类出现。因此，对此条中有关视听资料的来源发生分歧时，公诉部门以案件涉及秘侦为由，能否视为是"合理的解释"可能会成为实践中争论的焦点。我们认为，此问题的解决，还有赖于中央有关部门对秘密侦查、技术侦查作出统一规定。

（四）典型案例分析

**方毅森非法贩卖、运输毒品案①**

1. 案情

江苏省南京市中级人民法院经审理后认为，被告人方毅森非法贩卖、运输毒品海洛因，其行为已构成贩卖、运输毒品罪。被告人吴军非法运输毒品海洛因，其行为已构成运输毒品罪。二人系运输毒品共同犯罪，公诉机关指控被告人方毅森犯贩卖、运输毒品罪，事实清楚，证据确实，指控的罪名成立，应予以支持。

被告人方毅森否认其贩卖、运输毒品海洛因；其辩护人提出，被告人方毅森贩卖、运输毒品海洛因774.884克的证据不足。经查，被告人方毅森指使被告人吴军运输毒品海洛因704.5克的事实，公诉机关当庭出示的南京市公安局技侦电话录音、技侦电话记录与被告人吴军在侦查阶段的有罪供述一致，另与

---

① 本案来源于最高人民法院应用法学研究所编：《人民法院案例选》（第2辑），人民法院出版社2006年版，第90页。

相关的证人证言、抓获经过材料、物证鉴定书、书证、刑事摄影照片等证据相吻合，足以认定；被告人方毅森三次共计贩卖毒品海洛因70克给顾小平的事实，证人顾小平、陈默二人的证言在时间、地点等情节上相互吻合，应予认定；公安机关从被告人方毅森的住处缴获毒品海洛因0.384克，有搜查笔录、扣押物品清单、刑事摄影照片、物证鉴定书结论等相关证据证实，足以认定。故被告人方毅森的辩解及其辩护人的辩护理由不能成立，不予采纳。

被告人吴军的辩护人提出，被告人吴军的行为应构成非法持有毒品罪。经查，被告人吴军伙同被告人方毅森运输毒品海洛因的事实，公诉机关当庭出示的南京市公安局技侦电话录音、技侦电话记录与被告人吴军在侦查阶段的有罪供述一致，另有相关的证人证言，抓获经过材料、物证鉴定书、书证、刑事摄影照片等证据佐证，足以认定。故被告人吴军的辩护人的辩护理由不能成立，不予采纳。法院最终判决：被告人方毅森犯贩卖、运输毒品罪，判处死刑，缓期二年执行，剥夺政治权利终身，并处没收个人全部财产。被告人吴军犯运输毒品罪，判处无期徒刑，剥夺政治权利终身，并处没收个人全部财产。

一审宣判后，两被告人在法定期间内均未上诉。南京市中级人民法院依法将本案报送江苏省高级人民法院复核。江苏省高级人民法院核准江苏省南京市中级人民法院（2005）宁刑初字第160号刑事判决。

2. 分析

本案的焦点是：公安机关通过技侦手段获取的电话录音能否作为定案的证据。关于通过技术侦查获得的证据材料能否成为定案的证据，理论界有不同的看法，司法实践中做法也不尽一致。因此，技侦材料如何认定是刑事审判实务中的难点问题。

在本案中，法院采信了通过技术侦查获得的视听资料，并仅仅围绕以下证据的三个特征来审查判断技侦材料。第一，真实性。一般而言，通过技术侦查获得的视听资料真实程度较高。但是，此类视听资料也极易通过技术手段伪造，故必须高度重视真实性的审查，必要时应辅之以一定的技术手段进行鉴定。在本案审理中，由于被告人方毅森、吴军当庭承认公安机关出具的技侦电话录音、技侦电话记录中的声音来源于其本人，故未作声纹对比鉴定。第二，合法性。对于通过技术侦查获得的视听资料之审查，从合法性的角度应当审查如下内容：一是取证主体是否合法，即是否由法定的侦查人员收集取得；二是是否经过严格合法的审批手续。尽管目前我国没有法律、法规对技术侦查的程序控制作出明文规定，但是，侦查机关内部对技术侦查有具体的审批规定，故应当以侦查机关的内部规定来审查技侦材料的合法性。第三，相关性。本案电话录音与被告人贩卖、持有毒品的犯罪事实紧密相关，因此具有相关性。

**（五）相关法条链接**

1.《国家安全法》

**第十条** 国家安全机关因侦察危害国家安全行为的需要，根据国家有关规定，经过严格的批准手续，可以采取技术侦察措施。

2.《人民警察法》

**第十六条** 公安机关因侦查犯罪的需要，根据国家有关规定，经过严格的批准手续，可以采取技术侦察措施。

## 第八节 电子证据

### 一、电子证据的概念及种类归属

何为电子证据？理论界颇有争议。一般认为，电子证据是指以电子形式存在的、用作证据使用的一切材料及其派生物。它既包括反映法律关系产生、变更或消灭的电子信息正文本身，又包括反映电子信息生成、存储、传递、修改、增删等过程的电子记录，还包括电子信息所处的硬件和软件环境。本《规定》第29条将电子邮件、电子数据交换、网上聊天记录、网络博客、手机短信、电子签名、域名均视为电子证据。综观这些电子证据，具有如下特点：一是电子证据的存在需要借助于一定的电子介质；二是电子证据可以通过互联网络快速地在全球传播；三是人们对电子的感知，必须借助电子设备，且不能脱离特定的系统环境。① 不过，需要指出的是，这里对电子证据外延的概括应当是开放性的，即除上述形式之外只要满足电子证据相关特征的信息资料，如电子公告牌记录、电子资金划拨记录、网页、计算机中的Word等文件，均属于电子证据。

上述电子证据在我国刑事诉讼法中属于法定证据种类中的哪一种？理论界对此有不同的看法，代表性的观点有：（1）视听资料说。例如，比较权威的刑事诉讼法学教材认为视听资料包括录音资料、录像资料、电子计算机储存资料和运用专门技术设备得到的信息资料四种类型。② 再如最高人民检察院早期颁布的《检察机关贯彻刑事诉讼法若干问题的意见》第3条第1款规定："视听资料是指以图像和声音形式证明案件真实情况的证据。包括与案件事实、犯罪嫌疑人以及犯罪嫌疑人实施反侦查行为有关的录音、录像、胶片、声卡、视

① 何家弘主编：《电子证据法研究》，法律出版社2002年版，第14页。

② 陈光中主编：《刑事诉讼法》，北京大学出版社2005年版，第170页。

盘、电子计算机内存信息资料等。”（2）书证说。该说认为，普通的书证是将某一内容以文字符号等方式记录在纸张上，电子证据则只是以不同的方式（电磁、光等物理方式）将同样的内容记载在非纸式的存储介质上，两者的记录方式不同、记载内容的介质也不同，但却具有相同的功能，即均能记录完全相同的内容。目前，我国《合同法》即采此观点，该法第11条规定：“书面形式是指合同书、信件及数据电文（包括电报、电传、传真、电子数据交换和电子邮件）等可以有形地表现所载内容的形式。”（3）混合证据说。该说认为电子证据不是一种全新的证据，而是若干传统证据的组合，传统的七种证据形式都存在着电子形式，电子证据只是传统证据在新的时代背景下的演变形式。“在我国一时还难以通过证据立法对证据‘七分法’进行修正的情况下，将其分别纳入电子物证、电子书证、电子视听资料、电子证人证言、电子当事人陈述、关于电子证据的鉴定结论及电子勘验检查笔录无疑是最合理的选择。”[①]（4）独立证据说。此说认为，任何一种传统的证据种类都无法将电子证据完全囊括进去，考虑到电子证据在司法活动中将起到越来越大的作用，应将电子证据增加为一种独立的证据类型。本《规定》即采取此说，将电子证据单独规定。

## 二、审查的内容

**第二十九条 对于电子邮件、电子数据交换、网上聊天记录、网络博客、手机短信、电子签名、域名等电子证据，应当主要审查以下内容：**

**（一）该电子证据存储磁盘、存储光盘等可移动存储介质是否与打印件一并提交；**

**（二）是否载明该电子证据形成的时间、地点、对象、制作人、制作过程及设备情况等；**

**（三）制作、储存、传递、获得、收集、出示等程序和环节是否合法，取证人、制作人、持有人、见证人等是否签名或者盖章；**

**（四）内容是否真实，有无剪裁、拼凑、篡改、添加等伪造、变造情形；**

**（五）该电子证据与案件事实有无关联性。**

**对电子证据有疑问的，应当进行鉴定。**

**对电子证据，应当结合案件其他证据，审查其真实性和关联性。**

### （一）法条内容释义

本条规定，包括四个方面的内容：

---

① 刘品新：“论电子证据的定位”，载《法学研究》2002年第4期。

一是电子证据的外延，即电子邮件、电子数据交换、网上聊天记录、网络博客、手机短信、电子签名、域名。不过如前所述，本《规定》对电子证据外延的理解应当是开放的，即包括但不限于上述形式，有关电子公告牌记录、电子资金划拨记录、网页、计算机中的 Word 等文件均属于电子证据。所谓电子邮件，也称 E - mail（Electronic mail），它是一种用电子手段提供信息交换的通信方式，是互联网络应用最广的服务；通过网络的电子邮件系统，用户可以用非常低廉的价格（不管发送到哪里，都只需负担网费），以非常快速的方式（几秒钟之内可以发送到世界上任何你指定的目的地），与世界上任何一个角落的网络用户联系，这些电子邮件可以是文字、图像、声音等各种方式。所谓电子数据交换，也称 EDI（Electric Data Interchange），是一种利用计算机进行商务处理的新方法，它是将贸易、运输、保险、银行和海关等行业的信息，用一种国际公认的标准格式，通过计算机通信网络，使各有关部门、公司和企业之间进行数据交换和处理，并完成以贸易为中心的全部业务过程；由于 EDI 的使用可以完全取代传统的纸张文件的交换，因此也有人称它为“无纸贸易”或“电子贸易”。所谓博客，又译为网络日志、部落格或部落阁等，是一种通常由个人管理、不定期张贴新文章的网站；这些文章的内容既可以专注在特定的课题上提供评论或新闻，也可以是个人的日记；一个典型的博客结合了文字、图像、其他博客或网站的链接及其他与主题相关的媒体；能够让读者以互动的方式留下意见，是许多博客的重要因素。所谓电子签名，是指数据电文中以电子形式所含、所附用于识别签名人身份并表明签名人认可其中内容的数据。所谓域名，是由一串用点分隔的名字组成的互联网上某一台计算机或计算机组的名称，用于在数据传输时标志计算机的电子方位；企业、政府、非政府组织等机构或者个人在域名注册商上注册的名称，是互联网上企业或机构间相互联络的网络地址。

二是对电子证据的审查内容，包括以下五个方面：（1）该电子证据存储磁盘、存储光盘等可移动存储介质是否与打印件一并提交；（2）是否载明该电子证据形成的时间、地点、对象、制作人、制作过程及设备情况等；（3）制作、储存、传递、获得、收集、出示等程序和环节是否合法，取证人、制作人、持有人、见证人等是否签名或者盖章；（4）内容是否真实，有无剪裁、拼凑、篡改、添加等伪造、变造情形；（5）该电子证据与案件事实有无关联性。

三是对电子证据有疑问的，应当进行鉴定。所谓电子证据司法鉴定，是指有权鉴定机构依照法律规定的条件和程序，运用专门知识或经验，对案件中涉及电子证据的专门性事实问题进行检验、鉴别和判断的一种证明活动。电子证据鉴定能解决的主要问题包括：电子证据所承载内容的同一认定；电子证据真伪及形成过程的鉴定；电子证据内容的恢复与识别；电子证据生成、传递、存储情况的认定。因此，在对相关问题有疑问时，办案机关应当委托相关鉴定机构进行鉴定。

四是对电子证据的认定，不能孤立地就电子证据审查电子证据，而应当结合其他证据进行审查，也就是对电子证据的真实性和关联性的认定，应有其他证据相互印证。

**（二）制定理由**

本条将电子证据作为独立的证据种类予以规定，理由是：不同类型的证据有不同的审查判断特点和规律。从目前电子证据在实践中的运用情况来看，对电子证据的审查判断与传统的证据类型均有较大的差别。因此，为更好地总结电子证据的特点，便于准确、有效地审查判断电子证据，有必要将电子证据作为一种独立的证据类型。在我国刑事诉讼法尚未修改的情况下，本《规定》率先将电子证据视为一种独立的证据种类，具有前瞻性和积极意义。

本条首先以开放的方式明确电子证据的外延，一方面，将实践中比较常见的电子证据予以列举，便于办案人员重点把握和明白当前电子证据的主要类型；另一方面，又用“等”字表明电子证据外延的开放性，这主要是考虑到随着信息技术的不断发展，电子证据的新类型还会不断出现。本条第一款重点规定了对电子证据审查判断的五个要点，之所以如此，主要是考虑到：有的电子证据的介质形式比较好提取，如存放于移动硬盘上的电子文件。但有的往往难以提取，如存在于电脑中的电子邮件，其介质在提供邮件的网络服务器上。我们通过电子证据认定案件事实，往往是从介质上将相关信息提取出来，此过程涉及一些人为操作和技术性的因素，因此要求明确该电子证据形成的过程及制作、传递、提取人。电子证据的一个重要特点就是容易被篡改，而且被篡改后一般情况下很难被发现，往往需要技术鉴定手段才能识别。

本条第二款明确规定对电子证据有疑问的，应当进行鉴定，这主要是考虑到电子证据具有如下特性：（1）信息与载体的可分离性。电子证据是以数字或模拟信号的形式存储在各种电子介质如芯片、软盘、硬盘、光盘、移动存储设备等载体之上，但是电子证据所载的信息并不必然与特定的载体相连，不同的电子载体完全可以复制转载同一内容的电子信息。这与传统的物证、证人证言与其载体密不可分有很大的区别。（2）系统依赖性。电子证据包含的信息之输入、存储、输出过程都必须借助一定的硬件设备和软件平台。电子证据反映的信息只有依靠特定的系统并通过相应的程序解码，使用打印、屏显、运行等方式才能将其显现出来。这与传统的书证、物证不需要借助其他工具、设备就可以被人们感知存在很大的差别。（3）脆弱性。除了人为地篡改或者操作失误导致电子证据的信息被破坏外，计算机硬件及软件的故障也可能导致电子证据的信息被破坏。这与传统的物证、书证具有相对的稳定性存在明显的差别。（4）隐蔽性。电子证据中的一些隐藏信息只能在程序运行或测试中才能体现出来，有些电子证据的信息必须用产生它们的软件才能展示出来，电子证据的制作人也可以通过加密、隐藏的方式使之不易被他人获得。（5）可挽救性。在某些情况下，计算机可以按照例行程序自行追踪和挽救一些信息，如Word软件中有时会产生一些挽救文档，在意外断电的情况下，系统还可以将文档恢复到断电前自动保存时的状态。电子证据的可挽救性还体现在可以恢复被删除、修改的文件上。对于传统书证而言，一旦原件遭到毁损，则无法复原证据，而对于计算机硬盘上的数据信息的被修改、删除都可以通过技术手段检测到。①

本条第三款特别强调对电子证据客观性和关联性的审查，应当结合其他证据，这主要是考虑到：我国《刑事诉讼法》对于电子证据尚没有明确的法律定位，由于电子证据有容易被伪造、篡改等实际情况，很难独立作为证据来使用，故本款规定，电子证据只能以间接证据的身份出现，需要同其他证据结合起来证明案件事实。同时，电子证据仍需满足客观性、关联性和合法性，才能作为认定事实的依据。

**（三）应注意的问题**

适用本条规定在实践中应注意以下问题：

第一，在死刑案件中，电子证据只能是间接证据，必须与其他证据相结合，才能证明案件主要事实。

第二，对于电子证据有疑问，需要鉴定时，一定要委托具备相关鉴定资质的机构和鉴定人，而不能直接委托所谓的计算机专家。

第三，一定要注意提取电子证据的时间、地点及方式等，注意虚拟网络中的身份信息与现实生活的对应，如一定要查准网络中虚拟名称与现实中某人的完全对应，因为网络世界中的“张三”常常并非现实生活中的“张三”。

**（四）典型案例分析**

1．案情

被告人杨某于2008年10月强奸了一名8岁女孩。依据杨某的户籍登记和杨某本人的供述，杨某出生于1993年11月，案发时年满14周岁，依据刑法

① 参见赵春雨、张云泉：“论电子证据的特点及其对取证的影响”，载《黑龙江省政法管理干部学院学报》2006年第1期。

规定应当负刑事责任。在法院开庭审判时，杨某的父亲向法院提出，杨某的户籍登记有误，实际出生日期为1994年11月，并向法院提交了村委会证明、邻居证言等证据材料。

为了查清杨某的真实年龄，公诉部门决定补充侦查。在补充侦查过程中，公诉部门发现，武邑县计生委和赵桥镇计生办均已使用计算机登记管理已婚育龄妇女信息。为此，公诉部门调取了该镇计生办相关电子数据。随后，公诉部门委托专家对硬盘上删除的数据进行恢复，并运用解码技术对系统解密，分析对照所得数据，发现了杨某的出生日期于2008年11月被人为变更为1994年11月这一重要证据。在随后的开庭审理中，电子证据检验鉴定结论作为重要的定案依据被采纳，与其他证据形成证据链条，认定杨某在犯罪时已年满14周岁，应当承担刑事责任。

2. 分析

本案中电子证据成为认定年龄的关键证据。在相关电子证据被收集之前，司法机关对被告人年龄的认定陷入了困境，因为户籍证明与村委会证明、邻居证言等发生了冲突。为进一步核实证据，公诉部门从计生部门的计算机信息管理系统中调取了相关电子数据，虽然电子数据反映出的表面信息是“被告人于1994年11月出生”，但是，专家鉴定表明，在案发后的侦查过程中，相关电子数据被人为更改。此时电子数据及相关鉴定表明被告人出生于1993年11月，再结合户籍卡，因此可以认定被告人户籍卡记载年龄的真实性。本案鲜明地反映出电子证据的“脆弱性”和“可挽救性”等特征。

**（五）相关法条链接**

《公安机关办理刑事案件程序规定》

**第一百九十七条第二款** 计算机犯罪案件的现场勘查，应当立即停止应用，保护计算机及相关设备，并复制电子数据。

**第二百一十七条** 对于扣押的物品、文件、邮件、电子邮件、电报，应当指派专人妥善保管，不得使用、调换、损毁或者自行处理。经查明确实与案件无关的，应当在三日以内解除扣押，退还原主或者原邮电部门、网络服务单位。

**第二百一十八条第二款** 对于可以作为证据使用的录音、录像带、电子数据存储介质，应当记明案由、对象、内容，录取、复制的时间、地点、规格、类别、应用长度、文件格式及长度等，并妥为保管。

# 第九节　辨认笔录

## 一、辨认规则及辨认笔录的排除

**第三十条第一款　侦查机关组织的辨认，存在下列情形之一的，应当严格审查，不能确定其真实性的，辨认结果不能作为定案的根据：**

**（一）辨认不是在侦查人员主持下进行的；**

**（二）辨认前使辨认人见到辨认对象的；**

**（三）辨认人的辨认活动没有个别进行的；**

**（四）辨认对象没有混杂在具有类似特征的其他对象中，或者供辨认的对象数量不符合规定的；尸体、场所等特定辨认对象除外。**

**（五）辨认中给辨认人明显暗示或者明显有指认嫌疑的。**

### （一）法条内容释义

辨认是在侦查人员主持下由被害人、证人、犯罪嫌疑人对犯罪嫌疑人、与案件有关或疑与案件有关的物品、尸体、场所进行识别认定的一项侦查措施。辨认笔录是以笔录的方式全面、客观地记录辨认的全过程和辨认结果并有在场相关人员签名的笔录。

本法条在肯定司法实践中辨认笔录证据能力的基础上，明确规定了排除辨认结果的两个条件：一是存在本法条明确规定的严重违反辨认程序和规则的五种情形之一，即：（1）辨认不是在侦查人员主持下进行的；（2）辨认前使辨认人见到辨认对象的；（3）辨认人的辨认活动没有个别进行的；（4）辨认对象没有混杂在具有类似特征的其他对象中，或者供辨认的对象数量不符合规定的；尸体、场所等特定辨认对象除外。（5）辨认中给辨认人明显暗示或者明显有指认嫌疑的。二是无法确定辨认结果的真实性，即基于上述五种情形的存在，无法确认该辨认结果的真实性的。在理解本条款时，笔者认为，只要有上述五种情形之一的，原则上应推定无法确认辨认结果的真实性，从而排除该辨认笔录的证据资格。

### （二）制定理由

综观我国现行各项法律法规，对侦查辨认的规制仅体现在《人民检察院刑事诉讼规则》和《公安机关办理刑事案件程序规定》中。根据这些规定，辨认的程序和要求是：（1）辨认应当由侦查人员主持进行，这是因为辨认本身是一种侦查取证行为。不过，《公安机关办理刑事案件程序规定》甚至还规定，主持辨认的侦查人员不得少于二人。（2）组织辨认前，侦查人员应当向辨认人详细询问辨认对象的具体特征，禁止辨认人见到辨认对象，以防止辨认人无根据地进行辨认和先入为主；同时，应当告知辨认人有意作假辨认应负的法律责任。(3) 几名辨认人对同一辨认对象进行辨认时，应当由辨认人个别进行，以防止辨认人之间互相影响，作出错误的辨认。(4) 辨认时，侦查人员应当将辨认对象混杂在其他对象中让辨认人辨认，同时不得给予辨认人任何暗示。其中，辨认犯罪嫌疑人时，被辨认的人数，公安部规定不得少于7人，最高人民检察院规定不得少于5人。对犯罪嫌疑人照片进行辨认，所提供的照片，公安部规定不得少于10张，最高人民检察院规定不得少于5张。(5) 辨认经过和结果，应当制作笔录，由侦查人员、辨认人、签名或盖章；对于是否需要见证人在场，公安部规定要求见证人在场，但最高人民检察院规定："必要的时候，可以有见证人在场。"

辨认笔录是否是独立的证据种类？我国现行刑事诉讼法没有明确规定，理论界尚存争议，主要有以下三种观点：第一种观点是：辨认笔录应当分别纳入证人证言、被害人陈述、犯罪嫌疑人供述三种证据中。理由是：辨认笔录中的辨认主体与证人证言、被害人陈述、犯罪嫌疑人供述三种证据提供主体完全相同；无论是询问笔录，还是讯问笔录，均是证人证言、被害人陈述、犯罪嫌疑人供述的外在记载形式，并未改变其作为该种证据的内在本质。第二种观点是：辨认笔录是一种单独的诉讼证据形式。理由是：辨认笔录是辨认人对既往的感知回忆以及在回忆基础上进行判断后得出的结论，辨认过程是在有参照物的情况下进行的再认识；而证人证言、被害人陈述、犯罪嫌疑人供述则仅仅是证人、被害人、犯罪嫌疑人对其经历的一种回忆。因而，在性质上，辨认笔录与证人证言、被害人陈述、犯罪嫌疑人供述有着本质的差异。第三种观点是：既然我国刑事诉讼法没有规定辨认程序，也没有将辨认结果列为独立的证据，因此，在刑事诉讼中将辨认笔录作为定案的根据是错误的。

我们认为，一方面，辨认笔录与单纯的证人证言、被害人陈述及犯罪嫌疑人供述有着本质上的差别。辨认笔录中既包含有辨认人的感知、记忆和表达的内容，还包含有主持辨认的侦查人员的相关活动，如辨认对象的选择等。另一方面，满足客观真实性的辨认笔录确实能够证明案件事实，因此从理论上应当认可其证据资格。在我国现行刑事诉讼法尚没有明确规定辨认笔录之证据种类归属的情况下，本《规定》原则上认可辨认笔录的证据能力，并对于严重违反辨认规则和程序的辨认笔录不予采用，应该说对于解决司法实践中混乱无序的辨认具有积极意义。

**（三）应注意的问题**

适用本条规定在实践中应注意以下问题：

第一，由于对犯罪现场和尸体的辨认，无法将其混杂在同类对象中，因此是单一的辨认，更容易出错。在此情况下进行的辨认，更要严格程序。对尸体的辨认，必要时应当进行法医物证鉴定。

第二，由于最高人民检察院和公安部有关辨认程序和规则的规定不尽完全一致，因此在适用本条时应同时分别参照最高人民检察院和公安部的相关规定。

**（四）典型案例分析**

**佘祥林杀妻案**

1. 案情

在湖北京山佘祥林案中，一份辨认笔录记载："在公安局副局长的组织下，由检察院批捕科科长、公安局预审科科长、预审员等12人组成的专班，由佘祥林引着沿其作案的路线行走。晚上八点从何场村九组出发，佘祥林把我们引到一间放过蛇皮袋关过张在玉的瓜棚，门朝东，门上无锁，内有木床，和佘祥林交代的一样。经过雁门口镇街上，沿着汉宜公路向东走500米，沿一土路往吕冲九组走到一岔路口，继续走了1里，佘发现错了，返回岔路口，又往东走看到一座山，走完这座山又顺路走上另一山，然后到一池塘，佘说在离堰（池塘边）30米处将张打死的，然后沉尸。"此辨认笔录证明，此段路程共11公里，且经过两个山顶，当日下着小雨，佘祥林能找到现场，并附有一份行走路线图，因此认定佘祥林作案真实可信。

但对此段经过，佘祥林回忆说，在1994年4月15日刑警大队民警对他审讯时，刑警队指导员见他实在说不出死者的方位，就将他拉到写字台旁，边讲解如何走边给他画了一张"行走路线图"。佘祥林在其申诉状中还说："尽管他们曾给我画了行走路线图，我还是无法带他们去，因我从来没去过那地方，被带到关桥下车，他们就将双腿被毒打的高度浮肿根本无法行走且处于昏睡状态的我架下车。在我两次走错了方向之后，一名刑警给了我一个手电筒，并再三叮嘱我往回走注意左边的路口……实在找不到路口时，天下起了雨，刑警队和雁门口镇派出所的民警直接架着我朝山上走，在我的前面50米左右还有两个人带路，最终来到一池塘边。"

2. 分析

湖北佘祥林案，以被告人佘祥林杀死的被害人重现人间获得平反。本案中，在侦查机关的主持下，佘祥林对犯罪现场进行了辨认。"佘祥林能够在夜间带着专案组的民警拐来拐去爬过两座山绕到案发的池塘边，准确地指认出现场，让专案民警相信案件确实是佘祥林所为。"办理过此案的相关人员如是说。然而，一个没有到达过犯罪现场更没有实施犯罪行为的人，应该说是难以找到离家10多公里的所谓的犯罪现场的。但是，在公安机关的“指引”下，佘祥林“准确地”找到了案发现场。这种“指引”显然是违规的指引，属于“辨认中给辨认人明显暗示或者明显有指认嫌疑的”。通过本案，我们可以发现，辨认笔录对于法官认定案件事实会产生重大影响，而违反辨认规则的辨认结果其真实性是很有问题的。

（五）相关法条链接

1.《人民检察院刑事诉讼规则》

**第二百一十条** 为了查明案情，在必要的时候，检察人员可以让被害人、证人和犯罪嫌疑人对与犯罪有关的物品、文件、尸体进行辨认；也可以让被害人、证人对犯罪嫌疑人进行辨认，或者让犯罪嫌疑人对其他犯罪嫌疑人进行辨认。

对犯罪嫌疑人进行辨认，应当经检察长批准。

**第二百一十一条** 辨认应当在检察人员的主持下进行。在辨认前，应当向辨认人详细询问被辨认人或者被辨认物的具体特征，禁止辨认人见到被辨认人或者被辨认物，并应当告知辨认人有意作假辨认应负的法律责任。

**第二百一十二条** 几名辨认人对同一被辨认人或者同一物品进行辨认时，应当由每名辨认人单独进行。必要的时候，可以有见证人在场。

**第二百一十三条** 辨认时，应当将辨认对象混杂在其他人员或者物品之中，不得给予辨认人任何暗示。

辨认犯罪嫌疑人时，受辨认人的人数不得少于五人，照片不得少于五张。

辨认物品时，同类物品不得少于五件，照片不得少于五张。

2.《公安机关办理刑事案件程序规定》

**第二百四十六条** 为了查明案情，在必要的时候，侦查人员可以让被害人、犯罪嫌疑人或者证人对与犯罪有关的物品、文件、尸体、场所或者犯罪嫌疑人进行辨认。

对犯罪嫌疑人进行辨认，应当经办案部门负责人批准。

**第二百四十七条** 辨认应当在侦查人员的主持下进行。主持辨认的侦查人员不得少于二人。

组织辨认前，应当向辨认人详细询问辨认对象的具体特征，避免辨认人见到辨认对象。

**第二百四十八条** 几名辨认人对同一辨认对象进行辨认时，应当由辨认人个别进行。

**第二百四十九条** 辨认时，应当将辨认对象混杂在其他对象中，不得给辨认人任何暗示。

辨认犯罪嫌疑人时，被辨认的人数不得少于七人；对犯罪嫌疑人照片进行辨认的，不得少于十人的照片。

**第二百五十条** 对犯罪嫌疑人的辨认，辨认人不愿意公开进行时，可以在不暴露辨认人的情况下进行，侦查人员应当为其保守秘密。

## 二、瑕疵辨认结果的采信

**第三十条第二款 有下列情形之一的，通过有关办案人员的补正或者作出合理解释的，辨认结果可以作为证据使用：**

**（一）主持辨认的侦查人员少于二人的；**

**（二）没有向辨认人详细询问辨认对象的具体特征的；**

**（三）对辨认经过和结果没有制作专门的规范的辨认笔录，或者辨认笔录没有侦查人员、辨认人、见证人的签名或者盖章的；**

**（四）辨认记录过于简单，只有结果没有过程的；**

**（五）案卷中只有辨认笔录，没有被辨认对象的照片、录像等资料，无法获悉辨认的真实情况的。**

### （一）法条内容释义

本条对有瑕疵的辨认笔录的证据能力作了规定。这些瑕疵包括五个方面：(1) 主持辨认的侦查人员仅有1人；如果主持辨认的人不是侦查人员，则构成重大违法，该辨认结果原则上应当排除。(2) 按照相关规定，主持辨认的侦查人员在辨认前应当向辨认人详细询问辨认对象的具体特征，以便安排其他同类对象进行混合，防止辨认人毫无根据地辨认。因此，主持辨认的人员在辨认前没有向辨认人详细询问辨认对象具体特征的，属于违反规定。(3)《人民检察院刑事诉讼规则》第214条规定，辨认的情况，应当制作笔录，由参加辨认的有关人员签名或者盖章。因此，对辨认经过和结果没有制作专门规范的辨认笔录，或者辨认笔录没有侦查人员、辨认人、见证人的签名或者盖章的，属于有瑕疵的辨认。(4) 辨认记录过于简单，只有结果没有过程的。(5) 案卷中只有辨认笔录，没有被辨认对象的照片、录像等资料，无法获悉辨认的真实情况的。在有瑕疵的情况下，辨认结果是否具有证据能力不能一概而论。如果有关办案人员对此瑕疵进行了补正或者作出了合理解释的，辨认结果可以作为证据使用；否则，应当排除，不宜作为证据使用。

### （二）制定理由

本条之所以规定对有瑕疵的辨认笔录不一概排除，允许在补正或者有合理解释的前提下，作为证据使用，主要是考虑到：一方面，上述五种情形中任何一种情形的存在，对辨认程序的公正性和结果的准确性都会产生一定的影响；

另一方面，由于我国刑事诉讼法对辨认程序没有明确作出规定，实践中侦查机关在辨认中还存在诸多不太规范的地方，如果一概排除，可能会对实体真实的发现产生太大的负面影响。故本条规定在不影响辨认结果准确性的前提下，对于一些轻微程序违法，或者形式上略有瑕疵的辨认笔录，在补正相关疏漏或者对此作出合理解释的情况下，允许其作为证据适用。如此规定，体现了中央司法机关试图在程序公正与实体公正之间寻求平衡的思想。

**（三）应注意的问题**

适用本条规定在实践中应注意以下问题：

第一，对此条中的“合理解释”如何理解，可能是实践中会引发争议的问题。我们认为，对此处的“合理解释”在死刑案件中应当从严把握。在辨认笔录有瑕疵时，原则上应当让办案人员补正；确实无法补正时，才能由办案人员作出“合理解释”，这种“合理解释”应当限于非人为因素或者过失所导致的瑕疵，否则不能视为“合理解释”。

第二，有瑕疵的辨认笔录的采用，即便作出了补正或者合理解释，采用时还应当考虑到辨认笔录的内容能否与案件事实和其他证据相互印证。

**（四）相关法条链接**

1.《人民检察院刑事诉讼规则》

**第二百一十四条** 辨认的情况，应当制作笔录，由参加辨认的有关人员签名或者盖章。

**第二百一十五条** 人民检察院主持进行辨认，可以商请公安机关参加或者协助。

2.《公安机关办理刑事案件程序规定》

**第二百五十条** 对犯罪嫌疑人的辨认，辨认人不愿意公开进行时，可以在不暴露辨认人的情况下进行，侦查人员应当为其保守秘密。

**第二百五十一条** 辨认经过和结果，应当制作《辨认笔录》，由侦查人员签名，辨认人、见证人签字或者盖章。

## 第十节 破案经过的审查认定

**第三十一条 对侦查机关出具的破案经过等材料，应当审查是否有出具该说明材料的办案人、办案机关的签字或者盖章。**

**对破案经过有疑问，或者对确定被告人有重大嫌疑的根据有疑问的，应当要求侦查机关补充说明。**

## 一、法条内容释义

本条中的“破案经过等材料”，一般指的是破案经过、抓捕经过、立功证明等材料。所谓破案经过，是指侦查机关出具的如何接到案件以及案件侦破过程的证明材料；所谓抓捕经过，是指侦查机关如何将犯罪嫌疑人缉捕归案以及此过程中犯罪嫌疑人有无拒捕行为等的证明材料；所谓立功证明，是指侦查机关出具的犯罪嫌疑人、被告人检举、揭发他人的犯罪事实是否查证属实构成立功的材料。这些证明材料对案件的正确定罪量刑具有重要作用，在死刑案件中对于是否应当判处死刑立即执行至关重要。

根据本条规定，对此类破案经过等证明材料的审查应从两个方面进行：一是从形式上审查，即破案经过上是否有办案人的签字和办案机关的盖章，两者缺一不可。如果缺乏办案人的签名或者办案机关的盖章，则属于形式上有瑕疵，应当要求侦查机关采取补救措施。二是从内容上审查，即破案经过上载明的内容是否明确，与案件事实和其他证据是否一致；否则，应当要求侦查机关作进一步的补充说明。

## 二、制定理由

关于“破案经过”之证据种类的归属，从法理上讲，我们认为，本应属于办案警察的证人证言，按照证人证言的要求进行审查判断。但是，长期以来，我国没有形成警察出庭作证的传统，而且在理论上认为办理案件的侦查人员不能同时充当证人，因此实践中很少有警察出庭作证，办案警察了解到的被告人到案经过、悔罪、立功等问题，均是由警察或者有关部门出具书面证明材料。由于缺乏法律规范，实践中侦查机关出具的“破案经过”这类证明材料问题较多，主要体现在：（1）内容含混不清、不全面、不详细，无法查清犯罪嫌疑人如何归案等情况。（2）前后矛盾，随意性较大，甚至破案经过与犯罪嫌疑人供述的时间、内容不一致；有的案件中出具的破案说明与犯罪嫌疑人供述笔录时间、内容不吻合。（3）对于异地抓获的犯罪嫌疑人，在“破案经过”中未说明先行羁押的日期，影响最终刑期的计算。（4）出具发破案情况说明的主体混乱，有的以公安机关名义，有的以公安派出所或承办单位名义，有的以案件承办人名义；有的没有办案人员的签名，有的没有加盖办案机关的公章。这些问题的存在，可能会导致一些本不构成自首、立功完全可以判处死刑的案件无法判处，对于一些本构成自首、立功的案件但因无法认定自首、立功而判处死刑。

## 三、应注意的问题

适用本条规定在实践中应注意以下问题：其一，在审查侦查机关出具破案经过等证明材料时，如果发现形式上不完备或者内容上有不明确或者矛盾之处，应该建议侦查机关予以纠正或者补充说明，不宜机械地不予采信。其二，如果侦查机关出具的破案经过等证明材料内容有不明确或者矛盾的，经补充说明后仍不明确或者矛盾不能得到合理排除的，应当按照疑义有利于被告人的原则处理。

## 四、典型案例分析

1. 案情

2009年7月8日凌晨3时许，黄某在人行道上用刀杀害刘某，刘某倒地后，黄某继续用刀戳刘某的面部、胸部，这时黄某被路人梁某拉开，拉开后黄某又挣脱跑到刘某身边继续实施伤害行为，黄某又被拉开，随后警察到了，拉住他的梁某就将他松开。由于当时光线昏暗，已围观了一些群众，黄某也在人群中，警察到后还未发现是黄某作案，过了两三分钟，黄某主动走到警察面前，伸出双手说："是我干的，请铐我！"归案后黄某如实供述了自己的犯罪事实，梁某也按此事实如实提供了证言。

在侦查过程中，办案警察以"公安局刑警大队"的名义出具了"抓获经过"，上面记载："2009年7月8日凌晨3时许，我局刑警大队根据群众报警，赶至案发现场，当场抓获犯罪嫌疑人黄某。"庭审时控辩双方就被告人的行为是否属于自首发生了争议。

2. 分析

本案中，侦查机关出具的"抓获经过"，在形式上缺乏办案民警的签字，在内容上对被告人当时如何归案的关键情节表述不明确。在此情况下，"抓获经过"与被告人的辩解及黄某的证人证言不尽一致，在内容上属于"对破案经过有疑问的"，因此应当要求侦查机关补充说明。如果侦查机关补充说明后的内容与被告人的辩解完全一致，则应当认定被告人的行为构成自首。当然，即便侦查机关后来因时过境迁，无法作出补充说明，从被告人的辩解及证人证言来看，本案被告人构成自首的情节也是应该认定的。

## 五、相关法条链接

《最高人民法院关于执行〈中华人民共和国刑事诉讼法〉若干问题的解释》

**第一百五十九条** 合议庭在案件审理过程中，发现被告人可能有自首、立功等法定量刑情节，而起诉和移送的证据材料中没有这方面的证据材料的，应当建议人民检察院补充侦查。

# 第三章 证据的综合审查和运用

## 一、对证据证明力的审查判断

**第三十二条** **对证据的证明力，应当结合案件的具体情况，从各证据与待证事实的关联程度、各证据之间的联系等方面进行审查判断。**

**证据之间具有内在的联系，共同指向同一待证事实，且能合理排除矛盾的，才能作为定案的根据。**

### （一）法条内容释义

本条是对法官认证规则的一项原则性规定，主要涉及证据证明力如何认定的问题。证据证明力，又被称为证据价值，是证据在证明待证事实上的价值大小与强弱状态和程度。根据此条规定，判断证据证明力之大小、强弱应当遵循以下方法和规则：

关联度规则。证据的证明力是证据本身的固有属性。证据具有客观性，并与案件待证事实具有关联性，就具有一定的证明力，但不同的证据，因各自的特点和与案件待证事实的关系不同，对于待证事实具有不同的证明价值，发挥着不同程度的证明作用。证据与案件事实之间关联度强的，证明力强；关联度弱的，则证明力弱。所以，确认证明力，必须考察证据与待证事实的关联度如何。如有的证据与案件事实之间是原因上的联系，有的是结果上的联系，有的是行为上的联系，有的是作案条件上的联系，有的是作案动机、目的上的联系，有的是时间上的联系，有的是空间上的联系，不一而足。对于这些证据与待征事实之间的关联性与关联度的认识，我们要借助于专门知识、专业技术、专业人员的帮助。同时，从司法实践经验的总结来看，某些证据与案件事实的关联性较强，某些证据与案件事实的关联性则可能较弱。例如，直接来源于案件事实的原始证据一般比间接作用于物质载体形成的痕迹，或者由原始证据派生而来的传来证据的证明力大。

综合审查法。由于人的认识规律所决定，人们对事物的认识是一个由浅至深、由粗到精、从感性到理性的过程，刑事诉讼活动中，公安司法人员、当事人对证据、案件事实的认识也经历了从零散、表面到全面、深入的过程。而正确的认识来源于细致深入的观察和对于各种证据材料连贯起来的思考。因此，无论是对单个证据、一组证据抑或全案证据证明力的审查判断，应采用综合的审查方法。对单个证据证明力的审查，首先是从该证据的来源、载体、内容、形成机制等方面开始，看是否存在影响其真实性的因素存在，然后再把它放置到全案证据体系中去检验，结合其他证据进行综合比较、甄别印证，从而判断其证明力大小。在分析了单个证据的证明力后，应综合分析证明同一待证事实的证据组及全案证据。对证据组的分析及全案证据主要应分析各个证据之间、各组证据之间、证据与案件事实之间的关系，看其是否符合逻辑，是否符合常识常情常理，是否充分，是否存在薄弱环节或者遗漏，以便拾遗补阙。

**一致性规则**。据以定案依据的证据所证明的内容应当是协调一致的，指向同一证明方向，证据本身、证据与证据之间、证据与案件事实之间不存在矛盾。如存在矛盾，该矛盾应可以合理排除，否则不得作为定案的根据。在此，不能机械地理解“矛盾”和“一致”的含义。合理矛盾源于人们自然认知能力的有限性和社会生活的复杂性。实践证明，人的记忆、感知、表达能力是有限的，与客观事物不可能绝对、完全一致，这就导致自然人提供的言词证据可能在某些细节上与事实不符。这种矛盾为合理矛盾。例如，证人估计犯罪嫌疑人年龄在20岁至30岁之间，而犯罪嫌疑人实际年龄为35岁。证人对于犯罪嫌疑人年龄的感知与犯罪嫌疑人的实际年龄是有差距的，这种差异即为合理矛盾。有些时候，证人、被害人或犯罪嫌疑人、被告人会基于种种原因在某些问题上说了假话，但在其他问题上却说的是真话。在这种情况下，部分的虚假并不代表全部虚假。不能仅凭其部分不真实就否认证据的整体价值。与合理矛盾相对应的非合理矛盾，是指证据本身、证据与证据之间、证据与案件事实之间在逻辑上属于矛盾关系或者排中关系，其中必有一假或者一真。例如，证人证明犯罪嫌疑人不存在作案时间，而现场却提取到犯罪嫌疑人的指纹一枚。“在现场”证据与“不在现场”证据在证据分类上属于有罪证据与无罪证据，在逻辑上，二者属于矛盾关系，必有一假。再如，被告人供述自己使用铁榔头杀害了被害人，而尸体检验报告却记载被害人属于机械性窒息死亡。对杀人的行为这一待征事实存在两种相互矛盾的说法，这种矛盾不是用人们认知能力的有限性所能解释的。公安司法人员对于证据之间存在的上述矛盾应当予以高度重视，采取措施查证核实，以防止冤枉无辜，或者错放罪犯。

**（二）制定理由**

如果说证据是诉讼活动的核心，对证据证明能力、证明力的认定便成为诉讼活动的“核心中的核心”。判定证据证明力既是公安司法人员的理性思维活动，又是一种实践检验活动，是证据理论中最重要、最复杂的组成部分，它具有的复杂性、验证性、权威性和结论性的特点，使其成为诉讼过程的关键环节，这一环节直接关系到事实认定是否正确无误，裁判结果是否公平合理，是司法工作人员最重要的职责之所在。不过有意思的是，各国立法很少对证据证明力作出明确定义，证明力也不是我国诉讼立法中的专有名词，而是随着证据法学研究的深入及我国审判方式改革的深化而在认证制度中予以确认的法律概念。第一次将证明力这一概念在法律中加以规定的是2001年最高人民法院发布的《关于民事诉讼证据的若干规定》。该规定在第五部分“证据的审核认定”中第64条规定：“审判人员应当依照法定程序，全面、客观地审核证据，依照法律的规定，遵循法官职业道德，运用逻辑推理和日常生活经验，对证据有无证明力和证明力大小独立进行判断，并公开判断的理由和结果”。第66条规定：“审判人员对案件的全部证据，应当从各证据与案件事实的关联程度、各证据之间的联系等方面进行综合审查判断。”这两条规定明确赋予了法官对证据证明力的自由裁量权，规定了法官评价证据证明力所依据的准则：良心与理性，明确了在法官自由判定证据证明力制度下对其权力的限制：应运用逻辑推理和日常生活经验，综合审查判断各证据与案件事实的关联程度、各证据之间的联系。在以证据裁判主义为基本原则的时代，明确规定证明力判定的主体、方式、规则，无疑对完善我国证据制度、指导法官认证、引导当事人举证都有重要的作用。但是由于刑事诉讼与民事诉讼在证明主体、证明对象、证明责任分配、证明标准、证明方式等方面存在较大差别，尤其是我国刑事审判中长期以来采用印证的证明方式，即证明的关键在于获得相互支持的其他证据。单一的证据是不足以证明的，必须获得更多的具有内含信息同一性的证据来对其进行支持，① 因此，在办理刑事案件时，更强调公安司法人员在审查判断证据时要从证据与案件事实的客观联系、证据证明方面的一致性以及证据之间的相互印证来判定证据证明力。本《规定》制定者如此行文，既考虑到了我国刑事诉讼证明方式的特点，又将司法实践中被证明有效的证据证明力审查方式予以固定，有助于公安司法人员审查判断证据的证明力，正确认定案件事实。

**（三）应注意的问题**

1. 注意区分证据证明能力与证明力

在对证据进行审查判断时涉及两个方面的问题：一个是确认证据资格，另一个是判定证据证明力。证据资格，又称证据能力、证据的适格性，是某一材料能够用于严格的证明的能力或者资格，亦即能够被允许作为证据加以调查并得以采纳。所谓严格的证明，是针对犯罪事实是否存在以及刑罚权的范围有关

① 龙宗智：“印证与自由心证——我国刑事诉讼证明模式”，载《法学研究》2004年第2期。

的待征事实依据证据法的规定进行的证明。① 在英美法系国家，证据的关联性和可采性，是证据能力的两项重要判定标准，只有同时具备可采性和关联性的证据才能被采纳为诉讼中的证据。对证据证明力的判定涉及两个方面：一是证据证明力的有无，即证据本身是否真实可靠；二是证据证明力的大小。证据能力和证明力是两个既有区别又有联系的概念，不少公安司法人员对这两个概念认识不清，以致混淆这两个概念，认为是同一回事，进而在诉讼中影响对证据采纳规则、证据采信规则等问题的理解。二者的区别主要体现在如下三个方面：

第一，性质不同。证据能力是一个法律问题，在法律上规定什么样的一个材料才能成为证据，这个限定条件就是这个材料具有证据能力的条件。只有具备了证据能力才能成为证据，一般来讲主要是证据的三性：客观性、关联性、合法性，与证据能力相关的合法性问题法律可以直接加以规定。证明力是事实问题，是在解决了法律问题之后，对于已经具备证据能力的材料进行审查判断，从中看出其对案件的证明作用的程度。与证明力相关的客观性、关联性不是法律能够明确加以界定的，而需要公安司法人员运用逻辑思维，洞悉世事人情。因此，从性质上看，前者是法律问题，后者是事实问题。

第二，判断规则不同。判断某项事物是否具有证据能力，主要是从法律角度进行判断，根据法律的规定，判断是否具有适合性，即主要是考虑证据的合法性。对于证据证明力的判断规则，主要是考虑具有证据能力的证据对于证明案件事实的作用，不再考虑其可采性问题。在我国证据法中，证据的证明力取决于证据同案件事实的客观、内在联系及其联系的紧密程度。有鉴于此，我国台湾学者陈朴生先生总结道："证据能力依法律加以形式的限制，不允许法官作出自由判断，而证据的证明力则允许法官依自由心证而为判断。"②

第三，价值取向不同。对证据能力的立法规定，交织着国家利益、社会利益与个人利益，打击犯罪与保障人权，实体公正与程序公正，公正与效率等多种存在一定冲突和矛盾关系的价值的选择。关于证据能力规则的非法证据排除规则、传闻证据规则、自白任意性规则等规则即体现了立法者面对价值冲突时，更优先保护何种价值。而证明力所追求的价值则简单明确——主观对客观最大限度地接近，尽量客观地查明案件事实。

关于二者的关系，在学术界和实务界分歧较大，主要有以下几种观点：

第一种观点为证据能力优先论，该观点认为证据能力的存在是证据证明力

① 卞建林主编：《证据法学》，中国政法大学出版社 2000 年版，第 73 页。

② 陈朴生：《刑事证据法》，三民书局 1983 年版，第 250 页。

存在的前提，先有证据能力而后才产生证据证明力，没有证据能力就没有证据证明力，有证据能力未必有证据证明力，有证明力的证据一定有证据能力。

第二种观点为证据证明力优先论，该观点认为证据证明力是证据能力的前提，证据证明力是先天的，证据能力是后天的。

第三种观点为互为前提论，该观点认为证据证明力和证据能力是互为前提的，并不存在孰先孰后的问题，二者辩证地统一于证据之中。

第四种观点为互不影响论，该观点认为证据证明力和证据能力既不能产生孰先孰后的问题，也不应产生互为前提的问题。

笔者认为，从客观上讲，每一个案件的发生，必定会存在着证明案件的客观事实，存在着有证据能力的证据材料和对案件事实具有影响力和说服力的证据，即存在着适格的和有证明力的证据，这是不容置疑的。从这个层面上讲，证据能力和证据证明力都是客观存在的，互不依赖，同时存在，只要发生案件，就有适格的和有证明力的证据，是不存在互为前提、孰先孰后的问题。但从逻辑上讲，人类认识事物有先有后，证据证明力和证据能力皆属于公安司法人员审查判断证据的内容，当诸多证据呈现在公安司法人员面前时，公安司法人员是先认证证据能力还是证据证明力，或者二者被同时认识？证据证明力来源于证据，证据能力来源于证据材料。在侦查、审查起诉阶段，无论是公安机关、检察机关依职权调查收集的证据材料，还是当事人提供的证据材料，公安、检察人员首先应按照客观性、关联性、合法性的标准判断其是否具有证据能力，是否可以作为证据使用，然后再运用该证据认定案情，作出结案或者起诉的决定。在审判阶段，控辩双方经过举证、质证，由法官进行认证，认证的结果是该证据材料要么具有证据能力，要么不具有证据能力。证据材料被认证具有证据能力后，证据材料已经转化为证据，法官依据自己的经验、法律意识、法律规定等因素综合判断该证据对案件事实是否具有影响力和说服力，其间不存在举证、质证的过程，认证的结果是该证据是否具有证明力及其证明力的强弱。在无适格的证据情况下是不存在证据证明力的，证据必须先有证据能力即须先为适格之证据，或可受容许之证据，而后始生证据证明力之问题。已经认证证据对案件事实具有影响力和说服力，就谈不上有无证据能力的问题。因此，从认识层面上讲，是先认证证据能力，后认证证据证明力，证据能力是证据证明力的前提。公安司法人员在运用证据认定案件事实时，应将证据能力与证明力区分开来，从而避免将一些具有客观性或者关联性，但是可能会对犯罪嫌疑人、被告人造成偏见或者严重侵犯犯罪嫌疑人、被告人、被害人等诉讼参与人合法权利的材料带入诉讼中，最终导致司法不公，侵犯人权，增加司法成本。

2. 运用综合审查法提升判断证据证明力的能力

按照本《规定》本条的要求，公安司法人员在综合审查判断证据时，应注意以下三个方面：

第一，对同一证据，尤其是证人证言、被害人陈述、犯罪嫌疑人及被告人供述这样的言词证据，由于从侦查到审判阶段，他们会就同一待证事实提供几份证言。为确保作为定案根据的上述证据的可靠性，应当将证人、被害人、犯罪嫌疑人及被告人在侦查、审查起诉、审判阶段所作的陈述、供述联系起来进行研究分析，看其前后所说的是否一致，有无矛盾。如果发现犯罪嫌疑人、被告人时供时翻，或者证人提供的证言前后不一致，就需要对收集这些证据的程序、方法、证据提供者的心理状况等进行分析，找出不一致的原因，进而决定是否采信。经过查验，如果采信这样的证据，要采取谨慎的态度，结合案件中的其他证据综合比较。

第二，对案件中的不同种类的证据，要结合起来综合审查判断，审查各个证据所证明的事实是否协调、一致。具体而言，不仅要注意分析同案犯之间、被害人与证人之间、犯罪嫌疑人与被害人、证人之间、证人与证人之间对同一待证事实的陈述是否一致，而且要注意分析这些供述、陈述与本案中的物证、书证、鉴定结论、辨认笔录、勘验检查笔录、视听资料之间有无矛盾，物证、书证、鉴定结论、辨认笔录、勘验检查笔录、视听资料之间有无出入，以便从中发现问题，进一步查证核实。

第三，要将全案所有证据与案件事实联系起来综合审查判断。在综合审查全案证据的过程中，既要反对主观主义，防止在缺乏足够根据的情况下，随意取舍证据，随意认定案情，又要注意不能为证据之间、证据与案件事实之间的表面一致、吻合所迷惑，而要深入问题的本质。同时，也不要害怕矛盾，而要善于发现、分析和解决矛盾。因为随着矛盾的不断揭露，不断解决，证据的真伪被鉴别，证据与案件事实之间的联系被揭示，案件的真实情况才能浮出水面。

**（四）典型案例分析**

**黄亚鹏故意杀人案**

1. 案情

黄亚鹏，男，1970 年 11 月 20 日出生，汉族，大学文化，北京某软件公司职员，住郑州市东明路某院。被害人刘某与男友黄亚鹏于 1997 年 11 月恋爱，并已长期同居，曾多次商量结婚之事。1998 年 10 月 23 日晚，二人同宿于被害人父母家中。第二天 9：00 左右 ，黄亚鹏开车回自已家中。10：30 分左右 ，被害人刘某被其父亲发现死于卧室之中。经侦查人员现场勘查，死者身着粉红色睡衣，下身赤裸，左颈部锁骨上方插有不锈钢单刃餐刀，颈部上方有一道浅表切划伤，喉结处有闭锁状索沟，手上有轻微抵抗伤，左大腿外侧上方有一锐器刺伤，右大腿内侧上方有一道擦伤。根据1998年10月28日郑州市公安局出具的《刑事技术鉴定书》，被害人的死亡时间为1998年10月24日1时许。与被告人同居的男友黄亚鹏被列为最大杀人嫌疑。

经公安机关侦查终结，河南省郑州市人民检察院以郑检起诉（2001）16号起诉书，指控被告人黄亚鹏犯故意杀人罪，于2001年2月1日向郑州市中级人民法院提起公诉。郑州市人民检察院指控1998年10月23日夜11时30分许，被告人黄亚鹏与其女友刘某在同村的王某家因打牌发生口角，后一同回到胜岗村二人住处。第二天9时许黄亚鹏离开住处回其父母家。10时30分左右，刘某的父亲上楼查电话线时发现刘某被害。经法医鉴定：刘某系被他人扼勒颈部并用单刃刺器刺伤左颈部致机械性窒息合并失血性休克而死亡，死亡时间约在1998年10月24日1时。公安机关经过现场调查以及讯问被告人黄亚鹏，同时根据法医对刘某死亡时间的鉴定证实：刘某被害时黄亚鹏始终在犯罪现场，实施杀害刘某的行为。针对上述指控，公诉机关提供了被告人供述、刘某父亲等证人证言、鉴定结论、现场勘查笔录，以及有关查证情况的说明等证据。公诉机关认为，被告人黄亚鹏故意非法剥夺他人生命，致一人死亡，其行为已构成故意杀人罪，提请法院依法惩处。

郑州市中级人民法院依法开庭对本案进行了审理。控方出具的相关证据有：(1) 被告人黄亚鹏的所有供述材料，刘某父亲、任某、王某等证人证言以及黄亚鹏当庭供述证明了案发前一天晚上，黄亚鹏和刘某在王某家打牌时发生口角、案发当天黄亚鹏离开家时与刘某之母任某的对话、离开家后帮其姐买电脑配件以及刘父发现其女儿刘某被害死亡等事实。(2) 刘某被杀案现场勘查笔录，记载现场的情况。(3) 郑州市公安局（98）公法医鉴字第243号《刑事技术鉴定书》，记载刘某系被他人扼勒颈部并用单刃刺器刺伤左颈部致机械性窒息合并失血性休克而死亡，死亡时间为1998年10月24日1时许。(4) 公安部（99）公物证鉴字第3904号物证鉴定书，最高人民检察院（2000）高检技鉴第05号鉴定书和省、市公检法及金水公安局的法医关于刘某死亡时间会议纪要，证明刘某的死亡时间为1998年10月24日1时或者2时许。(5) 公诉机关提供的公安部（98）公物证鉴字第3059号物证检验报告记载："刘某的阴擦拭检见大量精子，并检出A、B型物质。"经公安部（98）公物证鉴字第3276号物证鉴定书、（2001）公物证鉴字第2003号物证鉴定书证实，该精子DNA基因型与黄亚鹏DNA基因型不同。

被告人黄亚鹏辩解称：其没有杀害刘某。其辩护人辩护称：公诉机关仅依据关于对刘某死亡时间的鉴定结论这一与其他证据相矛盾的间接证据，指控被告人黄亚鹏构成故意杀人罪，严重不符合“证据应当确实充分”的法定证明标准。(1) 被告人黄亚鹏没有故意杀害刘某的犯罪动机。(2) 起诉书认定的刘某死亡时间与刑事技术鉴定书记载的刘某尸斑、角膜、瞳孔等尸体现象明显不符。(3) 从死者体内检出并非黄亚鹏所留的“大量精子”说明，刘某有可能是在从黄亚鹏离开刘某到刘父发现刘某被害之间的两个多小时内为他人所害。(4) 刘某被害一案疑似为他人强奸杀人案。

郑州市中级人民法院于2002年12月27日对该案进行宣判，认定检察机关指控被告人黄亚鹏实施杀害刘某的行为事实不清，证据不足，指控罪名不能成立，不予支持。附带民事诉讼原告人要求被告人黄亚鹏赔偿之诉请，因认定被告人黄亚鹏杀害刘某的证据不足、指控的犯罪不成立而不予支持。被告人黄亚鹏及其辩护人关于指控黄亚鹏犯故意杀人罪的事实不清，证据不足的辩解、辩护意见成立，予以采纳。最终判决被告人黄亚鹏无罪，并且不承担民赔偿责任。

法院在郑州市第一看守所宣告黄亚鹏无罪的判决后，同时送达了释放证明。但是，黄亚鹏并没有迈出看守所，郑州市公安局金水分局声称掌握了黄亚鹏涉嫌杀人的新证据，直接从看守所将黄亚鹏押往他处，对其继续关押。经黄亚鹏亲属及辩护人多方努力，直到2003年3月黄亚鹏才真正获得自由。

2. 分析

在本案中，检察机关对黄亚鹏实施了故意杀人行为负证明责任，并须达到法定的证明标准。但从检察机关提供的证据来看，关键证据的证明方向不一致，存在不可排除的矛盾。死亡时间的鉴定证明被害人死于10月24日凌晨1时许，但是该鉴定与本案的其他证据存在矛盾，例如，鉴定书中记载，死者的“眼角膜透明”、“尸斑淡紫红色，指压部分退色”等证据又证明，死者的死亡时间可能不是凌晨1时许。虽然本案有证据证明黄亚鹏有作案时间，是可能的凶手，但是死者体内检测出他人的大量精子、杀害刘某的匕首来源不明、现场遗留的非本案被告人的足迹等证据又证明杀死刘某的凶手可能另有他人。从证明体系的完整性上看，由于证据之间存在矛盾，检察机关的证明体体系并不完整，存在诸多漏洞。例如，控方将案发前夜，在打牌中黄亚鹏因刘某出错牌而发生口角的事实写进起诉书，以此作为黄亚鹏杀害刘某犯罪动机的起因，这种证据之间的联系是不紧密的，用以证明他的作案动机和主观状态并不完整、严密，热恋中的恋人因打牌出错而杀人，这在情理上很难成立，也没有事实根据。从证明结论的唯一性上看，控方提供的证据所获得的结论并不能排除其他可能性，未能达到唯一性的要求。死亡时间的鉴定能证明黄亚鹏具有杀人时间，但是凶器来源、精液等却证明凶手另有他人，根据这些证据，并不能得出刘某是黄亚鹏所杀这样必然性的结论。由于全案证据未能达到事实清楚，证据确实充分的证明要求，按照证据裁判原则、无罪推定原则应当判处被告人无罪。

**（五）相关法条链接**

1.《人民检察院刑事诉讼规则》

**第二百七十九条** 人民检察院对案件进行审查后，认为犯罪嫌疑人的犯罪事实已经查清，证据确实、充分，依法应当追究刑事责任的，应当作出起诉决定。

具有下列情形之一的，可以确认犯罪事实已经查清：

（一）属于单一罪行的案件，查清的事实足以定罪量刑或者与定罪量刑有关的事实已经查清，不影响定罪量刑的事实无法查清的；

（二）属于数个罪行的案件，部分罪行已经查清并符合起诉条件，其他罪行无法查清的；

（三）无法查清作案工具、赃物去向，但有其他证据足以对被告人定罪量刑的；

（四）证人证言、犯罪嫌疑人供述和辩解、被害人陈述的内容中主要情节一致，只有个别情节不一致且不影响定罪的。

对于符合第（二）项情形的，应当以已经查清的罪行起诉。

**第二百八十六条** 人民检察院对于退回补充侦查的案件，仍然认为证据不足，不符合起诉条件的，经检察委员会讨论决定，可以作出不起诉决定。作出不起诉决定前应当根据案件情况在法律规定的范围内确定补充侦查的次数。

具有下列情形之一，不能确定犯罪嫌疑人构成犯罪和需要追究刑事责任的，属于证据不足，不符合起诉条件：

（一）据以定罪的证据存在疑问，无法查证属实的；

（二）犯罪构成要件事实缺乏必要的证据予以证明的；

（三）据以定罪的证据之间的矛盾不能合理排除的；

（四）根据证据得出的结论具有其他可能性的。

2.《最高人民法院关于民事诉讼证据的若干规定》

**第六十四条** 审判人员应当依照法定程序，全面、客观地审核证据，依照法律规定，遵循法官职业道德，运用逻辑推理和日常生活经验，对证据有无证明力和证明力大小独立进行判断，并公开判断的理由和结果。

**第六十六条** 审判人员对案件的全部证据，应当从各证据与待证事实的关联程度、各证据之间的联系等方面进行综合审查判断。

3.《最高人民法院关于行政诉讼证据若干问题的规定》

**第三十九条** 当事人应当围绕证据的关联性、合法性和真实性，针对证据有无证明效力以及证明效力大小，进行质证。

经法庭准许，当事人及其代理人可以就证据问题相互发问，也可以向证人、鉴定人或者勘验人发问。

当事人及其代理人相互发问，或者向证人、鉴定人、勘验人发问时，发问的内容应当与案件事实有关联，不得采用引诱威胁、侮辱等语言或者方式。

## 二、运用间接证据定案的规则

**第三十三条 没有直接证据证明犯罪行为系被告人实施，但同时符合下列条件的可以认定被告人有罪：**

**（一）据以定案的间接证据已经查证属实；**

**（二）据以定案的间接证据之间相互印证，不存在无法排除的矛盾和无法解释的疑问；**

**（三）据以定案的间接证据已经形成完整的证明体系；**

**（四）依据间接证据认定的案件事实，结论是唯一的，足以排除一切合理怀疑；**

**（五）运用间接证据进行的推理符合逻辑和经验判断。**

**根据间接证据定案的，判处死刑应当特别慎重。**

### （一）法条内容释义

直接证据与间接证据的划分，是以证据与案件主要事实不同证明关系为标准。所谓案件的主要事实，从刑事诉讼的角度来说，包括犯罪事实是否发生，以及犯罪事实是何人实施等事实。依据这一标准，任何一种证据，凡能直接证明案件主要事实，即既能证明犯罪人是谁，又能证明其如何实施了某种犯罪行为的证据就是直接证据。例如，被告人承认自己犯罪的供述，被害人指认被告人犯罪的陈述，目睹犯罪分子作案情况和过程的证人证言等，凡此种种，都属于直接证据的范畴。间接证据与直接证据则不一样，它同案件主要事实的关系是间接的证明关系。它不能直接证明案件的主要事实，而只能证明案件中的某一局部情况或者个别情节。例如，发现了犯罪分子作案时使用的工具，犯罪嫌疑人在现场上留下的足迹，或者在被告人家中发现赃款、赃物等。这些被发现和提取的物品或痕迹，作为物证其共同点是都不能单独、直接证明案件的主要事实，都只能分别地证明与案件有关的某些情况或个别情节，所以都属于间接证据的范畴。间接证据与案件中的其他证据相结合，通过推理判断，也可达到查明案情真相的目的，也可以作为定案的根据。根据间接证据的特点和司法实践经验，在完全运用间接证据定案的情况下，必须遵循以下几个要求：

证据的客观性，即据以定案的间接证据已经查证属实。每一个间接证据都必须查证属实，未经查证核实的，应予排除，不能纳入证据体系中作为定案的根据。这是运用证据的基本要求。由于在运用间接证据认定案件事实时，需要将证据进行排列组合，运用逻辑规则进行推理，因此，如果其中一个间接证据不实，造成证据链的脱节，就可能错误判断，造成错案。

证据体系的协调性，即据以定案的间接证据之间相互印证，不存在无法排除的矛盾和无法解释的疑问。间接证据之间、间接证据与案件事实之间必须协调一致，没有矛盾，或者发现的矛盾已经得到合理解决。只有这样，作出的定罪结论才有可靠的依据，才能具有无可辩驳的说服力。但是，实践中通过侦查收集的证据，又难免有矛盾、冲突。这时，当发现间接证据之间证明的问题互有矛盾，对证明案件事实起相反作用时，必须认真对待，深入分析，继续取证，使之得到合理的解决。总之，发现间接证据之间互有矛盾时，必须注意认真甄别真伪，并要有认定其正误的根据，将判明为虚假的材料从证据体系中排除出去，只有这样，才能为正确的推理判断作出符合客观实际的结论奠定可靠的基础。

证明体系的完整性，即据以定案的间接证据已经形成完整的证明体系。间接证据对案件主要事实的证明是以推理的方式进行的，或者说是通过推理实现的。由于间接证据不能直接证明案件的主要事实，所以它在案件的证明过程中往往存在一定的空间，而这些证明空间就需要推理来填充，或者以一定的推理作桥梁，连接案件的动机与行为、行为与结果、条件与手段、空间与时间。当这些由推理连接起来的间接证据构成一个完整证明体系时，才能定案。

结论的排他性，即依据间接证据认定的案件事实，结论是唯一的，足以排除一切合理怀疑。推理判断时，要注意以具体的犯罪构成要件诸方面为线索，以犯罪嫌疑人或被告人为中心，从其是否有犯罪动机、犯罪时间，是否接触过犯罪现场、现场内是否留有他的痕迹、有无作案的工具、发案后的表现，身边是否发现与案件有关的可疑物品，等等，依据已有的间接证据进行反复的推理判断，使之对案件事实的认识逐步深化。最后得出的结论只能是一个，即被告人就是实施犯罪行为的人，而且这一结论无懈可击，经得起逻辑的推敲和经验法则的检验。只有在这样的情况下，即使没有直接证据，但是由于间接证据确实、充分，使得案件事实清楚，就可以据此定案，认定被告人有罪和处以刑罚。

**（二）制定理由**

由于间接证据具有证明关系的间接性、证明过程的依赖性以及证明方式的推理性等特点，间接证据在证明案件事实时，不像直接证据那样一目了然，其证明过程较为复杂。运用间接证据证明案件的全部事实，起码要经过两个证明阶段：一是要对案件中的所有间接证据逐个地查证核实，并确认它们在案件中所能证明的具体情节；二是要把各个间接证据所证明的具体事实互相结合起来，进行严密的逻辑推理。从一个事实推论到第二、第三个事实，再推论到第四个，甚至更多的事实。而且，彼此间都应协调一致，不存在无法排除的矛盾或者矛盾无法解释。通过推理判断得出的结论是唯一的，完全排除了其他可能性。所以，这个推理证明的过程十分复杂，稍有不慎，就会出现判断上的错误。司法实践中，部分刑事案件由于各种原因未能取得直接证据，如果全案间接证据符合本《规定》第 33 条的要求，可以认定被告人有罪，但据此定案特别是判处被告人死刑须格外慎重。本条内容在证据及司法实践中已经被熟知和运用，但《刑事诉讼法》及相关司法解释均未明确予以规定，本《规定》对依靠间接证据定案的规则加以明确，一方面有助于统一认识，规范对间接证据的运用；另一方面也适应了以物证为主的间接证据在司法证明中将发挥越来越重要作用的趋势。

**（三）应注意的问题**

1. 全面理解证明体系的完整性问题

如前所述，证明体系的完整性是指对犯罪构成要件事实及影响定罪量刑的事实，均已有相应的确实的间接证据加以证明。当然，这是作认定被告人有罪时说的。如果运用间接证据作否定被告人有罪的定案，则不需要间接证据构成完整的证明体系。例如，某人被指控犯强奸、杀人罪，被告人在受讯问时否认被指控的罪行，说犯罪发生时，他远在外地，并提交他在外地的住宿登记及火车票为证，只要这一书证查证属实，即能证明他无作案时间，从而作出否定被告人作案的结论。运用间接证据作有罪定案时，则必须能构成一个完整的证明体系，这个证明体系究竟需要多少间接证据才算完整？这就要求具体案件具体分析，即要取决于具体案件的证明对象的范围。《规定》第 5 条对死刑案件的证明对象作了全面规定，那么在办理死刑案件运用间接证据定案时，就应当按照《规定》第 5 条列举的内容，对犯罪构成要件诸方面的事实，应予从重的事实，影响被告人定罪的身份情况，被告人有刑事责任能力，被告人的罪过，被告人在共同犯罪中的地位、作用，都应有相应的间接证据予以证明。但是，由于按照刑法的规定，可以判处死刑的案件多种多样，犯罪构成要件事实各不相同，因此，对于构成证明体系的间接证据，在要求上就会有差异。例如，在故意杀人案件中，被告人的主观状态及行为与危害结果之间的因果关系就应当有证据证明，以防止把过失致人死亡误定为故意杀人罪。而在处理盗窃金融机构案件时，对被告人的主观状态没有特定的证据证明，也不影响证明体系的完整性。

为便于检查所收集的证据是否齐全，案件的各主要环节是否都有证据加以证明，是否已形成了完整的证明体系，在运用间接证据之前，应按照特定要求搞好证据排列组合。对于证据的编排组合，总的说来，应根据各类案件的不同情况而定。一般地说，可以按以下要求进行：

第一，每一个罪，都必须有一组证据，反映“七何”（即何人、何因、何时、何地、何罪、何果、何种手段）的要求。如果被告人犯了几个罪，那么对每一个罪行，也应当都有一组证据加以反映和证明。对共同犯罪的案件除对共同作案的犯罪事实要有相应的证据证明外，各人在共同犯罪中的具体地位和作用，也应当按人分别立卷或立项，并将有关的证据编排组合进去，使之一目了然。

第二，在每一组证据中，一般应按“七何”的要求，把证明同一类问题的证据编排组合在一起。例如，把证明犯罪原因的证据，或者证明犯罪时间、地点的证据，或者证明犯罪手段和后果的证据等，分别按类组合编排在一起。

第三，为了通过对证据的编排和组合，能清楚地反映出案件中的完整的证据体系，在具体的做法上，可使用如下两种方法：一种编排法是，按案件事实发展过程的先后顺序进行编排和组合，即先排证明犯罪原因的证据，然后再排证明犯罪的时间、地点、后果等证据。这种编排法，可以清楚地看出被告人犯罪的整个发展过程。另一种编排法是，先把对案件起决定性作用的证据，例如，把对定罪量刑起决定性作用的证据排列在前，其他证据排列在后。此种编排法可揭示问题的要害，使人们对案件性质的认识一目了然。

2. 正确看待经验法则在运用间接证据中的作用

通过证据对事实的认定都必须借助于特定的推理过程，尤其是运用间接证据时更是如此。推理是从已知的前提事实推断出未知的结论事实的过程，合理的推理离不开一定的前提。由于间接证据与案件事实之间的联系是间接的，公安司法人员的推理前提就是连接证据与事实的纽带，推理前提的性质直接影响到间接证据能否发挥其证明力，这个推理前提只能是经验法则。经验法则不仅对间接证据具有评价作用，而且由间接事实推测直接事实的判断上亦应以此为标准。至于间接事实如何推断直接事实，间接事实需要如何组合才能认定案件主要事实，虽然属于公安司法人员自由裁量的范围，但为使其推理合情合理，为当事人及一般民众所接受，仍然应当依据经验法则进行，所以规定要求在运用间接证据进行推理时，应符合逻辑和经验判断。

所谓的经验规则，是指人们通过经验归纳所获得的对客观存在的外界普遍现象和通常规律的理性认识。从范围上说，经验规则涉及范围广泛，数量无限，因此不可能为成文法所一一列明。从性质上说，经验规则属于为社会公众所普遍接受的确定性知识，具有一般性和客观性，因此可以作为裁判的大前提。从结论上看，经验规则具有或然性，也就是说，尽管经验规则具有客观性，但以其为大前提得出的结论也可能是错误的，这是因为经验规则是不完全归纳的产物。因此我们要看到它的局限性，防止将其作用片面夸大，避免出现绝对化的错误。① 经验法则在刑事认证中的局限性主要表现在以下几个方面：

首先，经验法则得出的结论具有或然性。经验法则就其实质而言，毕竟是不完全归纳方法的产物，具有相当程度的盖然性。盖然性有高低强弱之分，有近乎必然者，有较大可能者，也有盖然性平平者。如DNA的检测结果、指纹比对结果，这些经验法则盖然性程度极高，且有科学原理为依据，法官运用这些经验法则推出的结论可信度就很高。然而，绝大多数经验法则都达不到这种程度，法官在运用这种经验法则时就不能想当然地加以使用，必须结合其他证据和具体情况进行谨慎判断。例如，在某骑摩托抢劫杀人案件中，警方根据目击证人记录的车牌号码，找到了摩托车主的所有人夏某，虽然夏某极力否认涉案，但鉴定结果显示该车确实为涉案车辆。根据一般经验法则，车辆所有人往往为驾驶人，公安司法人员能否直接认定夏某为行为人呢？当然不能。因为车辆所有人往往为驾驶人，并不是一个确定无疑的经验法则。公安司法人员必须凭借其他证据综合评价，如夏某平常有无出借摩托车的习惯、摩托车的来源、证人目击的行为人长相、夏某当时是否驾驶摩托车经过此地等间接证据，以判断该行为人是否为夏某。尽管在司法裁判中法官必须依赖经验知识，但它却是并非必然正确的知识，往往存在较大的相对性，仅凭这种知识得出的结论就具有或然性。公安司法人员要清醒地意识到这一点，避免出现判断失误。在夏某涉嫌抢劫杀人一案中，最终由于有证据证明夏某的摩托车是他案发当天从黑市购买，且无作案时间才排除其嫌疑。

其次，经验法则适用具有条件性。经验法则是法官认证应当遵循的不成文法则，但是经验法则的适用却是具体的、有条件的。我国台湾学者王甲乙指出，经验法则从它的性格来讲，它并不是抽象定型的一个法则，是由具体生活经验所得，而以流动性的，而且具体性为内容的法则。所以适用的时候，就应该注意该法则所由生的具体基础以及它的背景，配合全案证据善加运用，不能

① 郎贵梅："经验规则——判断证据证明力的重要方法"，载《人民法院报》2006年2月13日第B04版。

用片面或固定之形式，予以适用。① 这反映出经验法则是在通常情况下事物的性质或事物间关系的一种客观可能性，其客观性往往是建立在一定条件的基础上，会随着时间、地点、条件的变化而变化。公安司法人员在运用经验法则认定案件事实过程中，必须从案件的具体情况出发，考虑所选用的经验法则与待证事实之间的关联程度、经验法则与案内其他证据之间是否存在冲突、经验法则的盖然性程度和例外情况等具体实际，切忌机械片面的“拿来主义”、“教条主义”做法，避免选择不当经验法则致使作出有违事理裁判的情形发生。

最后，经验法则运用具有主观性。法官运用经验法则进行推理、判断证据、认定事实是一种主观性很强的内心思维活动，不可避免地受公安司法人员性格、情绪、教育背景、心理素质、生活经验、职业经历、职业操守等主观因素的影响和制约。经验法则的运用，还取决于公安司法人员是否具有丰富的生活经验和广博的科学知识。公安司法人员对证据和事实真伪进行判断，必须建立在洞察人情世故和拥有广博学识的基础上，才能透过纷繁复杂的表面现象认识到案件的真实情况。具备不同学识、经验的公安司法人员，可能会选择不同的经验法则，由此对案件事实的认识就可能存在差异，这种差异性进而导致了裁判结果的差别。因此，为防止经验法则运用上的主观随意性和个体差异，避免经验法则的误用、滥用造成事实认定的偏差，公安司法人员必须不断加强学习、培训，提高政治素养、专业水平、人文修养及职业道德修养。

**（四）典型案例分析**

## 马明军杀人案②

1. 案情

2005 年 12 月 7 日 18 时 19 分，京东某高档住宅小区一栋 9 层公寓的地下停车库内，一个着黑色棉服、背深色挎包、戴近视眼镜的清瘦男子在 57 号车位附近不停地来回走动着，似乎在等着什么人。有谁会在地下车库等人呢？车库保安员的眼睛注视着他。20 分钟后，男子拿出手机放在耳边，嘴里不停地说着什么，直到近 19 时，一辆银灰色福特牌越野吉普停进 57 号车位，一个年轻女子走出车外准备离开……紧接着，女子返回，两人面对，三言两语之后，两人一前一后消失在车库单元门内的黑暗之中。这一幕被隐藏在车库顶棚的摄像头清晰地记录了下来。但由于侦查人员未及时提取小区大门的监控录像，使得证明该清瘦男子离开现场时间的录像信息被自然覆盖。

---

① 曹鸿兰：“背经验法则之研究——以事实认定为中心”，载《民事诉讼法之研讨》（四），三民书局 1995 年版，第 129 页。

② 肖辉：“对一起疑难案件的总结与思考”，载《中国检察官》2008 年第 4 期。

约半小时之后（鉴定推定），这名女子在这栋公寓楼房8层的一套豪华寓所中被杀害，当晚23时许，这名女子的尸体被其好友发现……次日18时许，侦查人员利用技侦手段，在北京新侨饭店大堂将持有该女子的手机等10万余元物品及银行卡的那名男子及其情妇卓某某抓获。这名男子就是马明军，上海人，40岁，从上海医科大学本科毕业后，曾为上海市第一人民医院神经内科医生，后辞职下海经商。2005年来京应聘到日本株式会社三广医疗并担任高级业务代表，案发前被该公司辞退。1995年曾因犯盗窃罪，被上海市某区人民法院判处有期徒刑八年。

被害人柏月27岁，与马明军同年任职于日本株式会社三广医疗，并担任该公司总经理助理，离异。案发前不久，其男友贾某为其租借了那套豪华寓所、购买了那辆高档越野车。在被抓获的当晚，惊魂未定的马明军供述了杀害柏月的梗概之后即全面推翻原供，辩称其与柏月在三广医疗相识后成为男女朋友。在相处的近半年时间内，两人曾经多次在柏月寓所内发生两性关系。案发当晚其受柏月之邀，到柏月寓所就双方感情纠纷与柏月商谈分手，后将柏月作为感情补偿的上述物品带走。离开现场时，柏月一人留在家中，一切如常，当时的时间是19点30分左右。来到小区大门外3—4分钟之后，其打到一辆出租车离开，直接来到附近某银行，提取了柏月账户内现金人民币5000元。在车上，其关闭了柏月的手机。

公安机关以抢劫罪将案件移送北京市人民检察院第二分院审查逮捕。北京市人民检察院第二分院针对案件当时的证据状况，先后两次对犯罪嫌疑人马明军不予批准逮捕，马明军就此被取保释放。此后，案件经复议、复核，均被维持原不批准逮捕的决定。在公安机关第三次提请批准逮捕之前，北京市人民检察院第二分院提前介入该案，听取了汇报、审阅了案卷，并及时要求侦查机关尽快补充部分证据，如对马明军离开现场至其到达银行持被害人银行卡提款的耗时进行侦查实验（用时14分钟）、确定被告人马明军案后在建行的提款时间（自动提款机显示的柏月账户提款时间为当日20时54分）、推定被害人死亡时间（当日19时30分）等。此后，北京市人民检察院第二分院于2006年4月25日以抢劫罪对被告人马明军作出附条件批准逮捕的决定。

案件移送审查起诉后，经过详尽阅卷，结合前述案件存在的难点，承办人认定在被告人马明军全面翻供及现场未能发现任何证据的情况下，寻找证据直接、有效证明嫌疑人马明军杀人掠财已经极其困难。案件当时的证据状况迫使办案部门只能一方面尽可能地收集各方面证据去锁定被告人离开现场的时间，以此排除他人犯罪的可能；另一方面揭露被告人马明军翻供不真实的方法来反向、间接地证明犯罪。

于是，一份涵盖9个侦查方向、7项侦查工作的详细补充侦查提纲，从厚厚的预审卷宗中被搜索并整理出来。其中的重点工作是：通过阅卷，承办人发现被害人柏月是在案发前整两个月搬到现场房屋居住的，而被告人马明军却辩称其在现场房屋与柏月接触已近半年。针对此情节，侦查机关没有进行调查并固定相应证据；案后与被告人马明军发生密切接触的马的情妇卓某某的证言与马明军的供述存在多处不符和不合常理之处。因此，这份补侦提纲一方面要求侦查机关补充进行大量的排查工作，另一方面针对卷中发现的类似上述缺陷及疑点重点进行补充侦查。另外，在对被告人马明军打车离开现场至其到达银行持卡提款的耗时进行侦查实验的基础上，二分院再次要求侦查机关进一步对其从现场房门至小区外打车地点之间的步行耗时进行了侦查试验（用时约3分钟）。根据两次侦查试验的结果，结合案发当晚柏月遇害后，其男友贾某拨打现场座机电话无人接听后，第一次拨打柏月手机被呼转到移动秘书台的时间（时间为当晚20时47分，贾某证实每晚21时前后必给柏月拨打电话，柏从未关过机。柏月开通了手机关机自动呼转秘书台的手机服务），成功地将马明军离开现场的时间进行了反向证明，使之得以被精确锁定。获取的证据显示：从马明军离开现场至柏月被证明遇害（座机无人接听，手机关机的时间）之间的时间空白仅仅数分钟。这几份证据环环相扣，不但推翻了被告人马明军离开现场时间的辩解，而且从理论上排除了他人进入现场实施犯罪的可能，从根本上排除了马明军实施犯罪的合理怀疑。与此同时，承办人及时地调取了侨居日本、临时回国准备处理涉案房产后返回的现场房主的证言及房屋权属登记证明等书证，明确证实了其于2005年9月刚刚购买了现场房屋，后于当月月底将房屋租借给柏月的男友贾某居住的事实。这两份证据直接推翻了被告人马明军有关在案发前半年期间即在此与柏月接触并发生两性关系的辩解。在自行侦查的同时，承办人还就重点补侦工作会同公安机关一同外出调查取证，如与侦查机关工作人员一同前往河北省对重要证人贾某就案件某些关键情节进行详细的补充询问。在对补侦工作进行实时指导的同时，把握了补侦方向，保证了工作效果。

在第一次补充侦查取得成果之后，承办人发现案件材料中仍无证据排除被害人柏月在搬到现场寓所居住之后的两个多月期间，马明军与之接触的可能性。这种可能性不被排除，即意味着不能完全排除马明军与柏月之间存在感情，也就不能从根本上推翻马明军在案发日与柏月因感情纠纷谈分手的辩解。

在经过反复思考，仍未能找到证明途径和证明方法之后，承办人又重新仔细查阅了案卷。经过详细审阅被告人的供述以及为此再一次讯问被告人，承办人将最后一线希望寄托在那条柏月饲养的宠物狗身上。在讯问笔录中，承办人注意到马明军曾在一次供述中谈及柏月曾经饲养一条宠物狗，但对这条狗的特征知之甚少，甚至叫不出狗的名字，辨不清狗的毛色，并称柏月委托保姆代养该宠物，故其从未见到过。为查证这个疑点，承办人驱车来到柏月生前保姆薛某的住处调查取证，并亲自接触了柏月被害后正由薛某代为饲养的那条宠物狗。通过调查，确定了柏月生前亲自饲养并在居室内放养该宠物的事实。据此，凭借狗见到生人必会扑咬或狂叫的习性这一无须证明的证据，不仅使被告人马明军口供中的各种辩解得以被全面推翻，从而使承办人更加确定了对其依法提起公诉的信心，而且补齐了间接证据重要的最后一环，为该案起诉前的证据收集和审查工作画上了句号。至此，案件初步具备了起诉条件。

2007 年 6 月 25 日，二分院以故意杀人罪、盗窃罪将被告人马明军提起公诉。10 月 12 日，北京市第二中级人民法院以故意杀人罪、盗窃罪，数罪并罚判处被告人马明军死刑，缓期二年执行，剥夺政治权利终身。

2. 分析

随着社会的不断进步，社会公众文化水平的不断提高，以及信息交流渠道的不断增多和扩大，犯罪分子的自我保护意识和反侦查能力也在与日俱增。在犯罪嫌疑人翻供，又没有直接、有力的证据证明犯罪的情况下，如何利用间接证据证明犯罪，成为处理这类案件的难点。运用间接证据证明案件，所使用的间接证据之间必须能够相互印证，这是间接证据具备证明案件事实能力的前提。任何间接证据都只能从某个侧面证明案件事实的情节或片段，间接证据对案件主要事实的证明，有赖于若干间接证据相互组合，形成一个相互依赖、相互连接的证据锁链。在马明军故意杀人、盗窃一案中，办案机关用柏月男友贾某有关其每晚 21 时前后必给柏月拨打电话、柏从未关机、柏月开通了手机关机自动呼转秘书台的手机服务的证言，对其拨打柏月寓所第一个电话的时间作为发现柏月遇害的第一时间进行佐证，结合马明军到银行取款的时间、打车离开现场小区的耗时、从现场房间步行至小区大门的耗时，综合认定了马明军离开现场的时间，并将马明军锁定为本案的唯一行为人，同时排除了他人进入现场实施犯罪的可能性。为证明这一案件事实，办案人员先后使用了 10 余份不同种类的间接证据加以证明，这些证据之间相互印证、联系密切、环环相扣，共同指向同一个犯罪事实——马明军离开现场的时候柏月已经死亡，从时间上排除了马明军之外他人作案的可能性。

## 三、对被告人口供的审查

**第三十四条　根据被告人的供述、指认提取到了隐蔽性很强的物证、书证，且与其他证明犯罪事实发生的证据互相印证，并排除串供、逼供、诱供等**

**可能性的，可以认定有罪。**

**（一）法条内容释义**

本条规定了如何根据被告人的供述定罪的情形，实质上就是关于口供补强规则的规定。口供补强规则，也被称为自白补强规则，是指被告人的口供作为对其定罪处罚的唯一证据时，必须有其他符合法律规定的证据对其进行补充和担保，否则不能仅仅依靠口供就对被告人作出有罪判决的一种证据规则。补强证据问题生成于英美法系，萌发于非专业化陪审团的“知识不足”的缺陷，运用于最初刑事诉讼被告人的供述。然而，长期的英国普通法并不强求检控方的证据进行独立的补强。几乎对于所有犯罪，被告人都可以凭一个没有得到补强的证人证言受到有罪判决，只要这个证人能够使法庭或者陪审团相信被告人有罪。但是，这种规则在特定案件仍使法庭或陪审团感到存有不足或疑虑。于是，英国的普通法与成文法都在特定情形下要求当事人提供补强或由法官作出补强警告，从而形成口供补强规则。① 我国《刑事诉讼法》第 46 条规定，对一切案件的判处都要重证据，重调查研究，不轻信口供。只有被告人的供述，没有其他证据的，不能认定被告人有罪和处以刑罚。这一规定实际上就是要求对口供进行补强后才能作为定案的根据。公安司法人员根据本《规定》第 34 条认定被告人有罪时至少要做以下三个方面的工作：

第一，要审查案件中是否有根据被告人的供述、指认提取到的隐蔽性很强的物证、书证。物证、书证均属于典型的实物证据，具有较强的客观性和稳定性，它们伴随着案件的发生而形成，独立存在于客观世界，不会有自主意识改变自己承载的有关案件信息。在物证形成后，如果有人加以毁损、篡改，就会留下痕迹，使物证承载的信息发生变化从而提供新的信息，甚至形成新的证据。由于物证、书证的这种特性，罪犯在实施犯罪行为后往往会想方设法以自认为隐蔽的方式毁灭物证、书证，或者将其藏匿起来，从而使毁证、藏证的时间、地点、方式等信息成为罪犯独知的事实。如果根据被告人的供述、指认提取到了隐蔽性很强的物证、书证，如被害人的尸体、赃款、赃物、作案工具、专属于被害人的物品、有关犯罪情形的日记、被告人发送给被害人的书信等，那么对被告人的供述将产生很强的印证功能，可以有力地证实供述的真实性、关联性。

第二，要审查该物证、书证是否与其他证明犯罪事实发生的证据相印证。物证、书证虽然具有较强的客观性和稳定性，但是其一般只能证明案件的部分

① 郭华：“证人证言补强证据问题探讨”，载《天津政法干部管理学院学报》2004 年第 2 期。

事实，或者案件事实的一个侧面，因此一般要与其他证据联合起来，进行证据组合后才能证明案件事实。同时，在提取、固定、保存物证、书证的过程中，如果由于办案人员操作不慎，可能会改变物证、书证承载的信息。因此，要审查这些物证、书证是否与其他证明犯罪事实发生的证据，如鉴定结论、勘验检查笔录、被告人供述、证人证言、被害人陈述等证据是否能够印证，以免发生误判。

第三，要审查被告人关于该物证、书证的供述、指认是否排除了串供、逼供、诱供等可能性。一般而言，被告人对自己是否实施了犯罪，如何实施犯罪这些事实最为清楚，如果如实供述，可以全面、详尽地反映出作案的动机、目的、手段、过程、后果，为尽快侦破案件，起诉犯罪，审判并处罚罪犯起到了很大的作用。但从我国目前的侦查模式来看，“从供到证”仍然是很主要的方式。被告人关于物证、书证的供述是被告人供述的有机组成部分，其对物证、书证的指认则属于对供述内容的确认，二者从内容上看均来源于被告人的供述。如果被告人与其他共犯进行了串供，或者遭到了刑讯逼供、威胁以及引诱，则被告人关于该物证、书证的供述、指认的基础就受到了冲击和动摇。因此，检察机关、人民法院在审查证据时就要审查被告人关于该物证、书证的供述、指认是否排除了串供、逼供、诱供等可能性。

**（二）制定理由**

被告人供述具有以下三个基本特征：其一，如果被告人如实供述，有可能全面地、直接地揭示与案件有关的事实；其二，被告人供述的真实性与虚假性并存，往往是真假混杂；其三，具有反复性和不稳定性。因此对被告人供述的审查需十分认真、审慎。确立口供补强规则，其目的之一在于保证正确认定事实，防止误判。其目的之二在于保障人权，遏制以非法方法获取口供。尤其在我国，有着漫长的视自白为证据之王的诉讼史。在封建纠问式诉讼模式下，奉行“口供中心主义”甚至达到了“无供不定案”的程度，为获得有罪供述而使刑，讯逼供合法化、制度化，形成的“罪从供定”的观念至今仍存在于某些侦查人员的头脑中，过分依赖口供则已产生严重的弊端。首先，为获取自白而使刑讯常态化、制度化，极大地诱发了刑讯逼供、骗供、诱供。其次，由于办案人员在办案过程中不注重收集其他证据，一旦被告人“翻供”，案件势必进入定罪无据的被动状态。自白补强证据规则要求，在自白证据之外，必须有其他的证据加以补强才能够定案，必将促使侦查机关收集更多的供述以外的证据，而有助于防止过分偏重自白，有利于防止诱发强制取证。

补强证据的一般规则有三：一是补强证据应有独立来源，即补强证据应当有与主证据不同的来源，能够与主证据做实质性分离，不能由主证据产生，否则无法起到增强或者担保主证据证明力的作用。[①] 二是补强证据能够证明发生了犯罪事实，即特定犯罪所致的损害或所产生的结果已经发生，这种损害和后果为犯罪行为所致。例如，被害人已经死亡，而且为他人杀害。三是补强证据能够担保被告人供述的真实性。本条规定，在认定有罪时要有根据被告人的供述、指认提取到的隐蔽性很强的物证、书证，即要求有独立于供述的补强证据存在；要求该物证、书证是否与其他证明犯罪事实发生的证据相印证，即要求作为补强证据的物证、书证能够证明犯罪事实的发生；要求被告人关于该物证、书证的供述、指认排除了串供、逼供、诱供等可能性，即要求补强证据的来源合法，能够担保被告人供述的真实性。

**（三）应注意的问题**

1. 关于补强证据的数量

在司法实践中，需要有多少数量的补强证据，才能与被补强证据共同作为认定案件事实的依据，法律对此不可能作出具体明确的规定。因此，对于补强证据的数量，只能由审理案件的法官进行自由裁量。法官既可以要求当事人提供一个补强证据，也可以要求其提供两个或者两个以上的补强证据。当然，就审理刑事案件的法官而言，其在运用证据认定事实并作出裁判时，也应当依照法定程序和法律的规则，遵循法官职业道德，运用逻辑推理和日常生活经验，对补强证据以及被补强的证据有无证明力以及证明力大小、强弱进行判断，并以此来作为认定案件事实的依据。如果补强证据与被补强证据相互结合，能够达到高度盖然性的证明标准，则可以对其所审理的案件作出不利于被告人的裁判；相反，则应当作出有利于被告人的裁判。由此可见，法官对补强证据数量的要求，不能随心所欲地滥用自由裁量权。只有这样，才能真正地确保司法的公正与效率。

2. 测谎结果和利用警犬鉴别气味的结果不得作为补强证据

测谎结果和利用警犬鉴别气味的结果不同于一般的鉴定结论，虽然取得结果要在专业人员的操作之下进行，但与一般鉴定结论不同的是，它们还必须建立在其中间媒介上，即测谎仪和警犬之上。这种测试的结果并不具有证据的能力，“人民检察院办理案件，可以使用 GPS 多道心理测试鉴定结论帮助审查判断证据，但不能将 GPS 多道心理测试鉴定结论作为证据使用”。[②] 因此，测谎结果和利用警犬鉴别气味的结果不得作为补强证据。

① 参见张建伟：《证据法要义》，北京大学出版社 2009 年版，第 250 页。

② 引自最高人民检察院《关于 CPS 多道心理测试鉴定结论能否作为证据使用问题的批复》。

**（四）典型案例分析**

## 李志强抢劫杀人案①

1. 案情

2005年12月10日22时许，被告人李志强到曾金鱼位于佛山市顺德区大良府又大围祥宁路9号的士多店，提出向曾金鱼借钱，曾称没有钱。李志强便对曾金鱼说："抽屉有钱。"并朝抽屉的方向走去，遂两人发生拉扯。期间，被告人李志强将曾金鱼推倒在地上，左手压住曾金鱼的右手，右手卡住曾金鱼的脖子约两三分钟，致其死亡。后李志强劫走抽屉里的人民币共四百四十五元及诺基亚6100型手机1部（价值人民币840元）逃离现场。经法医鉴定，被害人曾金鱼符合机械性窒息死亡。

此案在审理中，辩方并没有出示证据，公诉方出示了如下具体证据：

被告人李志强的供述。在侦查阶段共有9次供述，均为有罪供述，对上述犯罪事实供认不讳，口供稳定。对案发现场、手机、拿走手机和赃款位置以及丢弃手机地点进行了指认。并有李志强的审讯录像和现场指认录像。

证人证言。(1）鲁某（被害人曾金鱼的老公）的证言。证实案发第二天6时许才回到店里，打开灯后发现曾金鱼死亡。证实平时关门后有人拍门，除非是熟人，都不会开门的。(2）鲁光某（被告人李志强的妻子）的证言。案发当晚22时左右才离开嫂子曾金鱼的士多店，到次日6时左右就被哥哥鲁某叫醒说曾金鱼死了，她去到士多店看见曾金鱼横躺在地上，穿着和案发当晚她离开时一样，并且她还发现士多店左边的卷闸门没有上锁，曾金鱼在其躺卧的房间充电的手机不见了。并反映案发当晚从士多店回到自己的出租屋，丈夫李志强并不在家，后来回到家后又出去了两次，第一次大约在12月10日22时左右，出去了差不多半个小时；第二次是23时左右出去的。最近几天，因为经济上的问题，与李志强发生矛盾。(3）雷某、林某、吴某（曾金鱼的老乡）的证言。2005年12月11日6点多听到曾金鱼的丈夫在大街上叫，才知道曾金鱼死了。进入士多店看见曾金鱼仰卧在地上。(4）代某的证言。证实案发当晚23时20分许，他从出租屋出来就看到围墙的台阶下面一缺口处有一部手机，他捡了。对捡手机地点进行了指认。(5）蒋某（代某女朋友）的证言。证实案发第二天8时许，男朋友代某到她的出租屋说10日23时左右捡到了一部手机，并保管了此手机。

鉴定结论。(1）法医学鉴定结论：尸体多处擦伤及皮下出血。曾金鱼符

① 案件由佛山市人民检察院罗静检察官提供。

合机械性窒息死亡。(2) 痕迹鉴定结论：在现场椰树烟盒上提取的两枚指印，其中一枚与李志强的左手环指指纹捺印样本相同。(3) 价格鉴定结论：诺基亚6100型手机1部，价值人民币840元。

勘验笔录。现场勘查照片、现场平面示意图，证明案发现场情况。李志强在与被害人拉扯中脸部被抓伤的照片。

2006年8月2日，广东省佛山市中级人民法院以（2006）佛刑二初字第28号刑事附带民事判决书认定，公诉机关指控被告人李志强犯抢劫罪并致一人死亡的事实不清，证据不足，指控的罪名不能成立，依法应宣告被告人李志强无罪。一审判决后，佛山市人民检察院立即提起抗诉，附带民事诉讼原告人也提出上诉，2007年11月21日，广东省佛山市中级人民法院对广东省高级人民法院发回重审的李志强抢劫一案另行组成合议庭，重审后作出刑事附带民事判决，被告人李志强由原审无罪判决改判为犯抢劫罪，判处死刑，缓期二年执行，剥夺政治权利终身，并处没收个人全部财产。赔偿附带民事诉讼原告人共计人民币140016元。

2. 分析

如何看待李志强在审前的供述呢？笔者认为：

第一，被告人李志强的供述稳定，对自己的犯罪事实一直供认不讳，应被采信。理由是：(1) 被告人李志强口供稳定。被告人李志强在侦查阶段共有9次供述，9次均为有罪供述，对自己卡死曾金鱼后（在抓扯过程中被曾金鱼的手抓伤），劫走抽屉里的钱及诺基亚6100型手机的主要犯罪事实自始至终都是供认的。其中一份还是亲笔供词。(2) 侦查人员的侦查活动合法，被告人李志强所作的有罪供述并没有证据证明是侦查人员违法取得。侦查人员对审讯过程进行了录音录像，证实没有进行刑讯逼供或威胁引诱。公诉人在审查起诉阶段对其讯问时，李志强仍作有罪供述。(3) 开庭时，被告人李志强也只是辩称：记得找曾金鱼借钱并发生扭扯，曾金鱼如何死亡其不清楚。被告人供述作为法律规定的重要证据种类，如果排除非法取得，并能够与其他证据相互印证，就应当被采信作为定案的依据。

第二，本案事实清楚，证据充分，不属于只有被告人供述，没有其他证据证实的情形。理由是：(1) 李志强供述卡死曾金鱼后将在充电的1部蓝色手机拿走，并且走到柜子边用钥匙开了柜子拿了里面的400多元钱。翻过两个抽屉，一个是放钱的抽屉，另一个是下面放烟的抽屉，里面的烟是一包一包的。(2) 现场勘查中从放烟的抽屉里面的香烟上提取的两枚指印经痕迹鉴定，结论是：在现场椰树烟盒上提取的两枚指印，其中一枚与李志强的左手环指指纹捺印样本相同。这与被告人李志强的供述是一致的，而且这一细节尤其值得注意，这个烟盒是在抽屉里面提取的。被告人与曾金鱼是亲属关系可能经常出入案发现场，但乱翻抽屉却不合常理。（3）被劫的手机从证人代某处起回，代某证言其在案发当晚23时20分许，经过一堵围墙的台阶下面一缺口处捡了被害人手机，所证实的捡手机的时间和指认的位置与李志强供述所丢手机的时间和位置相互印证。虽然被告人曾对手机丢弃的地点作过不同的陈述，但最后其所指认的地点与代某指认的地点是一致的。（4）鲁光某证言同时证实，最近因为经济上的问题，与李志强发生矛盾。并证实曾金鱼房间正在充电的手机不见了，并反映案发当晚丈夫李志强不在家及出去的时间。证人鲁光某的证言既能证明被告人李志强有作案时间和动机，又能印证李志强的供述，不能将其割裂开来看。（5）现场勘查笔录中对案发现场、拿赃款的位置、死者的衣着的勘查记录与李志强的供述基本一致。虽然抢劫的数额有过前后不一致的供述（之前说400多元，以后又说445元），但对其抢劫后交了84元煤气费是稳定的，而且行为人出现记忆的偏差（400多元与445元）也是正常的，不属于无法排除的矛盾。（6）在12月12日李志强就供述用手卡住曾金鱼的脖子，大约卡了两分钟，曾金鱼就被他卡死了。这与法医学鉴定结论，曾金鱼符合机械性窒息死亡是完全吻合的。法医学鉴定结论是在12月16日作出的，在此之前包括受害者家属等均不知道曾金鱼的死因。（7）本案除被告人供述外，其他物证如指纹、手机，间接证据如证人证言，还有现场勘查笔录、法医鉴定书等均指向一致，相互吻合，没有矛盾，已形成证据链条，足以证明检察院所指控的犯罪事实。

**（五）相关法条链接**

1.《刑事诉讼法》

**第四十三条** 审判人员、检察人员、侦查人员必须依照法定程序，收集能够证实犯罪嫌疑人、被告人有罪或者无罪、犯罪情节轻重的各种证据。严禁刑讯逼供和以威胁、引诱、欺骗以及其他非法的方法收集证据。必须保证一切与案件有关或者了解案情的公民，有客观地充分地提供证据的条件，除特殊情况外，并且可以吸收他们协助调查。

2. 最高人民法院、最高人民检察院、公安部、司法部《关于进一步严格依法办案确保办理死刑案件质量的意见》

19. 人民检察院讯问犯罪嫌疑人时，既要听取犯罪嫌疑人的有罪供述，又要听取犯罪嫌疑人无罪或罪轻的辩解。犯罪嫌疑人提出受到刑讯逼供的，可以要求侦查人员作出说明，必要时进行核查。对刑讯逼供取得的犯罪嫌疑人供述和以暴力、威胁等非法方法收集的被害人陈述、证人证言，不能作为指控犯罪的根据。

## 四、对特殊侦查措施取得证据的审查认定

**第三十五条　侦查机关依照有关规定采用特殊侦查措施所收集的物证、书证及其他证据材料，经法庭查证属实，可以作为定案的根据。**

**法庭依法不公开特殊侦查措施的过程及方法。**

（一）法条内容释义

按照本条第一款的规定，侦查机关依照有关规定采用特殊侦查措施所收集的证据材料可以具备证据能力。但何谓特殊侦查措施？我国《刑事诉讼法》对特殊侦查措施没有直接规定，有关特殊侦查措施的明确规定见于我国先后批准加入的联合国《打击跨国有组织犯罪公约》及《反腐败公约》。联合国《打击跨国有组织犯罪公约》第20条规定："各缔约国均应在其本国法律制度基本原则许可的情况下，视可能并根据本国法律所规定的条件采取必要措施，允许其主管当局在其境内适当使用控制下交付并在其认为适当的情况下使用其他特殊侦查手段，如电子或者其他形式的监视和特工行动，以有效打击有组织犯罪。"联合国《反腐败公约》第5条第4款规定："法律应当为腐败犯罪的侦查活动规定适当的手段。这些手段在严重的案件中可以包括特殊侦查行为以及窃听通讯。"为有效打击腐败，联合国《反腐败公约》第50条第1项规定，各缔约国均应当在其本国法律制度基本原则许可的范围内，根据本国法律规定的条件在其力所能及的情况下采取必要措施，允许其主管机关在其领域内酌情使用控制下交付和在其认为适当时使用诸如电话或者其他监视形式和特工行动等特殊侦查手段，并允许法庭采信由这些手段产生的证据。《联合国打击与组织犯罪》和《联合国反腐败公约》中的控制下交付是指，在主管机关知情并由其监控的情形下允许非法或者可疑货物运出、通过或者运入一国或者多国领域的做法，其目的在于侦查某项犯罪并查明参与犯罪的人员。从两公约的规定来看，特殊侦查措施主要适用于像贪污受贿、洗钱、妨碍司法等作案手段比较隐蔽，危害较大，难以取证的严重犯罪。从国际公约及世界主要西方国家刑事诉讼法的规定及实践来看，特殊侦查措施主要包括：针对物实施的特殊侦查措施，如传真监控，传呼机监控，邮件检查，电子邮件拦截，对通话记录及上网记录的监控，使用其他各种显示、探测或者远视仪器对物品进行的秘搜秘取，以及针对人实施的特殊侦查行为，如诱惑侦查、卧底侦查、特情侦查、控制下交付、电话监听等。目前，我国有关特殊侦查行为的法律主要来源于国家安全

法、人民警察法的规定，而且其内容仅涉及技术侦查。①《国家安全法》第10条规定，国家安全机关因侦察危害国家安全行为的需要，根据国家有关规定，经过严格的批准手续，可以采取技术侦察措施。第11条规定，国家安全机关为维护国家安全的需要，可以查验组织和个人的电子通信工具、器材等设备、设施。第33条规定，公安机关依照本法第2条第2款的规定，执行国家安全工作任务时，适用本法有关规定。《人民警察法》第16条规定，公安机关因侦察犯罪的需要，根据国家有关规定，经过严格的批准手续，可以采取技术侦察措施。根据上述两部法律的规定，公安机关和国家安全机关为侦查犯罪的需要，可以运用技术侦查措施。1989年最高人民检察院、公安部在《关于公安机关协助人民检察院对重大经济案件使用技术侦查手段有关问题的答复》中规定，对经济案件，一般地不要使用技术侦查手段。对于极少数重大经济犯罪案件主要是贪污贿赂案件和重大的经济犯罪嫌疑分子必须使用技术侦查手段的，经过严格审批手续后，由公安机关协助使用。此外，公安部对刑事特情侦查以内部规范性文件加以调整规范。1981年3月，公安部在原《刑侦耳目工作细则（草案）》的基础上，制定颁发了《刑事特情工作细则（试行办法）》。经过多次酝酿修改，1984年公安部正式颁布了《刑事特情工作细则》。2000年公安部根据刑事特情工作中出现的新情况、新问题，又组织专门人员对《刑事特情工作细则》进行了修订。此后，司法部于1986年制定颁发了《狱内侦查工作细则（试行）》，公安部禁毒局于2001年制定发布了《缉毒特情管理办法（试行）》，对狱内特情、缉毒特情的选建、使用、管理和保护作出了具体的规定。② 侦查机关依照上述规定采用特殊侦查措施所收集的物证、书证及其他证据材料，即具有证据能力，经法庭查证属实，可以作为定案的根据。虽然按照此条第2款的规定，法庭依法不公开特殊侦查措施的过程及方法，但是作为证据调查的对象，通过特殊侦查措施获取得的证据也要接受质证，以确定证据材料的真实性、关联性、合法性，所以证据材料的内容、侦查行为的授权等应当在法庭上公开。

---

① 关于技术侦查的概念，法律并没有作出明确界定。有关机关在实施技术侦查的内部规定中，将技术侦查界定为：电子侦听、电话监听、电子监控、秘密拍照或录像、邮件检查等秘密的专门技术手段，学者的观点与此基本相同。参见朱孝清：“试论技术侦查在职务犯罪侦查中的适用”，载《国家检察官学院学报》2004年第2期。陈卫东主编：《模范刑事诉讼法典》，中国人民大学出版社2005年版，第395页。

② 解芳：“我国公安技侦工作立法问题研究”，载郝宏奎主编：《侦查论坛》，中国人民公安大学出版社2002年版，第337页。

**（二）制定理由**

根据我国现行法之规定，由于特殊侦查的实施是秘而不宣地进行，因此，法律对通过这些侦查手段所获得的“材料”，一般不能称为“证据”。《公安机关办理刑事案件程序规定》第263条第2款规定：“向人民检察院移送案件时，只移交诉讼卷，侦查卷由公安机关存档备查。技术侦查获取的材料，需要作为证据公开使用时，按照规定采取相应的处理。”在司法实践中，对于技术侦查所获得的“材料”，不能直接进入审判程序，而必须通过一个“转化”的过程。所谓“转化”，即是对技术侦查所获结果通过刑事诉讼程序予以“公开化”。技术侦查所获材料只能在分析案情时使用，不能在审判中直接作为证据使用。如要在法庭上作为证据使用，需在此前一定时间内告知有关案件各方秘密取证之信息，将其公开化后方能作为合法的证据使用。但是，在很多情况下，通过技术侦查所获材料根本无法“转化”或者即使“转化”了也会导致“手段暴露”的不利后果，这就在很大程度上影响了技术侦查功效的发挥。在司法实践中，将技术侦查获得的材料转化为犯罪嫌疑人的口供或证人证言，其局限性是显而易见的。特别是案件缺乏其他物证的情况下，证据就显得很单薄，难以适应打击、控制犯罪的需要。从证据的收集角度看，常规侦查措施手段往往是回应型的，其主要任务是收集证据，以便于对犯罪事实进行回溯性认识再现。但随着罪犯反侦查技能的提高，现场物证的发现率、提取率和利用率往往非常低，尤其是在那些隐蔽性强、智能化高、手段复杂的案件中，取证难度不断加大，制约了侦查工作的打击犯罪效果。因而，必须寻求与社会发展相应的侦查手段，特别是与科技发展相应的技术手段，增加侦查工作取证能力。本《规定》首次对通过特殊侦查措施所收集的证据材料的使用问题加以明确规定，解决了长期困扰司法实践的难题，有助于特殊侦查从神秘化走向公开化，从无序化走向法制化。但鉴于特殊侦查措施实施的过程、方法等涉及侦查人员的生命安全、案件的进一步侦查甚至国家秘密及当事人的隐私，因此，对特殊侦查措施的过程及方法不予公开。

**（三）应注意的问题**

特殊侦查措施能增强国家控制犯罪的能力，也不可避免地会对公民权利特别是隐私权造成损害。《规定》制定者在设计该条款时曾经遭到反对，但考虑到不对特殊侦查措施作出规定，不仅不利于打击犯罪，而且无法制约和规范特殊侦查措施的使用，难以保障人权。① 鉴于特殊侦查措施的形式多样，各有特

① 吕广伦、罗国良、刘雅玲、王锋永、冯黔刚、朱晶晶：“办理死刑案件审查判断证据的若干问题”，载《人民司法》2010年第13期。

点，而且现行法律对其规范有待完善，实务部门在适用特殊侦查措施及运用通过特殊侦查措施获得的证据时，应当注意把握实施特殊侦查措施的原则及提高对证据的利用效率。

1. 把握实施特殊侦查措施的原则

（1）比例原则

在侦查领域，比例原则又称必要性原则，指侦查手段的使用必须与事情本身的重要性相适应，二者不能不成比例。按照比例原则，侦查机关在实施特殊侦查措施时应当遵守以下几个要求：①特殊侦查措施的使用必须与案件的重要性相适应。②使用特殊侦查措施时，尽量采用侵害强度较小的手段。关于特殊侦查行为的侵害程度和适用范围，学者们提出了许多见解，有学者曾根据特殊侦查行为对公民合法权利的影响结果将其分作三类，第一类能使国民降低对整个国家道德和伦理信用评价，此类措施如诱惑侦查；第二类侵犯的只是当事人某些具体的合法权利（如隐私权、通信自由权、肖像权、住宅不受侵犯权），此类措施如监听、秘密跟踪、拍摄等；第三类机动灵活，对当事人的合法权利不具有明显侵害。① 这些处在不同序位的措施应该确定相应的案件范围，即强制性程度较高的特殊侦查措施仅适用于较严重的刑事案件，强制性较弱的则不仅适用于严重刑事案件，也可适用于较轻的刑事案件。侦查机关使用特殊侦查措施侦查犯罪时，应综合考虑特殊侦查措施存在的风险、紧急性、犯罪的严重程度、取证的难度等因素以确保采取特殊侦查措施的正当性和必要性。

（2）审批原则

审批原则即使用特殊侦查必须书面报经享有侦查控制权的机关批准，取得载明技术侦查的对象、范围、时间、期限等内容的司法令状。不少国家的侦查机关实施特殊侦查时都须报经法官批准，也有的报经检察官批准。根据审批原则和我国的实际情况，公安机关在采取特殊侦查措施时应当严格按照现有的规定实施审批。检察机关在采取特殊措施时应经上一级检察机关的批准，如需公安机关协助执行的，应当由双方机关共同审批。

（3）相关性原则

相关性原则指特殊侦查手段的对象只能针对犯罪嫌疑人和相关人员，侦查的范围只能限于与侦查目的有关的内容。它包括人的相关性原则和物的相关性原则。人的相关性原则，即指一般情况下，特殊侦查措施只能针对被指控人及其相关人员。物的相关性原则，即指技术侦查的范围应尽量限制在与侦查目的有关的内容上。根据相关性原则，在采取特殊侦查措施时应在审批文件中明确

① 艾明："秘密侦查概念辨析"，载《贵州警官职业学院学报》2003 年第 5 期。

规定适用的对象。

（4）救济原则

救济原则指侦查机关应当将特殊侦查情况在适当的时候通知当事人，当事人认为侦查不合法或不适当，侵害了其隐私权等权利时，有权要求有关机关审查并给予补救的制度。在对被调查人实施特殊侦查行为时，应当赋予被调查人如下权利：一是特殊侦查行为结果的知悉权。执行特殊侦查行为的机关应在侦查结束后的法定期间内，将侦查结果通知犯罪嫌疑人，以便被调查人做好辩护的准备。二是特殊侦查行为合法性的异议权。即当被调查人对特殊侦查行为的合法性存有异议时，可以向批准特殊侦查行为实施的机关要求复议。三是申请对适用特殊侦查行为所获得的材料、信息予以销毁的权利。由于适用特殊侦查行为所获得的材料或者信息是建立在干预公民隐私权的基础上的，长期保存会增强被调查人隐私扩散的危险性，应当赋予被调查人申请销毁对适用特殊侦查行为所获得的材料、信息的权利。四是对特殊侦查行为所获信息的使用权。特殊侦查行为所获得的信息既可能包含对被调查人不利的证据，也可能包含对被调查人有利的证据，从控辩平衡的角度出发，一旦公安机关或者检察机关使用特殊侦查行为所获信息作为指控被调查人犯罪的证据使用，就应当给予被调查人查阅、摘抄、复制这些信息的权利（涉及国家秘密的内容除外）。五是申请排除非法证据的权利。侦查人员违反法律规定进行特殊侦查行为的，不仅法院可以根据违法的严重程度和违法人员的主观状态分别作出排除所获证据、侦查行为无效的决定，被调查人也应有权提出异议，以排除非法实施特殊侦查行为获得的证据。

2. 提高特殊侦查措施获取证据的运用效率

特殊侦查所获材料的功能未能得到充分发挥，这一方面是因为法律没有对特殊侦查措施进行明确规定，另一方面也在于司法机关对通过特殊侦查措施获取的证据效力存在一些模糊的认识，因此，应当提高经特殊侦查获取证据资料的运用效率。各国对技术侦查和诱惑侦查等措施获取证据的效力分析，不难发现，各国一方面通过立法、判例规范技术侦查、诱惑侦查措施的适用条件、审批程序、实施规则、权利救济程序，严格限制特殊侦查措施的适用；另一方面，在使用通过特殊侦查措施获取的证据时，各国的司法机关却表现出宽松、务实的态度。例如，英国在取舍非法监听获得的证据时更看重该证据对发现事实的“实质性价值”，对诱惑侦查获取的证据由法官自由裁量；美国对检察机关实施的犯意诱发型的贿赂案件也作了有罪判决，对非法监听获得的证据持“利益衡平”的态度，并不是一律排除。德国、法国、日本对违反法律采取的技术侦查措施也采取比较灵活的处理方式。因此，在严格遵守现有法律规定的基础上，对实施技术侦查、诱惑侦查、卧底侦查、特情侦查所获取的证据，只要符合刑事诉讼法规定的证据种类，即可以纳入诉讼卷，作为证据使用。除了直接作为证据使用以外，对于采用技术侦查、诱惑侦查、卧底侦查员方式获取的证据材料也可用作促进犯罪嫌疑人如实供述，核实其他证据使用。

**（四）典型案例分析**

**案例一：胡俊军等人贪污挪用公款案①**

1. 案情

胡俊军、温鹏飞、郜长海分别是黑龙江省佳木斯市工商银行佳西支行会计科科长、原任科长和记账员。自1996年以来，3人与佳木斯市前隆槽车租赁有限公司董事长邓威内外勾结，大肆进行贪污、挪用公款犯罪活动。截至案发时，贪污、挪用公款数额达3000万元。1999年1月4日，胡俊军得知为“填坑”而打给双鸭山市工商银行的一张1000万元的负报单被察觉，匆忙找到温鹏飞、郜长海密谋对策，3人感到行将败露，无计可施，于是携带110万元赃款现金仓皇出逃。

1月5日接到报案后，佳木斯市检察机关立即向省院和市委汇报，并迅速组织力量，组成了强有力的专案组，对此案立案侦查。当天即兵分三路，迅速展开了侦查工作。第一组进驻佳西支行查阅账目，第二组立即对三名出逃人员的住宅、办公室进行搜查，第三组对胡俊军、温鹏飞、郜长海3人的社会关系、亲友、家庭成员进行摸底调查，寻找3人可能的落脚点及隐匿点的线索；并与公安、边防等部门取得联系，采取边控措施，防止3人出逃境外；对机场、车站、码头、出租汽车公司也进行了布控。同时，对胡俊军、温鹏飞、郜长海可能采用的通讯联络工具采取了电信监控手段。

此案由于胡俊军、温鹏飞、郜长海等人已经畏罪潜逃，主要案犯已经明确，检察机关决定以账查款、以款找人为侦查切入点。

查账组以胡俊军、温鹏飞、郜长海3人所经手的业务为中心，当天即初步查明3名涉案人共同经手办理的打往双鸭山市东荣矿区的1000万元负报单是胡俊军1998年挪用的资金，1998年末结账时为了平账，向双鸭山市工行打出了假负报，企图打个时间差，掩盖其罪行。经进一步工作，又于下午发现了两张面额均为700万元的承兑汇票被盗用。查清这两张承兑单的去向，成为案件深入下去的一条主线。

① 具体案例可参见最高人民检察院反贪贿赂总局编：《反贪工作指导》2001年第2辑，第48页；《反贪工作指导》2001年第3辑，第34～36页。

两张被盗用的承兑汇票的出现，引起了专案组的高度重视。经过多方查询，证实其中的一张在双鸭山市一任姓女子手中准备贴现。秘访得知，任某已于1月4日前往北京协和医院探望其住院的丈夫。专案组立即派人前往北京，秘密找到任某。经过突然询问，虽然排除了任某与胡俊军、温鹏飞、郜长海3人共同外逃的可能，却从任某处获知700万元的承兑汇票和1000万元的假负报单均为双鸭山市矿务局干部赵某委托其办理的，因承兑汇票终于没有办成，汇票已由赵某转交佳木斯市前隆槽车有限公司董事长邓威手中。信息迅速反馈至专案指挥中心。由此，邓威被纳入专案组的侦查视线。根据此前专案组从公安机关获取的电信监控资料，1月4日，曾经有一个姓邓的人与胡俊军、温鹏飞、郜长海3人有过多次频繁通讯联系，并与赵某也有过联系。经过对上述情况的缜密分析，专案组断定，邓威极有可能是胡俊军、温鹏飞、郜长海3人的同案犯，是突破此案的一个关键人物。并当即决定，立即传讯赵某，通过赵某引出邓威。1月8日晚，专案组在严格保密的情况下将赵某传唤到佳木斯市人民检察院。赵某到案后，自恃有一定的身份和社会名望，且谙熟法律，只承认与邓威熟悉，拒不提供为邓威办承兑汇票的情况。为制伏赵某从而拓展有价值的线索，专案组决定加大审讯力度，迫使赵某交代了帮助邓某办理承兑汇票和案发后为邓威出谋划策等事实，而且提供了邓在双鸭山市、集贤市藏匿的重要情况，并表示愿意充当“线人”抓获邓威。到达双鸭山市后，赵某按预定方案以谈生意为名与邓威取得联系。邓威得知有生人来访十分警觉，不仅招来一名当法警的朋友作“保镖”，而且只允许1名陌生人进入住宅。侦查人员孙兆彬不顾个人安危，只身赴险，进入室内后佯装认识邓威，借主动与其握手之际，突然打掉邓威手中的一把尖刀，并持枪将那名法警逼出门外，机智地将邓威抓获。

经过紧张的突审，邓威作为胡俊军、温鹏飞、郜长海挪用公款的使用人，交代了其与3人共谋，内外勾结贪污、挪用公款的犯罪事实，基本上印证了专案组此前对案件情况的分析。至此，案件的脉络初步理清，侦查工作取得了第一次重大进展。

根据邓威的交代和其他侦查小组摸底调查获取的信息，专案组决定：一是继续核查3人经手的账目，力求通过款项去向寻找3人可能出逃的方位；二是走群众路线，动员全体反贪干警和相关社会力量在全国各大中小城市布置眼线，查找线索；三是对3名犯罪嫌疑人所有的亲友和社会关系秘密布控，全面排查。同时，专案组也将上述情况报告省院反贪指挥中心，提请省院协调省内外公安、检察机关提供必要协助。

对账目的核查结果，使专案组掌握了3名犯罪嫌疑人与外地的全部业务联系和邓威获取的赃款流向，主要涉及吉林、辽宁、内蒙古等4个省、10余个城市，专案组在派员追赃的同时，在重点部位进行了秘密布控。

在对3名犯罪嫌疑人的社会关系的排查中，胡俊军的“连襟”阴雪引起了专案组的注意，阴雪不但平时与胡来往频繁，而且和一些社会不三不四的人有往来，特别是在胡、温、郜出逃后，阴雪先后去过北京、哈尔滨等地，形迹可疑。专案组没有急于求成，在对阴雪进行了一般的例行询问和教育后，即将其作为内部严控对象，没有让其产生特别感觉。

此时，在省检察院主管检察长的亲自协调下，对胡俊军、温鹏飞、郜长海的通缉令已经下达，与各有关省、市的司法机关也建立了必要的联系。3月18日，专案组布置在长春的眼线打来电话：在长春市南关区的一民宅内有两名外地人被杀，体貌特征很像正被通缉的温鹏飞和郜长海。专案组马上派员赶赴长春，在当地警方的协助下进行尸体辨认和现场情况分析。确认二人正是温、郜二人。根据行为人熟悉现场，乘被害人熟睡之际作案和两名死者钱物被洗劫等情况判断：作案人应该是同时出逃的案犯胡俊军。至此，侦查的重点落在了胡俊军一个人身上。温、郜被杀后，从各地布控点和线人反馈回的信息使得胡俊军一个个可能藏身的地点陆续被排除。

通过对各种复杂情况的全面分析，专案组认为，胡俊军手中持有巨额赃款，经济上十分宽裕，必然要千方百计采取秘密方式与亲友取得一定联系，以获取信息，尽可能地逃避打击。因此，专案组决定，加强与公安、邮电等部门的协作，充分运用技侦手段，采取内紧外松的策略进一步获取线索，打开局面。

专案组首先加强了对阴雪及其妻子李某的通讯工具的昼夜监控。发现李某的传呼机在2月份以来多次接到长春、北京等地的信息。温、郜被杀后更加频繁，最后一条信息内容是：保重自己，必要时可以帮助他们找我。几乎与此同时，通过公安技侦部门反馈的信息，佳木斯市一部机主为王海军的手机曾经频繁与长春、北京等地通话，其中包括温、郜被杀现场住宅的电话号码。按照邮局登记的身份证号码，侦查人员找到了王海军。经询问了解到，王系一名下岗工人，平素生活无着落，根本无条件佩带手机。在办案人员的启发下，王回忆出其身份证曾经在一个体影碟社租用影碟时抵押使用过。经查，该影碟社的老板正是阴雪的哥哥，阴雪经常来影碟社帮助其兄照看买卖，这一情况使阴雪再次进入侦查视线。

阴雪再次到案后，检察机关立即对其展开询问。询问刚一开始，阴雪就由于精神高度紧张，昏倒在地。经过救治，阴雪醒来后第一句话就问：“我能不能不作为胡俊军同案处理，我如实说了能不能算坦白？”在巨大的精神压力下，阴雪交代了胡俊军出逃后通过其邻居肖某家电话找到他，让其更换手机和传呼机与自己保持联系，阴雪遂用盗用的王海军的身份证购买手机一部，并用其妻李某的身份证购买了传呼机，并交代胡俊军在外地购买了一台新的传呼机，号码为：77014409，同时，阴雪还提供了曾介绍一个绰号为“陈三子”的社会朋友与胡俊军认识，在胡俊军出逃后，“陈三子”最近还与胡有过接触，可能知道胡下落的重要情况。案件线索有了重大突破。

正在这个时候，检察机关在上海布控时设置的“眼线”传来一个信息：发现有一个陈姓男子在广州为他人制造假身份证，并将照片传回佳木斯市，经目测对比发现此人多与胡俊军相似，但却有许多面部特征似是而非，为进一步确认，检察机关找到了几张胡俊军在不同时期的照片，通过医疗整形部门和公安司法鉴定部门进行了技术对比，发现上眼睑略有差别，但从额头、嘴形、下颚、耳廓、鼻梁等部位看完全相同，因此确定此人即是经过易容手术后的胡俊军。

此时，胡俊军的传呼机71014409在北京多次出现，落款均为“吴小姐”。专案组决定不能放过这条线索，立即派人赴北京查清“吴小姐”的有关情况。在公安机关技侦部门的配合下，首先查清了传呼内容中固定出现的电话号码是北京某夜总会吧台的电话。检察机关配合公安机关的技侦干警，采取化装侦查的方式，在该夜总会3名吴姓小姐中找到了叫做“吴月”的小姐持有检察机关所掌握号码的传呼机，经过对吴小姐的秘密询问，得知该传呼机系其丈夫的朋友佳木斯市人“陈三子”前不久赠送的，而“陈三子”刚刚返回佳木斯市。

峰回路转，案件再次出现重大转机。查清“陈三子”的真实面目并将其缉捕归案刻不容缓。通过公安机关的特情很快查清了“陈三子”真名叫陈强，是佳木斯市一名长期负案在逃的重大刑事案犯。接到北京传回“陈三子”已潜回佳木斯市的信息后，检察机关与公安机关紧急行动，全力协作，动用特情，终于在佳木斯市将“陈三子”擒获归案。

归案后的“陈三子”十分清楚自己将要面临的下场，开口就说：“你们的行动也太快了。”在检察干警的政策教育下，表示愿意立功赎罪，交代了胡俊军外逃期间，多次约其在北京、石家庄、上海等地见面，应胡俊军所托为胡制作了7张分别为张艺、艾立春、汪斌等化名的假身份证的全部经过，提供了胡外逃期间经常出没的方位、生活习性、与外界联络方式等重要情况，并交出了胡俊军托其带回佳木斯市藏匿的一只密码箱。经搜查，在密码箱中发现了几本大连、北京、长春等地的外埠房照和其他物品。其中一枚标明系上海某银行保管箱的钥匙引起了检察机关的注意。专案组立即派人前往上海，用此钥匙开启了该银行的保险箱，一张29万元存单和7张身份证复印件保管在内。同时查明，该箱登记户名为"张艺"，身份证件与"陈三子"为胡俊军提供的化名为"张艺"的身份证号码及相关特征完全吻合。公安技侦部门通过对"陈三子"供述的胡俊军在石家庄时购买的一部尾数为569的198台传呼机跟踪定位，发现该传呼从6月13日起一直在上海漫游，对"陈三子"在北京、石家庄使用过的手机进行逆向跟踪，也证实了胡俊军曾经使用上海闸北新客站的公用电话与陈进行联系。至此，潜逃7个月之久的特大杀人、贪污、挪用公款案件的案犯胡俊军正式上线，定位于上海。为不打草惊蛇，检察机关将箱内物品拍照后，恢复了原来位置，在该银行秘密布控。

8月13日，胡俊军在上海该银行保险箱前露面，并立即被银行保卫部门扣留。这个改头换面，曾经多次化名，多次变换隐蔽地点，多次更换通讯工具，为逃避制裁而杀死2名同伙的狡猾凶残的罪犯最终落入了法网。

2. 分析

检察机关之所以能够高效地侦结上述案件，与其实施的特殊侦查行为有密切的关系，那么在此案件中检察机关采取了哪些特殊侦查行为呢？经笔者梳理，按照检察机关特殊侦查行为实施的先后顺序，主要包括以下几种：

通讯监控，主要是指对于口头、有线或者使用电子媒介或者其他手段进行的电子通讯所进行的同步监控。按照通讯监控对象的不同，通讯监控分为通讯内容监控和通讯形式同步监控。前者又分为电话监听、传真监控、传呼机监控、邮件检查、电子邮件拦截，后者则包括对通话记录、上网记录的监控。在本案例中侦查机关对涉案人员进行了通话记录监控、传呼机监控、邮件检查。

非通讯监控，泛指直接利用人的感觉或者借助各种感觉增强设备或者仪器对相对人的行为方式、活动或者物品进行的监控，被监控的内容无论是相对人的行为、活动还是物品，都是直接为监控人所感知。监控人对非通讯内容进行监控时并没有利用相应媒介实施，而是直接利用个人的各种感觉实施监控。此类非通讯监控包括对口头谈话的窃听、监视、秘密录像录音、照相、追踪定位，使用其他各种显示、探测或者远视仪器对物品进行的秘搜秘取。① 在本案例中侦查机关对犯罪嫌疑人进行的追踪定位，对涉案人员采取跟踪盯梢、守候监视，以及对犯罪嫌疑人赃物和作案工具的秘搜秘取，都属于非通讯监控。

特情侦查，是指在侦查工作中，侦查机关或侦查人员选择、使用、指挥、保护具有接触犯罪组织或者犯罪分子条件且愿意为侦查工作服务的人员，以发现犯罪线索、收集犯罪信息和证据、抓捕犯罪嫌疑人的一种特殊侦查行为。为

① 参见程雷：《秘密侦查比较研究——以美、德、荷、英为样本的分析》，中国人民公安大学出版社2008年版，第448页。

侦查机关服务的人员被称为特情线人、耳目。按照承担任务的不同，特情侦查可以分为专案特情、控制特情、情报特情和境外特情。从侦查机关打击腐败犯罪的实践来看，在特定行业，如银行、娱乐业或者特定环境，如监狱安插、布置特情人员，对于掌握特定行业腐败犯罪的线索、情报及证据，以及突破案件有着很好的效果。在本案例中，检察机关利用特情人员收集到了大量关于三名犯罪嫌疑人逃跑及藏身的线索，并及时查清了关键证人的身份，为案件的尽早破案贡献了力量。

卧底侦查，是指法定的侦查机关挑选专门的侦查人员，通过伪造身份取得犯罪分子信任的方式，打入犯罪组织内部，成为该组织的内部成员，继而收集犯罪情报或证据，适时选择时机引导侦查机关破案或者不断从内部瓦解，削弱犯罪组织实力的一种秘密侦查行为。① 一般卧底侦查只适用于特别重大、复杂的案件。因此，在一些已形成系统腐败的领域，或者涉案金额巨大，案情复杂的腐败案件中侦查机关也会采用卧底侦查。在针对腐败犯罪实施的卧底侦查中，还有一种常用的方式就是化装侦查。它是指侦查人员受侦查机关指派，使用虚假身份，接近被调查人，从而套取口供、收集线索或者证据、了解情况。与典型意义的卧底侦查相比，进行化装侦查的侦查人员无须进行长时间的潜伏，在与被调查人进行初次接触时或者初步接触后即展开收集证据、情报、线索或者抓捕。检察机关在职务犯罪侦查中，有时会根据犯罪嫌疑人和案件的具体情况，化装成与被调查人有关系而与被调查犯罪无关的关系人，如“狱友”、“亲戚”、“生意伙伴”、“知情人”等，在获取被调查人的信任后，套取其口供或者促使其实施串供、毁灭证据等行为，从而获取再生证据或者重大破案线索，一举侦破案件。本案中，为抓获重要案犯邓威，检察机关的侦查人员化装成商人与邓威主动联系生意，从而将其抓获。

## 案例二：申时雄贩毒案

1. 案情

被告人申时雄，男，1972 年 8 月 15 日出生，农民。因涉嫌贩卖毒品罪于 2007 年 4 月 30 日被逮捕。

被告人汪宗智，男，1972 年 11 月 12 日出生，农民。因涉嫌贩卖毒品罪于 2007 年 4 月 30 日被逮捕。

贵州省六盘水市人民检察院以被告人申时雄、汪宗智犯贩卖毒品罪，向六盘水市中级人民法院提起公诉。

六盘水市中级人民法院经公开审理查明：

① 艾明：《秘密侦查制度研究》，中国检察出版社 2006 年版，第 299 页。

2007年2月底，被告人申时雄在云南省昆明市向陈某某（另案处理）贩卖5.5克海洛因后，告诉陈某某还有3500克海洛因待售，委托陈某某联系买主。同年3月初，陈某某介绍“董哥”向申时雄购买海洛因。3月30日中午，申时雄与“董哥”约定交易价格为每克430元，并于当日下午到“董哥”住处查验购毒款。次日上午，申时雄告诉“董哥”共有6000克左右海洛因可供交易。当日15时40分许，申时雄携带海洛因到昆明市金龙旅馆201房间与“董哥”交易，被公安人员抓获，当场缴获海洛因6030.5克。受申时雄指使在旅馆外望风的汪宗智亦被抓获。经鉴定，海洛因纯度达55%以上。

六盘水市中级人民法院认为，被告人申时雄明知海洛因是毒品而予以贩卖，其行为已构成贩卖毒品罪。被告人申时雄在共同犯罪中是毒品所有人，首起犯意，商定价格并进行毒品交易，起主要作用，系主犯，应按其参与的犯罪处罚。被告人汪宗智在共同犯罪中起辅助作用，是从犯，应当从轻处罚。本案不存在犯意引诱和数量引诱。依照《中华人民共和国刑法》第三百四十七条第一款、第二款第（一）项、第二十六条第一、四款、第二十七条、第五十七条第一款之规定，判决如下：

1. 被告人申时雄犯贩卖毒品罪，判处死刑，剥夺政治权利终身，并处没收个人全部财产；

2. 被告人汪宗智犯贩卖毒品罪，判处死刑，缓期二年执行，剥夺政治权利终身，并处没收个人全部财产。

一审宣判后，被告人申时雄以自己不是主犯、本案存在数量引诱为由提出上诉；被告人汪宗智以没有贩毒、量刑过重为由提出上诉。

贵州省高级人民法院经审理后认为，上诉人申时雄、汪宗智的行为均已构成贩卖毒品罪。上诉人申时雄贩卖海洛因数量巨大，且在共同犯罪中起组织、指挥作用，系主犯。上诉人申时雄在与货主进行毒品交易时，其手里不仅有3500克海洛因，且有更大数量的毒品待售，故其所提存在数量引诱的上诉理由不能成立，不予采纳。一审法院根据上诉人申时雄犯罪的性质、情节、危害后果及其在共同犯罪中的地位、作用，依法作出的判决正确。上诉人汪宗智参与贩卖海洛因数量巨大，但其在犯罪中起辅助作用，系从犯。上诉人汪宗智所提量刑过重的上诉理由，予以采纳。一审法院审判程序合法，定罪准确，但对上诉人汪宗智量刑过重。据此，依照《中华人民共和国刑事诉讼法》第一百八十九条第（一）项、第（二）项，《中华人民共和国刑法》第三百四十七条第一款、第二款第（一）项、第二十六条第一、四款、第二十七条、第五十七条第一款的规定，判决如下：

1. 维持贵州省六盘水市中级人民法院（2007）黔六中刑一初字第90号刑

事判决主文第一项。即被告人申时雄犯贩卖毒品罪，判处死刑，剥夺政治权利终身，并处没收个人全部财产。

2. 撤销贵州省六盘水市中级人民法院（2007）黔六中刑一初字第90号刑事判决主文第二项。即被告人汪宗智犯贩卖毒品罪，判处死刑，缓期二年执行，剥夺政治权利终身，并处没收个人全部财产。

3. 上诉人汪宗智犯贩卖毒品罪，判处无期徒刑，剥夺政治权利终身，并处没收个人全部财产。

宣判后，贵州省高级人民法院依法将本案报请最高人民法院核准。

最高人民法法院复核后认为，被告人申时雄伙同他人贩卖海洛因，其行为已构成贩卖毒品罪。申时雄主动联系陈某某贩卖海洛因，并为主要实施毒品交易人，在共同犯罪中起主要作用，是主犯，应当按照其所参与的全部犯罪处罚。申时雄贩卖海洛因数量巨大，社会危害极大，罪行极其严重，应依法惩处。第一审判决、第二审裁定认定的事实清楚，证据确实、充分，定罪准确，量刑适当，审判程序合法。依照《中华人民共和国刑事诉讼法》第一百九十九条和《最高人民法院关于复核死刑案件若干问题的规定》第二条第一款的规定，裁定如下：核准贵州省高级人民法院（2008）黔高刑三终字第33号维持第一审对被告人申时雄以贩卖毒品罪判处死刑，剥夺政治权利终身，并处没收个人全部财产的刑事判决。

2. 分析

运用特情侦破案件是打击毒品犯罪的常见手段，本案就是一起运用特情侦破的贩卖毒品案件。在案件审理过程中，被告人申时雄的一、二审辩护人均提出本案存在数量引诱，不应判处申时雄死刑立即执行的辩护意见。由于数量引诱情节是否存在，直接关系到能否对被告人申时雄适用死刑立即执行，所以正确理解数量引诱的含义在审理案件中作出准确认定非常重要。对此，最高人民法院2000年4月印发的《全国法院审理毒品犯罪案件工作座谈会纪要》曾作出规定，2008年12月印发的《全国部分法院审理毒品犯罪案件工作座谈会纪要》（以下简称《大连会议纪要》）又进行了重申和强调。《大连会议纪要》指出："行为人本来只有实施数量较小的毒品犯罪的故意，在特情引诱下实施了数量较大甚至达到实际掌握的死刑数量标准的毒品犯罪的，属于'数量引诱'。对因'数量引诱'实施毒品犯罪的被告人，应当依法从轻处罚，即使毒品数量超过实际掌握的死刑数量标准，一般也不判处死刑立即执行。"按照上述规定，结合本案案情，本案虽然存在特情介入因素，但不属于数量引诱。理由如下：

首先，被告人申时雄并非"本来只有实施数量较小的毒品犯罪的故意"。

《大连会议纪要》所说的毒品“数量较小”不是刑法条文的用语，有关司法解释也没有对此作出界定。有意见认为，只要行为人本来打算实施的毒品犯罪数量小于特情人员提出的毒品数量，就属于“数量较小”。本案被告人申时雄的一、二审辩护人均持该观点。我们认为，这里的“数量较小”形式上是相对于特情人员提出的毒品数量而言的，但实质上主要是指被告人可能受到的惩罚的严厉性而言，也就是其打算实施的毒品犯罪数量所应适用的刑罚幅度或刑种轻于特情人员提出的数量所应适用的刑罚，典型的是指被告人本来打算实施的毒品犯罪的数量不会导致对他判处死刑。如果被告人打算实施的毒品犯罪的数量原本就会导致对其判处死刑，即便特情提出的毒品数量相对大一点，也不能认为被告人“本来只有实施数量较小的毒品犯罪的故意”。反之，如果被告人本没有实施可判处重刑甚至死刑的毒品犯罪的犯意，因受特情引诱而增加毒品数量，导致达到被判处重刑特别是死刑的标准，则被告人的主观恶性、人身危险性和行为的社会危害性相对于没有“数量引诱”的情形而言要小，故而才对其从轻处罚。这样理解才符合罪责刑相适应原则，也是《大连会议纪要》有关规定的真实意旨。本案中，被告人申时雄在侦查机关介入前委托陈某某联系贩卖的海洛因达3500克，已超过刑法规定的和当地实际掌握的判处死刑的毒品数量标准，故不能认为其属于《大连会议纪要》规定的“本来只有实施数量较小的毒品犯罪的故意”。

其次，被告人申时雄实际贩卖的6000余克海洛因不是特情引诱的结果。按照《大连会议纪要》对“数量引诱”的界定，行为人实施数量较大的毒品犯罪与特情人员的引诱之间应当具有因果关系，即只有行为人放弃原先较小数量而选择更大的毒品数量是特情人员引诱造成的，才符合“数量引诱”的条件。本案中，被告人申时雄本来打算贩卖3500克海洛因，让陈某某联系买家，陈某某提出了想购买5000克海洛因，数量相对较大，但后来被告人申时雄称自己实有6000余克海洛因，让陈某某问买主“董哥”是否全要。显然，被告人实际拥有和欲贩卖的毒品数量超过了特情人员提出的数量，不是特情引诱造成的。即使陈某某不提出要购买5000克海洛因，被告人申时雄也要出售自己手中的6000余克海洛因。因此，其最终实际贩卖的6000余克海洛因不是特情引诱的结果，特情的引诱主要起到提供贩毒机会的作用。

综上，被告人申时雄贩卖6000余克海洛因的行为，不符合认定数量引诱的条件，不能认定为数量引诱。对于类似本案的情形，《大连会议纪要》提出了处理原则，即“对已持有毒品待售或者有证据证明已准备实施大宗毒品犯罪者，采取特情贴靠、接洽而破获的案件，不存在犯罪引诱，应当依法处理”。据此，被告人申时雄贩卖海洛因数量巨大，且系主犯，罪行极其严重，应当对其适用死刑立即执行。

**（五）相关法条链接**

1.《国家安全法》

**第十条** 国家安全机关因侦察危害国家安全行为的需要，根据国家有关规定，经过严格的批准手续，可以采取技术侦察措施。

**第十一条** 国家安全机关为维护国家安全的需要，可以查验组织和个人的电子通信工具、器材等设备、设施。

**第三十三条** 公安机关依照本法第二条第二款的规定，执行国家安全工作任务时，适用本法有关规定。

2.《人民警察法》

**第十六条** 公安机关因侦察犯罪的需要，根据国家有关规定，经过严格的批准手续，可以采取技术侦察措施。

3.《公安机关办理刑事案件程序规定》

**第五十二条第二款** 对于涉及国家秘密的证据以及获取犯罪证据的技术侦查措施，应当保守秘密。

**第二百六十三条第二款** 向人民检察院移送案件时，只移交诉讼卷，侦查卷由公安机关存档备查。技术侦查获取的材料，需要作为证据公开使用时，按照规定采取相应的处理。

**4. 最高人民法院、最高人民检察院、公安部、司法部、海关总署《关于走私犯罪侦查机关办理走私犯罪案件适用刑事诉讼程序若干问题的通知》**

**第二条第三款** 走私犯罪侦查机关因办案需要使用技术侦察手段时，应严格遵照有关规定，按照审批程序和权限报批后，由有关公安机关实施。

**5. 最高人民检察院《关于印发检察机关贯彻刑诉法若干问题的意见的通知》之"关于依法收集和运用视听资料证据"部分**

**第三条第五款** 检察人员或检察人员指派的其他人员采取秘密方式获取的视听资料，不能直接作为证据提交法庭，需要提交法庭的，检察人员可以通过讯问或其他方式将其转让为能够公开使用的证据。秘密获取视听资料证据的，获取人应将获取该视听资料证据的时间、地点、经过，获取人的姓名等制作成笔录附卷。

检察人员或检察人员指派的其他人获取视听资料证据的，获取人应将获取时间、地点、获取人姓名记载入视听资料中。视听技术设备达不到这种要求，或不便在视听资料中反映的，获取人应将获取该视听资料的起止时间、地点、姓名及制作经过作成笔录附卷。

**第三条第六款** 检察人员需要到外地执行获取视听资料任务的，承办案件的检察院必须向执行任务所在地的检察院通报情况。需要所在地检察院配合的，所在地检察院必须配合，不得以任何理由推诿或阻扰。

**第四条** 严格区分视听技术手段与技侦手段的界限。运用现代视听技术，依照法律规定的取证程序，公开或秘密地获取视听资料证据与依照专门的程序，运用专有技术，由技侦专门人员秘密进行的技术侦察是不同的。对个别案件，需要使用技侦手段的，要严格按规定审批，并商有关部门实施。

## 五、对量刑证据的审查认定

**第三十六条 在对被告人作出有罪认定后，人民法院认定被告人的量刑事实，除审查法定情节外，还应审查以下影响量刑的情节：**

**（一）案件起因；**

**（二）被害人有无过错及过错程度，是否对矛盾激化负有责任及责任大小；**

**（三）被告人的近亲属是否协助抓获被告人；**

**（四）被告人平时表现及有无悔罪态度；**

**（五）被害人附带民事诉讼赔偿情况，被告人是否取得被害人或者被害人近亲属谅解；**

**（六）其他影响量刑的情节。**

**既有从轻、减轻处罚等情节，又有从重处罚等情节的，应当依法综合相关情节予以考虑。**

**不能排除被告人具有从轻、减轻处罚等量刑情节的，判处死刑应当特别慎重。**

（一）法条内容释义

以刑法是否明文规定为标准，可以将量刑情节分为法定量刑情节和酌定量刑情节。法定量刑情节，是指刑法条款明文规定其内容和形式，公安司法工作人员必须予以考虑，影响行为社会危害性和行为人人身危险性的应当或可以从重、从轻、减轻或免除处罚的各种主客观事实情况。在死刑案件中，法定量刑情节又分为：（1）从重处罚情节。我国刑法总则规定的从重处罚情节有两种：教唆不满 18 周岁的人犯罪的教唆犯、累犯。在刑法分则中还对一些特定的情形从重处罚，从而可以判处被告人死刑，例如以勒索财物为目的绑架他人，致被绑人死亡的或者杀害被绑架人的，处死刑。犯抢劫罪，有持枪抢劫情形或者入户抢劫情形的，可判处死刑。（2）从轻处罚情节。根据刑法总则的规定，已满 14 周岁不满 18 周岁的人犯罪、尚未完全丧失辨认或者控制自己行为能力的精神病人犯罪、预备犯、又聋又哑的人或者盲人犯罪、未遂犯、从犯、自首，均属于在法定刑的限度内可判处较轻的刑罚的量刑情节。（3）减轻处罚情节。根据刑法总则的规定，预备犯、又聋又哑的人或者盲人犯罪、未遂犯、从犯、自首、正当防卫超过明显必要限度造成不应有的损害、紧急避险超过必要限度造成不应有的损害、中止犯、胁从犯、被教唆的人没有犯被教唆的罪、重大立功等，均属于在法定刑的限度内可减轻处罚的量刑情节。

酌定量刑情节，是指刑法并未明文规定，由司法工作人员根据立法精神和司法实践经验，反映行为的社会危害性程度和行为人的人身危险性大小，结合具体案件情况酌情适用的各种主客观事实情况。司法实践中总结出的酌定从轻处罚情节对限制死刑的作用日益突出。根据本条第一款的规定，在办理死刑案件时，对以下情节要进行审查：

（1）案件起因。案件起因是指激起和推动行为人实施犯罪行为的主客观因素。根据死刑案件的实际情况，一般分为五类：物欲型、情欲型、情绪型、信仰型、综合型。① 案件起因直接反映行为人主观恶性程度大小、人身危害性强弱，因而对量刑具有重要意义。同一种犯罪，由于案件起因不同，量刑轻重也可能不同，例如，同样是故意杀人犯罪，出于谋财害命、为升官发财清除障碍等卑劣动机而杀人与长期遭受家庭暴力，出于反抗而杀人相比，在量刑时应有所不同。

（2）被害人有无过错及过错程度，是否对矛盾激化负有责任及责任大小。所谓被害人过错是指被害人出于主观上的故意或过失诱发犯罪人的犯罪意识、激化犯罪人的犯罪程度的行为。1999 年 10 月 27 日最高人民法院颁布的《全国法院维护农村稳定刑事审判工作座谈会纪要》中规定："对故意杀人犯罪是否判处死刑，不仅要看是否造成了被害人死亡结果，还要综合考虑案件的全部情况。对于因婚姻家庭、邻里纠纷等民间矛盾激化引发的故意杀人犯罪，适用死刑一定要十分慎重，应当与发生在社会上的严重危害社会治安的其他故意杀人犯罪案件有所区别。对于被害人一方有明显过错或对矛盾激化负有直接责任，或者被告人有法定从轻处罚情节的，一般不应判处死刑立即执行。"据此，在故意杀人、故意伤害案件和其他可能判处死刑的案件中，对于被害人有明显过错，且对矛盾激化有直接责任的，不宜判处被告人死刑。

（3）被告人的近亲属是否协助抓获被告人。被告人亲属是出于减轻被告人罪责、使被告人获得从轻处罚的目的，协助公安机关将被告人抓获归案，这种协助抓获的行为，虽不能构成刑法上的自首，但是有助于及时侦破案件，有

---

① 参考王睿、王延增："酌定量刑情节在故意杀人死刑案件中的适用"，载《法制与社会》2010 年第 4 期（下）。

利于打击犯罪，值得提倡。因此，可以酌定对被告人从轻处罚。

（4）被告人平时表现及有无悔罪态度。犯罪人一贯表现是指犯罪人犯罪前在社会生活中的各种表现情况，是反映其改造难易程度和再犯可能性大小的参考因素，可以用于评估其人身危险性。犯罪人一贯表现良好、该次犯罪是初犯，往往表明其人身危险性较小，因而该情节可以成为酌定的从宽处罚情节；相反，犯罪人一贯表现不良，例如，经常有小偷小摸、寻衅滋事、参加打架斗殴等行为，而受过治安处罚，甚至受到刑事处罚，往往表明其人身危险性较大而成为酌定的从严处罚情节。

悔罪态度是指被告人犯罪以后的心理的综合表现，可以用于衡量被告人的人身危险性。因此在量刑时应将它作为酌定量刑情节考虑。悔罪态度一方面表现为对自己的犯罪行为的认识，即认识到自己行为的危害性，并愿意对自己的罪行所造成的损害积极补救；另一方面表现为积极协助公安司法机关查清案件事实，如实供述犯罪事实，不翻供，不串供，不毁灭、伪造证据，不从事妨碍诉讼的行为。悔罪态度好表现了犯罪人有改恶从善的意愿因而易于改造，人身危险性较低，立足于特殊预防确定刑罚量的限度时，以较轻的处罚即可能达到刑罚的目的；其次节省了司法资源，减轻了国家的负担，同时保证了诉讼的效益和效率。反之，如果犯罪人抗拒交代、拒不认罪，甚至行凶拒捕，消灭罪证，对检举人、证人实行威胁、报复，阻止同案人坦白交代，订立攻守同盟，嫁祸于人等，则人身危险性较大、浪费司法资源的恶劣行为往往会带来从严处罚的后果。①

（5）被害人附带民事诉讼赔偿情况，被告人是否取得被害人或者被害人近亲属谅解。安抚被害人是我国刑罚一般预防目的之一。刑事案件的被害人因为刑事犯罪受到伤害，需要慰藉和救济。在一个具体的刑事损害赔偿案件中，如果被告人能够通过事后的积极行为弥补被害人的损失，或者说使被害人或者近亲属的损失降到最低限度，并得到其谅解，能够在一定程度上修复由于犯罪而带来的伤害。正是基于此考虑，最高人民法院《关于刑事附带民事诉讼范围问题的规定》第4条规定，“被告人已经赔偿被害人物质损失的，人民法院可以作为量刑情节予以考虑”。这一司法解释在很大程度上已经将刑事赔偿作为酌定量刑情节予以考虑。本条将被害人附带民事诉讼赔偿情况，被告人是否取得被害人或者被害人近亲属谅解作为酌定量刑情节，既是对以往司法解释精神的承继，又符合宽严相济的刑事政策，有助于和谐社会的构建。

（6）其他影响量刑的情节。除上述在司法实践中比较典型的酌定量刑情

① 参见蒋明：《量刑情节研究》，中国方正出版社2004年版，第178页。

节外，还有一些情节可供检察人员在提出量刑建议或者审判人员进行量刑时予以考虑。这主要有三大类：第一类是与犯罪客观方面有关的因素，例如犯罪的对象、手段、后果、时空环境，这些情节主要可以衡量被告人行为的社会危害性。第二类是与犯罪主体有关的因素，主要是被告人个人的情况，包括被告人的年龄、心理、生理状况、生活、工作状况、道德观念、教育程度以及其他基本情况。一般认为，这些因素对犯罪人改造的难易度、是否会再犯有一定的影响，即这些情况可以反映其人身危险性，因此，法官在量刑时应对这些因素有所考虑。第三类是社会环境类因素，如刑事政策、民愤、社会舆论、社会形势，它们与犯罪行为和犯罪人没有直接的联系，因此它们并不具备酌定量刑情节的本质属性，但是却能在客观上影响量刑。

本条第2款规定，“既有从轻、减轻处罚等情节，又有从重处罚等情节的，应当依法综合相关情节予以考虑”。同一犯罪案件并存两个以上的量刑情节，在理论上称为量刑情节的竞合或者冲突。对死刑案件来讲，同向情节竞合时，无论是从宽情节竞合还是从严情节竞合均不存在适用上的困难。本款所涉及的即是对于这种逆向量刑情节的适用问题。对于如何解决逆向量刑情节的适用，我国刑法没有规定，学界则长期存在争论，主要有“综合判断说”、“抵消说”、“优势情节适用说”三种学说。“综合判断说”认为，在轻重情节并存的情况下，要全面考虑案件的各种情节，不能采用简单折抵的办法，而应当考虑不同情节的地位与作用分别适用各种量刑情节，通过综合分析，全面考察，最终决定刑罚的轻重。“抵消说”认为，可以用抵消的方法解决量刑情节的冲突，而反对用一种情节来排除另一种情节的适用。“优势情节适用说”认为，对冲突的情节简单地适用排除或抵消的方法都是不妥当的。当轻重情节兼具时，应按应当情节优于可以情节、罪中情节优于罪前情节或罪后情节、应当从宽情节优于应当从严情节、法定量刑情节优于酌定量刑情节的原则处理。① 从本条款的行文来看，应该是吸收了“综合判断说”的观点。

本条第3款规定，“不能排除被告人具有从轻、减轻处罚等量刑情节的，判处死刑应当特别慎重”。实践中往往存在这种情况，认定案件性质的事实清楚，证据确实充分，但不能排除被告人具有自首、立功等从轻、减轻处罚的量刑情节。当这种情节涉及是否判处死刑立即执行时，应予以慎重对待。所谓特别慎重，既不是一味地从轻判决，也不是一律判处死刑，而是应综合全案证据及案件的具体情况，选择最为适当的刑罚，以符合罪刑相适应原则的要求。此

① 参见周光权：“量刑情节冲突及其解决的争议问题研究”，载《中外法学》1999年第4期。

款规定既体现了在死刑案件中严把证据关、控制死刑、慎用死刑的政策，也体现了刑事司法中的人文关怀。

**（二）制定理由**

当前，在死刑案件的量刑中存在的突出问题是酌定量刑情节弹性大，导致量刑随意性大。我国《刑法》第61条规定："对于犯罪分子决定刑罚的时候，应当根据犯罪的事实、犯罪的性质、情节和对于社会的危害程度，依照本法的有关规定判处。"第63条规定："犯罪分子虽然不具有本法规定的减轻处罚情节，但是根据案件的特殊情况，经最高人民法院核准，也可以在法定刑以下判处刑罚"。上述规定使司法审判机关对犯罪人适用刑罚时考虑量刑情节有了法律根据，也是刑法对适用量刑情节的合法性所作的宣示。对于法定量刑情节，因其有法律明文规定，一般均是严格适用。而对于酌定情节，由于无明文规定，则由法官灵活掌握。由于各地的司法传统、司法基础存在差异，不同法官的法学功底和实践经验存在很大差异，导致死刑案件量刑差异性较大，使当事人及公众对量刑的公正性、科学性、严肃性产生怀疑。同时由于对法官的自由裁量权缺乏法律规制，为"人情案"、"关系案"和"金钱案"提供了温床。本《规定》对酌定量刑情节采取明确列举结合概括性规定的方式，使死刑案件的量刑标准在很大程度上得以统一。从其内容来看，其采用了从严解释、从严适用原则，符合我国严格限制死刑的政策要求。死刑的适用应当讲求良好的法律效果与社会效果的统一，两个效果的"统一"应是适用死刑的不得已性。良好的法律效果一般指死刑的适用完全符合刑事法律的规定和要求，是社会和法律报应的必然结果。良好的社会效果是指死刑的适用有利于化解和平息社会矛盾，符合特殊预防和一般预防的需要。①

**（三）应注意的问题**

1. 检察机关如何从量刑情节方面做好死刑案件的抗诉工作

对死刑案件的抗诉是刑事抗诉中最为重大和敏感的一类，无论抗杀案件还是抗死缓案件均是如此。在死刑的适用中，有两个方面的问题要认真对待、慎重考虑。一个方面是死刑在我国社会中的影响、作用及发展趋势。当前对极少数罪行极其严重的犯罪分子判处死刑，既是打击严重犯罪，震慑现在罪犯，维护社会稳定的需要，同时也符合目前在民众中仍然很强烈的报应心理，有利于社会矛盾的化解。但是以暴制暴毕竟不是治疗犯罪这种社会痼疾的良方，死刑可能带来的负面作用也越来越为人们所重视，控制死刑、减少死刑乃至取消死刑，是文明社会发展的趋势。因此，国家实行严格控制和慎重适用死刑的刑事

① 梁根林：《刑罚结构论》，北京大学出版社2003年版，第265～266页。

政策，对可杀可不杀的，一律不杀。另一个方面是在一个具体的案件中死刑对当事人的影响。对应判处死刑立即执行而未依法判处的，正义得不到伸张，将不能平息被害一方的怨恨。但如不应判处死刑立即执行而错误判处，不仅使一个家庭丧失配偶、子女、父母、兄弟、姐妹，还使无辜者冤死，如此，同样导致司法不公，而且还可能制造更大的社会矛盾。因此，对死刑个案的适用必须慎之又慎。

基于以上两点，在死刑案件中，检察机关从量刑情节方面考虑是否抗诉时，应按照本《规定》的要求持慎重、就宽的原则，即在是否抗诉问题上要本着少杀、慎杀的精神慎重考虑，对可杀可不杀案件或者证据有疑点的案件本着从宽的精神，就低处理。要认识到在具有可宽大处理的情形时，要充分考虑刑法的谦抑性，而不能将百姓杀人偿命的朴素心理作为司法标准，要从刑罚的目的性上，从政治、刑事政策的层面上掌握司法的“度”。就本条的适用时需要注意几个问题：

一是注意案发的原因。对有被害人的案件，要考察被害人是否有过错。虽然刑法上不允许使用剥夺人生命的方式对抗过错行为，但是毕竟先前的过错行为是诱发案件的原因，在衡量是否再用剥夺生命的方式对被告人适用死刑时应慎重，否则就成了一种简单的杀人偿命的逻辑。

对因婚姻家庭、邻里纠纷等民间矛盾激化引发的案件，在适用死刑时亦应慎重。这里对婚姻家庭范围的理解不应局限于以夫妻、子女构成的婚姻家庭，其中既包括血亲关系构成的婚姻家庭，也包括姻亲关系构成的婚姻家庭，还应包括以恋爱关系为基础构成的同居关系，关键要看引发案件的事由是否属于婚姻家庭矛盾。对邻里纠纷的理解，也不应局限于邻里的生活纠纷，还应包括邻里因道路、土地、建筑等引起的纠纷。对这类案件慎用死刑，主要是考虑到这类案件社会危害的波及面以及被告人的主观恶性都较小，而且实践中这类案件往往系相互之间处理关系不当，导致矛盾由小变大激化成严重犯罪，难以区分双方在事件起因上的过错，若简单以死刑了结，并不能达到化解社会矛盾的效果。因此，对这类案件法院根据具体案情判处死缓，如裁判不具有严重错误，检察机关一般不宜提出要求判处死刑立即执行的抗诉。

需要强调的是，被害人有过错和因婚姻家庭、邻里纠纷引发案件只是量刑的酌定情节，虽然一般而言从政策层面上要予以考虑，但对有些罪行极其恶劣、后果极其严重，必须判处死刑立即执行的，仍应依法判处。这要根据具体案件进行评判。

二是注意案发后双方的和解意向。刑罚的目的是通过刑罚制裁实现一般预防和特殊预防的效果。案发后如被告人真诚悔改并积极赔偿被害人经济损失，将有利于抚平被害人精神上的创伤和弥补经济上的损失，有利于化解由于被告人的行为引发的尖锐矛盾，对恢复被损害的社会秩序是一种积极的努力。对这种情况人民法院在裁量是否判处死刑立即执行时予以一定的考虑是有道理的。因此对这类案件的抗诉应慎重，如裁判不具有严重错误，一般也不宜提出要求判处死刑立即执行的抗诉。这里需要注意的是，要考察当事人双方真实的和解意向和被告人真实的悔罪态度，同时也要看案件的具体情况，不能把这一酌定情节当成排除适用死刑的绝对条件，要避免“以钱买刑”现象的发生。

三是注意是否有法定从轻、减轻处罚情节。不可否认，除非存在法定“应当”从轻、减轻或者免除处罚的情节，对“可以”从轻、减轻或者免除处罚的情节，还要看具体案情，有的罪行极其严重，必须判处死刑立即执行，亦应依法判处。但是，一般而言，对具有法定从轻、减轻情节的，在考量是否判处死刑立即执行时是一个重要的权衡因素。例如，虽然论罪应当判处死刑，但被告人因自首或者检举揭发、协助抓捕具有重大立功表现，如不兑现政策，既不利于被告人认罪和改造，也不利于在社会上树立从善的正面导向，在同案犯中还可能产生负面影响，甚至会使被告人家属一方产生抵触情绪。因此对这类案件是否适用死刑就应慎重权衡。由于这不是一个简单的刑罚轻重问题，而是涉及人命的重大问题，要充分考虑刑事政策的运用。

四是注意死刑案件中的疑点量刑证据问题。实践中往往存在这种情况，认定案件性质的事实清楚，证据确实充分，但某些影响量刑的证据存在疑点，当这种情节涉及是否判处死刑立即执行时，应予慎重对待。法院因此而判处死缓的，一般不宜提出抗诉。例如，被告人刘某供述与齐某共谋杀害被害人杨某，并劫取杨某钱财。现有证据能够证实刘某参与实施了犯罪，但因被害人是被匕首贯通心脏主动脉致命，而现有证据不能证实凶器是刘某所持，而齐某又在逃，在这种情况下，法院出于慎重，留有余地，判处刘某死缓，符合案件的具体情况。

此外，死刑案件一般在当地都有较大社会影响，被害人亲属的反应一般也比较强烈，但是在是否适用死刑立即执行问题上，司法机关应以事实、证据为基础，以犯罪对社会的危害程度为考量，而不能一味以被害人亲属的反应或社会的关注度（一定程度上是媒体的炒作度）为标准人为地拔高适用刑罚，否则将可能导致因情用法致用刑过度。①

2. 正确看待民愤情节的作用

何谓民愤？法律及法学理论并无确切的定义，但司法实务中通常指犯罪行

① 参考王军：“刑事抗诉政策若干问题研究”，载《人民检察》2008 年第 6 期。

为在广大群众中造成的影响、震动，导致广大群众痛恨犯罪，产生要求惩办犯罪分子的呼声，具体显现为受害人及其家属的要求，新闻舆论部门的呼声，网上的宣传评论，机关、单位、人民团体的关注、反映，等等。将民愤作为酌定量刑情节，这是司法实务中的普遍做法。存在社会危害性就必然存在民愤。所以，民愤的大小，在一定程度上也反映了犯罪行为的社会危害性的大小，体现了人们否定、惩罚犯罪的心态和愿望。我们在量刑时以民愤为酌定量刑情节，适当考虑民愤，尽量平息民愤，是维护社会稳定、实现社会正义和刑罚目的的需要，是完全符合当前社会实际的。量刑时全盘否定民愤、根本不考虑民愤的做法在司法实践中是行不通的，不足取的。

受害人及其家属是与案件最密切的利害关系人，往往也是民愤中的核心代表，他们一般对法律及司法审判部门的定罪量刑工作不够了解，对案件的看法具有一定的片面性。他们的上访、申述、缠诉往往带有浓厚的感情色彩，个别人甚至采取静坐、绝食、以死威胁等极端行为，很容易感染、煽动公众舆论，造成不良的社会影响，给刑事司法审判工作带来很大的冲击和压力，因此，法院在量刑时，对民愤也要冷静思考，正确分析，根据民愤的不同情况而作不同的考虑处理。① 对于正确地反映了犯罪的社会危害性与犯罪人的人身危险性的民愤，对犯罪人适用刑罚时应当予以考虑。对于一味要求判处犯罪人重刑甚至处以死刑立即执行的民愤，要严格依照刑罚标准，尤其是适用死刑的标准，审慎对待，符合重刑、死刑立即执行标准的要依程序判处重刑、死刑立即执行不符合标准的不能迁就、勉强。对于不符合法律规定的民愤、根本不符合案件实际情况的舆论，即使再强烈也不能迁就，否则，刑事司法裁判就会受社会舆情所左右，造成谁能造势谁就将司法机关的军，就能赢得官司，使判决失去终局性、公平性和权威性。

3. 综合评价逆向量刑情节

司法实践中，有的审判人员当同一案件中有两个以上的逆向性量刑情节，即有的对量刑起从宽作用，有的对量刑起从严作用，在确定罪犯刑事责任的时候，往往将这两种情节相互抵消，既不从轻，也不从重，把这两种量刑情节从量刑的因素中删掉。这种简单的、机械的抵消方法是不可取的，因为每个量刑情节所起的作用是存在差别的，不能等量齐观，而应像本规定所要求的那样进行综合权衡。对于逆向量刑情节竞合的适用，应注意把握以下两点：第一，对具体犯罪的社会危害性作出整体评价。具体犯罪较轻或一般的，在适当兼顾从

---

① 陈华杰：“如何把握死刑案件的量刑情节”，载《中国审判新闻月刊》2008 年第 10 期。

严情节的同时，应多体现从宽情节的作用；反之，具体犯罪严重或特别严重的，在适当兼顾从宽情节的同时，则应多体现从严情节的作用。因为，犯罪的危害程度大小，往往会使从宽情节或从严情节对量刑的影响力受到一定的抑制，因此，必须根据具体犯罪的轻重程度来考虑逆向情节竞合的适用。例如，某工商局副局长黄某利用分管基建工程的职务便利，索取贿赂290万元，公诉机关在起诉时认定黄某案发后有自首情节。那么在本案中，黄某具有索取贿赂的法定从重处罚情节，同时，又具有自首的法定从轻处罚情节。如果简单地将从重与从轻情节互相抵消，即黄某应处死刑立即执行，但如果按先从重后从轻的方法去适用该案的情节，黄则应处死缓刑。第二，对从宽情节与从严情节分别作出整体评价。这种评价实际上是对从宽情节与从严情节在程度上进行比较。总体来看，如果从宽情节的程度大于从严情节的程度，应对全案进行从宽处理，从轻或者减轻处罚；如果从严情节的程度大于从宽情节的程度，应对全案进行从严处理，从重或者加重处罚；若二者的程度相当，既不应从严，也不应从宽，比照同类案件正常适用刑罚。这种逆向情节竞合的适用方法，在外国刑法中也有体现，如《意大利刑法典》第69条（加重减轻竞合）规定："同时兼有加重及减轻刑罚之情状时，如法官认为加重之情状优于减轻之情状，应加重其刑罚，不得减轻；如法官认为减轻之情状优于加重之情状者，则应减轻其刑，不得加重之；如法官认为加重、减轻情状相等足资抵消时，应照无任何加重、减轻情状之情形处罚。"这种规定方法值得我们借鉴、参考。①

4. 如何认定死刑案件中被害人的过错

1999年10月27日最高人民法院印发的《全国法院维护农村稳定刑事审判工作座谈会纪要》中提到，"对故意杀人犯罪是否判处死刑，不仅要看是否造成了被害人死亡结果，还要综合考虑案件的全部情况。对于因婚姻家庭、邻里纠纷等民间矛盾激化引发的故意杀人犯罪，适用死刑一定要十分慎重，应当与发生在社会上的严重危害社会治安的其他故意杀人犯罪案件有所区别。对于被害人一方有明显过错或对矛盾激化负有直接责任，或者被告人有法定从轻处罚情节的，一般不应判处死刑立即执行。"据此，被害人有过错或对矛盾激化负有直接责任者以情节，成为了死刑案件中量刑的一个重要考量因素。但在司法实践中往往存在着重法定情节轻酌定情节的倾向，特别是酌定从轻处罚的情节，常常不予考虑。另外，由于被害人过错情节是一个酌定情节，使得司法实践中对于什么是被害人过错、被害人过错在何种情况下才影响对被告人的量刑等问题缺乏具体的依据，实践中不乏上级法院在对被害人过错问题上存在与下

① 姜富权："量刑情节竞合的适用问题"，载《诉讼法论丛》，第31页。

级法院不同的认识而将案件改判的案例。① 本《规定》将被害人一方有明显过错或对矛盾激化负有直接责任作为死刑案件的酌定量刑情节固定下来，有助于统一认识。但是如何认定死刑案件中被害人的过错仍然是一个亟待解决的问题。

笔者认为，在刑事案件中，被害人过错，是指被害人侵害他人合法权益诱使或促使行为人实施加害行为，并对罪责能产生直接影响的过失或错误的行为。基于对死刑案件中相关案例的分析，认定被害人有明显过错或者对矛盾激化负有直接责任应具备以下几点：

(1) 被害人既是过错行为的实施者又是犯罪行为的直接承受者。即过错行为是由其本人实施，而且加害人基于过错行为对被害人实施了加害行为。例如，甲是乙的父亲，甲与丙为同事关系。甲基于嫉妒散布谣言损害丙的名誉，丙得知实情后先对乙实施绑架，后怕事情败露残忍地将乙杀害。在这种情况下，不影响对丙的处罚。

(2) 被害人自身行为的失当性。被害人过错本身，必然是一种对社会公正秩序的违背，既可能是对有关法律、法规、其他规章制度的违反，也可能是对社会公序良俗道德规范的违背，这是其最为显著的表现。不当性的判断标准是社会上的一般常理，即根据一般社会常理被害人的行为会得到否定性的评价。根据司法实践，被害人有过错的情形可归纳为五种情况：一是被害人违反法律、法规的违法犯罪行为。如被害人对被告人加害行为在先，已构成违法或犯罪，引起被告人报复或进行防卫而加害被害人。二是被害人严重违反社会道德规范的行为。包括被害人故意不履行合同、躲债、恶意逃债等违背诚信原则的行为，包二奶、通奸等违反婚姻道德的行为，等等。此类行为必须要达到严重的程度，才能认定被害人有过错。三是被害人同意。较为典型的是“安乐死”及情侣相约自杀。四是被害人处置矛盾失当。被害人因法制观念、文化水平、道德标准所限，心胸狭隘，看问题比较偏激，对生活琐事、邻里纠纷、债务、婚姻等问题处理不当，促使矛盾升级。五是被害人因故意或重大过失扩大加害后果。被害人对被告人犯罪造成的加害后果，应当采取合理方式和手段减小损失，防止加害后果的进一步扩大，如故意或重大过失延误治疗，放弃抢救而导致伤情加重或死亡。②

---

① 张丹妮、李斌：“被害人过错量刑情节分析——以《全国法院维护农村稳定刑事审判工作座谈会纪要》为视角”，载《当代经理人》2006 年第 4 期。

② 王睿、王延增：“酌定量刑情节在故意杀人死刑案件中的适用”，载《法制与社会》，2010 年第 4 期（下）。

（3）被害人的过错达到严重的程度，主要体现在后果上，造成了严重的结果，即对被告人的人身、财产、精神造成了客观的、实质的伤害。

（4）被告人的犯罪行为与被害人的过错行为之间有直接的因果关系。即被告人的犯罪行为是由被害人的过错行为引发的，没有被害人的过错行为，就不会引发被告人的犯罪动机，并促使其发展为犯罪行为。

**（四）典型案例分析**

## 案例一：谢甲战故意杀人案①

1. 案情

被告人谢甲战长期从事泥鳅购销生意，自2005年以来濮阳县庆祖镇的高洪江、张义昌（殁年24岁）等人控制泥鳅购销市场，对谢甲战等泥鳅购销户进行强买强卖、强行收费。2006年6月初，李保中（殁年40岁）、高洪江、张义昌等人召集泥鳅购销户在濮阳市金狮麟酒店开会，公开宣布他们要控制市场，规定所有的泥鳅无论是以什么价格收购的，一律以每斤3.8元的价格卖给李保中等人，并派人到泥鳅收购地点进行监视。会后，谢甲战曾通过李文彪等人与李保中等人协商，但未能达成一致意见。被告人谢甲战便意图与之对抗，自行购销泥鳅，并购置了钢管，截成二尺左右长便于使用。2006年6月20日下午，谢甲战到濮阳县徐镇收购泥鳅，还请了保安人员沿途押运，以防他人闹事。张义昌闻讯后带袁建伟（殁年35岁）前去谢甲战的渔业门市守候，李保中接到张义昌的电话后也带任绪友赶到谢甲战的门市进行阻扰，高洪江则组织增援人员赶赴现场。谢甲战接到威胁电话后，组织其兄弟亲友及帮工被告人谢甲干、谢甲北、夏仲帅、谢佳根、谢甲思、谢甲风、曹建彬到门市内。当日17时30分许，双方因购销泥鳅的途径仍未能达成一致意见，谢甲战不满李保中等人无理阻扰其正当生意，遂下令打击，谢甲战、谢甲干、谢甲北、夏仲帅、谢佳根、谢甲思、谢甲风、曹建彬手持事先准备好的钢管猛击李保中、张义昌、袁建伟头部将三人打死，并将任绪友和顾客郭留刚（被误认为李保中一伙的人）打伤。其中，谢甲战双手各持一根钢管，用力击打了三被害人的头部。经鉴定，被害人李保中、张义昌系钝器多次打击头部致颅脑损伤死亡，被害人袁建伟系钝器打击致失血性休克死亡，被害人任绪友、郭留刚的伤情均为轻微伤。打完后，谢甲战指使谢甲思、谢甲北将自家的房屋玻璃、车玻璃砸烂、泥鳅篓子掀翻，以伪造现场。案发后，谢佳根、谢甲思、谢甲风到公安机关投案。

① 案例来源于《人民法院案例选》2009年第5期。

一审法院河南省濮阳市中级人民法院认为，被告人谢甲战、谢甲干、谢甲北、夏仲帅、谢佳根、谢甲思、谢甲风、曹建彬故意非法剥夺他人生命，其行为均已构成故意杀人罪。本案被害人不遵守正常的市场经营规则，为满足私欲而控制泥鳅购销市场，案发当日到被告人谢甲战家中，亦是为了阻扰谢甲战正常的泥鳅收购生意，引发了本案的发生，具有明显过错。但被害人当日到谢甲战家后，双方并未发生激烈冲突，被害人除口头进行阻扰外，未实施其他侵害行为，故谢甲战的行为不属于防卫。被告人谢甲战在自己的生意受到阻扰时，纠集人员，准备作案工具，指使并亲自带领其他被告人对到其家的被害人实施殴打，造成了三死二伤的严重后果，在犯罪后，又指使他人将自己的房屋、车玻璃砸烂，鱼筐掀翻，意图扩大被害人的责任，依法应予严惩。本案八被告人的犯罪行为，给附带民事诉讼原告人造成的直接经济损失应依法予以赔偿。法院判决：被告人谢甲战犯故意杀人罪，判处死刑，剥夺政治权利终身；被告人谢甲干、谢甲北、夏仲帅犯故意杀人罪，均判处死刑，缓期二年执行，剥夺政治权利终身；被告人谢佳根、谢甲思、谢甲风犯故意杀人罪，均判处无期徒刑，剥夺政治权利终身；被告人曹建彬犯故意杀人罪，判处有期徒刑八年。

一审宣判后，所有被告人及附带民事诉讼原告人均提出上诉。其中被告人谢甲战及其辩护人称：谢甲战有自首行为；事前没有预谋，不应定性为故意杀人罪；被害人强迫交易，强收保护费，具有黑社会性质，过错明显。请求给谢甲战一个重新做人的机会。河南省人民检察院建议驳回上诉，维持原判。

河南省高级人民法院经公开开庭审理，查明的事实及证据与原审相同。河南省高级人民法院认为，被告人谢甲战、谢甲干、谢甲北、夏仲帅、谢佳根、谢甲思、谢甲风、曹建彬故意非法剥夺他人生命，致三人死亡，二人轻微伤，其行为均已构成故意杀人罪，且后果特别严重，依法应予严惩。二审法院审理后裁定驳回上诉，维持原判，并依法报请最高人民法院核准被告人谢甲战的死刑。

最高人民法院经依法复核，确认第一审判决和第二审裁定认定的事实，并查明被告人谢甲战系在准备去投案时被抓获。证据如下：1. 证人张新安（谢甲战的表哥）的证言证实：案发前一天去谢甲战家，听谢甲战说李保中黑帮控制了泥鳅市场，有一个星期不让他收泥鳅了。出事后，谢甲战跑了，我就去找刘会林，说找到谢甲战叫他投案自首。出事第二天下午四五点钟左右，谢甲战给我打电话说他在焦作，我就叫他投案，他说不回来，我就说你别动，我去！我就和刘会林雇车连夜赶往焦作。到焦作通过电话和谢甲战联系见到了谢甲战，我和刘会林给谢甲战做思想工作让他投案自首，他同意了，并嘱咐说："我同意投案自首，你们一定要把我的冤屈通过都市报道及焦点访谈让法院公安局都知道。”正说着，公安人员就到了。2. 证人刘会林（谢甲战的姐夫）的证言证实：案发后我到现场，公安局王副局长问了我和谢甲战的情况及手机号码，并让我查找联系谢甲战，劝谢甲战投案自首。6月21日上午我和张新安送谢佳根到公安局刑警队投案了。王副局长又叫我抓紧联系谢甲战投案。21日下午5点多钟我们听说甲战去了焦作，于是也租车去了焦作，当天晚上10点多见了甲战，劝他去投案。甲战同意投案自首。正在我们准备投案的时候，公安人员来了。3. 证人董贵安（刘会林、张新安去焦作时所雇出租车司机）的证言证实：谢甲战说想回去自首，正说着，公安人员就进来了。4. 证人齐岩峰（濮阳市公安局刑警）的证言证实：案发后谢甲战外逃，我们动员其家属让其投案，其家人也同意劝其自首，但不告诉谢甲战的藏匿地点。我们利用技术手段获悉其在焦作的藏匿地点，到达该地点后，濮阳的出租车已在院外。当时屋里还有另外两人，不知谁说的“这不正在说要投案吗”。5. 谢甲战始终供述刘会林、张新安打车来焦作劝其投案，其也同意，后公安干警就踹开门进来了。

最高人民法院认为，被告人谢甲战组织谢甲干、谢甲北、夏仲帅、谢佳根、谢甲思、谢甲风、曹建彬等人故意非法剥夺他人生命，致三人死亡，二人轻微伤，其行为已构成故意杀人罪。被告人谢甲战在其亲友规劝下准备投案时被抓获，归案后能够如实供述罪行，系自首，可依法从轻处罚。第一审判决、第二审裁定认定的事实清楚，证据确实、充分，定罪准确，审判程序合法。被告人谢甲战所犯罪行极其严重，但鉴于被害人有严重过错，且被告人有自首情节，对其判处死刑，可不立即执行。依照《中华人民共和国刑事诉讼法》第一百九十九条和《最高人民法院关于复核死刑案件若干问题的规定》第四条的规定，裁定不核准被告人谢甲战死刑，撤销二审裁定，发回河南省高级人民法院重新审判。

2. 分析

本案的焦点问题是量刑，即是否应当判处被告人谢甲战死刑立即执行。与之相关的三个问题：一是如何认识被害人的过错；二是如何对待社会民意；三是如何认定自首。

关于被害人过错的性质和程度，被告人及一、二审法院的认识不尽一致。被告人及其辩护人认为，被害人强迫交易，强收保护费，具有黑社会性质，过错明显；一审认为，被害人为满足私欲而控制泥鳅购销市场，案发当日到被告人谢甲战家中阻扰谢甲战正常的生意，引发了本案的发生，具有明显过错；二审认为，被害人为牟私利强行垄断泥鳅收购市场，具有过错。分歧主要在于性质上被害人是否属于恶势力，程度上被害人是否属于明显过错。对此，有必要详细了解案发起因和过程。公安机关已经证实，如果不是本案发生，当地派出所正准备调查被害人垄断、非法经营的情况。案发后，公安机关对李保中的团伙成员以组织、参与黑社会性质组织犯罪进行立案侦查，最后其团伙成员高洪江、部红印以强迫交易罪被判刑。只是由于三被害人已死亡，公安机关未再对其具体违法犯罪行为进行查证并依法追究其刑事责任。由此可见，足以认定被害人已经形成农村恶势力，在案件起因上有严重过错或者说明显过错。另外，谢甲战案发时是村长、优秀共产党员，上级镇党委、政府及派出所相关负责人均证实谢甲战平时表现不错，所在村委会、村干部及村民亦反映谢甲战表现良好。谢甲战是为了维持生计，而不是为了争夺地盘才被迫反抗恶势力的。

在此案中还应充分考虑社会公众的反应。案发后，民意一边倒，均请求对谢甲战从轻处罚。有十多个村委会出具证明及五千多村民出具联名信，认为本案是一种反抗农村恶势力的正义行为，被害人为非作歹，死有余辜，赞赏谢甲战为民除害的行为，请求对其从轻处罚。公安机关也调查了众多泥鳅购销户，泥鳅购销户均对被害人非法控制市场不满，认为被害人是罪有应得，强烈要求对被告人从轻处罚。相反，在公安侦查、检察起诉和法院审判阶段，均没有接到同情被害人，要求从重处罚被告人的民意材料。

民众之所以请求对被告人从轻处罚，原因就是民众从自身最朴素的正义观出发，认为被害人属于恶势力，是非正义的，而谢甲战不屈服于恶势力，敢于同恶势力作斗争，代表了被欺压民众的心声，所以认为被告人是正义的。农村恶势力性质的过错与一般民间纠纷性质的过错有重大区别。农村恶势力是反社会的、非正义的，任何公民不仅有权举报，当面临恶势力的直接威胁时，应当有权进行反抗甚至打击，即使造成恶势力伤亡的，人民群众也会同情和谅解被告人。而一般民间纠纷在事件发展过程中往往各有对错，难以立辨善恶，因此，面对有过错的被害人时，主张克制谅解，以和为贵，不提倡以牙还牙，得寸进尺，更不允许主动打击。如果主动打击造成伤亡，民意就不可能一边倒地同情和支持被告人。本案被害人李保中等人召集各泥鳅购销户开会，公然宣布对当地泥鳅市场进行非法控制，气焰非常嚣张，性质非常恶劣，所以才激起民众的普遍反感，民众才会认为他们死有余辜，才会要求对被告人从轻处罚。

本案可以认定谢甲战有自首情节。根据本案证据，已经查实被告人谢甲战在其亲友规劝下准备投案时被抓获，应当视为自动投案，且其能如实供述罪行，故应认定为自首。二审法院认为出租车司机董贵安是在事隔二年后作证，证明力较弱，且谢甲战仅有投案的意思表示，但是没有投案的行为，公安人员是通过技术手段找到谢甲战的藏匿处所将其抓获的，故不认定自首。这一看法值得商榷。一是董贵安虽然在事隔二年后作证，但证明力不一定较弱。证明力强弱主要看是否符合客观真实，而不是看距离案发时间的长短。且即使不采纳董贵安的证言，根据其他三人的证言也足以认定谢甲战确已准备去投案。二是司法解释关于准备投案的规定，并不要求必须有投案的行为，只要查实确已准备去投案即可。况且，谢甲战将其在焦作的藏匿处所告诉刘会林、张新安，并同意刘会林、张新安到焦作劝说，也是其准备投案的客观行为表现之一。三是虽然公安机关的侦破报告证明是通过技术手段找到谢甲战的藏匿处所的，但经进一步调查核实，公安人员是在谢甲战亲属答应劝说谢甲战自首后，通过技术手段了解到谢甲战亲属将赴焦作劝说等信息，尾随谢甲战亲属而至藏匿地点将谢甲战抓获的。因此，认定谢甲战有自首情节是客观公正的。

### 案例二：李补都运输毒品案①

1. 案情

被告人李补都，男，1976 年 10 月 16 日出生，彝族，农民。因涉嫌犯运输毒品罪于 2007 年 7 月 23 日被逮捕。四川省攀枝花市人民检察院以被告人李补都犯运输毒品罪，向攀枝花市中级人民法院提起公诉。

攀枝花市中级人民法院经公开审理查明：

2007 年 6 月 22 日晚 23 时许，被告人李补都骑摩托车途经四川省盐边县格萨拉乡平原村平原组新坝沟垭口时，被公安人员拦截，当场从李补都随身携带的挎包内查获可疑物品 3 块，净重 1047.5 克。经鉴定，该三块可疑物品中均检出海洛因成分。

攀枝花市中级人民法院认为，被告人李补都明知是海洛因而运输，其行为已构成运输毒品罪。李补都的辩护人所提李补都在运输毒品过程中受他人支配，起辅助作用，系从犯，且李补都检举谢某某，有立功表现的辩护意见，不能成立，不予采纳。李补都的辩护人所提李补都认罪态度好，有悔罪表现，无犯罪前科，系初犯、偶犯的辩护意见，与查明的事实相符，但李补都运输毒品数量巨大，应予严惩。依照《中华人民共和国刑法》第三百四十七条第二款第（一）项、第五十七条第一款、第五十九条的规定，判决如下：

被告人李补都犯运输毒品罪，判处死刑，剥夺政治权利终身，并处没收财产人民币一千元。

一审宣判后，被告人李补都提出上诉，上诉理由是，其系受雇于谢某某而运输毒品，起辅助作用，是从犯；到案后认罪、悔罪，积极检举谢某某，有立功表现；所运输的毒品未流入社会造成危害；其是初犯、偶犯。

四川省高级人民法院经二审认为，一审判决认定的事实清楚，证据确实、

① 案例来源于李静然：“李补都运输毒品案——被告人运输毒品数量大，但不排除受人雇佣的，如何量刑”，载《刑事审判参考》2009 年第 2 辑。

充分，适用法律正确，量刑适当，审判程序合法。依照《中华人民共和国刑事诉讼法》第一百八十九条第（一）项的规定，裁定驳回上诉，维持原判。

宣判后，四川省高级人民法院依法将本案报请最高人民法院核准。

最高人民法院经复核认为，被告人李补都明知是海洛因而使用交通工具进行运输，其行为已构成运输毒品罪。李补都运输海洛因数量大，应依法惩处。第一审判决、第二审裁定认定的事实清楚，证据确实、充分，定罪准确，审判程序合法。但鉴于不能排除李补都系受他人雇佣、指使而运输毒品，对其依法可不判处死刑立即执行。依照《中华人民共和国刑事诉讼法》第一百九十九条和《最高人民法院关于复核死刑案件若干问题的规定》第四条的规定，裁定如下：

1. 不核准四川省高级人民法院（2008）川刑终字第246号维持第一审对被告人李补都以运输毒品罪判处死刑，剥夺政治权利终身，并处没收财产人民币一千元的刑事裁定；

2. 撤销四川省高级人民法院（2008）川刑终字第246号维持第一审对被告人李补都以运输毒品罪判处死刑，剥夺政治权利终身，并处没收财产人民币一千元的刑事裁定；

3. 发回四川省高级人民法院重新审判。

2. 分析

本案被告人运输毒品数量较大，对被告人李补都是否应当核准死刑呢？笔者认为，最高人民法院的裁定是正确的，理由如下：

首先，对受雇运输毒品的犯罪分子判处刑罚时，一般应与走私、贩卖、制造毒品和有严重情节的运输毒品犯罪分子有所区别，因为运输毒品与走私、贩卖、制造毒品相比，作为毒品犯罪的中间环节，社会危害性相对较低；同时，运输毒品罪的涉案人员大多是一些受指使或受雇佣的农民、边民或无业人员，犯罪动机往往只是因经济困难或受人利诱赚取少量运费，在犯罪中的地位、作用较轻，主观恶性也较小。鉴于此，最高人民法院2008年12月印发的《全国部分法院审理毒品犯罪案件工作座谈会纪要》提出，“对于运输毒品犯罪，要注意重点打击指使、雇佣他人运输毒品的犯罪分子和接应、接货的毒品所有者、买家或者卖家”；“对有证据证明被告人确属受人指使、雇佣参与运输毒品犯罪，又系初犯、偶犯的，可以从轻处罚，即使毒品数量超过实际掌握的死刑数量标准，也可以不判处死刑立即执行”。

本案中，被告人李补都运输海洛因1047.5克，数量巨大，但根据现有证据，不能排除李补都系为赚取少量运费而受谢某某指使、雇佣运输毒品。李补都不是毒品所有者、买家或者卖家，也不是组织、指使、雇佣他人运输毒品者，其在整个毒品犯罪环节中作用相对较小，主观恶性和社会危害性也相对较小。因此，对李补都的量刑，应当与走私、贩卖、制造毒品和有严重情节的运输毒品犯罪分子有所区别。

其次，毒品数量是毒品犯罪案件量刑的一个基本的、重要的情节但不是唯一标准。在对毒品犯罪分子量刑时，特别是在考虑是否适用死刑时，应当综合考虑毒品数量、犯罪情节、危害后果、被告人的主观恶性、人身危险性等各种因素，做到区别对待。对虽然已达到实际掌握的判处死刑的毒品数量标准，但是涉案毒品数量不是特别大，且确属初次犯罪即被查获，未造成严重危害后果的，可以考虑不判处被告人死刑立即执行。本案中，被告人李补都运输海洛因1047.5克，数量已达到当地实际掌握的死刑数量标准，但李补都有多个从宽处罚情节：(1) 李补都系初犯，没有因毒品犯罪被判处刑罚的经历，结合其一贯表现和家庭经济状况，其本次犯罪仅系为了赚取少量运费的可能性极大；(2) 李补都运输的毒品已被全部查获，没有进一步流入社会造成更大实际危害；(3) 李补都户籍所在的温泉乡野麻地村委会出具证明材料反映，李补都平时表现良好，且李补都归案后能够如实供述犯罪，认罪态度较好，反映其主观恶性不深。综合上述情节，最高人民法院作出不核准被告人李补都的死刑裁定是妥当的。

**(五) 相关法条链接**

**1. 最高人民法院《关于刑事附带民事诉讼范围问题的规定》**

**第四条** 被告人已经赔偿被害人物质损失的，人民法院可以作为量刑情节予以考虑。

**2. 最高人民法院关于印发《全国法院维护农村稳定刑事审判工作座谈会纪要》的通知**

“要准确把握故意杀人犯罪适用死刑的标准。对故意杀人犯罪是否判处死刑，不仅要看是否造成了被害人死亡结果，还要综合考虑案件的全部情况。对于因婚姻家庭、邻里纠纷等民间矛盾激化引发的故意杀人犯罪，适用死刑一定要十分慎重，应当与发生在社会上的严重危害社会治安的其他故意杀人犯罪案件有所区别。对于被害人一方有明显过错或对矛盾激化负有直接责任，或者被告人有法定从轻处罚情节的，一般不应判处死刑立即执行。

要注意严格区分故意杀人罪与故意伤害罪的界限。在直接故意杀人与间接故意杀人案件中，犯罪人的主观恶性程度是不同的，在处刑上也应有所区别。间接故意杀人与故意伤害致人死亡，虽然都造成了死亡后果，但行为人故意的性质和内容是截然不同的。不注意区分犯罪的性质和故意的内容，只要有死亡后果就判处死刑的做法是错误的，这在今后的工作中，应当予以纠正。对于故意伤害致人死亡，手段特别残忍，情节特别恶劣的，才可以判处死刑。”

## 六、言词证据的补强规则

**第三十七条　对于有下列情形的证据应当慎重使用，有其他证据印证的，可以采信：**

**（一）生理上、精神上有缺陷的被害人、证人和被告人，在对案件事实的认知和表达上存在一定困难，但尚未丧失正确认知、正确表达能力而作的陈述、证言和供述；**

**（二）与被告人有亲属关系或者其他密切关系的证人所作的对该被告人有利的证言，或者与被告人有利害冲突的证人所作的对该被告人不利的证言。**

### （一）法条内容释义

《刑事诉讼法》第48条第2款规定：“生理上、精神上有缺陷或者年幼，不能辨别是非、不能正确表达的人，不能作证人。”这是关于证人作证资格的规定。由此可见，如果证人由于特定的生理上或者精神上的缺陷导致不能辨别是非、不能正确表达的人，就被排除证人的资格。这里“生理上、精神上有缺陷”不是指所有各种生理缺陷，如断肢、跛腿、近视、色盲、瘫痪等，或普遍意义上的精神缺陷，如轻微的神经官能症或者间歇性精神病，而是特指那些丧失了辨别是非能力和正确表达能力的严重精神病患者以及聋、哑、盲、丧失记忆功能等严重影响其辨别是非能力和正确表达能力的生理缺陷。在实践中，证人生理上、精神上的缺陷标准也无法统一。但只要该证人的陈述是在其有限的认识能力范围之内的，都不应剥夺其作证的资格。例如，聋哑人可就其看到的事实作证，智力低下的人可就其认识范围内的简单事实作证，间歇性发作的精神病人也可就其在精神状态正常时所认识到的事实作证，等等。至于被害人及被告人作证的资格，刑事诉讼法没有明确的限制。在司法实践中，一般也是根据待证事实的复杂程度以及被害人、被告人的认识能力、记忆能力和表达能力，从而决定其该证人的作证能力是否应受到限制。本条第1款的规定，则是关于如何采信生理上、精神上有缺陷的被害人、证人和被告人所作的陈述、证言和供述的规定。根据本条的规定，生理上、精神上有缺陷的被害人、证人和被告人只要尚未丧失正确认知、正确表达能力，其陈述、证言和供述可以作为证据使用，但是要作为定案根据的，则要保持谨慎，必须有其他证据予以印证，如物证、书证、鉴定结论、勘验检查笔录或者其他生理及精神均正常的证人、被害人、被告人的陈述、证言和供述等，担保其陈述、证言和供述的自愿性、准确性、真实性才可以采信。

与被告人有亲属关系、密切关系或者与被告人有利害冲突的证人能否出庭作证，在实践中是一个颇具争议的问题。《刑事诉讼法》第 48 条第 1 款规定："凡是知道案件情况的人，都有作证的义务。"与被告人有亲属关系、密切关系或者与被告人有利害冲突的证人均具备证人资格。但是在实践中，部分办案人员、当事人、辩护人、诉讼代理人在案件的办理过程中仍然会主张排除这类证人的证人资格。这就是混淆了证人作证资格与证言证明力的区别。本条第 2 款肯定了与被告人有亲属关系、密切关系或者与被告人有利害冲突的证人具备证人资格，但是亦充分认识到这类证人有时为了自身的利益或是为了被告人的利益，可能作出真假参半甚至虚假的证言，而这些证词往往对被告人的罪轻罪重、此罪彼罪、有罪无罪起着重要的作用，因此，本条要求，在认真审查这类证人的证言时，要结合相关的各种证据，综合分析与判断，以得出正确的判断。例如李某故意杀人案。李某系王某女婿，因怀疑其岳父、岳母挑拨其妻与其母分家而怀恨在心。一天上午 11 时许，见其妻又回其岳父、岳母家，李某即找其朋友刘某到其岳父母家评理。因话不投机，发生厮打，刘某在屋里持刀将李某岳父砍死，李某持刀将其妻及其岳母追到院内砍伤。证人王某某证实在李某家院墙外看见李某将其妻及岳母追至当院砍伤，刘某在李某家西屋与李某岳父进行厮打的事实。在庭审中刘某辩护人提出，王某某是被害人的侄子，又是另一被告人李某的亲戚，有意将罪责推卸到其身上，其证言不真实，且以王某某的身高在李某家墙外，根本看不见院里，更看不见刘某在西屋与李某岳父厮打的事实。法庭休庭对此情况进行核实，经核实证明，李某家墙外为一土坡，王某某身高 1.85 米，站在墙外能看见李某家西屋和当院，因此法庭采信了王某某的证言。

**（二）制定理由**

从司法实践的情况来看，言词证据是刑事诉讼中主要的证据形式，随着庭审方式改革的不断深化，对言词证据审查判断规则的缺失与司法实践中对言词证据审查判断的失范问题逐渐凸显。这表现在对生理上、精神上有缺陷的被害人、证人和被告人所作的陈述、证言和供述，与被告人有亲属关系、密切关系或者与被告人有利害冲突的证人所作的证言审查判断时缺乏统一标准，公、检、法机关对这类证据能不能用、怎么用，认识不一，相互扯皮，难以定案；当事人、辩护人、诉讼参与人对这类证据的真实性、合法性、关联性各执一词，争论不下，不服公安司法机关的决定或者裁判。本条规定，对公安机关、检察机关、法院在收集、审查、核实和认定这类证据时统一了标准，也为当事人、辩护人、诉讼代理人对这类证据举证、质证时指明了方向。

**（三）应注意的问题**

如何界定与被告人有亲属关系、密切关系或者与被告人有利害冲突的证人的范围？

1. 与被告人有亲属关系的证人之范围

参考《公务员法》关于任职回避中有关亲属关系的界定以及《继承法》有关亲属间继承关系的认定，被告人亲属关系的范围包括：

夫妻关系。法律承认的婚姻关系的双方，即丈夫和妻子，互为夫妻关系。夫妻关系的成立，以双方依法领取结婚证为标准；夫妻关系的结束，以双方依法领取离婚证或人民法院的离婚判决已经生效为标准。

三代以内直系血亲关系。直系血亲关系是指生育自己和自己所生育的上下各代亲属，他们和自己有着直接的血缘关系，包括父母、祖父母、外祖父母、子女、孙子女、外孙子女、曾孙子女等。三代以内的直系血亲，即指父母与子女之间，（外）祖父母与（外）孙子女之间的关系。此外，根据《继承法》第10条的规定，父母包括生父母、养父母和有抚养关系的继父母；子女包括婚生子女、非婚生子女、养子女和有抚养关系的继子女。

三代以内旁系血亲关系。旁系血亲，是指具有间接血缘关系的亲室，即非直系血亲，但在血缘上和自己同出一源的亲属。三代以内旁系血亲关系包括：同源于父母的兄弟姐妹之间的关系（含同父异母、同母异父的兄弟姐妹）；同源于祖父母的堂兄弟姐妹或者表兄弟姐妹之间的关系；同源于外祖父母的姨表或舅表兄弟姐妹之间以及不同辈分的叔、伯、姑、舅、姨与侄（侄女）、甥（甥女）之间的关系。

近姻亲关系。姻亲关系是指以婚姻关系为中介而形成的亲属关系。姻亲关系可以分为三类：一是血亲的配偶，即自己的血亲的配偶，如直系血亲的配偶包括儿媳、女婿等；旁系血亲的配偶，如兄弟之妻、姐妹之夫、伯母、姑父、舅母、姨夫等。二是配偶的血亲，即自己的配偶的血亲，如配偶的直系血亲，即配偶之父母、祖父母；配偶的旁系血亲，即配偶的兄弟姐妹、叔、伯、姑、舅、姨等。三是配偶的血亲的配偶以及血亲的配偶的血亲，前者如妻或夫的兄弟之妻，后者如儿媳之父母等。

从实际情况来看，配偶的父母、兄弟姐妹、儿女的配偶以及儿女配偶的父母，一般与被告人的联系较为紧密，在采信其证言时需要补强。

2. 与被告人有密切关系的证人之范围

《刑法修正案（七）》首次将与国家工作人员有“关系密切的人”列为利用影响力受贿犯罪的主体，从此，“关系密切的人”进入了刑事司法的领域。《刑法修正案（七）》所规定的“关系密切的人”是指，非国家工作人员以亲情、友谊、利益等因素为纽带，与国家工作人员之间形成的较为亲近的特殊关系人，在实践中这种密切关系体现为：亲戚关系（非近亲属）、情人关系、情感关系、经济利益关系、朋友关系、同事关系、同学关系、老乡关系，等等。由于没有统一的分类标准，这些关系常常存在着相互交叉的情形，如情人之间，往往同时兼有情感关系和经济利益关系。在借鉴《刑法修正案（七）》关于“关系密切的人”的界定，在判断证人是否与被告人有密切关系时，可以从以下三个方面考虑：第一，从二者周围人员对其关系的角度考虑，被告人、证人的朋友、同事等周围人员认为二者关系密切。如认为证人是被告人的“情人”、亲戚、“干亲戚”或者是关系密切的同学、战友、同乡、同事、上下级，等等。第二，从被告人的角度衡量，其对与关系密切人之间的关系密切基本认可。当然，这需要相关的证据证明，比如通话记录、短信联系、信件往来、见面次数，等等。被告人在被讯问时，有时会对这种密切关系加以否定，以获取对自己有利的证言的支持，对此必须根据相关证据来加以证明。第三，从关系密切人本身看，其对与被告人的关系也应有基本的认识。当然这也需要相关的证据予以证明，而不能单凭关系密切人的证言认定其与被告人关系密切。

3. 与被告人有利害冲突的证人之范围

判断证人与被告人是否具有利害冲突，可以从三个方面考量：第一，二者是否存在法律意义上的利害冲突关系，这种关系以本案的判决结果是否对证人产生一定的法律后果为判断标准。例如，在贪污贿赂案件中，行贿人对受贿人受贿事实的证明。在毒品案件中，参与犯罪但没有被追究刑事责任或者免予追究刑事责任以证人身份证明被告人犯罪的人。在有“特情”协助办案的情况下，须特别注意这一点。一般情况下，“特情”发现犯罪线索向公安机关报告，是出于正常的工作目的，但个别“特情”为了立功或取得公安机关的信赖，有的甚至为了获得奖金、报酬不惜夸大事实，采取各种非法手段，设圈套引诱犯罪。第二，二者是否存在商业、职业等方面的竞争关系。第三，二者在社会交往中是否存在不睦关系。例如，证人与被告人曾因琐事发生纠纷因而结仇，证人曾与被告人是恋爱关系后因被告人移情别恋而分手等，在这种情形下不排除证人因记恨被告人而作虚假陈述。

**（四）典型案例分析**

### 张世明抢劫杀人案①

1. 案情

被告人张世明，男，1996 年 5 月因犯盗窃罪被判处有期徒刑二年；1999 年 5 月因犯抢劫罪被判处有期徒刑六年，2003 年 2 月 23 日刑满释放。

---

① 案件来源于《人民法院案例选》2009 年第 5 期。

2003年11月20日晚，在河南省荥阳市打工的被告人张世明伙同同乡张贵金、方国华、耿忠态、耿忠堂（均已判刑）共同预谋抢劫作案。次日凌晨2时许，张世明等人携带手电筒、领带等物，从崔庙镇寺沟村耿忠堂的租房处来到本村朱全成所开的商店外，由张世明进行分工实施抢劫行为。耿忠态将门喊开后，张世明上前卡住朱全成的脖子，将朱全成按倒在地，方国华用随身携带的领带将朱全成的双手捆绑，被害人朱全成被扼颈致死。张贵金冲到屋内用手卡住朱全成之妻赵喜荣的脖子，耿忠态、耿忠堂用白色尼龙绳将赵的双手捆绑，被害人赵喜荣被扼颈致死。后五人抢走店内现金600余元及价值人民币100元的香烟三条。经鉴定，被害人赵喜荣、朱全成系被他人扼颈引起机械性窒息死亡。

河南省郑州市中级人民法院认为，被告人张世明伙同他人采取暴力手段，入户抢劫被害人财物，并致二人死亡，其行为已构成抢劫罪。公诉机关指控被告人张世明的犯罪事实清楚，证据充分，罪名成立。关于被告人张世明及其辩护人所提没有实施分工和掐被害人朱全成脖子的辩解、辩护意见，经查，张贵金、方国华等人均证明张世明进屋后即掐住被害人朱全成的脖子，并在抢劫中一直掐着被害人，且五人作案前即预谋由张世明和方国华、耿忠态三人对付被害人朱全成，故足以认定张世明将朱全成扼颈致死的事实，以上辩解、辩护意见均不能成立。本案中，被告人张世明所参与的入室抢劫犯罪，致二人死亡，后果特别严重，在致死其中一名被害人的过程中起到了直接作用，犯罪作用突出，且系累犯，依法应当严惩。被告人张世明的犯罪行为，给附带民事诉讼原告人造成了一定的经济损失，依法应予以赔偿。依照《中华人民共和国刑法》第二百六十三条第（一）、（五）项，第五十七条第一款，第五十九条，第三十六条，《中华人民共和国民法通则》第一百一十九条之规定，判决如下：被告人张世明犯抢劫罪，判处死刑，剥夺政治权利终身，并处没收个人全部财产；赔偿附带民事诉讼原告人各项经济损失共计人民币30000元。

一审宣判后，被告人张世明上诉提出：没有实施分工和掐老头脖子的行为，其辩护人提出了相同的意见，并认为张世明认罪态度较好，请求从轻处罚。

河南省人民检察院建议驳回上诉，维持原判。

河南省高级人民法院经公开开庭审理，查明的事实、证据与一审法院认定的相同，并均经当庭举证、质证，查明属实。

河南省高级人民法院认为，上诉人张世明伙同他人采取暴力手段，入户抢劫他人财物，并致二人死亡，其行为已构成抢劫罪，且其所犯罪行极其严重，社会危害性极大，又系累犯，应依法惩处。关于上诉人张世明的上诉理由及其辩护人的辩护意见，经查，根据四名同案犯的供述，均证实在抢劫过程中由上诉人张世明进行分工，且其进屋后先掐住被害人朱全成的脖子，致朱全成死亡，虽上诉人张世明对此情节不予供述，但足以认定。依照《中华人民共和国刑事诉讼法》第一百八十九条第（一）项之规定，裁定如下：驳回上诉，维持原判，并依法报请最高人民法院核准。最高人民法院经复核查明的事实、证据与原审法院认定的相一致，均予以确认。

最高人民法院认为，被告人张世明伙同他人采取暴力手段，入户抢劫财物，并致二人死亡，其行为已构成抢劫罪。被告人张世明在共同犯罪中，是致死被害人的直接凶手，其主观恶性深，人身危险性大，犯罪情节特别恶劣，犯罪后果特别严重，且系累犯，应依法惩处。第一审判决、第二审裁定认定的事实清楚，证据确实、充分，定罪准确，量刑适当、审判程序合法。依照《中华人民共和国刑事诉讼法》第一百九十九条和《最高人民法院关于复核死刑案件若干问题的规定》第二条第一款之规定，裁定以抢劫罪核准被告人张世明死刑。

2. 分析

在刑事司法中，共犯与同案被告人是两个不同的概念。共犯是实体法上的概念，是指共同犯罪的人，而同案被告人则是程序法上的概念，是指在同一诉讼程序中被司法机关共同追诉的人，二者所涵盖的范围并非是完全重合的。一般情况下，共同犯罪案件都是同案处理的（即同案共犯），但是，在某些情况下，如案犯归案时间不同时，实践中也存在将共犯另案处理的可能（即非同案共犯）。这样，判定先受审的被告人供述对后审共犯案件的证明力，对于正确认定案件事实具有至关重要的作用。

对于同案处理的共同犯罪案件，如何对待同案被告人的口供，如何界定其性质和证明力，无论是在理论上还是在实践中都存在很大的争议，大致有如下三种意见：第一种意见认为，共犯之间的关系是互为证人的关系，其口供只要互相印证，就可以据此定罪判刑；第二种意见认为，鉴于口供的特点和共同犯罪中犯罪嫌疑人、被告人相互之间不同程度地存在着利害关系，即使共犯口供一致，相互印证，也不能据此定罪判刑；第三种意见认为，共犯口供的性质仍然是口供，共犯不能互为证人，仍要坚持刑事诉讼法规定的只有被告人口供，没有其他证据的，不能认定被告人有罪和处以刑罚的原则。

相对而言，对于非同案共犯中先受审的被告人供述证明力的认定，则要相对简单得多。司法实践中，一些司法机关将这类共犯口供作为后审共犯案件的证人证言，认为先审结案件的被告人口供是经过调查属实的，其真实性建立在较牢靠的基础上，并且他与后案审理的共犯人已无足够的利害关系，实际上已成为后审者犯罪事实的知情人，其诉讼地位当然发生变化，而成为另案诉讼的证人。这一观点也得到了许多国家的支持，例如在英国，如果共犯因同一犯罪行为被分别审判，那么他们就不是共同被告人，在每个分离的程序中，都可以作证。日本的法律也规定，共同被告人在同一程序中不能同时作为其他同案被告人的证人；但在分离程序中，则可以作为其他共同被告人的证人，且其证言与一般证言相同。

但实际上，国外立法之所以能作这样的规定，是与整个司法制度的设置密不可分的，是以对被告人辩护权的充分保障以及传闻证据、交叉询问等证据适用规则的确立为制度保障的。然而，在我国目前的情况下，适用这种处理方式极容易导致冤假错案的发生，因为非同案被告人的供述与普通的证人证言有着本质的不同：（1）从证明主体与案件的利害关系来看，二者具有本质的区别。在我国，证人与案件审理结果在法律上没有直接的利害关系，而被告人是被追诉和可能被定罪的对象，与案件结果存在直接的利害关系，属于诉讼当事人，二者的地位存在明显差异。（2）从所证明内容的范围而言，被告人供述的范围更广，其所作有罪供述会更直接、全面地反映出犯罪的动机、目的、时间、地点、手段、过程、后果等案件真实情况，特别是在证明犯罪主观目的与动机方面更是具有无可比拟的作用。相比而言，由于并非案件的直接当事人，证人证言具有一定的局限性，只能证明案件的主要情节或部分情节，而不能像被告人口供那样全面、具体。（3）从所证明内容的真实性而言，非同案被告人的供述存在更大的虚假可能性。相比证人而言，被告人作为刑事诉讼中被追究刑事责任的对象，由于口供直接影响到司法机关对他们的处理，因而其真实性容易受到各种因素的影响，也容易出现反复。特别是对于先受审的被告人来说，由于其供述无须像证人证言那样与后审理的非同案共犯进行当庭对质，在缺乏足够的质证程序予以制约的条件下，不排除具有推卸责任的可能。

综上，无论是形式上还是实质上，将非同案共犯的供述界定为被告人的供述这一证据种类更为合适。但在适用《刑事诉讼法》第 46 条“只有被告人供述，没有其他证据的，不能认定被告人有罪和处以刑罚”的规定时，考虑到非同案共犯毕竟具有一定的“旁观者”、“局外人”色彩，对于已经过庭审质证确认的被告人供述在证据的判断和运用方面，相比于同案共犯的供述要更灵活一些，允许在一定前提下据此对被告人定罪判刑，甚至判处死刑立即执行。其实，即使对于同案被告人的口供，《全国法院审理毒品犯罪案件工作座谈会纪要》（以下简称《纪要》）在证据运用方面也作了相应突破性的规定，“仅凭被告人口供依法不能定案。只有当被告人的口供与同案其他被告人的口供吻合，并且完全排除诱供、逼供、串供等情形，被告人的口供与同案被告人的供述才可以作为定案的证据。对仅有口供作为定案证据的，对其判处死刑立即执行要特别慎重。”

本案中，被告人张世明在2006年9月3日被公安机关抓获前，郑州市中级人民法院于2004年5月以（2004）郑刑二初字第55号判决已对其他共犯判决如下：以抢劫罪判处被告人张贵金死刑、被告人方国华死刑缓期二年执行、被告人耿忠堂死刑缓期二年执行、被告人耿忠态无期徒刑。因此，对于本案而言，其他四名被告人的供述属于非同案共犯的供述。

本案中，被告人张世明参与抢劫犯罪没有异议，其所作供述与证人证言、尸体检验报告、现场勘查笔录及其他被告人的供述相互印证，足以认定。但焦点问题在于，在没有其他相关证据的情况下，在被告人张世明完全否认并辩解是张贵金所实施的情况下，能否根据其他四名被告人的供述确认由被告人张世明实施了分工及掐死被害人朱全成的行为？最高人民法院根据本案的具体情况，参照《纪要》的相关精神，以抢劫罪核准被告人张世明死刑是适当的，也是非常慎重的，具体理由如下：

1. 公安机关对其他四名被告人的讯问是分别进行的，他们当时不可能知道其他被告人的供述或者被告人张世明是否尚在逃的情况，能够排除串供的可能性。

2. 四名被告人的口供都是在符合法律规定的条件下取得的，口供来源正当，能够排除刑讯逼供或引诱、欺骗的可能性。

3. 从非同案共犯的数量来看，共有四名，其错误的风险大大降低，证明力也相对更强，而且其他各被告人对犯罪事实和具体分工的供述及相关细节印证一致，被告人耿忠堂、耿忠态、方国华一致指认由张贵金致死赵喜荣，张世明致死朱全成，而没有将全部责任推卸给张世明。

4. 被告人张世明在2006年被抓获时很可能已经知道其他被告人被判刑特别是张贵金被判处死刑的情况，认为死无对证，因此将责任推到了张贵金身上，且其辩解没有任何证据支持。

5. 从量刑来看，本案中五名被告人为了实施抢劫犯罪，致死两个毫无反抗能力的老人，核准两个被告人死刑也是妥当的。被告人张贵金在共同犯罪中的作用相对于张世明要小一些，其已经被核准死刑，因此，核准张世明死刑更能实现量刑上的均衡。

**（五）相关法条链接**

1.《最高人民法院关于执行〈中华人民共和国刑事诉讼法〉若干问题的解释》

**第五十七条** 对于证人能否辨别是非，能否正确表达，必要时可以进行审查或者鉴定。

2.《最高人民法院关于民事诉讼证据的若干规定》

**第六十九条** 下列证据不能单独作为认定案件事实的依据：

（一）未成年人所作的与其年龄和智力状况不相当的证言；

（二）与一方当事人或者其代理人有利害关系的证人出具的证言；

（三）存有疑点的视听资料；

（四）无法与原件、原物核对的复印件、复制品；

（五）无正当理由未出庭作证的证人证言。

3.《最高人民法院关于行政诉讼证据若干问题的规定》

**第七十一条** 下列证据不能单独作为定案依据：

（一）未成年人所作的与其年龄和智力状况不相适应的证言；

（二）与一方当事人有亲属关系或者其他密切关系的证人所作的对该当事人有利的证言，或者与一方当事人有不利关系的证人所作的对该当事人不利的证言；

（三）应当出庭作证而无正当理由不出庭作证的证人证言；

（四）难以识别是否经过修改的视听资料；

（五）无法与原件、原物核对的复制件或者复制品；

（六）经一方当事人或者他人改动，对方当事人不予认可的证据材料；

（七）其他不能单独作为定案依据的证据材料。

## 七、庭外调查核实证据

**第三十八条 法庭对证据有疑问的，可以告知出庭检察人员、被告人及其辩护人补充证据或者作出说明；确有核实必要的，可以宣布休庭，对证据进行调查核实。法庭进行庭外调查时，必要时，可以通知出庭检察人员、辩护人到场。出庭检察人员、辩护人一方或者双方不到场的，法庭记录在案。**

**人民检察、辨护人补充的和法庭庭外调查核实取得的证据，法庭可以庭外征求出庭检察人员、辩护人的意见。双方意见不一致，有一方要求人民法院开庭进行调查的，人民法院应当开庭。**

### （一）法条内容释义

本条对庭外调查核实证据的程序进行了细化规定，并对如何运用庭外调查取得的证据予以明确。此条款为我国法官对存疑享有证据庭外调查权的法律依据。《刑事诉讼法》第158条规定：“法庭审理过程中，合议庭对证据有疑问的，可以宣布休庭，对证据进行调查核实。”最高人民法院及最高人民检察院关于适用刑事诉讼法的司法解释也作了基本相同的规定。本条在刑事诉讼法规定的基础上对合议庭展开庭外调查的程序作了一定限制，即当合议庭对证据有疑问时，应先告知出庭检察人员、被告人及其辩护人补充证据或者作出说明。在经出庭检察人员、被告人及其辩护人补充证据或者作出说明后仍然无法认定某一犯罪构成要件事实、影响量刑的事实或者无法排除对某些证据的真实性、合法性的怀疑，如不排除疑问，就会影响定罪或者判刑时，方可宣布休庭，对证据进行调查核实。另外，进行庭外调查是否必须通知控辩双方到场？刑事诉讼法未作规定。《最高人民法院关于适用〈中华人民共和国刑事诉讼法〉若干问题的解释》第 154 条规定，“人民法院调查核实证据时，……必要时，可以通知检察人员、辩护人到场。”本规定与最高人民法院的司法解释一致，规定，“法庭进行庭外调查时，必要时，可以通知出庭检察人员、辩护人到场。”由此可见，合议庭只是在必要时才通知控、辩双方到场，参与合议庭的证据核实。这实际上就是将庭外调查时是否通知控、辩双方到场交由法官自行决定。为了维护合议庭的中立立场，保持控、辩双方力量的平衡，贯彻未经质证不得认证原则，保障认证程序的公开性，对有罪证据和对被告人从重处罚证据的调查，合议庭进行庭外调查时均应当通知控、辩双方到场。而控、辩双方可以自行决定是否到场，一方或者双方不到场，不影响庭外调查的进行，但法庭应按照本规定将此情况记录在案。而对有利于对被告人作出从轻、减轻处罚的证据，如立功、自首情节的证据，合议庭可以通过变通的方式，即庭外征求出庭检察人员、辩护人的意见。当双方意见不一致时，有一方要求人民法院开庭进行调查的，人民法院应当开庭。因此，对于庭外调查取得的证据，都应经控辩双方质证后方可作为定案的根据。至于质证的方式可灵活，既可恢复庭审开庭质证，也可庭外征求出庭检察人员、辩护人的意见。本条关于庭外调查的程序安排，可节约司法资源，提高诉讼效率，且符合质证原则的要求，能为大多数地方法院、检察院所接受。

**（二）制定理由**

法官庭外调查权的有无，是职权主义诉讼模式和当事人主义诉讼模式的一项重要区别。在职权主义诉讼模式下，法官有责任运用职权查明案件事实，保证实体公正，因而有权实施庭外调查，这种调查不仅可以在法庭审理过程中休庭进行，而且可以在庭审准备阶段实施。如法国《刑事诉讼法》第 156 条规定：“任何预审法官或审判法官，在案件出现技术方面问题时，可以根据检察院的要求，或者依自己职权，或者一方当事人的要求，命令进行鉴定。”第 283 条规定：“审判长如果认为预审尚不完整，或者在预审之后发现新的情况，可以命令进行他认为需要的任何侦查行为。”第 310 条规定：“审判长享有自由裁量权，可以凭自己的荣誉和良心，采取自己认为有助于查明真相的任何措施。”① 作为职权主义审判方式的典型代表的德国，其《刑事诉讼法》第173条第3项规定：“为了作裁判准备，法院可以命令调查并嘱托一名受托或者受命法官进行调查。”第221条规定：“审判长可以依职权命令调取证据。”第244条第2项规定：“为了调查事实真相，法院应当依职权将证据调查延伸到所有的对于裁判具有意义的事实、证据上。”② 日本、俄罗斯在保留职权主义基本特色的基础上吸收了当事人主义诉讼模式的元素，因此在一定程度上保留了法官的证据调查权，但为避免法官在审前形成预断，均否定法官的审前证据调查权。日本《刑事诉讼法》第298条规定，“检察官、被告人或者辩护人可以请求法庭对证据进行调查。法庭认为必要时，可以依照职权对证据进行调查。”③ 根据《俄罗斯刑事诉讼法》第283条、第284条、第287条、第288条、第290条的规定，法官可以根据控、辩双方申请或者依职权决定进行司法鉴定、对物证的勘验、对地点和房舍的勘验、侦查试验、检验。④ 英国美国奉行当事人主义诉讼模式，认为对证据的调查，属于当事人的职责。当事人对其所主张的事实是否真实，负有证明责任，陪审员或法官仅以诉讼双方提出的证据作为依据居中裁判。因此，不允许其法官在法庭之外单方对证据进行调查。

在我国现行的刑事诉讼程序中，无论是公诉案件或是自诉案件，对犯罪事实的举证责任均由控方来承担，而法官的角色是居中裁判。同时又规定了法官对证据有疑问，有权对证据进行调查核实，法官行使这一权力，不仅是履行当事人或类似当事人的证明责任，如此规定的积极意义在于：当某一事实对裁判具有实质上的意义而尚在不确定之中，或者双方对某一事实的举证明显相互排斥而当庭无法立即判断真伪时，法官进行必要的庭外调查核实，可避免因一方的诉讼权利不能行使而致判决对其不利的意外情况的发生，排除当庭查明案件过多受到控辩双方的语言和辩论技巧的影响，将判决建立在客观事实的基础上。⑤ 但应当注意的是，在我国，由于法官普遍具有较强的追诉倾向，因而司法实践中法庭经常在控方举证不充分时积极协助调查，而在辩方未能收集到有

---

① 《法国刑事诉讼法典》，余叔通、谢朝华译，中国政法大学出版社1997年版，第78页、第124页、第181页。

② 《德国刑事诉讼法典》，李昌珂译，中国政法大学出版社1998年版，第87页、第92页、第93页、第101页。

③ 《日本刑事诉讼法》，宋英辉译，中国政法大学出版社2000年版，第68页。

④ 《俄罗斯刑事诉讼法典》，黄道秀译，中国政法大学出版社2002年版，第201~203页。

⑤ 梁旭东、孙公幸：“试论庭外调查核实权”，载曹建明主编：《中国审判方式改革理论问题研究》，中国政法大学出版社2001年版。

利于本方的证据时则消极懈怠，不愿进行调查，导致法官实际上承担着大量控诉职责，甚至沦为第二公诉人，损害了法官应有的客观公正形象。本条规定在肯定法院依职权进行庭外调查的权力时，对法院职权调查的范围、方式，证据的运用作出了一定的限制。

**（三）应注意的问题**

1. 明确界定法官庭外调查的范围

从我国《刑事诉讼法》关于庭外调查的规定变化来看，对法官的庭外调查权是在逐步限制的，以防止因法官无节制地使用庭外调查权而丧失作为裁判者的中立性。在实践中法官的庭外调查行为应当主要限于以下三个方面。

（1）庭审中有疑问的证据

这些证据本身属于控辩双方提供的证据，通过庭审质证，合议庭仍然对其真实性存在疑问，为了确定其真伪，以便于法庭是否采纳，才可以进行庭外调查，从而发现案件事实。其中又包括两种情形：第一，检察机关或者辩护人出示的证据发生变化或者证据之间存在矛盾，经出庭检察人员、被告人及其辩护人补充证据或者作出说明后，合议庭仍然对该证据存在疑问，如被告人翻供或者证人推翻审前阶段的证言，致使合议庭对该证据无法认定的。第二，就同一证明对象，公诉人、辩护人均提出证据予以证明，但是证据相互矛盾，合议庭难以取舍，因而需要予以核实。如被害人死亡的原因这一事实，检察机关提供鉴定人甲作出的鉴定结论证明被害人属于机械性窒息死亡，而辩护人则提供鉴定人乙作出的鉴定结论证明被害人属于原发性心脏病。

（2）经辩护方申请的有利于被告人的证据

虽然《刑事诉讼法》及相关司法解释均规定，公安机关、检察机关应当全面、客观地收集证据。但是在司法实践中，公安机关、检察机关往往不重视收集有利于被告人的证据材料。而由于在我国的诉讼实践中，对刑事被告人采取的强制措施时，逮捕的适用呈现普遍化，只有少数不宜羁押的被告人或者对案件事实没有争议的罪行较轻刑事案件的被告人才能够获得取保候审或者监视居住，大量的被告人在案发以后直至判决均被羁押，无法调查取证。同时辩护人行使调查取证权存在诸多障碍，可以获取有利于被告人证据的渠道和能力较有限。在这种情况下，法官应当进行庭外调查，以弥补辩护方举证能力的有限性，从而实现控辩平衡，进而实现司法公正。

（3）对被告人刑事责任年龄及刑事责任能力产生疑问的

一般情况下，在控辩双方没有举证或者一方没有申请的情况下，法官原则上不得依职权庭外调查新的证据。因为我国的《刑事诉讼法》没有赋予法官依职权调取新的证据的权利，只能核实已有证据。在辩护方申请的情况下，法官庭外调查新的证据只是辩护方调查取证权的延伸及保障，不具有独立的意义，所以不违反法律的规定。作为例外的情况，合议庭通过开庭审理，认为被告人可能是限制刑事责任能力或无刑事责任能力的精神病人或者未达到刑事责任年龄或者属于未成年人的，可以在没有申请的情况下，依职权进行调查，以弥补未成年人、精神病人诉讼能力的不足，维护其合法权益，保障案件质量。

2. 庭外调查时获得的证据也必须经过控辩双方质证

对于法庭在庭外调查过程中收集的证据是否也应当经过法庭质证，我国法学界和司法实际部门一直存在不同的看法。有的学者认为，法官亲自调查收集的证据，可靠性有保证，因而无须进行法庭调查和质证，可直接用作认定案件事实的根据。有的学者则认为，法官在按照《最高人民法院关于适用〈中华人民共和国刑事诉讼法〉若干问题的解释》第153条和第154条规定，向有关单位和个人收集、调取、调查、核实证据时会通知检察人员、辩护人到场，有时控辩双方还对证人、被害人等进行了询问，因而没有必要再次开庭。在我国司法实践中，法院在庭外调查过程中收集的证据通常都直接用作认定案件事实的根据，而不再开庭质证。现有的法律和司法解释也未要求法官在庭外调查过程中收集的证据必须再次开庭质证。但是，从本条对法官庭外调查权的限制和对未经质证不得认证原则的强调来看，庭外调查时获得的证据必须经过控辩双方质证后才能用作认定案件事实的根据，只是质证的方式可以根据具体情况变通，不一定要采取开庭质证的方式。要求庭外调查时获得的证据也必须经过控辩双方质证，其考虑主要在于：

第一，直接言词是现代审判的基本原则，按照直接言词原则，所有证据都必须在法庭上经过当庭出示和审查质证才能用作认定案件事实的根据。这不仅适用于控辩双方收集的证据，而且适用于法院在庭外调查过程中收集的证据。

第二，审判公开是现代诉讼的基本要求，也就是说，审判过程中，证据不仅应当对当事人公开，而且要对社会公开。法庭在进行庭外调查时即使通知了控辩双方到场，甚至允许控辩双方向被调查的证人、被害人等发问，但毕竟无法向社会公众公开，直接将庭外调查过程中收集的证据用作认定案件事实的根据违反了审判公开的基本要求。

第三，即使法院在庭外调查的过程中通知控辩双方到场，但能够到场的通常也只有检察机关和辩护律师，其他如被告人、被害人等一般无权到场。而被告人、被害人等与案件结果有着切身的利害关系，西方许多国家国内立法和国家公约还将质证权规定为被告人的一项基本人权，直接将庭外调查过程中收集的证据用作认定案件事实的根据必然造成对被告人、被害人诉讼参与权的剥夺。

第四，由于认识、感知、记忆、表述的偏差，任何证据都可能存在错误。控辩双方收集的证据可能如此，法院收集的证据同样可能如此。在庭审过程中，由利益截然对立的控辩双方进行审查质证，将有利于将这种可能发生的错误降到最低限度。直接将庭外调查过程中收集的证据用作认定案件事实的根据必将增大案件判决发生错误的可能性。①

（四）典型案例分析

### 杨永康故意杀人案

1. 案情

咸阳市中级人民法院审理咸阳市人民检察院指控被告人杨永康犯故意杀人罪一案，曾于2001年1月8日作出（2001）咸刑一初字第9号刑事判决，以故意杀人罪判处被告人杨永康死刑，剥夺政治权利终身。杨永康不服，提出上诉。经陕西省高级人民院审理后认为，原判事实不清，证据不足，提出：（1）被告人杨有康故意杀人的原因不清。（2）对被告人杨有康有无作案时间应彻底查清。（3）对被告人杨有康作案时衣着情况予以查清。（4）被告人之女杨欢欢的证言，因杨欢欢当时年仅3岁2个月，系无行为能力人，其证言不能作为证据使用四个问题，于2001年5月20日裁定撤销原判，发回重审。咸阳市中级人民法院另行组成合议庭，经公开开庭审理，于2002年2月7日作出（2001）咸刑一初字第52号刑事判决，宣告杨有康无罪。咸阳市人民检察院不服，提出抗诉在本案的审理过程中，杨有康是否有作案时间是一个关键问题。为此，陕西省高级人民法院主审法官到现场进行了实地勘验，经反复验证，杨有康实际在现场的时间推算仅十来分钟。杨有康曾辩称，在案发当时他在家看电视。经法官向西安电视台二台证实，该台于9日晚6：20至8：00播放了故事片《武侠七公主》，影片具体内容等与杨永康所述基本一致。由于难以确定被告人有作案时间，加之案内证据存在多处矛盾，不能排除由他人作案的可能。陕西省高级人民法院终审裁定驳回抗诉，维持了咸阳中院宣告杨有康无罪的判决。

2. 分析

审判工作的最高价值是公正。公正的内涵包括程序公正和实体公正。要做到实体公正，必须彻底地查明案件事实，做到实事求是，在正确地查明案件事实的基础上，正确地运用法律，从而得出正确的结论。这也是刑事诉讼法“惩罚犯罪，保护人民”目的的体现。作为案件的诉讼当事人，作为一般的社

① 陈光中主编：《中华人民共和国刑事证据法专家拟制稿》（条文、释义与论证），中国法制出版社2004年版，第490~491页。

会公众，最为关心的莫过于实体公正。老百姓心中自有自己的自然法则，对于一个社会现象、社会事件，都有自己的评判标准。无论一种诉讼模式、诉讼程序在其他方面多么完美，如果其不能查明案件真相，经常出现冤假错案或者放纵犯罪分子，都是人们不能接受的。如果法官没能够查明案件真相，依据法律事实得出结论，自然难以做到实体公正，影响到利益主体的利益，被告人可能因此获益，逃脱法律的制裁；也可能因此遭无妄之灾，受到错误追究。而这些正是违背实体公正原则的，也违背了法治理念。法官庭外调查，有利于查明案件真相。这也是为什么我国仍然保留法官庭外调查权的主要原因。在本案中，正是法官本着为当事人负责、为案件负责的态度，积极地查证，才否定了被告人具有作案时间。但是，陕西省高级人民法院主审法官到现场进行的实地勘验，其实是侦查实验，其结果事关被告人的生死，对于如此重要的证据核实活动，应当通知控辩双方同时到场，带着控辩双方复核，这既能提高证据复核程序的公开性、透明性，保障了控辩双方的质证权，又能提高诉讼效率。

**（五）相关法条链接**

1.《刑事诉讼法》

**第一百五十八条** 法庭审理过程中，合议庭对证据有疑问的，可以宣布休庭，对证据进行调查核实。

人民法院调查核实证据，可以进行勘验、检查、扣押、鉴定和查询、冻结。

2.《最高人民法院关于执行〈中华人民共和国刑事诉讼法〉若干问题的解释》

**第五十八条** 证据必须经过当庭出示、辨认、质证等法庭调查程序查证属实，否则不能作为定案的证据。

**第一百五十三条** 在法庭调查过程中，合议庭对于证据有疑问的，可以宣布休庭，对该证据进行调查核实。

**第一百五十四条** 人民法院调查核实证据时，可以进行勘验、检查、扣押、鉴定和查询、冻结。必要时，可以通知检察人员、辩护人到场。

**第一百五十八条** 人民法院向人民检察院调取需要调查核实的证据材料，或者根据辩护人、被告人的申请，向人民检察院调取在侦查、审查起诉中收集的有关被告人无罪和罪轻的证据材料，应当通知人民检察院在收到调取证据材料决定书后三日内移交。

3.《人民检察院刑事诉讼规则》

**第三百四十六条** 人民法院根据律师申请收集、调取的证据或者合议庭休庭后自行调查取得的证据，必须经过庭审辨认、质证才能决定是否作为判决的依据。未经庭审辨认、质证直接采纳为判决依据的，人民检察院应当提出纠正意见；作出判决的，应当依法提出抗诉。

## 八、对自首立功量刑情节的审查

**第三十九条 被告人及其辩护人提出有自首的事实及理由，有关机关未予认定的，应当要求有关机关提供证明材料或者要求相关人员作证，并结合其他证据判断自首是否成立。**

**被告人是否协助或者如何协助抓获同案犯的证明材料不全，导致无法认定被告人构成立功的，应当要求有关机关提供证明材料或者要求相关人员作证，并结合其他证据判断立功是否成立。**

**被告人有检举揭发他人犯罪情形的，应当审查是否已经查证属实；尚未查证的，应当及时查证。**

**被告人累犯的证明材料不全，应当要求有关机关提供证明材料。**

### （一）法条内容释义

根据《刑法》第67条第1款的规定，犯罪以后自动投案，如实供述自己的罪行的，是自首。据此，成立自首应当同时具备自动投案和如实供述自己的罪行两个要件。根据《最高人民法院关于处理自首和立功具体应用法律若干问题的解释》第1条的规定，自动投案，是指犯罪事实或者犯罪嫌疑人未被司法机关发觉，或者虽被发觉，但犯罪嫌疑人尚未受到讯问、未被采取强制措施时，主动、直接向公安机关、人民检察院或者人民法院投案。如果犯罪嫌疑人向其所在单位、城乡基层组织或者其他有关负责人员投案的；犯罪嫌疑人因病、伤或者为了减轻犯罪后果，委托他人先代为投案，或者先以信电投案的；罪行尚未被司法机关发觉，仅因形迹可疑，被有关组织或者司法机关盘问、教育后，主动交代自己的罪行的；犯罪后逃跑，在被通缉、追捕过程中，主动投案的；经查实确已准备去投案，或者正在投案途中，被公安机关捕获的，可视为自动投案。并非出于犯罪嫌疑人主动，而是经亲友规劝、陪同投案的；公安机关通知犯罪嫌疑人的亲友，或者亲友主动报案后，将犯罪嫌疑人送去投案的，也应当视为自动投案。犯罪嫌疑人自动投案后又逃跑的，不能认定为自首。如实供述自己的罪行，是指犯罪嫌疑人自动投案后，如实交代自己的主要犯罪事实。犯有数罪的犯罪嫌疑人仅如实供述所犯数罪中部分犯罪的，只对如实供述部分犯罪的行为，认定为自首。共同犯罪案件中的犯罪嫌疑人，除如实供述自己的罪行外，还应当供述所知的同案犯，主犯则应当供述所知其他同案犯的共同犯罪事实，才能认定为自首。由于现行法律对自首设定了多种模式和情形，在实践中，公安司法机关对何谓自动投案存在一些认识和做法上的差异。例如对于“形迹可疑”型的自首，有人认为只要侦查机关掌握了一定线索，犯罪嫌疑人的交代就不能视为自首；也有人认为在侦查机关掌握了相当证据的情况下犯罪嫌疑人的交代才不构成自首，这些分歧在一定程度上影响了“形迹可疑”型自首的准确认定。当案件起诉到法院，被告人及其辩护人提出其在审前阶段具有自动投案，如实供述自己的罪行的情形，并能够提供书证、人证、电子证据等证据予以证明，或者能够提供被告人自动投案时接受其投案的工作单位、城乡基层组织或者其他有关负责人员以及公安司法人员的姓名、地点、时间等线索，然而在检察机关起诉和移送的证据材料中没有有关被告人存在自首情节的内容，或者检察机关否认被告人存在自首情节的，合议庭应当要求曾经接受过被告人投案的工作单位、城乡基层组织、公安机关、检察机关及其他单位或者组织提供工作说明、归案经过、抓获经过、报案记录等证明材料或者要求上述单位、组织中接受被告人投案或者投案材料的人员、陪同被告人投案的亲友或者接受被告人委托代为投案的人员作证。合议庭在认定被告人是否构成自首时，并结合其他证据综合判断。

根据《刑法》第68条第1款及《最高人民法院关于处理自首和立功具体应用法律若干问题的解释》第6条的规定，犯罪分子到案后有检举、揭发他人犯罪行为，包括共同犯罪案件中的犯罪分子揭发同案犯共同犯罪以外的其他犯罪，经查证属实；提供侦破其他案件的重要线索，经查证属实；阻止他人犯罪活动；协助司法机关抓捕其他犯罪嫌疑人（包括同案犯）；具有其他有利于国家和社会的突出表现的，应当认定为有立功表现。据此，“查证属实”是认定立功的一个法定条件。实践中一些案件往往只有简单说明，这种情形在“协助抓获”型立功及“检举揭发型”立功中表现突出，导致合议庭对被告人是否构成立功难以认定。而且在实践中何谓“协助”？司法实践中理解不一。一些公安司法工作人员则采取了一种简便易行的办法，即凡是公安、司法机关在被告人的带路、指认或采用各种方法诱捕下，抓获其他罪犯（包括同案犯）的，都认定有立功表现，否则均不予认定。还有一些同志主张，只要是提供了其他犯罪嫌疑人的行踪、住址和落脚点等线索（含带领公安人员前去抓捕犯罪嫌疑人、指认犯罪嫌疑人所在地或者帮助诱捕的情形），而公安司法机关又依这些线索抓获了该犯罪嫌疑人，就应当视为“协助”，有立功表现。笔者赞同后一种观点。在有些案件中，公安人员可能会在到案的犯罪分子提供在逃犯罪嫌疑人的藏匿信息后，让其领路或带其前去辨认、抓捕犯罪嫌疑人，但更多的时候，公安人员却基于怕其中途逃跑或自杀自残等原因而不会让其一同前往抓捕，案情重大的刑事案件更是如此。而且有的犯罪分子因害怕自己或亲人将来有可能遭到报复等顾虑，也不愿意出头露面带领公安人员前去抓捕。因此，不能要求犯罪分子必须带领公安人员前去抓捕，才视为立功。下面几种情况都属于协助抓获其他犯罪嫌疑人，具有立功表现：（1）带领司法人员将其他犯罪嫌疑人抓获；（2）将其他犯罪嫌疑人引诱至司法人员实际控制的地点、范围将其抓获；（3）向司法机关提供其他犯罪嫌疑人的行动路线、活动规律、藏匿地点等；（4）犯罪分子本人直接将其他犯罪嫌疑人擒获送交司法机关（如司法机关在公共场所将其做诱饵诱捕其他犯罪嫌疑人场合）。

为确保立功认定的严肃性、准确度，审查是否构成立功，不仅要审查办案机关的说明材料、有关协助抓获其他罪犯（包括同案犯）的事实、检举揭发他人犯罪的事实和证据以及与案件定性处罚相关的法律文书，如立案决定书、拘留证、逮捕决定书、侦查终结报告、起诉意见书、起诉书或者判决书等。在认定是否构成立功时，还可以对知悉被告人协助抓获其他罪犯（包括同案犯）的人员进行调查，以查实被告人确实存在立功情节。

根据《刑法》第66条、第67条的规定，累犯，可分为一般累犯和特别累犯两类。其中一般累犯也称普通累犯，是指因犯罪受过一定的刑罚处罚，刑罚执行完毕或者赦免以后，在法定期限内又犯一定之罪的。特别累犯，是指曾犯一定之罪，刑罚执行完毕或者赦免以后，又再犯此一定之罪的。即除犯某种特定罪者外，犯其他罪不构成特别累犯。累犯和一般犯罪人有所不同，它是在犯罪已经被判处刑罚后的再次犯罪，表明犯罪人具有较为严重的人身危险性。各国刑法都对累犯予以从重处罚，因此累犯是一种从重处罚的刑罚制度。如果被告人在此次案件审理之前曾经受过刑事处罚，公安人员、检察人员在侦查、起诉过程中要注意收集、审查其以前受过刑事处罚的档案材料。在审判阶段，审判人员对此也应当注意审查，以准确适用刑罚。

**（二）制定理由**

自首、立功在我国刑法中具有重要的地位，属于法定的量刑情节。由于被告人的自首、立功，节约了司法资源，提高了诉讼效率，同时被告人也因此而受到国家的刑事处遇上的奖励，体现了罪刑相适应，刑罚的个别化。这对于国家和被告人而言是“双赢”的制度设计。但是自首、立功在司法实践中却还存在诸多问题。主要体现在四个方面：一是自首、立功材料查证、认证的制度化、规范化管理尚有差距。由于从自首材料、立功材料递交途径、查证主体、查证程序、查证期限到查证材料的质证、认证程序等，法律均未明确规定，造成了对自首、立功的查证、认定存在一定程度上的混乱。二是材料不全面、客观。有的办案人员因工作疏忽未能及时出具相关材料，后因时过境迁，补充的材料极可能失真。还有的侦查机关只出具了被告人“归案经过”材料，没有讯问笔录、证人证言等证据印证，致使“归案经过”成了孤证。在法庭审判过程中，公诉人员基于追求胜诉的需要，往往非常注意证明被告人有罪、罪重的证据，而不太注意证明被告人无罪、罪轻的证据。三是办案不严肃。有的侦查机关对于行为人自首、立功情况的书面证明，未认真查证核实，任意出具，出具后又不登记备案。存在出具部门不统一（如公安机关各科、所、队均可出具），出具内容前后不一致，甚至出现极个别民警私自出具虚假证明的违法现象。四是存在不正当获取立功线索的现象。由于立功可以在被告人归案后实施，而且对量刑有重要作用，对于死刑案件的被告人而言，立功无疑是“救命稻草”、“免死金牌”。只要能立功，被告人及其亲属会千方百计不惜一切代价地寻求立功机会。于是帮助立功、串通立功、虚假立功、买卖立功就应运而生。特别是买卖立功，社会上已经有了市场，其行情是：一般的立功买卖价约5万元，重大的立功买卖价约8万元。① 尤为恶劣的是一些公安司法人员也加入了这个市场。例如，浙江慈溪市公安一缉毒队队长为谋取暴利出售立功线索，温州公安一派出所所长帮助罪犯亲属制造案件从而使罪犯获得立功。此外，在看守所里牢头狱霸以殴打威胁等手段强迫同监的提供立功线索的也时有发生。除了自首、立功以外，实践中对累犯材料的调取、查实也存在不规范的情形，需要法院在判处刑罚时予以查证。

本条规定的自首、立功、累犯量刑情节的认定和处理问题，都是死刑案件中经常遇到、在具体理解和适用上存在分歧的问题。对这些量刑情节明确其成立条件，严格其认定程序，有利于死刑适用的统一性和严肃性，有利于解决部分死刑案件法定量刑情节处理上失范的问题，确保自首、立功等制度发挥应有功能，国家有关死刑的政策落到实处。

**（三）应注意的问题**

1. 对立功的手段、线索、信息来源作适当的限制

2009年3月19日，最高人民法院、最高人民检察院发布了《关于办理职务犯罪案件认定自首、立功等量刑情节若干问题的意见》。该《意见》对立功的线索、材料来源作出限制性规定，明确以下情形不能认定为立功：（1）犯罪分子通过非法手段或者非法途径获取的；（2）犯罪分子因原担任的查禁犯罪等职务获取的；（3）他人违反监管规定向犯罪分子提供的；（4）负有查禁犯罪活动职责的国家机关工作人员或者其他国家工作人员利用职务便利提供的。同时还规定以下三种情形不能认定为立功表现：（1）非犯罪分子本人实施的行为；（2）没有指明具体犯罪事实的“揭发”行为；（3）犯罪分子提供

① 谢方兴：“关于执行刑法立功制度情况的调查与思考”，载《台州社会科学》2009年第5期。

的线索或者协助行为对于其他案件的侦破或者其他犯罪分子的抓捕不具有实际作用的。该《意见》可以有效防止贪官轻判，确保依法从严惩处严重职务犯罪的方针落到实处。但对职务犯罪之外的其他犯罪类型的犯罪分子提供上述四种立功的线索，仍然缺乏规范性的规定。为有效防止有的被告人及其亲属利用立功逃避打击，在处理其他刑事案件，尤其是死刑案件中，对立功的手段、线索、信息来源作出同样的限制性规定。如果能作出这样的限制性规定，可以保证立功的线索、信息来源的合法性和真实性。同时对于立功行为，在查证过程中必须要求犯罪分子说明立功的信息来源，凡是获得的他人犯罪信息的手段不合法的，或者所获取的立功线索无法说明其合法来源的，不予认定为立功。

2. 公安司法机关各负其责严格把关

（1）侦查机关应把好立功证明的源头关

公安机关、国家安全机关、检察机关（职务犯罪侦查部门）、监狱、军队的保卫部门是出具立功证明的主要机关，是立功证明的源头，在立功的认定上起着基础性、关键性的作用，因此要把好关。在立功线索的受理与管理上，侦查机关应当建立立功告知制度，侦查人员应在第一次讯问到案的犯罪嫌疑人时，告知其立功的内容以及立功后能得到从宽处罚。犯罪嫌疑人向侦查机关检举、揭发或者提供其他案件的重要线索的，建立立功线索受理登记制度，制作统一的立功线索登记表，记载立功人的基本情况、立功线索的内容、立功线索的来源等，经分管领导批准后，对检举揭发的犯罪事实是否属实、提供重要线索侦破其他案件或协助抓捕其他犯罪嫌疑人的行为是否存在等，统一提出书面意见，认定犯罪嫌疑人具有立功情节，在起诉意见书中提出建议，连同证据材料一并移送检察院。另外，侦查机关应当对于所有反映的立功线索逐一登记，对于已查证的立功材料进行建档管理，以改变目前底数不清、情况不明的现状。要切实采取有效措施，防止办案人员将已经掌握的犯罪事实和线索“二手转卖”，谋取私利。

（2）检察机关应切实履行法律监督职能

检察机关可将监督职能伸向源头，使公安机关立功的认定程序合法、公平、公正。检察机关应根据法律的规定对犯罪嫌疑人的立功行为进行全面的审查和分析，尤其要注重对立功线索来源的审查。对公安机关认定的立功行为，经全面审查后，认为不符合立功条件的，不予认定为立功。公安机关或犯罪嫌疑人如有异议，可以申请检察机关复议。公安机关在移送审查起诉时没有提出犯罪嫌疑人有立功行为，经检察机关的审查认为犯罪嫌疑人有立功行为或有立功的可能，可以直接认定立功或要求侦查机关补充侦查后作出是否存在立功的认定。同时检察机关也要加强对审判机关立功认定情况的监督，对依法不该认定而认定了的要坚决采取法律监督措施。

(3) 审判机关要把住立功的最终认定关

审判机关对检察机关移送的立功材料先要进行程序性审查。如程序不合法可以要求检察机关补充完善，检察机关在时限内不补充或补充后仍不合法的，审判机关对立功情节应不予确认。通过开庭审理，要依照刑法和司法解释规定的立功条件准确把握，作出被告人是否具有立功表现的认定。被告人在开庭审理过程中检举、揭发的，法庭应记录在案，休庭后将检举、揭发材料交给检察院，检察院再将其交由侦查机关负责落实。被告人在开庭后、宣判前检举、揭发的，法院应及时将相关材料以公函形式转交检察院，检察院应交给侦查机关负责落实。在刑罚适用上，对具有立功表现的，审判机关在严格依法的基础上，应综合考虑立功的有效性和被告人的悔罪性，作出被告人应否适用从轻、减轻或免予处罚的裁决。防止出现有人利用立功逃避惩罚，注重法律效果、社会效果、政治效果的有效统一。

**（四）典型案例分析**

**马良波、魏正芝贩卖毒品案①**

1. 案情

被告人马良波，男，1978 年 7 月 6 日出生，农民。因涉嫌犯贩卖毒品罪于 2006 年 4 月 1 日被逮捕。

被告人魏正芝，女，1941 年 6 月 23 日出生，农民。因涉嫌犯贩卖毒品罪于 2006 年 4 月 1 日被逮捕。

云南省昭通市人民检察院以被告人马良波、魏正芝犯贩卖毒品罪向昭通市中级人民法院提起公诉。

昭通市中级人民法院经公开审理查明：

被告人魏正芝于 2006 年 2 月初打电话给被告人马良波联系购买海洛因，并于当月 7 日通过他人的银行卡将人民币 28.5 万元汇到马良波的账户上。同年 3 月 5 日，魏正芝到昭通市鲁甸县大水塘经与马良波联系取到所购毒品，在返回时被抓获，当场从魏的口袋内查获海洛因 1032.3 克。3 月 6 日下午，民警将马良波抓获。

昭通市中级人民法院认为，被告人马良波、魏正芝的行为构成贩卖毒品罪。马良波虽一直否认贩卖毒品的事实，但公诉机关提供的手印鉴定、存取款单据及二被告人的通讯记录等证据足以证实二被告人联系、汇款和交易毒品的

① 案件来源于最高人民法院公报。

事实，二被告人分别系毒品买卖双方，不存在主从关系。二被告人贩卖毒品数量大，罪行极其严重，应依法严惩。依照《中华人民共和国刑法》第三百四十七条第二款第（一）项、第四十八条第一款、第五十七条第一款之规定，判决如下：

1. 被告人马良波犯贩卖毒品罪，判处死刑，剥夺政治权利终身，并处没收个人全部财产；

2. 被告人魏正芝犯贩卖毒品罪，判处死刑，剥夺政治权利终身，并处没收个人全部财产。

一审宣判后，马良波以未参与犯罪为由提出上诉；魏正芝以认罪态度好、量刑过重为由提出上诉。

云南省高级人民法院经审理认为，在案证据证实魏正芝与马良波联系、汇款交易毒品的事实存在，原审对其定罪处罚，理由充分。马良波所提自己未参与贩卖毒品的辩解及其辩护人所提证据不足、有特情引诱犯罪的辩护意见，与查证的事实不符，不予采纳。魏正芝及其辩护人所提魏正芝认罪态度好、有悔罪表现的辩解及辩护意见，经查属实，可酌情从轻处罚。原判定罪准确，审判程序合法，对马良波的量刑适当，对魏正芝的量刑过重。据此，依照《中华人民共和国刑事诉讼法》第一百八十九条第（一）、（二）项，《中华人民共和国刑法》第三百四十七条第二款第（一）项、第四十八条第一款、第五十七条第一款之规定，判决如下：

1. 维持昭通市中级人民法院（2007）昭中刑一初字第19号刑事判决对马良波的定罪量刑部分；

2. 撤销昭通市中级人民法院（2007）昭中州一初字第19号刑事判决对魏正芝的量刑部分；

3. 被告人魏正芝犯贩卖毒品罪，判处死刑，缓期二年执行，剥夺政治权利终身，并处没收个人全部财产。

宣判后，云南省高级人民法院依法将本案报请最高人民法院核准。最高人民法院复核期间，马良波供述了贩卖毒品的犯罪事实，又提供了其他案件在逃犯罪嫌疑人的一个藏匿地点，公安机关最终在马良波亲属的协助下在其他地点抓获了该犯罪嫌疑人。此外，马良波还交代了向其贩卖海洛因的“上家”，并提供了他人涉嫌故意杀人的线索。

最高人民法院经复核认为，被告人马良波明知是毒品而向他人非法销售，其行为已构成贩卖毒品罪。马良波贩卖毒品数量大，应依法惩处。第一、二审判决认定的事实清楚，证据确实、充分，定罪准确，审判程序合法。鉴于马良波的亲属协助公安机关抓获了在逃的犯罪嫌疑人，且马良波所交代的向其贩卖海洛因的“上家”及提供他人涉嫌故意杀人的线索尚需继续查证，故对马良波不予核准死刑。依照《中华人民共和国刑事诉讼法》第一百九十九条和《最高人民法院关于复核死刑案件若干问题的规定》第四条的规定，裁定如下：

1. 不核准云南省高级人民法院（2007）云高刑终字第308号维持第一审对被告人马良波以贩卖毒品罪判处死刑，剥夺政治权利终身，并处没收个人全部财产的刑事判决；

2. 撤销云南省高级人民法院（2007）云高刑终字第308号刑事判决中维持第一审对被告人马良波以贩卖毒品罪判处死刑，剥夺政治权利终身，并处没收个人全部财产的部分；

3. 发回云南省高级人民法院重新审判。

2. 分析

本案的核心问题是：被告人提供在逃犯罪嫌疑人的藏匿地点与公安机关在被告人亲属协助下实际抓获该犯罪嫌疑人的地点不一致的，能否认定被告人立功？此种情形能否作为对被告人从轻处罚的情节？《最高人民法院关于处理自首和立功具体应用法律若干问题的解释》第5条规定：“根据刑法第六十八条第一款的规定，犯罪分子到案后有检举、揭发他人犯罪行为，包括共同犯罪案件中的犯罪分子揭发同案犯共同犯罪以外的其他犯罪，经查证属实；提供侦破其他案件的重要线索，经查证属实；阻止他人犯罪活动；协助司法机关抓捕其他犯罪嫌疑人（包括同案犯）；具有其他有利于国家和社会的突出表现的，应当认定为有立功表现。”可见，刑法意义上的立功主体有明确范围，即只能是犯罪嫌疑人、被告人及正在服刑的罪犯。同时，法律和司法解释对检举揭发、提供侦破线索、协助抓捕等立功行为还要求具有实效性，即客观上必须是使案件得以侦破或实际将犯罪嫌疑人抓捕到案才能构成立功。也就是说，即使犯罪嫌疑人、被告人主观上有立功的愿望，客观上也有提供线索或协助抓捕的行为，但如果没有产生实际效果的，也不能认定为立功。

立功中协助抓捕的情形多种多样，并不以被告人亲自带领抓捕为要件。实践中，为了使被告人有从轻、减轻处罚的机会，经常出现被告人亲属协助抓捕的情形。如果被告人将准确的线索转给亲属，由亲属根据该线索抓获犯罪嫌疑人，或者亲属协助公安机关根据该线索将犯罪嫌疑人抓获，可认定被告人立功。但是，如果被告人告知亲属的线索并不准确，亲属是根据其他线索将犯罪嫌疑人抓获并扭送公安机关，或被告人将不准确的线索提供给公安机关，公安机关是根据被告人亲属提供的其他线索抓获了犯罪嫌疑人，在这些情形下，虽然被告人也有提供线索的行为，但因该行为对抓获犯罪嫌疑人没有产生实际作用，故不能认定被告人构成立功。

本案中，被告人马良波提供的犯罪嫌疑人（该人涉嫌多起抢劫、盗窃）的藏匿地点与该犯罪嫌疑人最终被抓获的藏匿地点相差较远，也即依马良波提供的线索并没有直接将犯罪嫌疑人抓获，所以马良波的行为没有产生抓获犯罪嫌疑人的实效性，不能认定为立功。公安人员在马良波亲属的协助下在其他地点抓获了在逃的犯罪嫌疑人，而马良波亲属不是立功的主体，不能由此认定马良波的行为构成立功。但是，被告人亲属是出于减轻被告人罪责、使被告人获得从轻处罚的目的，并冒着一定的风险而协助公安机关抓获其他犯罪嫌疑人的，这种“代为立功”的行为对维护社会治安、有效打击犯罪客观上有一定积极作用，应当鼓励。因此，虽不认定被告人构成立功，但从政策上权衡，根据案件的具体情节，可以考虑在量刑时对被告人酌予从轻处罚。同时，考虑到本案被告人马良波还交代了向其贩卖海洛因的“上家”及提供了他人涉嫌故意杀人的线索，这些也尚需继续查证，故最高人民法院综合考虑上述情节，作出不核准死刑的裁定。需要指出的是，由于亲属代为立功不是对被告人从轻处罚的法定情节，且此种做法在实践中也可能产生一些弊端，故在处理具体案件时，是否因被告人亲属“代为立功”而对被告人从宽处罚，要视具体情况具体分析，不能一概而论。

**（五）相关法条链接**

1.《中华人民共和国刑事诉讼法》

**第八十九条**　公安机关对已经立案的刑事案件，应当进行侦查，收集、调取犯罪嫌疑人有罪或者无罪、罪轻或者罪重的证据材料。

2.《人民检察院刑事诉讼规则》

**第二百五十条**　人民检察院审查移送起诉的案件，必须查明：……（二）犯罪事实、情节是否清楚，认定犯罪性质和罪名的意见是否正确；有无法定的从重、从轻、减轻或者免除处罚的情节……

3.《最高人民法院关于执行〈中华人民共和国刑事诉讼法〉若干问题的解释》

**第一百五十九条**　合议庭在案件审理过程中，发现被告人可能有自首、立功等法定量刑情节，而起诉和移送的证据材料中没有这方面的证据材料的，应当建议人民检察院补充侦查。

## 九、对未成年人年龄的审查判断

**第四十条　审查被告人实施犯罪时是否已满十八周岁，一般应当以户籍证明为依据；对户籍证明有异议，并有经查证属实的出生证明文件、无利害关系人的证言等证据证明被告人不满十八周岁的，应认定被告人不满十八周岁；没有户籍证明以及出生证明文件的，应当根据人口普查登记、无利害关系人的证言等证据综合进行判断，必要时，可以进行骨龄鉴定，并将结果作为判断被告人年龄的参考。**

**未排除证据之间的矛盾，无充分证据证明被告人实施被指控的犯罪时已满十八周岁且确实无法查明的，不能认定其已满十八周岁。**

### （一）法条内容释义

本条规定了审查被告人是否已满 18 周岁的方式。刑事责任年龄是行为人实施犯罪行为所必须达到的法定年龄。《刑法》第 49 条规定："犯罪的时候不满十八周岁的人和审判的时候怀孕的妇女，不适用死刑。"因此，被告人犯罪时是否已满 18 周岁直接涉及能否对其判处死刑。

根据上述第 40 条的规定，审查被告人实施犯罪时是否年满 18 周岁，首先应当以户籍证明为依据。户籍证明是由当事人原籍公安机关派出所根据其户籍登记情况出具的证明材料。我国的户籍管理制度整体上相对比较周密和完善，因此当地派出所出具的户籍证明一般也确实具有高于其他证据的效力，如果没有证据证明其记载的信息错误或者有相反的证据否定其记载的内容，应以户籍证明记载的出生日期认定被告人的年龄。该条同时赋予被告人对户籍证明的异议权，但必须提供出生证明文件、无利害关系人的证言等。出生证明文件主要包括医院出具的出生证明、户口簿、户口底册。无利害关系人的证言包括接生员、邻居或老师、同学等可能了解被告人实际年龄的人。此外，学籍证明、居（村）民委员会证明材料，反映出生情况的原始记录信息，也是证明被告人年龄的重要证据。如果上述证据经查证属实，则应认定被告人不满 18 周岁。如果没有户籍证明以及出生证明文件的，则应根据人口普查登记、无利害关系人的证言、学籍证明、居（村）民委员会证明材料等证据综合进行判断。如果这些证据的证明方向一致，则可以据此认定被告人的年龄，但如果这些证据相互矛盾，可以对被告人进行骨龄鉴定，但骨龄鉴定的结果只能作为参考。在对被告人刑事责任年龄审查的过程中，若穷尽所有查明被告人出生日期的手段，仍无法得到一个令人信服的判断，如无户籍证明、出生证明或其存在明显错误，证人证言彼此矛盾，证人证言与其他书证相互矛盾，无法查找原始出生证明，也没有补充调查取证的空间，那么应从有利于被告人的角度出发，作出有利于当事人的认定和裁判，不能认定其已满18周岁。

**（二）制定理由**

目前司法实践中关于认定未成年人是否达到刑事责任年龄的证据主要有以下几种：（1）公安机关出具的户籍证明；（2）医院出具的出生证；（3）人口普查登记；（4）近亲属、邻居、同学、接生员等就未成年人的出生、年龄等情况所作的证人证言；（5）被告人供述；（6）计生部门出具的计生证明或者卫生防疫部门出具的防疫接种记录；（7）居（村）民委员会证明材料；（8）学校出具的学籍证明或入学登记原始记录；（9）骨龄鉴定。

上述几类证据中户籍证明是由法律授权的机关依照法定程序所出具的，具有较强的规范性和稳定性，从理论上讲应当具有最高的证明力。但出于入学、入伍、就业、规避计划生育政策、迷信等原因，相当一部分犯罪嫌疑人、被告人虚报姓名，加上我国户籍登记在某些地区缺乏有效监督和严格管理，致使户籍材料有误，因此，户籍证明不能作为认定被告人年龄的唯一依据。出生证明一般是伴随着被告人的出生随即登记的，事后变动的可能性很小，其可信程度较高。被告人供述的出生日期、近亲属就被告人出生日期提供的证言，由于其与案件有利害关系，存在虚假供述、虚假作证的可能性，证明力较弱。而相比之下，无利害关系且有机会了解被告人实际年龄的证人证言可信度相对高一些。人口普查登记、计生证明、学籍证明或入学登记记录因一般由当事人自行填报，填报日期一般距实际出生日期存在有一定误差，需根据实际状况与其他证据综合起来判断。因此，在无户籍证明或者户籍证明经证明存在错误的情况下，出生证明文件经查证属实，并能与无利害关系证人证言相互印证，证明被告人不满18周岁的，应认定被告人不满18周岁。在实践中由于年代久远或者户籍管理、出生证明文件管理的疏漏，往往造成原始户籍登记、出生证明文件丢失或者存在错误，利用人口普查登记、无利害关系人的证言，结合被告人供述、计生部门出具的计生证明或者卫生防疫部门出具的防疫接种记录、居（村）民委员会证明材料、学校出具的学籍证明或入学登记原始记录、计生证明、学籍证明或入学登记记录综合判断。关于骨龄鉴定是否可以作为确定刑事责任年龄的证据使用这个问题。2000年2月，最高人民检察院发布的《关于“骨龄鉴定”能否作为确定刑事责任年龄证据使用的批复》中规定：“犯罪嫌疑人不讲真实姓名、住址，年龄不明的，可以委托进行骨龄鉴定或其他科学鉴定，经审查，鉴定结论能够准确确定犯罪嫌疑人实施犯罪行为时的年龄的，可以作为判断犯罪嫌疑人年龄的证据使用。如果鉴定结论不能准确确定犯罪嫌疑人实施犯罪行为时的年龄，而且鉴定结论又表明犯罪嫌疑人年龄在刑法规定的应负刑事责任年龄上下的，应当依法慎重处理。”从此批复的内容上看，对骨龄鉴定的使用是十分慎重的。骨龄鉴定虽是利用科学方法判断骨骼钙化程度来认定年龄，但由于受个体生长条件差异的影响，并不能确保与实际年龄相吻合，《规定》在结合以往司法解释和骨龄鉴定的实际情况的基础上，对骨龄鉴定的运用也继续保持谨慎态度，并明确规定其只具有参考价值。在穷尽查明被告人年龄的手段仍无法确定被告人是否在犯罪时年满18周岁时，应如何处理？这是未成年人涉及死刑案件时非常突出的问题。无罪推定是刑事诉讼法的基本原则。按照该原则的要求，证明被告人有罪的责任由承担控诉职能的专门机关或者一方当事人承担，其对犯罪的证明应当达到法定的证明标准，否则，应当作出对被告人有利的解释。被告人的刑事责任年龄作为犯罪主体这一犯罪构成要件事实中最为重要的一个方面，应当由控诉方承担证明责任，而且按照刑事诉讼法的规定应当达到事实清楚、证据确实充分的程度，如果经控辩双方举证、质证，无法排除证据之间的矛盾，无充分证据证明被告人实施被指控的犯罪时已满18周岁且确实无法查明的，不能认定其已满18周岁，一般可以按照“就低不就高”原则推定被告人年龄，不能判处被告人死刑，以避免造成错判。

**（三）应注意的问题**

1. 认真审查有关被告人刑事责任年龄的书证

户籍证明应当由公安机关户籍管理部门工作人员署名出具并加盖户籍管理部门印章，且应当附有犯罪嫌疑人、被告人免冠相片。司法实践中公安机关一般仅出具网上公布的人口信息资料，这种人口信息资料内容比较简单，而且没有犯罪嫌疑人、被告人的照片以及具体的家庭住址，因此对于这种简单的人口信息尚不足以作为证实犯罪嫌疑人、被告人身份的证据，需要公安机关收集犯罪嫌疑人、被告人户籍所在地的户籍底册，如果其户籍经过迁移或者更改，还需收集迁移前后以及更改前后的户籍档案，以反映犯罪嫌疑人、被告人详细的身份资料情况。

但值得注意的是，户籍证明有时证明的却并非是犯罪嫌疑人、被告人真实的出生日期。实践中通过审查以其他证据推翻户籍证明的效力的情形也屡有发生。因此，简单地以户籍证明或身份证来认定犯罪嫌疑人、被告人的刑事责任年龄有时是不可靠的。归纳起来，实践中导致依据户籍证明或身份证来认定刑事责任年龄出现年龄差错的原因主要有如下几种：（1）阴历（又称农历、古历、旧历等）与阳历（又称公历等）之间的差异。我国法律文书都是以阳历纪年的，但农村及少数民族地区往往并不以阳历纪年，而是有自己不同的纪年方式，其中较为常见的是阴历纪年。如果将某人的阴历生日误作为是阳历，就会将该人的周岁时间人为提前而发生错误。（2）户籍证明被更改。应该说户籍证明以原始登记的信息为最接近真实，没有合理理由一般不应对原始信息进行更改。但为了躲避计划生育，为了能够外出务工、入学、当兵、早婚等原因，就有可能对户籍证明进行更改。(3) 户籍证明被篡改。但有时候，相关人员却是出于逃避罪责的非法目的而有意篡改户籍证明，并伪造相关证据。(4) 户籍登记人员工作失误，将户口簿及底册填错，或者在输入互联网户籍电脑系统时输错，导致纳入各县、市、省乃至全国的人口信息网的信息与原始户口簿上登记的有差异。(5) "黑人黑户"。在农村某些家庭由于家中子女较多，或父母长期在外打工，不给子女上户口，已满 14 周岁的未成年人至今未上户口的还大有人在。实践中，还会有其他原因导致犯罪嫌疑人的确切生日很难查清，如犯罪嫌疑人故意作虚假供述、犯罪嫌疑人系送养或丢弃、父母不关心等。这些情况都不是户籍证明本身有误，而是由于其他原因导致在当初进行户口登记时就没有搞清犯罪嫌疑人的确切生日，或者由于犯罪嫌疑人故意作虚假供述而一时查不到犯罪嫌疑人的户籍证明。

在有证据表明公安机关出具的户籍证明可能存在错误时，应注意调取被告人的档案、户口簿、派出所的户口底册、医院出生证明、学校入学证明和学籍档案、常住人口登记表等书证，必要时还可以调取犯罪嫌疑人父母所在单位的家属劳动医疗保险卡、档案材料等核实犯罪嫌疑人年龄。遇到犯罪嫌疑人身份证上的内容与公安机关户籍资料不一致的情况，不能简单、任意地选择某一书证作为其的年龄证据使用，应当认真分析、查清这些书证内容不同的具体原因，特别是应当查取未成年犯罪嫌疑人的原始户籍资料，同时，应有其他证据对原始户籍资料予以佐证。

2. 认真审查言词证据

在讯问时要认真听取犯罪嫌疑人、被告人的供述和辩解，要让其讲出年龄的具体依据，尤其要注意记录一些与时间有关的细节，涉及临界点年龄的犯罪嫌疑人、被告人的户籍所在地、生肖、出生日期为公历还是农历、其他家庭成员特别是兄弟姐妹的出生日期以及是否曾虚报或更改户口等细节，如出现犯罪嫌疑人、被告人对年龄提出辩解，则要与原口供进行综合比对，从中发现年龄疑点和证据矛盾。

对各相关证人证言予以审查核实。这主要对犯罪嫌疑人的亲属及其他知情人的证言予以核实。注意询问犯罪嫌疑人、被告人的生肖，出生时的节气、农时、节日、天气情况，与同龄人出生的先后，出生前后的重大热点事件等。必要时应派员出差到犯罪嫌疑人原籍地，找出生的同一区域邻居中同年、月、日出生的父母或其他亲友等知情人作证。在询问与案件无利害关系的证人时，应注意证据之间的关联性、一致性，不给翻供、伪证留有余地。在询问犯罪嫌疑人父母时，要注意询问其他子女的出生年月，特别注意其他子女出生的间隔时间，是否符合自然规律。如果需要，还应该向接生员、邻居或老师、同学等知情人进行核实。对于收集的言词证据，应当综合分析，从中排除有矛盾的证据，同时与书证相结合作出正确的判断。

3. 客观看待骨龄鉴定

当前，青少年犯罪呈大幅上升趋势。导致对部分犯罪嫌疑人、被告人的年龄难以查清或查实。司法实践中，对那些明显已成年且自报已满 18 周岁的被告人，可按被告人自报的年龄认定。对明显未成年且自报未满 18 周岁和根据体貌特征无法判断是否成年、自报未满 18 周岁及虽自报已满 18 周岁但按照体貌特征判断可能为未成年的被告人，公安司法人员有必要补充相关证据予以查证。当没有户籍证明以及出生证明文件，或者户籍证明以及出生证明文件与人口普查登记、无利害关系人的证言等存在矛盾而导致无法查实被告人年龄时，对被告人进行骨龄鉴定不失为一种可行的方法。

但是必须注意的是，人的生长发育受遗传因素影响，不同的人发育规律不尽一致，同时，营养水平、饮食习惯、气候环境、人文环境等多种因素也决定了不同的人在同一年龄阶段的骨骼发育状况可能也不完全相同，因此，骨龄与实际年龄也许会产生一定的误差。但从当前的鉴定情况来看，各鉴定机构都比较注意这个问题，在进行骨龄鉴定时一般都考虑到误差因素，得出的结论往往都注明了误差的范围而非固定的绝对值，为公安司法人员的判断提供了弹性空间。公安司法人员可以结合犯罪嫌疑人、被告人的供述及其他的相关证据进行综合审查判断。骨龄鉴定作为一种鉴定结论，应从以下几个方面严格审查：

一是鉴定机构、人员的资格和水平。骨龄鉴定结论属于一种科学证据，只有具有相应科学知识的人才能运用自身的知识作出判断，得出相应的结论。因此，从事骨龄鉴定的机构和从业者必须具备相应的资格。鉴定人员如果没有相应资格，其鉴定结论则自然不予认可。

二是结合被告人供述等其他证据进行判断。骨龄鉴定虽然具有一定的科学性，但前所论及的原因表明也不能完全迷信骨龄鉴定结论。一般情况下，运用骨龄鉴定结论确定被告人的年龄时，应参考被告人的供述等，在可能的情况下，还应调取出生证明，学历登记，被告人父母、亲戚、邻居、接生人员等的证言，综合参考判断。

三是注意鉴定时间与犯罪时间的差异。对被告人进行骨龄鉴定的时间一般是在被告人被抓获后或审查起诉阶段，抑或法庭审理过程中，但无论在哪个时间进行鉴定，得出的结论都是被告人被鉴定时的骨龄，与被告人实施犯罪行为时的骨龄有时间上的间隔，因此，应根据鉴定结论推断被告人犯罪时的年龄。例如，在审判阶段，鉴定机构经鉴定证实被告人甲 2005 年 10 月 20 日的骨龄为18.2岁，已成年，而被告人犯罪时间为2004年6至8月，经推算应认定其犯罪时未满18周岁。

四是酌情考虑骨龄鉴定的误差因素。如果鉴定结论证实被告人的年龄上限接近18周岁，而被告人供述犯罪时未成年，以及鉴定结论跨越18周岁的，应按照有利于被告人的原则认定。

**（四）典型案例分析**

### 案例一：郭某抢劫案

1. 案情

被告人郭某于2004年9月至2005年1月期间，持刀连续抢劫30余次，抢劫财物数额特别巨大。这一犯罪事实清楚，对此控辩双方均无异议。本案的争论焦点是被告人郭某在犯罪时是否已满18周岁。控方认为被告人郭某已经年满18周岁，根据其罪行应当判处死刑。其证明郭某年龄的证据有：（1）犯罪嫌疑人郭某在公安机关侦查阶段一直供其出生于1986年5月22日；（2）当地公安机关出具的户籍证明及常住人口登记表均记载其出生于1986年5月22日。辩方则认为被告人郭某犯罪时未满18周岁，属于未成年人，因此根据刑法的规定不能判处死刑。辩方提供的证据有：（1）被告人郭某庭审时提出其实际出生时间是1987年5月22日，原因是家里想让他早些成家把年龄报大一岁；（2）村支书郭某某、郭邻居刘某、田某、狄某均出具书面证言，证明郭某出生于1987年5月22日；（3）当地村委会出具的证明材料，说明郭某的实际出生日期是1987年5月22日；（4）妇女主任王某证言，当时郭父为早生第二胎而报户口时报大一岁；（5）接生婆王某、杨某证明郭某是兔年农历5月生；（6）田某证明郭某和其女儿同年生，而其女儿的户籍证明记载出生于1987年4月5日；（7）申某证明郭某比其子晚生2个月余，而其儿子的户籍证明记载出生于1987年3月11日；（8）公安机关依法对被告人郭某作骨龄鉴定，认为被告人未满18周岁。

一审法院根据公安机关户籍证明认定被告人郭某出生日期为1986年5月22日，因此，其为成年人，鉴于其罪行极为严重，因而根据刑法规定判处其死刑。被告人依法提出上诉，二审法院审理后认为：（1）被告人郭某及其辩护人关于申报出生日期早一年的动机有三种不同说法，明显矛盾；（2）一审依据法定证据即户籍证明作出的年龄认定现无法推翻。由于作案时间与18周岁差距太小，骨龄鉴定没有意义。因此，在被告人郭某的年龄上，维持一审的认定即认为其为成年人。但是，鉴于辩护人提供的关于被告人年龄的材料无法完全排除，因此在量刑上以抢劫罪改判其死刑，缓期二年执行。①

2. 分析

本案中，检察机关以郭某在侦查阶段的供述以及当地公安机关出具的户籍证明和常住人口登记表证明被告人犯罪时已满18周岁。被告人及辩护人则提出了村支书郭某某、村委会、刘某、田某、狄某、妇女主任王某、接生婆王某与杨某、郭某以及申某等无利害关系人的证言证明被告人郭某出生于1987年5月22日。从双方提供的证据上看，都属于可以认定被告人刑事责任年龄的重要依据，双方形成矛盾对立之势。在缺乏出生证明这一重要的证据对双方证据予以印证的情形下，可以参照骨龄鉴定的结果。根据公安机关对被告人郭某的骨龄鉴定，其在鉴定时未满18周岁，因而推算郭某在犯罪时未满18周岁。这一证据加强了辩护方证据证明力的强度，无法排除被告人实施被指控的犯罪时未满18周岁。因此，根据《规定》，在综合考虑各种证据材料的证明力后，法院对刑事责任年龄的认定应遵循有利于被告人的原则，判定被告人在犯罪时未满18周岁，不能判死刑。

**案例二：李某参加黑社会性质组织案**

1. 案情

公诉机关指控被告人李某构成参加黑社会性质组织罪，具体犯罪行为有近十起，时间跨度达三年多，根据其罪行应当判处死刑。公诉机关认为被告人李某出生于1987年11月11日，为此向法庭提交了如下证据：（1）侦查机关从被告人户籍所在地派出所取到的《户口整顿逐人登记表》载明被告人出生于1987年11月11日。（2）某体育科学研究所出具的《骨龄鉴定书》，认定被告人的出生日期介于1987年6月14日和1988年6月14日之间。被告人李某供述自己出生于1988年11月11日，之所以修改年龄，是为了早点拿到驾照。除此之外，辩护律师向法庭递交了一份证人证言。证人系被告人的女邻居，被告人称其为伯母。根据该份证人证言，被告人老家有一个风俗，孩子刚出生的时候，因为妈妈没有奶水，要请其他处于哺乳期的妇女来喂奶。证人所生的第二个和第三个孩子分别比被告人姐姐和被告人早出生几个月，她当时给被告人姐姐和被告人喂过奶，而证人的第三个孩子出生于1988年6月19日。同时，被告人就读的小学与初中的学籍资料也载明被告人出生于1988年11月11日。除此之外，公诉机关还向法庭提交了被告人户籍所在地派出所出具的多份证明材料，如户籍证明、常住人口登记表以及被告人一家的户口簿，但这些证明材

① 案件来源于聂昭伟："本案被告人郭某的年龄应当如何认定——刑事诉讼证明理论在实践中的运用"，载《中国刑事法杂志》2006年第4期。

料之间存在多处矛盾。根据上述派出所出具的书证，被告人有3个出生日期，分别为1984年1月11日、1987年11月11日和1988年11月11日，值得注意的是，在被告人一家的户口簿中，被告人之弟的出生日期比被告人要早5天。同时，在这些材料中，被告人姐姐与弟弟的名字均有不同写法，存在相互矛盾的地方。①

2. 分析

根据《规定》，审查被告人实施犯罪时是否已满18周岁，一般应当以户籍证明为依据。在本案中，被告人的户口簿上竟然登记了三个出生日期，而且被告人之弟的出生日期比被告人要早5天，其记载信息的可靠性不强，可信度不高。而从检察机关用于证明被告人年龄的《户口整顿逐人登记表》来看，其登记的日期与其他的同样是由同一派出所出具的证明材料，如户籍证明、常住人口登记表相矛盾，也与被告人就读的小学、中学的学籍资料上载明的日期相矛盾，兼之当地派出所出具的书证存在其他多处矛盾，单凭《户口整顿逐人登记表》无法证明被告人的真实出生日期。再来看某体育科学研究所出具的《骨龄鉴定书》，认定被告人的出生日期介于1987年6月14日和1988年6月14日之间。该鉴定认定的被告人出生日期跨越刑法规定的应负刑事责任年龄与不负刑事责任年龄区间，对认定被告人刑事责任年龄参考价值较小。对于辩护人提供的证人证言，由于该证人是被告人的邻居，两家关系密切，对这份证言要严格审查，既要审查该证人所说的风俗是否存在，又要查明证人第三个孩子的真实出生日期。如果经查证，其证言真实，则进一步证实了被告人出生于1988年而非1987年。综合本案证据，未排除证据之间的矛盾，无充分证据证明被告人实施被指控的犯罪时已满18周岁且确实无法查明的，不能认定其已满18周岁。

**（五）相关法条链接**

**1. 1991年《最高人民法院研究室关于如何认定被告人犯罪时年龄问题的电话答复》**

“在一般情况下，认定被告人的实际年龄应当以户口登记为基本依据，结合人口普查登记和其他有关资料，并经过认真调查核实后加以确定。对被告人实际年龄有异议或者疑义时，更应当多方查证核实。如果有足够证据认定户口登记册上记载的年龄有误，就应以查明的实际年龄来认定。如果经反复调查，确实查不清的，应当按照从宽的原则予以掌握，以留有余地。”

① 案例来源于王恩海：“如何审查未成年被告人年龄的证据”，载《青少年犯罪问题》2008年第3期。

2.《最高人民检察院关于“骨龄鉴定”能否作为确定刑事责任年龄证据使用的批复》

“犯罪嫌疑人不讲真实姓名、住址，年龄不明的，可以委托进行骨龄鉴定或其他科学鉴定，经审查，鉴定结论能够准确确定犯罪嫌疑人实施犯罪行为时的年龄的，可以作为判断犯罪嫌疑人年龄的证据使用。如果鉴定结论不能准确确定犯罪嫌疑人实施犯罪行为时的年龄，而且鉴定结论又表明犯罪嫌疑人年龄在刑法规定的应负刑事责任年龄上下的，应当依法慎重处理。”

3.《最高人民法院关于审理未成年人刑事案件具体应用法律若干问题的解释》

**第二条** 刑法第十七条规定的“周岁”，按照公历的年、月、日计算，从周岁生日的第二天起算。

**第三条** 审理未成年人刑事案件，应当查明被告人实施被指控的犯罪时的年龄。裁判文书中应当写明被告人出生的年、月、日。

**第四条** 对于没有充分证据证明被告人实施被指控的犯罪时已经达到法定刑事责任年龄且确实无法查明的，应当推定其没有达到相应法定刑事责任年龄。

相关证据足以证明被告人实施被指控的犯罪时已经达到法定刑事责任年龄，但是无法准确查明被告人具体出生日期的，应当认定其达到相应法定刑事责任年龄。

# 第三编 《关于办理刑事案件排除非法证据若干问题的规定》的适用

## 第一章 非法言词证据的排除

### 一、非法言词证据的范围

**第一条 采用刑讯逼供等非法手段取得的犯罪嫌疑人、被告人供述和采用暴力、威胁等非法手段取得的证人证言、被害人陈述，属于非法言词证据。**

（一）法条内容释义

本条规定了非法言词证据的范围。

首先，言词证据是证据分类理论中与实物证据相对应的一类证据，它是指以人的陈述为表现形式的证据。① 与实物证据相比，言词证据具有信息量大和稳定性弱的特点，一方面，言词证据往往能够以生动、直观的方式全面地证明案件事实，包括犯罪动机等实物证据难以证明的环节，在证明对象的范围方面非常广泛，所含信息量很大，但另一方面，言词证据所反映的案件事实都是由人感知并以记忆的形式储存于大脑中的，然后再通过陈述表达出来，在感知、记忆和表达的每个环节上都有可能发生变化，既容易受人的感知、记忆与表达能力、方式及心理等主观因素的影响，也容易受到人的感知、记忆与表达环境、时间等客观因素的影响，稳定性较弱。划分言词证据的目的就是促使有关人员能够根据言词证据的特点注意言词证据的收集和审查、判断的方法，既要避免其在收集过程中因收集方式不当而发生变化，丧失真实性，也要注意通过对言词证据提供者的询问、观察及全案证据的综合考量来认真分析、鉴别言词证据的真伪。

其次，在我国法定的证据种类中，证人证言、被害人陈述、犯罪嫌疑人、被告人的供述和辩解以及鉴定结论都属于言词证据。鉴定结论是具有专门知识

① 卞建林主编：《证据法学》，中国政法大学出版社2005年版，第327页。

并具有鉴定人资格的人，运用科学技术手段和自己的专业知识对案件中的专门问题予以分析、鉴别所提出的意见，虽然其只能以书面的形式表达，但其归根结底是鉴定人意见的陈述，因此也应当属于言词证据。除了鉴定结论外，证人证言、被害人陈述、犯罪嫌疑人、被告人的供述和辩解都既可能以口头形式表达，也可能以书面形式提出，如书面的证词，或者对证人口头提供的证言所作的笔录等。无论是采用口头形式还是书面形式，以上证据均属于言词证据。本条中只提及了犯罪嫌疑人、被告人供述和证人证言、被害人陈述，而没有提及犯罪嫌疑人、被告人辩解及鉴定结论，是因为前三种证据更有可能通过非法手段取得。

最后，非法言词证据是指以非法手段取得的言词证据。但非法手段的范围非常宽泛，既包括侵犯犯罪嫌疑人、被告人、证人、被害人实体性权利，影响犯罪嫌疑人、被告人、证人、被害人意志自由的手段，如本条中提及的刑讯逼供、暴力、威胁等非法手段，也包括仅侵犯犯罪嫌疑人、被告人、证人、被害人程序性权利，并不影响或不直接影响其意志自由的手段，如侦查人员违反规定单人取证等。本条规定的非法言词证据仅包括以刑讯逼供、暴力、威胁等侵犯犯罪嫌疑人、被告人、证人、被害人实体性权利、影响其意志自由的手段取得的言词证据，而不包括仅仅是程序违法所取得的言词证据。此外，与《最高人民法院关于执行〈中华人民共和国刑事诉讼法〉若干问题的解释》和《人民检察院刑事诉讼规则》中的相关规定相比较，本条的规定有两处不同：其一，前两个司法解释所列举的非法取证方式中还包括欺骗、引诱这两种方式，而本规定中则未对这两种方式作出明确列举；其二，前两个司法解释没有将犯罪嫌疑人、被告人供述的非法取证方式和证人证言、被害人陈述的非法取证方式分开予以规定，而本规定则对这两类言词证据的非法取证方式分开予以了规定，其中明确规定通过威胁手段取得的证人证言、被害人陈述应当被予以排除，而对犯罪嫌疑人、被告人的供述却未作出相同规定。如此规定造成了两个困惑：其一，通过欺骗、引诱方式取得的言词证据是否属于依法应当被予以排除的言词证据？其二，没有进行刑讯逼供，而是仅仅通过威胁所取得的犯罪嫌疑人、被告人供述是否属于依法应当被予以排除的言词证据？我们认为，由于威胁、欺骗、引诱的性质往往难于界定、程度上也有轻有重，不宜一概而论，因此，本条规定是以不完全列举的方式列举了非法取得言词证据的手段，考虑到非法证据排除规则的制定理由有抑制违法取证、保障人权和保障陈述者意志自由、保障证据真实性等几个方面，因此这里的“等”应当是指与已经列举出来的几种非法手段在违法程度、权利侵害程度或者对陈述者意志自由及陈述真实性的影响程度上大体相当的手段，具体应当由司法人员根据个案中取证的具体情况来予以确定。

**（二）制定理由**

本条规定了非法言词证据的范围，其制定理由有以下几点：

首先，我们对待非法取得的言词证据和非法取得的实物证据采取不同的立场，因此有必要对非法言词证据的范围予以单独、专门的规定。确立非法证据排除规则的理由主要有两个方面：一是保障犯罪嫌疑人、被告人、证人、被害人的权利；二是保障证据的真实性。与实物证据相比，获取言词证据的手段对犯罪嫌疑人、被告人、证人、被害人的权利侵害往往更严重、更直接，而言词证据本身的真实性也更容易受到取证手段的影响。出于这两方面的考虑，我们对非法取得的言词证据和非法取得的实物证据采取了不同的立场，对非法言词证据的范围予以了单独、专门的规定。西方国家一般也都针对口供确立了比实物证据更为严格的排除规则，例如，根据英国《警察与刑事证据法》的规定，对于是或者可能是警察通过胁迫手段或者是通过其他在当时的情况下可能导致供述不可靠的语言或行为所取得的供述，一律要予以排除；而对于实物证据，则由法官予以裁量，只有当法官考虑到包括收集证据在内的所有情况，从而认为检察官据以作出指控的证据会对程序公正性造成不利的影响时，才予以排除。就非法证据排除采取严格立场的美国也针对实物证据的排除确立了越来越多的例外规则。《德国刑事诉讼法》则对一些直接侵犯被讯问对象人身权利和影响其意志自由的非法取证方式作了列举，然后规定通过这些非法手段所取得的供述必须被予以排除，至于对非法取得的实物证据是否应予排除则未作规定。

其次，对于以哪些非法方法取得的言词证据属于应当予以排除的非法言词证据有必要作出明确的规定，以确保实践中的可行性。如上文所述，非法手段的范围非常宽泛，既包括侵犯犯罪嫌疑人、被告人、证人、被害人实体性权利、影响其意志自由的手段，也包括仅侵犯其程序性权利，并不影响或不直接影响其意志自由的手段，如果只要取证的手段违法就一律予以排除，而无论该手段违法的性质、程度和影响如何，那么将导致大量的案件无法认定，造成严重的负面后果。因此，我国在非法证据的排除方面还是持非常谨慎的态度的，仅规定了采用刑讯逼供、暴力、威胁等非法手段获得的言词证据应予排除，这是因为，这些手段对犯罪嫌疑人、被告人、证人、被害人权利的侵害非常严重，凡是通过这种严重侵害犯罪嫌疑人、被告人、证人和被害人权利的手段所取得的言词证据都被予以排除，而不论其所反映的事情真实与否，才能有效地抑制侦查人员通过此种手段来取得言词证据，以保障犯罪嫌疑人、被告人、证人和被害人的合法权利。同时，这些手段也都对取证对象的意志自由形成了直接的侵害或干涉，极有可能导致他们为了迎合侦查人员的意图而被迫作出虚假的陈述，因此无论是从保障人权的角度看，还是从真实发现的角度来看，通过这些手段所取得的言词证据都应当予以排除。至于通过这些手段以外的其他非法手段所获得的证据，则因其权利侵害的程度较轻或对陈述真实性的影响较小，而允许补正。在西方国家，一般也都对通过侵害取证对象实体性权利、影响其意志自由的手段所取得的证据，尤其是采用刑讯逼供等压迫性手段所取得的供述予以严格的排除，而对以其他手段，比如以仅侵犯取证对象程序性权利，而对其意志自由不形成直接影响的方式所取得的供述则并不采取严格排除的立场。

最后，对于以哪些非法方法取得的言词证据属于应当予以排除的非法言词证据，只能以不完全列举的方式来予以规定。一方面，实践中非法取证的方式是多种多样的，即便是应当导致所取得的言词证据被予以排除的非法取证方式也是多种多样的，法律规定不可能穷尽所有这些非法取证的方式；另一方面，由于威胁、欺骗、引诱等非法取证行为的性质往往难于界定，且其对犯罪嫌疑人、被告人、证人及被害人权利侵害的程度以及对其意志自由和陈述真实性的影响程度可能很大，也可能很轻微，一律采取予以排除的立场可能会造成弊大于利的负面结果，因此不宜作出一概而论的规定，而宜以“等”的方式作出规定，由司法人员根据其具体的违法程度、对犯罪嫌疑人、被告人、证人和被害人权利意志自由和陈述真实性的影响程度等来决定是否予以排除。

**（三）应注意的问题**

在实践中适用本条规定应注意以下问题：

首先，对于证据的审查，应首先审查其合法性或者证据资格的问题，如果其属于本条所规定的采用刑讯逼供手段取得的犯罪嫌疑人、被告人供述和采用暴力、威胁手段取得的证人证言、被害人陈述，那么就意味着该证据根本就不具备证据资格，应当一律予以排除，而不必也不应再审查其内容的真实性。

其次，对于以威胁、欺骗、引诱等手段取得的犯罪嫌疑人、被告人供述，和以欺骗、引诱等手段取得的证人证言、被害人陈述是否应当予以排除，也不应通过证据内容的真实性来予以判断，否则就不是非法证据的排除，而是虚假证据的排除了。对于以这些非法手段取得的证据，也应当先审查其取证手段，从威胁、欺骗、引诱的方式本身来判断其对犯罪嫌疑人、被告人、证人和被害人意志的影响程度，从而判断其是否可能影响证据的真实性，只要其可能（并非一定）影响证据的真实性，就应当被予以排除。因为，如果这些言词证据是在受威胁、欺骗和引诱的情况下作出的，其内容就很有可能是被指引好了的，因此其与案件中其他证据就很有可能是相互印证的，或者说其本来就是为了印证案件中的其他证据才被威胁、欺骗和引诱作出的，因此如果直接审查其内容，就很有可能得出该证据内容真实的错误结论，继而得出取证手段并未影响证据内容的错误结论，从而导致该证据不被排除而影响案件的正确处理。总而言之，对于通过本条规定明确列举的方式以外的其他非法手段所取得的言词证据是否应当予以排除，其标准并非是该言词证据本身的真伪，而是取证的手段是否可能影响证据的真实性，而判断取证手段是否可能影响证据真实性的依据又要看取证手段是否影响了犯罪嫌疑人、被告人、证人和被害人的意志自由，只要取证手段达到了影响犯罪嫌疑人、被告人、证人和被害人意志自由的程度，就有可能影响其所提供的言词证据的真实性，就应当被予以排除。

此外，对比英国和德国的做法，其均在法律明确规定的方式以外，为通过其他哪些非法方法所取得的供述应当被予以排除规定了一个大体的标准，以供实践中作为判断的依据。英国的标准是“在当时的情况下可能导致供述不可靠”，德国的标准则是“有损被指控人记忆力、理解力”，在这些方面我们应当在修改《刑事诉讼法》或制定《证据法》时予以借鉴，在刑讯逼供、暴力、威胁的手段之外，为通过其他哪些非法方法所取得的供述应当被予以排除规定一个大体的标准，我们认为，这一标准可以被规定为“影响取证对象意志自由”。影响取证对象的意志自由，自然就可能导致供述及其他言词证据不可靠，这与英国的规定实际上异曲同工，但可以防止我国实践中存在的，通过证据内容真实与否去反推取证方式是否给证据真实性造成影响的倾向。

再次，尽管本条所规定的非法言词证据仅包括犯罪嫌疑人、被告人的供述、证人证言和被害人陈述，而不包括鉴定结论，但如果有证据证明鉴定结论系鉴定人遭受暴力、威胁等非法手段而作，那么该鉴定结论亦应被予以排除。因为从保障人权的角度来说，鉴定人和证人的人身权利应当受到同等的保护，而从真实发现的角度来说，鉴定结论对案件认定的影响通常比证人证言更大，因此如果鉴定人因受暴力、威胁等非法手段而作出虚假的鉴定结论，将比证人提供虚假的证言危害更大。

最后，在实践中应当注意将记录犯罪嫌疑人、被告人、证人和被害人陈述的录音、录像资料与作为证据种类的视听资料区别开来，前者是记载犯罪嫌疑人、被告人供述与辩解、证人证言和被害人陈述的一种方式或工具，在证据种类上仍然分别属于犯罪嫌疑人、被告人供述与辩解、证人证言和被害人陈述，在证据分类上仍然属于言词证据，因此，如果该录音、录像资料所录制的陈述是犯罪嫌疑人、被告人、证人或被害人被刑讯、暴力、威胁等手段而被迫作出的，那么该录音、录像资料亦应作为非法言词证据被予以排除。

（四）典型案例分析

## 杜培武杀人案[①]（一）

1. 案情

1998 年 4 月 22 日 9 时，昆明警方在停放于圆通北路 40 号北侧人行道上的一辆昌河牌面包车内，发现了一男一女被枪杀于车内，身上钱物被洗劫一空，车的备胎也没了。经查，男的叫王俊波，是路南县（现改名石林县）公安局副局长，女的叫王晓湘，是昆明市公安局通讯处民警，死亡时间为 4 月 20 日 20 时左右，二人均系被王俊波的配枪所杀，但该枪去向不明。确认死者身份后，警方认为此案属于情杀，并把王晓湘的丈夫，昆明市公安局强制戒毒所警官杜培武列为了犯罪嫌疑人，并于当天下午 14 时对杜培武予以留置盘问审查。

经查，杜培武 4 月 20 日 18 时 30 分在戒毒所食堂和同事们一起吃完晚餐后，说他要复习功课，准备已经临近的函授考试，就回宿舍去了。19 时 30 分左右，有两个同事看见他出来，还同他交谈了 10 多分钟。21 时 20 分左右，杜培武到食堂打牛奶，也碰到了同事，然后还去值班室打了电话。但 19 时 40 分至 21 时 20 分，21 时 30 分至次日早晨 7 时的活动情况无人证实。

于是，杜培武暂时被“控制”在了其所工作的戒毒所内。6 月 30 日，杜培武被带到昆明市中级人民法院用测谎仪测谎，结论是杜培武说谎。7 月 2 日，杜培武被予以刑事拘留。但是警方并没有将其送往看守所关押，而是在昆明市刑侦三大队的办公室内，用不准睡觉、反铐后吊挂在防盗窗上，时而给垫个凳子，时而又抽走等方式对其进行了长达 17 天的审讯。最后，在警方的逼迫和指引下，杜培武作出了以下供述：自 1998 年春节以来，杜培武通过每月结算电话费调取家中电话信息，发现妻子王晓湘经常偷偷和同学王俊波通电话，并于 1998 年 3 月发现王晓湘意外怀孕，于是更加深了对王晓湘与王俊波有奸情的怀疑，便想找个机会教训一下他们。4 月 18 日，杜培武打电话给王俊波，约其到昆明参加同学聚会。4 月 20 日 16 时 20 分左右，王晓湘打电话问杜培武是否回家，杜培武告诉她王俊波要来，并以去玉龙湾公园游玩为名，让她先联系王俊波，再到戒毒所接他。当晚 20 时，杜培武从戒毒所断墙跳出，坐上了王俊波的昌河车，在闲谈中向王俊波索要配枪“看看”，并暗中上膛。当车行使到玉龙湾附近杜培武早已看好的偏僻地点时，杜培武谎称车胎没气，要求停车，车停后，杜培武从副驾驶位下来换坐到驾驶位，换位后，杜培武便质问王俊波与王晓湘的关系，在气愤中转身近距离开枪，将坐于驾驶位后中排左侧

① 参见王达人、曾粤兴：《正义的诉求》，法律出版社 2003 年版。

的王晓湘杀害，又下车打开副驾驶门将王俊波拖到副驾驶后中排右侧座位，再坐回副驾驶位上开枪将王俊波杀害，并用枪柄击打了两人面部。作案后，杜培武先将车开回戒毒所置于大门外，于21时20分左右潜回戒毒所，并到值班室打牛奶，以此制造未在现场的假象，并在此期间多次拨打家中电话及王晓湘的传呼假装寻找王晓湘。到4月21日凌晨3时许，杜培武又从断墙潜出戒毒所，将车开到昆明，先将车开到云南公安高等专科学校，将死者随身物品全部搜走，放入车内一个塑料袋里，并将车与尸体弃于圆通北路40号旁的人行道上，又将死者的随身物品连同作案枪支一并弃于银河酒店前的盘龙江桥头边，制造抢劫杀人的假象，最后于7时之前潜回派出所。

警方在经逼供、指供取得上述供述后，又反过来用其印证其他证据与推断，认为："以上交代细节与现场勘察情况相符，此案为高度保密案件，具体案情外界无法知悉。杜培武清楚交代的作案过程，进一步证实其犯罪事实。综上所述，犯罪嫌疑人杜培武杀害王俊波、王晓湘一案犯罪事实清楚，证据确凿。至此，本案已告侦破。"但值得注意的是，在该案中，作案枪支一直未被找到。

杜培武作出上述供述后，于7月19日才被押进看守所，8月3日被逮捕，10月22日被昆明市人民检察院提起公诉，1999年2月5日被昆明市中级人民法院一审判处死刑，11月12日被云南省高级人民法院二审改判死刑缓期两年执行。2000年6月，昆明警方抓获了一个持枪杀人抢劫特大犯罪团伙，该团伙供称杀害王俊波、王晓湘一案系他们所为，7月6日，云南省高级人民法院再审改判杜培武无罪，7月11日，云南省高级人民法院在云南省第一监狱对杜培武宣告再审判决，宣告他无罪并予以释放。

2. 分析

首先，上述案例中，杜培武的供述是典型的非法言词证据。该供述系通过连续17天不让犯罪嫌疑人睡觉，将犯罪嫌疑人反铐后吊挂在防盗窗上，时而给垫个凳子，时而又抽走等方式所获得，这些方式都属于刑讯逼供，通过这种方式所取得的犯罪嫌疑人的供述是典型的非法言词证据，无论其内容本身真实与否，都应当被严格予以排除。

其次，我国的司法实践中存在着严重的重实体、轻程序、重惩罚犯罪、轻人权保障的倾向，对于非法取得的证据，我们往往是根据证据的真实性来判断其是否应当被排除，如果证据是虚假的，那当然应予排除，如果证据是真实的，即便它是通过刑讯逼供等非法手段取得的，也不会被予以排除。而我们判断某一证据真实与否的基本方法就是审查它与案件中的其他证据能否相互印证，但是，采用刑讯逼供等非法手段的目的本身就是要使所取得的言词证据能够与其他证据相印证，因此运用这种方法对这类证据内容予以审查的结论往往就是该证据是真实的，继而推出其即便是违法取得的，也不应当被予以排除。在本案中，杜培武在被刑讯逼供的情况下所被迫作出的供述，无一不与案件其他证据吻合，包括作案的时间、地点、过程，甚至射击的位置等，因为这些陈述本来就是讯问人员为了取得与其他证据能够相互印证的口供而指引和逼取出来的。可见，对于通过非法手段取得的言词证据，绝不能先通过能否与其他证据相印证来判断其真伪，再根据如此得来的关于该证据真伪的判断来决定应否排除该证据。

最后，在上述案例中，杜培武的供述还是通过超期羁押获得的，假设不存在刑讯逼供的行为，那么，在超期羁押的期间所获得的供述是否属于非法言词证据呢？应当说，凡是通过违反法律规定的手段所取得的言词证据都属于非法言词证据，但是本条所规定的应当被予以排除的非法言词证据却有特指，根据前面的分析，除了通过本条所明确列举出来的非法手段所取得的言词证据以外，还应包括其他在对犯罪嫌疑人、被告人意志自由的影响程度和证据真实性的影响程度方面与已列举出来的手段大体上相当的手段，这要由司法人员根据个案的具体情况来予以判断。一般来说，单纯的超期羁押不会直接影响犯罪嫌疑人、被告人的意志自由，从而不会影响供述的真实性，但如果存在不作某种供述就会被继续超期羁押的威胁，或者是长期的羁押令犯罪嫌疑人、被告人精神崩溃而随意供述，那么就应当判断为是影响了犯罪嫌疑人、被告人的意志自由，从而应当排除在超期羁押期间所取得的供述。

**（五）相关法条链接**

1.《刑事诉讼法》

**第四十三条** 审判人员、检查人员、侦查人员必须依法定程序，收集能够证实犯罪嫌疑人、被告人有罪或者无罪、犯罪情节轻重的各种证据。严禁刑讯逼供和以威胁、引诱、欺骗以及其他非法的方法收集证据。必须保证一切与案件有关或者了解案情的公民，有客观地充分地提供证据的条件，除特殊情况外，并且可以吸收他们协助调查。

2.《最高人民法院关于执行〈中华人民共和国刑事诉讼法〉若干问题的解释》

**第六十一条** 严禁以非法的方法收集证据。凡经查证确实属于采用刑讯逼供或者威胁、引诱、欺骗等非法的方法取得的证人证言、被害人陈述、被告人供述，不能作为定案的根据。

3.《人民检察院刑事诉讼规则》

**第二百六十五条第一款** 严禁以非法的方法收集证据。以刑讯逼供或者威胁、引诱、欺骗等非法的方法收集的犯罪嫌疑人供述、被害人陈述、证人证言，不能作为指控犯罪的根据。

## 二、非法言词证据的排除

**第二条　经依法确认的非法言词证据，应当予以排除，不能作为定案的根据。**

**第三条　人民检察院在审查批准逮捕、审查起诉中，对于非法言词证据应当依法予以排除，不能作为批准逮捕、提起公诉的根据。**

**（一）法条内容释义**

上述《规定》第2条、第3条规定了在刑事诉讼的各个环节上，非法取得的言词证据都应当被予以排除，也即不能作为作出相关决定的根据。

首先，在审查批准逮捕、审查起诉和裁判环节上，非法取得的言词证据都应当被予以排除。西方国家采审判中心主义，非法证据的排除主要发生在审判阶段不同，我国采诉讼阶段主义，因此非法证据的排除发生在刑事诉讼的各个环节上。当然，这绝不意味着西方国家在作出逮捕、起诉等决定时可以以非法取得的证据作为根据，而只意味着，在这些国家，非法证据排除作为一种具有特定含义的证据规则，仅适用于审判阶段。

其次，非法证据的排除意味着这些证据不能被作为批准逮捕、提起公诉和定案的根据。证据的排除可能通过两种不同的机制进行，在英美国家，事实认定是由陪审团决定的，而证据的排除是由法庭在没有陪审团参与的情况下预先确定的，因此一旦证据被予以排除，就意味着这个证据不得展示给陪审团，对陪审团来说，就相当于这个证据从来没有存在过，因此该证据也就不会对陪审团就案件事实的认定产生任何影响。而在大陆法系国家，证据的排除和案件事实的认定均由法官来决定，因此，虽然一旦某一证据被排除了，该证据也会被禁止在法庭上展示和接受质证，但是法官在决定是否排除该证据之时，实际上就已经或多或少地接触到了该证据，他知道该证据的存在，甚至或多或少地知道该证据的内容，因此，该证据多少可能会对他的判断产生影响，所以法官在作出决定的时候要特别注意“忘记”该证据的影响。我国的证据排除机制与大陆法系国家大体相同，决定是否批准逮捕或提起公诉的检察官以及作出裁判的法庭都不可能不接触非法取得的证据，其中，在审判阶段，如果被告人是在开庭之前就提出了其审判前供述系非法取得，那么法庭应当于公诉人宣读起诉书之后，就先进行证据的合法性调查程序，如果通过该程序，被告人的审判前供述被予以排除，那么它就不得再在法庭上被宣读，以此来将其对法庭判断的影响降到最小，但是除此之外，检察官和法官都必然会知悉非法证据的内容，从而导致所谓的排除，只是要求他们在作出决定时要“忘记”该证据，不以该证据作为判断和决定的依据。

**（二）制定理由**

《规定》第2条、第3条规定了在刑事诉讼的各个环节上，非法取得的言词证据都应当被予以排除，也即不能作为作出相关决定的根据。其制定理由有以下几点：

首先，这是抑制违法侦查、保障犯罪嫌疑人、被告人、证人和被害人的权利，维护程序正义的需要。权力本身具有扩张属性，侦查人员的调查取证权、讯问权和询问权也不例外，如果不加以规制，就容易侵犯犯罪嫌疑人、被告人、证人和被害人的正当权利，而当通过违法手段所取得的证据不能被采纳时，侦查人员违法取证的心理动因就会减轻或消失，从而能够有效地遏制侦查人员通过不正当手段来获取证据的倾向，保障犯罪嫌疑人、被告人、证人和被害的权利，维护程序正义。

其次，这是保障证据真实可靠和作出正确的判断，维护实体正义的需要。犯罪嫌疑人、被告人、证人和被害人在刑讯逼供、暴力、威胁等非法手段下失去了意志自由，其所作出的陈述是为了迎合侦查人员的需要而被迫作出的。而采用非法手段取证的侦查人员的需要就是使自己取得的言词证据能够跟案件中的其他证据相印证，因此，对于通过非法手段所取得的言词证据，如果单从与案件中其他证据的印证情况来判断，就往往会得出其内容真实的错误结论。而排除非法言词证据一方面可以遏止侦查人员根据自己的需要和倾向来逼迫或引诱犯罪嫌疑人、被告人、证人和被害人作出虚假的陈述，另一方面也可以防止检察官和法官将这样的证据作为作出决定和判决的依据，从而维护了实体正义。

再次，这是贯彻证据裁判原则的需要。证据裁判原则要求要以证据作为裁判的依据，而这种作为裁判依据的证据首先必须具备证据资格，通过非法手段所取得的证据是不具有证据资格的，当然也就不能成为裁判的依据。

最后，这是维护程序法律严肃性的需要。我国《刑事诉讼法》第43条规定：“严禁刑讯逼供和以威胁、引诱、欺骗以及其他非法的方法收集证据。”而对于违反了这一规定，即以该规定所禁止的手段收集了证据，在程序上会导致什么样的法律后果，刑事诉讼法本身却并没有规定。为了维护程序法的严肃性，必须对通过违法手段所收集到的证据予以程序性制裁，否则单纯的禁止性规范很容易被突破，从而使其丧失严肃性。

**（三）应注意的问题**

在实践中适用这两条规定应注意以下问题：

首先，尽管排除非法证据既是维护程序正义的需要，也是维护实体正义的需要，但是实践中在是否排除非法证据的问题上却可能存在价值冲突，如某些证据虽然是通过非法手段取得的，但却可能是真实可靠的，在是否排除这样的证据方面就存在价值冲突，如果不予排除，就等于放纵侦查人员违法取证，漠视犯罪嫌疑人、被告人、证人和被害人的权利，但如果予以排除，又可能导致案件事实无法认定，无法将犯罪分子绳之以法。其实立法者已经考虑到了这样的价值冲突，因此才仅将通过刑讯逼供、暴力、威胁等非法方法取得的言词证据纳入应强制排除的范围，而不是对通过任何非法方式取得的任何证据都一律予以排除。因此，在实践中，凡是通过本《规定》第 1 条中所明确列举的非法手段所取得的言词证据，都应当一律予以排除，不需要司法人员再作价值考量。对于通过本《规定》第 1 条中所明确列举的非法手段之外的其他手段所取得的言词证据，则要由司法人员根据具体情况综合考量，对程序正义与实体正义、人权保障与真实发现之价值予以平衡，如果该非法手段影响了犯罪嫌疑人、被告人、证人和被害人的意志自由，可能导致陈述不真实，也即其不仅违背了程序正义，还有可能危及实体正义，不仅有损于人权保障，还可能有损于真实发现，那么对于这样的证据也应当予以排除；相反，如果取证手段仅仅是在程序上违法，而不影响犯罪嫌疑人、被告人、证人和被害人的意志自由，不会影响其陈述的真实性，则允许补正。

其次，排除非法言词证据，不能将其作为批准逮捕、提起公诉和定案的根据，不仅意味着有关法律文书在说明理由和列举相关证据时，不能以该证据为根据，更意味着检察官和法庭在作出相关判断时不应受到该证据的影响。正如在本条的法条内容释义中所提到的，在英美国家，证据一旦被排除，陪审团根本就不会接触到该证据，因此该证据也就不会对陪审团的判断产生任何影响。而我国的情况则和大陆法系国家相似，法庭或检察官要在接触到某一证据之后才能就其应否被排除作出判断，因此该证据的内容很有可能会对法庭或检察官产生影响，比如会使法庭或检察官更容易采信与该证据内容一致的其他证据，这样，虽然法庭或检察官在最后的决定或裁判中并没有直接以该非法证据为依据，但实际上该证据却对法庭或检察官的判断产生了至关重要的影响，而这种影响也应当被予以避免，也就是说，一旦某证据被排除，法庭或检察官就应当“忘记”该证据，使该证据不对他的判断产生任何影响。

再次，排除非法言词证据，仅意味着该言词证据的内容不能被作为批准逮捕、提起公诉或定案的根据，如果是要证明存在刑讯逼供、暴力、威胁等非法取证手段本身，则该非法言词证据可以作为依据。

最后，排除非法言词证据，仅意味着该被排除的非法言词证据不能被作为批准逮捕、提起公诉或定案的根据，并不意味着就不能批准逮捕、提起公诉或定案，如果排除了非法言词证据，案件中的其他证据对犯罪事实的证明仍然可以达到刑事诉讼法关于批准逮捕、提起公诉或者定案的证明标准，那么当然可以依据其他证据作出相关的决定与裁判。

（四）典型案例分析

**案例一：杜培武杀人案（二）**

1. 案情

杜培武被迫作出有罪供述后，于1998年7月19日被押进看守所。在多方打听确信不会再受到刑讯逼供后，他于7月28日向昆明市检察院起诉处、批捕处及驻所检察官提出控告。7月29日，在看守所三管区教室门口，检察官当着看守所两名管教干部及上百名在押人员对杜培武手腕、膝盖、脚上的伤情拍了四张照片。

但杜培武依然于8月3日被逮捕。杜培武的控告书和其伤势照片也都没有被作为证据移送给人民法院。

1998年12月7日，昆明市人民检察院向昆明市中级人民法院提起公诉，指控杜培武故意杀人，其在公诉书中指出杜培武故意杀人的犯罪事实“有现场勘验笔录、尸检报告、枪弹痕迹检验鉴定书、查获的杜培武所穿长袖警服衬衣及衬衣手袖射击残留物和附着泥土、作案车上泥土的鉴定和分析报告、有关的技术鉴定结论和证人证言为证，被告人亦有供述在卷”。其中，现场勘验笔录、尸体检验报告、枪弹痕迹检验鉴定书用于证明被害人的死亡时间和方式，杜培武的衬衣、衬衣上的射击残留物及相关鉴定证明杜培武曾使用枪支射击，杜培武衬衣上的附着泥土和作案车上的泥土及相关鉴定证明杜培武曾驾驶过该车，证人证言证明杜培武有作案时间和反常表现，但此前被告人及辩护人多次辩称，杜培武是警察，案发前曾进行过射击训练，这一点其所在的戒毒所有多位干警可以证实；作案车上的泥土位置与现场勘验笔录记载有出入，很可能为捏造；警犬气味鉴定，一头有反应，一头无反应，且距离案发时间已达四十天之久，并且死者之一是杜培武的妻子，身上有同一气味也很正常等。

2. 分析

在上述案例中，人民检察院根据现有证据显然可以认定讯问中存在刑讯逼供的违法取证行为，但是无论是在审查批准逮捕，还是在审查起诉的过程中，其显然都将杜培武的供述作为了决定的依据之一，这种做法显然是错误的。

首先，就审查批准逮捕来说，刑事诉讼法规定的证据条件是：“有证据证明有犯罪事实”，而《最高人民法院、最高人民检察院、公安部、国家安全部、司法部、全国人大常委会法制工作委员会关于刑事诉讼法实施中若干问题的规定》第二十六条第一款，又进一步对该规定作出了解释，指出："有证据证明有犯罪事实"，是指同时具备下列情形：（一）有证据证明发生了犯罪事实；（二）有证据证明犯罪事实是犯罪嫌疑人实施的；（三）证明犯罪嫌疑人实施犯罪行为的证据已有查证属实的。而在本案中，如果排除了杜培武的供述，那么根据本案中的上述证据，在不要求所有证据都必须在审查批准逮捕的阶段即须查证属实的情况下，可以证明杜培武驾驶过作案车辆并有过射击行为，且其有过射击行为的事实已经查证属实，只是不能判断是射击训练还是在罪案中射击所留下的，我们认为，在这种情况下，即使排除了杜培武的供述，依据其他证据也还是可以对其作出批准逮捕的决定的。但是，虽然结果一样，意义却非常不同，排除通过刑讯逼供手段所取得的供述，不以该供述作为审查批准逮捕的依据，是对人权与正当程序的尊重，也会对其后的程序产生至关重要的影响，它将敦促讯问人员在其后的调查取证中注意取证手段的合法性，既可以防止犯罪嫌疑人的合法权益再受侵害，也可防止在其后所获得的供述再因讯问手段不合法而被排除。

其次，就提起公诉来说，刑事诉讼法规定的条件是："犯罪嫌疑人的犯罪事实已经查清，证据确实、充分，依法应当追究刑事责任。"那么，在本案中，如果排除了杜培武的供述，根据上述证据，则根本不可能认定"犯罪事实已经查清，证据确实、充分"。根据《人民检察院刑事诉讼规则》第265条第2款的规定："人民检察院审查起诉部门在审查中发现侦查人员以非法方法收集犯罪嫌疑人供述、被害人陈述、证人证言的，应当提出纠正意见，同时应当要求侦查机关另行指派侦查人员重新调查取证，必要时人民检察院也可以自行调查取证。"在本案中，人民检察院发现了侦查人员以非法方法收集犯罪嫌疑人的供述，却依然以该供述作为了决定提起公诉的依据，这一做法显然是错误的。正确的做法是，人民检察院应当要求侦查机关另行指派侦查人员重新调查取证，必要时人民检察院也可以自行调查取证，也即进行补充侦查，如经合法的讯问并未获得被告人的有罪供述，而根据其他证据又不能认定被告人有罪，则应当作出不起诉的决定，而绝不能依据非法取得的供述作出提起公诉的决定。

事实上，检察机关之所以不顾供述是否为非法取得，即以该供述作为决定提起公诉的依据，主要原因在于，在审判阶段，法庭也不排除非法取得的供述，因此检察机关不必担心该供述被排除，也就不会有检方的指控不被支持的顾虑，自然可以放心大胆地使用非法取得的供述。因此，要贯彻非法言词证据的排除规则，其关键还是要在审判阶段建立好非法言词证据的调查和排除机制，以此来牵制检察机关，使其因顾虑以非法取得的供述作为依据的指控不被法庭支持，而自觉地不以非法取得的供述作为决定是否提起公诉的依据。

## 案例二：刘明河故意杀人无罪案①

1. 案情

1996年6月19日，有人在安徽机电学院西大门东侧的水塘里发现一具浮尸，并向芜湖市公安局刑警支队报案。经打捞、辨认，死者系该院女职工陶子玉。专案组通过清理陶子玉遗物，发现该院副教授、基建处处长刘明河有犯罪嫌疑。6月30日，刘明河因涉嫌故意杀人被公安局收容审查，但他坚持没有实施犯罪，9月18日下午，受芜湖市公安局聘请，中国人民公安大学警察技术培训中心某研究人员用测谎仪对刘明河测谎，结论是刘明河说谎。9月30日，刘明河作出有罪供述并被刑事拘留，10月9日，经芜湖市人民检察院批准，刘明河被逮捕。12月11日，芜湖市人民检察院以被告人刘明河犯故意杀人罪，向芜湖市中级人民法院提起公诉。

1996年12月27日，芜湖市中级人民法院公开开庭审理此案，刘明河当庭翻供，提出其审判前供述系受公安机关刑讯逼供所作。12月30日，芜湖市中级人民法院以故意杀人罪判处刘明河死刑，剥夺政治权利终身。刘明河不服，上诉至安徽省高级人民法院。1998年4月，安徽省高级人民法院以一审事实不清、证据不足为由裁定撤销原判，发回重审。9月18日，芜湖市中级人民法院以故意杀人罪判处刘明河无期徒刑，刘明河不服，再次提起上诉，之后又经历了再次发回重审，再次判处无期徒刑，再次上诉的过程。2001年4月27日，安徽省高级人民法院终于宣布撤销原审判决，以证据不足，故意杀人罪不成立，宣告刘明河无罪。其判决理由为：原判认定被告人刘明河故意杀人“虽有刘明河的多次供述在卷，且致死原因与法医鉴定相吻合，但刘明河在芜湖市中级人民法院第一次公开开庭审理时，即当庭全部推翻原供，否认当晚见到陶子玉。刘明河虽曾作过有罪供述，但公安机关根据刘明河的供述勘查作案现场时未能提供相关证据，抛尸现场亦未搜集到确系刘明河杀人的证据；原判采用大量的证人证言证明了刘明河当晚的部分活动情况，并分析认定刘明河具有作案时间，但无证据证明刘明河和陶子玉在一起，而且陶子玉当夜9时许离开黄媛媛家后无人证明其行踪。此外，刘明河供述的作案手段与法医尸检陶子玉的伤情也不尽一致。据此，认定刘明河杀死陶子玉的证据不足”。至此，刘明河案历经5年6审，终以宣告被告人刘明河无罪而终结。

---

① 参见顾永忠主编：《中国疑难刑事名案程序与证据问题研究》，北京大学出版社2008年版，第199页、第231页。

2. 分析

被告人审判前供述可能因为两个原因而不能被作为认定案件事实的依据，一是因为该供述系通过刑讯逼供等非法手段取得，从而使得该供述因取证手段违法而丧失证据资格；二是因为该供述与案件中的其他证据不能相互印证，从而使得该供述内容的真实性被否定。即便是在本规定出台之前，根据《最高人民法院关于执行〈中华人民共和国刑事诉讼法〉若干问题的解释》第61条的规定，通过刑讯逼供等非法方法取得的被告人供述也不能作为定案的根据，也就是说，只要被告人供述是通过刑讯逼供等非法方法取得的，那么它就丧失了作为证据来证明案件事实的起码的证据资格，从而不能作为认定案件事实的根据，而无论其内容是真是伪。在本案中，虽然安徽省人民法院最后的判决书中，并没有明确指出刘明河的供述系通过刑讯逼供等非法手段取得，不能被作为定案的根据，而只是指出"刘明河在芜湖市中级人民法院第一次公开开庭审理时，即当庭全部推翻原供，否认当晚见到陶子玉"，但从该判决在其后对案件证据的分析中可以看出，其实际上是排除了刘明河的供述，而仅以其他证据为依据来判断刘明河是否实施了故意杀人的行为，并最终得出"认定刘明河杀死陶子玉的证据不足"的结论。但值得注意的是，如果认为被告人供述可能是通过刑讯逼供等非法手段取得，那么无论其内容是真是伪，都不能以该供述作为定案的根据，而本案中，安徽省高级人民法院最终没有将刘明河的供述作为定案的根据，还因为"刘明河供述的作案手段与法医尸检陶了玉的伤情也不尽一致"，可见，其没有以刘明河的供述作为定案的根据，并不仅仅因为该供述的取证手段违法，而依然是因为该供述内容的真实性值得怀疑。

**（五）相关法条链接**

1.《刑事诉讼法》

**第六十条第一款** 对有证据证明有犯罪事实，可能判处徒刑以上刑罚的犯罪嫌疑人、被告人，采取取保候审、监视居住等方法，尚不足以防止发生社会危险性，而有逮捕必要的，应即依法逮捕。

**第一百三十七条** 人民检察院审查案件的时候，必须查明：

（一）犯罪事实、情节是否清楚，证据是否确实、充分，犯罪性质和罪名的认定是否正确；

（二）有无遗漏罪行和其他应当追究刑事责任的人；

（三）是否属于不应追究刑事责任的；

（四）有无附带民事诉讼；

（五）侦查活动是否合法。

**第一百四十一条** 人民检察院认为犯罪嫌疑人的犯罪事实已经查清，证据确实、充分，依法应当追究刑事责任的，应当作出起诉决定，按照审判管辖的规定，向人民法院提起公诉。

**第一百六十二条** 在被告人最后陈述后，审判长宣布休庭，合议庭进行评议，根据已经查明的事实、证据和有关的法律规定，分别作出以下判决：

（一）案件事实清楚，证据确实、充分，依据法律认定被告人有罪的，应当作出有罪判决；

（二）依据法律认定被告人无罪的，应当作出无罪判决；

（三）证据不足，不能认定被告人有罪的，应当作出证据不足、指控的犯罪不能成立的无罪判决。

**2.《最高人民法院、最高人民检察院、公安部、国家安全部、司法部、全国人大常委会法制工作委员会关于刑事诉讼法实施中若干问题的规定》**

26. 修改后的刑事诉讼法将原刑事诉讼法关于逮捕条件中“主要犯罪事实已经查清”的规定修改为“有证据证明有犯罪事实”。其中“有证据证明有犯罪事实”，是指同时具备下列情形：

（一）有证据证明发生了犯罪事实；

（二）有证据证明犯罪事实是犯罪嫌疑人实施的；

（三）证明犯罪嫌疑人实施犯罪行为的证据已有查证属实的。

**3.《人民检察院刑事诉讼规则》**

**第二百六十五条第二款** 人民检察院审查起诉部门在审查中发现侦查人员以非法方法收集犯罪嫌疑人供述、被害人陈述、证人证言的，应当提出纠正意见，同时应当要求侦查机关另行指派侦查人员重新调查取证，必要时人民检察院也可以自行调查取证。

**第三百八十二条** 人民检察院审查逮捕部门、审查起诉部门在审查逮捕、审查起诉中，应当审查公安机关的侦查活动是否合法。发现违法情况，应当提出意见通知公安机关纠正。构成犯罪的，移送有关部门依法追究刑事责任。

# 第二章　对非法取得的供述的排除

## 一、证据合法性调查程序的启动、辩方的初步责任与法庭初步审查

**第四条　起诉书副本送达后开庭审判前，被告人提出其审判前供述是非法取得的，应当向人民法院提交书面意见。被告人书写确有困难的，可以口头告诉，由人民法院工作人员或者其辩护人作出笔录，并由被告人签名或者捺指印。**

**人民法院应当将被告人的书面意见或者告诉笔录复印件在开庭前交人民检察院。**

**第五条 被告人及其辩护人在开庭审理前或者庭审中，提出被告人审判前供述是非法取得的，法庭在公诉人宣读起诉书之后，应当先行当庭调查。**

**法庭辩论结束前，被告人及其辩护人提出被告人审判前供述是非法取得的，法庭也应当进行调查。**

**第六条 被告人及其辩护人提出被告人审判前供述是非法取得的，法庭应当要求其提供涉嫌非法取证的人员、时间、地点、方式、内容等相关线索或者证据。**

**（一）法条内容释义**

《规定》第4条、第5条和第6条规定了启动证据合法性调查程序的主体、时间、方式、初步责任和效力。

首先，证据合法性调查程序的启动可以由被告人在开庭审判前提出，也可以由被告人或辩护人在庭审中、法庭辩论结束前提出。如果是在开庭审判前提出，被告人一般应提交书面意见，书写确有困难的，也可以口头告诉，由人民法院工作人员或其辩护人作出笔录，并由被告人签名或者捺指印，人民法院应当将被告人的书面意见或者告诉笔录复印件在开庭前交人民检察院。如果是在庭审中、法庭辩论结束前提出，则一般由被告人或辩护人当庭口头提出。

其次，被告人及其辩护人应当承担启动证据合法性调查程序的初步责任，也即应当提供涉嫌非法取证的人员、时间、地点、方式、内容等相关线索或者证据。这里的初步责任应包括两个层面：其一是形式意义上的初步责任，即提供相关线索或者证据的责任。其二是实质意义上的初步责任，即使法庭对证据的合法性产生疑问的责任。完成了形式意义上的初步责任，将导致法庭对证据的合法性予以初步审查。形式意义上或称行为意义上的初步责任只要求被告人及其辩护人具有提供相关线索或证据的行为，该线索或证据的内容应为涉嫌非法取证的人员、时间、地点、方式、内容等，除此之外并无证明标准方面的要求，也就是说，只要被告人及其辩护人就被告人审判前供述系非法取得提供了相关的线索或者证据，法庭就应当对被告人审判前供述的合法性予以初步审查。完成了实质意义上的初步责任，将导致法庭要求控方提供证据证明其取证手段合法。实质意义上的初步责任或称结果意义上的初步责任，要求被告人或辩护人所提供的线索或证据应当达到使法庭对被告人审判前供述取证手段的合法性产生疑问的程度，即经过初步审查，如果法庭对被告人审判前供述取证手段的合法性产生了疑问，才需要进一步要求控方对证据的合法性问题予以证明。

最后，只要被告人或其辩护人是在公诉人宣读起诉书之前提出被告人审判前的供述是非法取得的，并提供了相关的线索或者证据，法庭即应在公诉人宣读起诉书之后先行对该供述取得手段的合法性予以初步审查，而不得先开始针对起诉书指控事实的证据调查。如果被告人或辩护人是在公诉人宣读起诉书之后，法庭辩论结束之前，才提出被告人审判前供述是非法取得的，并提供了相关线索或者证据，也应当尽可能先对被告人审判前供述的合法性进行初步审查。

（二）制定理由

《规定》第4条、第5条和第6条规定了启动证据合法性调查程序的主体、时间、方式、初步责任和效力。其制定理由有以下几点：

首先，对于被告人审判前的供述是否是通过非法手段取得的和应否被予以排除，需要通过一个公正但又不至于无端妨碍诉讼效率的程序来予以审查和决定，因此除了要设计一套科学、公正的程序来对被告人审判前供述的合法性问题作出公正的调查与判断外，还需要对启动该程序的条件与方式等作出明确的规定，以使排除非法言词证据这一原则性规定可以通过一个具体的、具有可行性的程序加以落实，防止其由于没有具体程序运作而沦为口号和空谈，同时又可以防止无端、随意地启动该程序而对诉讼效率造成不必要的影响。

其次，被告人及其辩护人最具有启动证据合法性调查程序的动机，由他们提出启动证据合法性调查程序是他们维护本方利益的手段，也是他们应有的权利，但是，为了防止辩方无中生有地编造证据为非法取得，恶意拖延诉讼，因此又需要规定由辩方承担启动证据合法性调查程序的初步责任，也即提供涉嫌非法取证的人员、时间、地点、方式、内容等相关线索或者证据。同时，考虑到被告人及其辩护人实际上处于劣势的诉讼地位和取证的困难，对这种初步责任又不能规定得过于苛刻。

最后，审判前供述是否为非法取得直接关系到犯罪嫌疑人、被告人的权利保障和案件事实的认定，因此本《规定》第5条第2款规定，只要是在法庭辩论结束之前，都应当允许被告人及其辩护人提出被告人审判前口供系非法取得和提供相关的证据、线索，并都可以启动证据合法性调查程序。但是出于公正和诉讼效率的考虑，本规定仍然提倡被告人在开庭审判前即应提出证据违法问题，这样既可以为控方提供必要的准备时间，以防止辩方在庭审中才突然提出证据违法问题而导致控方要求延期审理从而延误诉讼，也可以尽早将非法供述排除，使该供述不能在法庭上宣读，以最大限度地减小其对法官判断的影响。

（三）应注意的问题

在实践中适用上述规定应注意以下问题：

首先，实践中，对于被告人没有委托辩护人或被指定辩护人的，人民法院工作人员应当告知其如果遭受非法手段而被迫提供供述，可以提供相关线索或者证据，请求启动证据合法性调查程序，以防止被告人因对自己的诉讼权利不了解，或因顾虑、恐惧等原因不敢提出其审判前供述为非法取得。

其次，被告人在开庭审判前口头提出其审判前供述系非法取得的，既可以由人民法院工作人员，也可以由其辩护人制作笔录，但都需有被告人的签名或者捺指印，都应当由人民法院将笔录复印件在开庭前交人民检察院。

再次，被告人及其辩护人在开庭审判前、庭审中、法庭辩论结束前都可以提出被告人审判前供述系非法取得，不得以被告人及其辩护人未在开庭审判前提出对证据合法性的质疑而拒绝对证据的合法性予以调查，从而直接允许宣读该证据或以该证据作为裁判的依据。但是，被告人应尽可能在开庭审判前即提出该问题，以防止在庭审中才突然提出而导致控方要求延期审理从而延误诉讼。同时，也可以使法庭尽早对该供述的合法性和真实性产生疑问并避免该供述在法庭上被宣读，从而减轻该供述对法庭判断的影响。

第四，应注意将启动证据合法性调查程序的初步责任与证明责任区别开来，这里的初步责任仅要求辩方提供涉嫌非法取证的人员、时间、地点、方式、内容等相关线索或者证据，并不要求辩方以确实、充分的证据来证明确实存在非法取证的事实。同时，由于被告人有可能被多人刑讯而并不一定知道所有人的姓名，甚至有可能被带到其所不知道的地点进行刑讯，因此也不应要求辩方必须明确提供非法取证人员的姓名、被刑讯的具体地点等细节。

最后，法庭应尽可能早地对供述取得手段的合法性予以审查，以尽可能早地排除非法取得的供述，也即尽可能早地排除该供述对法庭判断的影响。具体说来，只要被告人及其辩护人是在公诉人宣读起诉书之前提出审判前供述是非法取得的，并提供了相关的线索或者证据，法庭即应在公诉人宣读起诉书之后先行对该供述取得手段的合法性予以初步审查，而不得先开始针对起诉书指控事实的证据调查。如果被告人或辩护人是在公诉人宣读起诉书之后，法庭辩论结束之前，才提出被告人审判前供述是非法取得的，只要其提供了相关的线索或者证据，一般也应当暂停针对案件的法庭调查或法庭辩论，而对证据的合法性问题先予审查。

## 二、控方证明和双方质证

**第七条　经审查，法庭对被告人审判前供述取得的合法性有疑问的，公诉人应当向法庭提供讯问笔录、原始的讯问过程录音录像或者其他证据，提请法庭通知讯问时其他在场人员或者其他证人出庭作证，仍不能排除刑讯逼供嫌疑的，提请法庭通知讯问人员出庭作证，对该供述取得的合法性予以证明。公诉人当庭不能举证的，可以根据刑事诉讼法第一百六十五**

**条的规定，建议法庭延期审理。**

**经依法通知，讯问人员或者其他人员应当出庭作证。**

**公诉人提交加盖公章的说明材料，未经有关讯问人员签名或者盖章的，不能作为证明取证合法性的证据。**

**控辩双方可以就被告人审判前供述取得的合法性问题进行质证、辩论。**

（一）法条内容释义

本条规定了在证据合法性问题上控方的证明责任、证据合法性调查的方式、程序以及讯问人员出庭作证问题。

第一，被告人及其辩护人提出被告人审判前供述是非法取得的，并提供了涉嫌非法取证的人员、时间、地点、方式、内容等相关线索或者证据的，法庭应当对该供述取证手段的合法性予以初步审查，经审查，如果法庭对该供述取证手段的合法性并未产生疑问，也即法庭仍然认为被告人审判前供述是通过合法手段取得的，那么法庭就应当继续进行针对起诉书指控的犯罪事实的法庭调查或法庭辩论，而无须公诉人就该供述取证手段的合法性再予以专门的证明，相反，如果法庭对被告人审判前供述的合法性产生了疑问，则应当要求公诉人就该供述取证方式的合法性提供证据加以证明。

第二，如果经过初步审查，法庭对被告人审判前供述取得方式的合法性产生疑问，公诉人应当向法庭提供讯问笔录、原始的讯问过程录音录像或者其他证据，提请法庭通知讯问时其他在场人员或者其他证人出庭作证，如果提供了以上证据并经以上证人出庭作证，仍不能消除法庭对取证手段合法性的疑问，则公诉人应当提请法庭通知讯问人员出庭作证。也就是说，并非只要启动证据合法性调查程序，讯问人员就一律都须出庭作证，而是只有在控方提供了其他证据，包括经其他证人出庭作证之后，仍不能消除法庭对取证手段合法性的疑问时，才需要通知讯问人员出庭作证。一旦经依法通知，讯问人员应当出庭作证。

第三，《刑事诉讼法》第 165 条规定："在法庭审判过程中，遇有下列情形之一，影响审判进行的，可以延期审理：（一）需要通知新的证人到庭，调取新的物证，重新鉴定或者勘验的；（二）检察人员发现提起公诉的案件需要补充侦查，提出建议的；（三）由于当事人申请回避而不能进行审判的。"公诉人对被告人审判前供述取证手段合法性问题当庭不能举证的，可以根据此条规定，建议延期审理。

第四，由于法律并未规定在证据合法性调查中，讯问人员均须出庭作证，因此讯问人员就有可能以提交书面证言或说明材料的形式来证明其取证方式合法。实践中也存在着公诉人提交说明材料来证明讯问人员取证方式合法的情况，但讯问人员的取证方式是否合法及其具体情况如何，只有讯问人员自己才能知道并对之承担责任，因此仅仅由公诉人提交一个加盖公章的说明材料，是不能证明讯问人员取证方式合法的，当然，这也并非是说，只要讯问人员签名或者盖章，该说明材料就足以证明其取证手段合法，而只是说，只有讯问人员签名或者盖章了，该说明材料才取得了能够对取证手段合法性予以证明的证据资格。

第五，控辩双方可以就被告人审判前供述取证方式的合法性问题进行质证和辩论。这是辩方的基本权利，也是法庭判明究竟是否存在非法取证行为的基本方法。

**（二）制定理由**

本条制定的意义如下：

首先，关于取证手段合法性的问题。究竟由谁来承担证明责任，是设计证据合法性调查程序首先要解决的一个基本前提。证明责任分配的一般原则为谁主张，谁举证，也即主张某事实存在的一方应当就该事实存在承担证明责任。但在某些情况下，出于举证的难度、事实发生的盖然性大小以及政策取向的需要等因素的考虑，法律可能会作出例外的规定，即不由主张某事实存在的那方就该事实存在承担证明责任，而由否认该事实存在的那方就该事实不存在承担证明责任。具体来说，被告人及其辩护人主张被告人审判前供述是非法取得的，也即主张存在刑讯逼供等违法取证的事实，根据证明责任分配的一般原则，本来应由辩方就存在该违法事实承担证明责任，但由于犯罪嫌疑人在侦查阶段处于被调查的地位，在接受讯问的时候，其处于完全由讯问人员控制或主导的环境中，很难取得可以证明存在违法取证事实的确实、充分的证据，因此，本规定才仅要求辩方提供涉嫌非法取证的人员、时间、地点、方式、内容等相关线索或者证据，使法庭对取证手段的合法性产生疑问即可，而不需要以确实、充分的证据来证明确实存在违法取证的事实。相反，只要法庭对取证手段的合法性产生了疑问，控方就需要以确实、充分的证据来证明其取证手段合法，也即不存在违法取证的事实。

其次，由讯问人员出庭作证，接受双方质询，是查明是否存在非法取证事实的最有效手段，也是抑制讯问人员刑讯逼供，违法取证的有效手段。但是为了避免给讯问人员的正常工作造成不必要的干扰，以及考虑到诉讼成本、效率等因素，本规定只规定在控方提供了其他证据，包括经其他证人出庭作证之后，仍不能消除法庭对取证手段合法性的疑问时，才需要通知讯问人员出庭作证。

再次，实践中存在公诉人提交嗣后让犯罪嫌疑人重新供述而制作的录音录像的情况，这种录音录像并不能反映最初取得供述时是否采取了刑讯逼供等非法手段，也就是说，不排除讯问人员通过刑讯逼供等非法手段取得供述之后，又要求犯罪嫌疑人按该被迫作出的供述重新作一遍供述并制作录音录像的可能，因此，本规定要求公诉人提供的必须是原始的讯问过程录音录像。此外，实践中还存在公诉人提交加盖公章的说明材料来证明取证手段合法的情况，由于只有讯问人员才最了解自己的取证情况和对之负责，因此，该说明材料未经有关讯问人员确认并签名或者盖章的，不能作为证明取证手段合法的证据。

最后，对于审判前供述取得方式是否合法，控辩双方往往各执一词，只有允许控辩双方就此问题进行质证和辩论，法庭才能判明究竟哪一方的主张才是事实，因此本条最后一款规定了控辩双方可以就被告人审判前供述取得方式的合法性问题进行质证、辩论。

**（三）应注意的问题**

在实践中适用本条规定应注意以下问题：

第一，只有在辩方提供了相关的线索或证据，且经法庭初步审查对被告人审判前供述取证手段的合法性产生了疑问时，控方才需要提供证据就该取证方式的合法性予以证明。如果辩方没能提供相关线索或证据或者法庭经初步审查仍然对取证手段的合法性深信无疑，那么公诉人就无须再对取证手段的合法性予以专门的证明了。

第二，公诉人提供给法庭的录音录像必须是对原始的讯问过程的录音录像，而不能是嗣后让犯罪嫌疑人重新陈述所作的录音录像。

第三，本《规定》仅仅原则性地规定了“经依法通知，讯问人员或者其他人员应当出庭作证”，却没有规定保障讯问人员出庭作证的具体措施，如讯问人员拒绝出庭作证可以对其予以何种制裁等，因此在实践中需要注意这方面的宣传教育与设计配套措施，敦促讯问人员自觉地履行出庭作证和接受质询的义务。

第四，由于讯问人员并不负责出庭支持公诉，检察人员也不负责指挥侦查，因此，讯问人员往往并不关心其所取得的证据在审判中能否使用，而只关心能否找出犯罪分子，所以讯问人员往往并不注意收集和保全能够证明其取证方式合法的证据，而检察人员嗣后再来收集这些证据显然就比较困难，因此在实践中也要注意这方面的宣传教育与设计配套措施，以敦促讯问人员注意收集和保全能够证明其取证方式合法的证据，减轻检察人员的举证难度。

第五，本条第3款规定了“公诉人提交加盖公章的说明材料，未经有关讯问人员签名或者盖章的，不能作为证明取证合法性的证据”。根据此规定，如果有讯问人员签名或者盖章的说明材料，应当可以作为证明取证手段合法的证据，这类似于未到庭证人的书面证言，但是，这仅仅意味着该说明材料如果有讯问人员的签名或者盖章，就取得了证明取证方式合法的证据资格，而绝不意味着提供了这样一份书面证言就可以证明取证方式是合法的，即讯问人员的签名或者盖章仅关系到该证据的证据资格或者证据能力问题，而与该证据的证明力无关。取证方式是否合法要由法庭根据各方面的证据予以综合判断。

（四）典型案例分析

### 杜培武杀人案（三）

1. 案情

1998年12月17日，昆明市中级人民法院开庭审理了由昆明市人民检察院提起公诉的杜培武涉嫌故意杀人一案。杜培武当庭向法官、检察官、律师以及数以百计的旁听公民展示了手上、脚上、膝盖上被刑讯的伤痕。公诉人则出示了审讯杜培武的录像片段，声称杜培武为主动、自然供述，无人威逼。但辩护人对讯问人员取证手段的合法性提出了以下质疑：其一，杜培武身上的伤痕足以证明存在刑讯逼供；其二，杜培武在侦查阶段就曾对此提出过控告，驻所检察官还对其伤情拍过照片；其三，公诉人出示的录像仅为整个审讯中的一个片段，并且是专门为了证明不存在刑讯逼供而刻意采集的，不能够证明讯问合法；其四，公诉人所出示的供述材料是第4次和第9次讯问所形成的，那么其余多次讯问的结果是什么呢？被告人是否也作出了有罪供述呢？这些供述之间有无矛盾呢？其五，在已经提供的供述材料中所表述的内容也存在矛盾。辩方还要求公诉人提供杜培武在看守所里向检察机关提交的控告书和驻所检察官所拍摄的杜培武的伤情照片，但公诉人表示一概不知，法庭因此休庭，要求公诉方调查有无照片和控告书。

1999年1月15日，法庭再次开庭审理此案，杜培武悄悄将在侦查阶段穿在身上被讯问人员打烂的一件血衣掖藏在腰部，并当庭从身上抽出展示，控告讯问人员刑讯逼供，但法庭竟然不作任何调查，只让把血衣放在一边。辩方再次询问控诉书和伤情照片一事，公诉人答曰，控诉书只有杜培武会见辩护人后委托辩护人交给公诉人的那一份，照片是照过，但只有一张，而且找不着了。审判长则说："不要再纠缠这个问题了。"最后，昆明市中级人民法院于1999年2月5日一审认定杜培武故意杀人罪名成立，判处其死刑。

2. 分析

假设上述案例发生在本《规定》出台之后，那么，根据本《规定》可以对该案例作如下分析：

首先，在上述案例中，被告人提出其审判前供述是在刑讯逼供下被迫作出的，其在此前已经多次提出过控告，并当庭展示了伤痕，根据本规定，应当认为，被告人已经完成了启动证据合法性调查程序的初步责任，且根据本案的具体情况，法庭应当会对被告人审判前供述取证手段的合法性问题产生疑问，因此应当要求公诉人向法庭提供证据证明被告人审判前供述系合法取得。

其次，在上述案例中，公诉人出示的被告人的供述材料，包括讯问笔录和亲笔供词，带有明显的选择性，其所出示的讯问杜培武的录像片段也不是对原始的讯问过程的录音录像，这些证据并不能证明不存在刑讯逼供等违法取证的行为。

再次，如果在讯问时有其他在场人员或者有其他证人可以证明不存在非法讯问的情况，那么公诉人应当提请法庭通知这些证人出庭作证。仍不能排除刑讯逼供嫌疑的，应提请法庭通知讯问人员出庭作证，对该供述取得的合法性予以证明。本案如果发生在本《规定》出台之后，讯问人员在讯问犯罪嫌疑人的时候就必须要顾忌到，如果其通过刑讯逼供的手段取得供述，那么，一方面，他将来可能要出庭就其取证手段的合法性作证并接受质询，这意味着他要么要在包括旁听群众在内的众人面前承认自己刑讯逼供，并承担随之而来的法律责任，要么就要在众人面前说谎，并且该谎言还很有可能被辩方在众人面前当面揭穿，这显然是一个非常窘迫的两难境地；而另一方面，他承担如此大的风险所取得的供述又很有可能因为取证手段不合法而被排除，也就是说，讯问人员通过刑讯逼供的手段来获取供述，非但没有好处，而且还会把自己置于两难的境地，这样会大大减小讯问人员刑讯逼供的动因，有效地遏制刑讯逼供。

最后，控辩双方可以就被告人审判前供述取得的合法性问题进行质证、辩论。本案中，在第一次开庭时，被告人先控诉曾被刑讯逼供，并展示了伤痕，公诉人则为了证明不存在刑讯逼供，取证手段合法，而出示了审讯犯罪嫌疑人的录像片段，辩护人则对该录像片段以及公诉人提供的讯问笔录等证据的证明力提出了质疑，双方也就此进行了辩论，应当说，到此为止，审理的程序还是基本合法和正确的。但是，在第二次开庭时，法庭对杜培武提交的血衣置之不理，当辩护人要求公诉人提供杜培武此前提交给检察机关的控诉书和驻所检察官所拍摄的杜培武的伤情照片时，法庭又不允许辩护人充分表达意见，而是让他“不要再纠缠这个问题了”，这种做法即便是在当时也是不合法的。

**（五）相关法条链接**

《刑事诉讼法》

**第一百六十五条** 在法庭审判过程中，遇有下列情形之一，影响审判进行的，可以延期审理：

（一）需要通知新的证人到庭，调取新的物证，重新鉴定或者勘验的；

（二）检察人员发现提起公诉的案件需要补充侦查，提出建议的；

（三）由于当事人申请回避而不能进行审判的。

## 三、调查核实存疑证据

**第八条 法庭对于控辩双方提供的证据有疑问的，可以宣布休庭，对证据进行调查核实。必要时，可以通知检察人员、辩护人到场。**

**（一）法条内容释义**

本条规定了法庭对存疑证据的调查核实。

法庭对于控辩双方提供的证据有疑问的，也就是说，经过了控辩双方的举证、质证和辩论，法庭仍然无法确定某证据真伪的，可以宣布休庭，对该证据进行调查核实。法庭的调查应当仅限于核实控辩双方已经提供的证据，在必要的时候，可以通知检察人员和辩护人到场。法庭不应积极主动地调查新的证据，但一旦在调查核实控辩双方已提供的证据的过程中发现了新的证据，一般应当通知检察人员和辩护人到场，在控辩双方均在场的情况下收集新的证据。此外，根据《刑事诉讼法》第158条的规定，人民法院调查核实证据，可以进行勘验、检查、扣押、鉴定和查询、冻结。

**（二）制定理由**

一方面，现代刑事诉讼认为法官在刑事诉讼中不应与侦查人员一样扮演积极主动的犯罪调查者角色，而应当扮演相对消极的、中立的裁判者角色；但另一方面，庭审中又确实可能存在法庭对控辩双方提供的证据存在疑问，不予以核实可能会造成错误认定的情况，因此，本条既赋予了法庭必要的庭外调查权，又对该权力的行使范围和方式予以了必要的限制，即规定法庭的庭外调查应当仅限于对控辩双方已经提供的证据予以核实，其所采用的手段也应当仅限于用以核实控辩双方已经提供的证据所需要的手段，尤其是规定了在必要的时候，可以通知检察人员和辩护人到场。总之，是要尽一切可能来保障法庭在庭外调查中的中立立场，防止其演变为一个积极主动的犯罪调查者和犯罪证据的收集者。

**（三）应注意的问题**

在实践中适用本条规定应注意以下问题：

首先，法庭的庭外调查权不应被滥用，法庭不应在对控辩双方提供的证据有任何疑问的情况下都休庭调查，而应当只在必要的时候才休庭调查。一般来说，当法庭对控辩双方提供的证据存在较大的疑问，而该疑问又可能造成对主要事实的错误认定时，法庭可以休庭调查。

其次，法庭的庭外调查权从范围上来说应当仅限于对控辩双方已经提供的证据予以核实，而不应当积极主动地调查新的证据；从手段上来讲也应当仅限于用以核实控辩双方已经提供的证据所需要的手段，包括勘验、检查、扣押、鉴定和查询、冻结，而不应当采取一些积极调查的手段，如搜查。

最后，法庭认为有必要时，可以在庭外调查中通知检察人员和辩护人到场。如果在调查核实的过程中发现了新的证据，应当属于本规定中所说的"必要时"，但即便是在"必要时"，根据本条的规定，也只是"可以"而非"应当"或"必须"通知检察人员和辩护人到场，也即是否通知检察人员和辩护人到场完全由法庭视情况而定。但是，我们认为，为了保障法官的中立和证据的客观性，应尽可能在控辩双方在场的情况下来收集新的证据。

**（四）相关法条链接**

1.《刑事诉讼法》

**第一百五十八条** 法庭审理过程中，合议庭对证据有疑问的，可以宣布休庭，对证据进行调查核实。

人民法院调查核实证据，可以进行勘验、检查、扣押、鉴定和查询、冻结。

2.《最高人民法院关于执行〈中华人民共和国刑事诉讼法〉若干问题的解释》

**第五十四条** 人民法院依法向有关单位和个人收集、调取、调查、核实证据，认为必要时，可以通知检察人员、辩护人到场。人民法院向有关单位收集、调取的书面证据材料，必须由提供人署名，并加盖单位印章；人民法院向个人收集、调取的书面证据材料，必须由本人确认无误后签名或者盖章。

**第五十五条** 人民法院对公诉案件依法调查、核实证据时，发现对认定案件事实有重要作用的新的证据材料，应当告知检察人员和辩护人。必要时，也可以直接提取，复制后移送检察人员和辩护人。

**第一百五十三条** 在法庭调查过程中，合议庭对于证据有疑问的，可以宣布休庭，对该证据进行调查核实。

**第一百五十四条** 人民法院调查核实证据时，可以进行勘验、检查、扣押、鉴定和查询、冻结。必要时，可以通知检察人员、辩护人到场。

## 四、延期审理

**第九条 庭审中，公诉人为提供新的证据需要补充侦查，建议延期审理的，法庭应当同意。**

**被告人及其辩护人申请通知讯问人员、讯问时其他在场人员或者其他证人到庭，法庭认为有必要的，可以宣布延期审理。**

**（一）法条内容释义**

本条规定了证据合法性调查程序中的延期审理。

首先，根据本《规定》第9条第1款的规定和第7条第1款的有关规定，对于因辩方突然提出被告人审判前供述系非法取得，而公诉人当庭不能举证的，以及公诉人为提供新的证据需要补充侦查，建议延期审理的，法庭均应当同意。值得注意的是，这里的补充侦查应当针对审判前供述取证手段的合法性问题展开，而不是针对起诉指控的犯罪事实。关于取证手段的补充侦查或延期审理的期限、可以提出的次数、对审限的影响以及延期审理期满后没有提请恢复法庭审理的处理等，本规定均未作出规定，因此应当参照适用《刑事诉讼法》、《最高人民法院关于执行〈中华人民共和国刑事诉讼法〉若干问题的解释》和《人民检察院刑事诉讼规则》的相关规定，即补充侦查或延期审理的期限不得超过一个月，该时间不计入审限，延期审理期限届满，人民检察院没有提请人民法院恢复法庭审理的，人民法院应当决定按人民检察院撤诉处理。但是关于补充侦查或延期审理的次数，应理解为，无论是针对取证手段合法性问题而以人民检察院当庭不能举证或需要补充侦查为由延期审理，还是针对起诉书指控的犯罪事实而以需要补充侦查为由延期审理，其次数应总共不得超过两次。

其次，被告人及其辩护人申请通知讯问人员、讯问时其他在场人员或者其他证人到庭，法庭认为没有必要的，可以驳回被告人及其辩护人的申请，法庭认为有必要的，才需要延期审理。关于何种情形才属于“有必要”的情形以及延期审理的期限问题，本《规定》也没有作出规定，因此应当参照适用《最高人民法院关于执行〈中华人民共和国刑事诉讼法〉若干问题的解释》第156条的规定，即审判人员根据具体情况，认为可能影响对被告人审判前供述取证手段合法性的认定的，应当同意该申请，并宣布延期审理；认为不影响认定的，可不同意延期审理，但应当告知理由并继续审理。如果同意延期审理，该延期审理的时间不得超过一个月，延期审理的时间不计入审限。

**（二）制定理由**

本条规定了证据合法性调查程序中的延期审理。其理由有以下几点：

首先，在对证据合法性的调查中，确实存在诸如公诉人当庭不能举证、为提供新的证据需要补充侦查和被告人及其辩护人申请通知有关证人到庭而需要延期审理的情况，因此需要就此类情况如何处理作出明确的规定。

其次，由于在证据合法性调查程序中，是由控方对其取证手段的合法性承担证明责任，辩方仅负启动证据合法性调查的初步责任，也即辩方仅需要提供相关的线索或证据使法庭对取证手段的合法性产生疑问即可，因此对于辩方来说，不一定需要通知讯问人员、讯问时其他在场人员或者其他证人到庭，因此，本条规定，对于辩方的这一申请，法庭认为有必要的，才需要延期审理。

**（三）应注意的问题**

在实践中适用本条规定应注意以下问题：

首先，关于公诉人可以建议延期审理的次数问题值得注意。根据本《规定》和《刑事诉讼法》的有关规定，公诉人可以提出延期审理的理由主要有三条：其一，被告人及其辩护人提出被告人供述系非法取得而公诉人当庭不能举证，从而需要准备证据的；其二，对取证方式的合法性问题需要补充侦查的；其三，对起诉指控的犯罪事实需要补充侦查的。此外，公诉人还可能因其他原因而建议延期审理，如出庭支持公诉的检察人员需要回避等。我们认为，只要公诉人是以提供新的证据为目的而建议延期审理的，其总共的次数就不得超过两次。因为证据的合法性调查只是在对起诉指控的犯罪事实予以审理的过程中针对该案证据进行的一项调查，而并非单独程序，如果公诉人以被告人审判前供述作为证明指控犯罪事实的证据之一，那么证明该供述是通过合法手段取得的，也就是其证明指控犯罪事实的一个环节，因此，无论公诉人提出的具体理由是什么，只要其是以提供新的证据为目的而建议延期审理的，其总共的次数就不得超过两次。

其次，一般来说，辩方在完成启动证据合法性调查的初步责任时，仅需要提供相关线索和证据来使法庭对取证方式的合法性产生疑问即可，而无须通知讯问人员、讯问时其他在场人员或者其他证人到庭。但当法庭根据公诉人提供的证据而相信被告人供述是通过合法手段取得的时，法庭就不应任意以“没有必要”为由驳回被告人及其辩护人请求有关人员到庭的申请了，因为这些人员出庭作证是否会改变法庭的看法，事先是很难判断的，如果随意地以“没有必要”为由驳回被告人及其辩护人的请求，可能会造成证据合法性调查流于形式，非法取证手段难以得到认定，通过非法手段取得的供述也就难以被排除。

最后，还是要注意采取措施保障和敦促讯问人员出庭作证，尤其是根据被告人或辩护人的申请而出庭作证。因为，如果是公诉人为了证明被告人审判前供述系合法取得而提请法庭通知讯问人员出庭作证，尤其是在讯问人员确实没有采取非法手段的情况下，讯问人员还可能愿意出庭作证，而恰恰是在被告人或辩护人申请通知讯问人员出庭作证，尤其是在讯问人员确实采取了非法取证手段的情况下，讯问人员极有可能不愿出庭作证，那么在这样的情况下，一方面法庭不能因难以保障讯问人员出庭作证，就以“不必要”之理由驳回被告人及其辩护人之申请；另一方面要采取切实有效的措施来保障讯问人员在此种情况下出庭作证。

**（四）相关法条链接**

1.《刑事诉讼法》

**第一百六十五条** 在法庭审判过程中，遇有下列情形之一，影响审判进行的，可以延期审理：

（一）需要通知新的证人到庭，调取新的物证，重新鉴定或者勘验的；

（二）检察人员发现提起公诉的案件需要补充侦查，提出建议的；

（三）由于当事人申请回避而不能进行审判的。

**第一百六十六条** 依照本法第一百六十五条第二项的规定延期审理的案件，人民检察院应当在一个月以内补充侦查完毕。

**第一百六十八条第三款** 人民检察院补充侦查的案件，补充侦查完毕移送人民法院后，人民法院重新计算审理期限。

2.《最高人民法院关于执行〈中华人民共和国刑事诉讼法〉若干问题的解释》

**第一百五十六条** 当事人和辩护人申请通知新的证人到庭，调取新的证据，申请重新鉴定或者勘验的，应当提供证人的姓名、证据的存放地点，说明所要证明的案件事实，要求重新鉴定或者勘验的理由。审判人员根据具体情况，认为可能影响案件事实认定的，应当同意该申请，并宣布延期审理；不同意的，应当告知理由并继续审理。

依照前款规定延期审理的时间不得超过一个月，延期审理的时间不计入审限。

**第一百五十七条** 在庭审过程中，公诉人发现案件需要补充侦查，提出延期审理建议的，合议庭应当同意。但是建议延期审理的次数不得超过两次。

法庭宣布延期审理后，人民检察院在补充侦查的期限内没有提请人民法院恢复法庭审理的，人民法院应当决定按人民检察院撤诉处理。

3.《人民检察院刑事诉讼规则》

**第三百四十九条** 法庭宣布延期审理后，人民检察院应当在补充侦查的期限内提请人民法院恢复法庭审理或者撤回起诉。

公诉人在法庭审理过程中建议延期审理的次数不得超过两次，每次不得超过一个月。

**第三百五十条** 在审判过程中，对于需要补充提供法庭审判所必需的证据或者补充侦查的，人民检察院应当自行收集证据和进行侦查；必要时可以要求公安机关提供协助。

人民检察院补充侦查，适用本规则第四章、第五章、第七章的规定。

补充侦查不得超过一个月。

## 五、对被告人审判前供述的处理

**第十条　经法庭审查，具有下列情形之一的，被告人审判前供述可以当庭宣读、质证：**

**（一）被告人及其辩护人未提供非法取证的相关线索或者证据的；**

**（二）被告人及其辩护人已提供非法取证的相关线索或者证据，法庭对被告人审判前供述取得的合法性没有疑问的；**

**（三）公诉人提供的证据确实、充分，能够排除被告人审判前供述属非法取得的。**

**对于当庭宣读的被告人审判前供述，应当结合被告人当庭供述以及其他证据确定能否作为定案的根据。**

**第十一条　对被告人审判前供述的合法性，公诉人不提供证据加以证明，或者已提供的证据不够确实、充分的，该供述不能作为定案的根据。**

### （一）法条内容释义

本《规定》第10条、第11条规定了对被告人审判前供述的处理，同时也规定了公诉人要证明被告人审判前供述系合法取得的证明责任和所必须达到的证明标准。

第一，对于被告人审判前供述的处理可能存在两种情况：一种情况是予以排除，也即该供述不能作为定案的根据，如果是在公诉人宣读起诉书后就通过证据合法性调查程序而认定该供述系非法取得，那么在恢复针对起诉指控的犯罪事实所进行的法庭调查后，该供述不能也不必再当庭宣读和质证；另一种情况是不予排除，但不予排除仅仅意味着对被告人的审判前供述可以当庭宣读和质证，至于其最终能否作为定案的根据，还要结合被告人当庭的供述以及其他证据来予以综合判断，只有在其既是合法取得，同时又可以与其他证据相互印证，可以被认定为真实可靠的情况下，才能作为定案的根据。换句话说，“排除”意味着不能作为定案的根据，或者说不具备作为定案根据的资格；而“不排除”则意味着可能作为定案的根据，或者说仅仅是取得了作为定案根据的资格，至于其最终究竟能否作为定案的根据，还要视其真实性而定。

第二，法庭不排除被告人审判前供述的情况可能存在两种：其一，法庭没有对被告人审判前供述取证手段的合法性产生疑问。具体来说，又包括两种情况，一是被告人及其辩护人未提供非法取证的相关线索或者证据，那么法庭自然不会对取证手段的合法性产生疑问；二是被告人及其辩护人已提供非法取证的相关线索或者证据，但是该线索或者证据却并没能使法庭对被告人审判前供述取证手段的合法性产生疑问。在这两种情况下，法庭都没有对被告人审判前供述取证手段的合法性产生疑问，因此该供述都不应当被予以排除；其二，法庭虽然在初步审查中对被告人审判前供述取证手段的合法性产生了疑问，但公诉人却提供了确实、充分的证据证明了被告人审判前供述系合法取得，排除了法庭的疑问，那么，在这种情况下，该供述也不应当被予以排除。

第三，法庭决定排除被告人审判前供述的情况也可能存在两种：其一，法庭确信，被告人审判前供述系非法取得，那么根据本规定，自然要予以排除；其二，法庭并不能确信被告人审判前供述系非法取得的，但是也不能确信该供述系合法取得，也即法庭对被告人审判前供述取得手段的合法性存在疑问，而公诉人无法提供证据或者所提供的证据无法消除该疑问，那么，根据证明责任的原理，即应推定承担证明责任的那一方，也即公诉人所主张的事实为伪。换句话说，就是要推定该供述系通过非法手段取得，从而应当被予以排除。可见，只要法庭不能确信被告人的供述是通过合法手段取得的，不管是已经确信被告人审判前供述系非法取得，还是仅仅只是怀疑被告人审判前供述系非法取得，其在处理结果上都是一样的，也即只要公诉人无法以确实、充分的证据证明被告人审判前供述系合法取得，从而完全排除非法取证的可能，那么该供述就应当被予以排除。

第四，公诉人必须以确实、充分的证据排除被告人审判前供述属非法取得，该被告人审判前供述才能够被宣读、质证，如果经质证被法庭认为内容真实，才能够被作为定案的根据。这实际上是为公诉人规定了证明被告人审判前供述系合法取得所必须达到的证明标准。关于证明标准，我国理论界一直存在分歧，主要集中在对这一标准应当从客观角度去加以规定，如客观真实、证据确实、充分，还是从法官主观判断的角度去加以规定，如法官是否形成了内心确信，是否排除了合理的怀疑，我们认为，无论把证明标准规定得或者表述得多么客观，其最后是否达到了该标准，或者说证据是否确实、充分，证据对案件事实的证明是否达到了客观真实的程度，最终都要由法官来予以判断，因此最终都必然要落实到法官的主观认识上，所以，无论具体的表述是什么，法官是否十分确信地、毫不怀疑地认为证明责任承担者的主张成立，必然成为法官裁判的依据，如果他可以毫不怀疑地相信证明责任承担者的主张成立，那么他当然要支持该主张，如果他并非毫不怀疑地相信该主张，那么无论他是确信该主张不成立，还是对该主张是否成立将信将疑，都要判定该主张不成立，这也恰恰就是证明责任的含义所在。具体到被告人审判前供述取证手段的合法性问题，如果承担证明责任的那一方，也即控方，对被告人审判前供述系合法取得的证明不能使法庭确信该供述是合法取得的。换句话说，不能使法庭完全排除该供述系非法取得的怀疑，那么该供述就应当被推定为非法取得，从而不能被作为定案的根据。

第五，只要公诉人不能证明被告人审判前供述系合法取得，该供述就不能作为定案的根据，而不论该供述本身真实与否。

**（二）制定理由**

第一，被告人及其辩护人提出被告人审判前供述系非法取得之后，可能发生以下几种情况：其一，被告人及其辩护人无法提供相关的线索或证据；其二，被告人及其辩护人提供了相关的线索或证据，但经法庭初步审查，却并没有对被告人审判前供述取证手段的合法性产生疑问；其三，经法庭初步审查，法庭对被告人审判前供述取证手段的合法性产生了疑问，但公诉人提供了确实、充分的证据证明了该供述系合法取得，排除了法庭的疑问；其四，公诉人无法提供证据，或者提供的证据不够确实、充分，不足以证明被告人审判前供述系合法取得，也即不足以彻底排除非法取证的可能。对于这四种不同的情况，各自应如何处理，程序应如何继续，自然要作出明确的规定。

第二，这两条规定的根据主要是证明责任的分配原理。证明责任分配的一般原则为“谁主张，谁举证”，但在某些情况下，出于举证的难度、事实发生的盖然性大小以及政策取向的需要等因素的考虑，法律可能会作出相反的规定。在被告人审判前供述的合法性问题上，考虑到辩方取证的难度较大和为了响应严禁刑讯逼供以及其他非法方法收集证据的政策取向，本规定将证明被告人审判前供述取证手段合法性的证明责任科加给了控方。所谓证明责任，大陆法系国家和英美法系国家的解释并不相同，大陆法系国家出于职权主义的传统，总是从法官的认识角度来解释证明责任，因此认为证明责任的承担意味着，当法官认为争议事实真伪不明时，应推定承担证明责任的那一方的主张不成立，具体到被告人审判前供述取证手段的合法性问题。也就是说，当法庭认为被告人审判前供述取证手段是否合法难以判明时，应推定承担证明责任的那一方，也即控方的主张不成立，从而应推定该供述系非法取得；而英美法系出于当事人主义的传统，总是从当事人的证明角度来解释证明责任，因此认为证明责任的承担意味着，如果承担证明责任的那一方当事人无法使法官确信其所主张的事实为真，那么无论是该法官已经能确信其所主张的事实为伪，还是认为其所主张的事实真伪不明，都应当判定该证明责任承担者的主张不成立，具体到被告人审判前供述取证手段的合法性问题，只要证明责任的承担者，也即控方，无法使法庭确信被告人审判前供述是合法取得的，那么无论是法庭已经确信存在非法取证，还是对是否存在非法取证难以判断，都应当推定存在非法取证，从而决定排除该供述。可见，无论对证明责任作何理解，由控方就被告人审判前供述取证手段的合法性承担证明责任，都意味着，只要控方不能以确实、充分的证据证明该供述的取得手段合法，即不能排除该供述系非法取得，就不能以该供述作为定案的根据。相反，如果控方能够以确实、充分的证据证明该供述的取得手段合法，也即能够排除该供述系非法取得，该供述就不能因取证手段不合法而被予以排除。

第三，由于刑讯逼供等非法取证的行为对犯罪嫌疑人的合法权利之侵害非常严重，以至于通过严禁刑讯逼供等非法取证的方法以保障犯罪嫌疑人合法权利的价值超过了真实发现和惩罚犯罪的价值。也就是说，立法者宁肯舍弃也许是真实的被告人供述，冒着也许不能查明犯罪事实和可能会放纵罪犯的风险，也要排除非法取得的被告人供述，以抑制非法取证的行为，从而保障犯罪嫌疑人的合法权利。因此《规定》第 11 条规定，只要公诉人不能证明被告人审判前供述系合法取得，该供述就不能作为定案的根据，而不论该供述本身真实与否。

**（三）应注意的问题**

在实践中适用这两条规定应注意以下问题：

首先，只要法庭不能排除对被告人审判前供述取证手段合法性的疑问，就应当决定排除该供述，而不是非得确实证明了该供述系非法取得才能排除该供述。实践中要防止强求辩方证明讯问人员取证手段违法的做法。

其次，只要法庭不能排除对被告人审判前供述取证手段合法性的疑问，就应当决定排除该供述，而无论该供述真实与否。也就是说，即使该供述是真实的，只要它是通过本规定第一条中所规定的非法手段取得的，就应当被予以排除，而不能作为定案的依据。实践中要防止重视真实发现和惩罚犯罪，轻视正当程序和人权保障的错误倾向。

最后，即使法庭确信被告人审判前供述系合法取得，也不能就直接将其作为定案的根据，因为合法取得的供述也可能是虚假的，因此一定要结合其他证据，尤其是结合被告人的当庭供述来对其真实性予以审查和判断，比如通过找出被告人审判前供述和当庭供述中不一致、相矛盾的地方，让被告人给出合理解释等方法来判断其审判前供述的真实性。

**（四）典型案例分析**

### 案例一：杜培武杀人案（四）

1. 案情

云南省昆明市中级人民法院经审理，认为杜培武故意杀人罪成立，于 1999 年 2 月 5 日一审判处杜培武死刑。其在刑事判决书中指出：公诉机关指控被告人杜培武犯有故意杀人罪，其证据有：1. 公安机关刑事科学技术鉴定结论，证明了死者的死亡时间、死亡方式以及杜培武曾驾驶过该车。2. 证人证言，证明杜培武当晚有作案时间和杜培武在案发后有反常表现。3. 犯罪嫌疑人亲笔供词，证明杜培武实施了枪杀王俊波、王晓湘的犯罪行为。辩护人主张公诉人提供的有罪证据自相矛盾，相关物证是违反刑事诉讼法的规定提取的，被告人供述是在刑讯中产生的假供述，但辩护人未能向法庭提供证实其观点的证据，也未能提供证实被告人杜培武无罪的证据。最后，法院认为，“在诉讼中辩护人未能向法庭提供充分证据证明其辩护观点的成立，仅就指控证据材料的部分内容加以分析评述，而否定相关证据的整体证明效力，并推出本案指控事实不清，证据不足，被告人杜培武无罪的结论，纯系主观、片面认识的推论，无充分证据予以支持，该辩护意见本院不予采纳。公诉机关指控杜培武犯有故意杀人罪的证据内容客观真实，证据充分，采证程序合法有效，其指控事实清楚，罪名成立，本院予以确认。被告人杜培武当庭‘未实施杀人行为’的辩解纯属狡辩，应予驳斥”。

2. 分析

假设上述案例发生在本《规定》出台之后，那么，根据本《规定》可以对该案例作如下分析：

首先，由于被告人当庭控诉存在刑讯逼供，并展示了伤痕，后来还当庭提供了血衣，公诉人也承认被告人此前就此提交过控诉书，驻所检察官还拍摄过伤情照片，应该说被告人已经提供了非法取证的相关线索或者证据，并且这些线索和证据足以使法庭对被告人审判前供述取得的合法性产生疑问，因此，本案不符合本《规定》第10条第1款中第一项和第二项的规定。再者，公诉人虽然提供了讯问被告人的录像以证明不存在刑讯逼供，但它不是对原始的讯问过程的录像，而是专门制作的一个录像片段，仅仅出示了这一录像片段来证明取证手段合法，显然达不到证据确实、充分的标准，也不能排除被告人审判前供述属于非法取得的可能性，因此也不符合本《规定》第10条第1款中第三项的规定。而依据本《规定》，如果经法庭审查，属于本《规定》第10条第一款中所规定的三种情形中的任何一种，被告人的审判前供述都可以当庭宣读、质证，那么，对于不属于这三种情形中的任何一种的被告人审判前供述自然就不应当当庭宣读、质证，根据前面的分析，本案就不符合这三种情形中的任何一种，因此被告人的审判前供述应当不能当庭宣读、质证。

其次，根据上面的分析，本案显然属于本《规定》第11条中规定的，对被告人审判前供述的合法性，公诉人提供的证据不够确实、充分的情形，因此，根据该条规定，被告人的审判前供述不能作为定案的根据。而在本案中，如果杜培武的审判前供述不能被作为定案的根据，那么，本案中的证据就只有能够证明死者死亡时间、死亡方式和杜培武曾驾驶过作案车辆的鉴定结论，和能够证明杜培武当晚有作案时间和在案发后有反常表现的证人证言，而这些证据即使不存在辩护人已经指出了的疑点，也显然并不能证明杜培武实施了故意杀人的行为。

最后，本案究竟应如何处理，其关键问题就在于，被告人审判前供述取证手段的合法性问题，究竟应当由哪一方来承担证明责任。如果要由辩方来承担证明责任，辩方就要以确实、充分的证据证明确实存在刑讯逼供，排除掉合法取证的可能，如果是对取证手段究竟是否合法难以判明，就要推定辩方主张不成立，也即推定被告人审判前供述为合法取得；相反，如果要由控方来承担证明责任，控方就要以确实、充分的证据证明不存在刑讯逼供等非法取证行为，排除掉非法取证的可能，如果是对取证手段究竟是否合法难以判明，就要推定控方主张不成立，也即推定被告人审判前供述为非法取得。根据前面的分析，应由控方对被告人审判前供述系合法取得来承担证明责任，而辩方仅对证明其非法承担初步责任，也就是说，被告人及其辩护人所提供的证据和线索只要能达到使法庭对被告人审判前供述取证方式的合法性产生疑问即可，不需要以确实、充分的证据来证明确实存在非法取证的行为，因此本案的一审裁判中所认为的“在诉讼中辩护人未能向法庭提供充分证据证明其辩护观点的成立，仅就指控证据材料的部分内容加以分析评述，而否定相关证据的整体证明效力，并推出本案指控事实不清，证据不足，被告人杜培武无罪的结论，纯系主观、片面认识的推论，无充分证据予以支持，该辩护意见本院不予采纳”是没有道理的。同时，只要公诉人不能以确实、充分的证据来证明被告人审判前供述系合法取得，也即不能完全排除存在非法取证行为的可能性，那么根据证明责任的原理，就要推定公诉人的主张不成立，也即要推定存在非法取证的行为。而在本案中，被告人当庭展示了伤痕、血衣，公诉人也承认被告人曾提出过控诉、驻所检察官还拍摄过伤情照片，而公诉人却只提供了一个讯问录像的片段，因此，公诉人显然并没能以确实、充分的证据来排除掉存在非法取证行为的可能性，而在这种情况下，第一审人民法院却认为“公诉机关指控杜培武犯有故意杀人罪的证据……采证程序合法有效”，这显然也是不符合规定的。

### 六、对第一审法院未予证据合法性调查的救济

**第十二条　对于被告人及其辩护人提出的被告人审判前供述是非法取得的意见，第一审人民法院没有审查，并以被告人审判前供述作为定案根据的，第二审人民法院应当对被告人审判前供述取得的合法性进行审查。检察人员不提供证据加以证明，或者已提供的证据不够确实、充分的，被告人该供述不能作**

**为定案的根据。**

**（一）法条内容释义**

本条规定了对第一审人民法院未予证据合法性调查的救济。

首先，对于被告人及其辩护人在第一审开庭审判前或法庭辩论结束前，提出被告人审判前供述系非法取得，并提供了相关线索或证据的，如果第一审法庭未经审查就直接以该供述作为定案的根据，则第二审人民法院应当对该供述取证手段的合法性予以审查。但是，如果第一审人民法院虽然没有对该供述取证手段的合法性予以审查，但却也没有以该供述作为定案的根据，那么第二审人民法院就不必再对该供述取证手段的合法性予以审查了。也就是说，第一审法庭将合法性受到质疑的被告人审判前供述作为定案的根据，是第二审人民法院对该被告人审判前供述取证手段的合法性予以审查的前提。

其次，对于第二审人民法院应当以何种方式对被告人审判前供述取证手段的合法性予以审查，本条未作出明确的规定。根据本《规定》的相关规定，第一审法庭对被告人审判前供述取证手段合法性的调查，包括初步审查显然都是开庭进行的，而根据《刑事诉讼法》第 187 条和《最高人民法院关于执行〈中华人民共和国刑事诉讼法〉若干问题的解释》第 253 条的规定，在第二审程序中，如果合议庭经过阅卷，讯问被告人、听取其他当事人、辩护人、诉讼代理人的意见，对事实清楚的，或者说合议庭认定的事实与第一审认定的没有变化、证据充分的，可以不开庭审理。综合考虑这些规定，我们认为，第二审人民法院对被告人审判前供述取证手段合法性的初步审查可以在合议庭决定是否开庭审理之前先行进行，而且应当先于对第一审判决认定的案件事实本身的调查进行，如经初步审查，法庭并未对该取证手段的合法性产生疑问，则可以对第一审判决认定的案件事实本身通过阅卷，讯问被告人、听取其他当事人、辩护人、诉讼代理人的意见等方式予以调查，并根据调查结果决定是否开庭审理；相反，如经初步审查，法庭对该供述取证手段的合法性产生了疑问，则应当开庭对证据的合法性予以调查，并参照本《规定》第 7 条的规定要求控方证明及进行控辩双方的质证与辩论。

最后，如果第二审人民法院合议庭对被告人审判前供述取证手段的合法性产生了疑问，那么检察人员应当提供确实、充分的证据来证明该供述系合法取得，从而排除第二审合议庭的疑问，如果检察人员不提供证据加以证明，或者已提供的证据不够确实、充分的，也即无法使第二审合议庭排除审判前供述可能系非法取得的疑问的，那么，不问该供述究竟是否确实为非法取得，也不问该供述的内容是否为真实，该供述都不能作为二审定案的根据。

**（二）制定理由**

首先，第一审人民法院未予审查就直接以合法性受到质疑的被告人审判前供述作为认定案件事实的根据，这一方面可能会损害实体正义，因为该审判前供述可能系被告人被迫作出的虚假供述，而将该虚假供述作为认定案件事实的根据可能会导致对案件事实的错误认定，从而导致冤假错案；另一方面则必然或者说已经损害了程序正义，放纵了以刑讯逼供等非法方法获取犯罪嫌疑人供述的非法取证行为，违背了法律严禁以非法方法取证和排除非法言词证据，以此保障犯罪嫌疑人合法权利的基本立场。因此，第二审人民法院对第一审人民法院的这种错误做法当然要予以救济。

其次，由于刑讯逼供等非法取证行为对犯罪嫌疑人的权利侵害非常大，因此立法者宁愿舍弃可能为真实的供述，也不愿意放纵这种非法取证的行为，所以无须考虑供述的真实性，只要可能存在刑讯逼供等非法取证行为，就必须将该供述予以排除。

最后，由于让被告人及其辩护人以确实、充分的证据证明存在刑讯逼供等非法取证的行为过于苛求，很可能导致很多实际上为非法取得的供述因为辩方无法提供确实、充分的证据而无法被排除，因此，我们将证明被告人审判前供述取证手段合法性的证明责任分配给了控方，要求检察人员必须以确实、充分的证据来证明被告人审判前供述系合法取得，如果检察人员不提供证据加以证明，或者已提供的证据不够确实、充分，不足以排除非法取证的可能性的，那么该供述就应当被予以排除。

**（三）应注意的问题**

在实践中适用本条规定应注意以下问题：

首先，在实践中应当注意以下几种情况的不同处理：其一，如果被告人及其辩护人提出被告人审判前供述系非法取得，第一审人民法院没有审查，并以该供述作为定案根据，那么第二审人民法院应当对该供述取证方式的合法性予以审查，如果认为不能排除非法取证的可能，则不能以其作为二审认定案件事实的根据；其二，如果第一审人民法院没有审查，但也没有以该供述作为定案根据，那么第二审人民法院就不必再对该供述取证方式的合法性予以审查；其三，如果第一审人民法院对被告人审判前供述的合法性予以审查，但认为可以排除非法取证的可能，从而仍然以该供述作为了定案的根据，而在第二审期间，原审被告人及其辩护人又提出了该供述系非法取得的，第二审人民法院应当对该供述取证手段的合法性予以重新审查，如果认为不能排除非法取证的可能，则不能以其作为二审认定案件事实的根据；其四，如果第一审人民法院认为不能排除被告人审判前供述系非法取得从而没有将该供述作为定案的根据，而人民检察院提出了抗诉，那么第二审人民法院应当按二审程序对该供述取证手段的合法性予以重新审查，如果第二审人民法院认为可以排除非法取证的可能，那么该供述可以作为二审定案的根据；最后，如果被告人及其辩护人在第一审法庭辩论终结前没有提出被告人审判前供述系非法取得，而在第二审期间却又提出被告人审判前供述系非法取得，第二审人民法院也应当对该供述取证手段的合法性予以审查，如果认为不能排除非法取证的可能，则不能以其作为二审认定案件事实的根据。

其次，除了人民检察院对第一审人民法院排除被告人审判前供述提出抗诉的外，第二审合议庭应当先对被告人审判前供述的合法性予以初步审查，经初步审查而对被告人审判前供述取证手段的合法性产生了疑问的，应当开庭审理，并按照本《规定》第 7 条的规定对被告人审判前供述取证手段的合法性予以先行调查；经初步审查认为可以排除非法取证之可能性，并经阅卷，讯问被告人，听取其他当事人、辩护人、诉讼代理人的意见后，认为第一审判决认定的事实清楚，证据充分的，可以不开庭审理。

最后，在实践中应当注意，如果第二审人民法院认为不能排除被告人审判前供述系非法取得，从而决定排除该供述，那么第二审人民法院应根据该供述以外的其他证据来对案件事实予以认定，从而决定如何裁判。如果排除了该供述后导致原判决证据不足，那么第二审人民法院应当根据《刑事诉讼法》第 189 条的规定，可以在查清事实后改判，也可以裁定撤销原判，发回原审人民法院重新审判；但是，根据《刑事诉讼法》第 46 条的规定："没有被告人供述，证据充分确实的，可以认定被告人有罪和处以刑罚。"因此，即使排除了被告人的审判前供述，根据其他证据仍然可能足以得出被告人有罪的结论，或者说其他证据仍然可以确实、充分地证明一审判决认定的事实，这种情况显然不能以事实不清、证据不足为由撤销一审判决。但是，既然规定了以刑讯逼供等非法手段取得的犯罪嫌疑人供述不能作为定案的根据，那么又不能维持以该供述作为定案根据的一审判决，在一审人民法院没有对被告人审判前供述的合法性予以审查的情况下，似乎可以根据《刑事诉讼法》第 191 条的规定，以存在"其他违反法律规定的诉讼程序，可能影响公正审判"为由，撤销一审判决，发回原审人民法院重新审判，如果这样做，也就不存在本条所规定的"第二审人民法院应当对被告人审判前供述取得的合法性进行审查"的必要性了，因为只要一审法院没有就此予以审查，都可以以程序违法来发回重审，而不必要由二审法院审查了。此外，在一审人民法院已经对被告人审判前供述取证手段的合法性进行了审查，只是认为可以排除存在非法取证的可能，从而以该供述作为定案的根据，而在二审中，上诉人仍然坚持其审判前供述为非法取得的，这种情况应如何处理，也没有相关的规定，因为它并不属于本条所规定的“第一审人民法院没有审查”的情况，尤其是，在这种情况下，如果二审法院经审查又认为可能存在非法取证，从而排除该供述，但以该供述以外的证据又足以认定一审判决所认定的事实的，这种情况，显然并不存在“其他违反法律规定的诉讼程序，可能影响公正审判”的情形，不能以此为由发回重审，而以“事实不清，证据不足”为由改判或发回重审，或者“维持”一个明明是以非法言词证据作为根据的判决似乎也都不合适。因此，实践中对于类似的问题应如何处理，急需有相应的规定或判例来予以指导。

**（四）典型案例分析**

**案例一：杜培武杀人案（五）**

1. 案情

杜培武对一审判决不服，向云南省高级人民法院提起上诉。云南省高级人民法院经过阅卷，讯问被告人，听取辩护人意见，认为本案基本事实清楚，决定不开庭审理。其在判决书中指出：“上诉人杜培武上述犯罪事实，检察机关所出示的证据经一审庭审质证，虽上诉人及辩护人均提出异议，但未能提供证实其观点的相关证据，仅凭分析和对某些证据记录的疏漏问题，而怀疑有关证物的鉴定结论，否定本案证据体系能相互印证的证明效力的辩解和辩护是不能成立的。本案基本犯罪事实清楚，证据确实合法有效，应予以确认。”“但根据本案的具体情节和辩护人所提其他辩护意见有采纳之处，本院认为在量刑时应予注意。”并据此改判杜培武死刑缓期两年执行。

2. 分析

应该说，在上述案例中，一审法院对被告人审判前供述取证手段的合法性是予以审查的，但是却在公诉人并没能提出确实、充分的证据证明该供述系合法取得的情况下就断定取证合法，从而以该证据作为定案的依据。对于这种情况如何处理，本《规定》并未予以明确的规定。但是既然上诉人提出了其审判前供述系非法取得，二审法院就应当对其审判前供述取证手段的合法性予以审查，如果经过合议庭阅卷、讯问被告人、听取辩护人的意见，认为被告人审判前供述取证方式的合法性确实存在疑问的，应该开庭审理，由检察人员提供证据来证明被告人审判前供述系合法取得，否则不能以该供述作为定案的根据。但本案中，一方面，二审法院显然是对被告人审判前供述取证手段的合法性以及被告人供述的真实性都产生了疑问，所以才将一审判决判处的死刑改为了死刑缓期两年执行；但另一方面，二审法院又置这种疑问于不顾，而依然以该供述作为认定案件事实的依据，从而依然认为杜培武故意杀人罪成立。归根结底，这依然是重惩罚犯罪、轻人权保障，重实体正义、轻程序正义的表现，即担心因为排除能够证明被告人有罪的供述，而导致不能认定被告人有罪，从而导致犯罪分子逍遥法外。但实际的情况却是，出于这种怕犯罪分子逍遥法外的重惩罚犯罪和重实体正义的动机而不愿意排除非法取得的供述的做法，恰恰并没能惩罚犯罪，没能实现实体正义，也恰恰使真正的犯罪分子逍遥法外。

**案例二：刘涌案**

1. 案情

刘涌，原沈阳嘉阳集团董事长，涉嫌多宗刑事犯罪，于2000年7月11日被沈阳市公安局刑事拘留，同年8月10日被沈阳市人民检察院批准逮捕，后被以故意伤害罪、组织、领导黑社会性质组织罪等多项罪名提起公诉。2001年8月，辽宁省铁岭市中级人民法院根据辽宁省高级人民法院指定管辖的决定，依法对刘涌等22名被告人予以公开审理。其中，对于集团成员宋健飞等人故意伤害致死的犯罪行为，是否为刘涌幕后指使，成为争议的焦点之一，在这一问题上，参与命案的被告人多数当庭翻供，并指控曾被刑讯逼供。2002年4月17日，铁岭市中级人民法院以故意伤害罪、组织、领导、参加黑社会性质组织罪等多项罪名，判处刘涌死刑（立即执行）及刑期不等的多项有期徒刑，决定执行死刑（立即执行）。刘涌不服，向辽宁省高级人民法院提起上诉，二审期间，辩方找到了8名曾被抽调看押过刘涌或其他同案被告人的现役或退役武警，他们提供了证言，证明对刘涌等人的讯问存在刑讯逼供等违法取证行为，辽宁省高级人民法院经审理认为“不能从根本上排除公安机关在侦查过程中存在刑讯逼供的情况”，并以此作为理由之一，改判刘涌为死刑缓期执行。此判决一出，舆论哗然，多数人不解、不满甚至愤慨。2003年12月，最高人民法院按照审判监督程序对刘涌案予以再审，庭审中，公诉人出示了该案预审、监管、看守人员的证言，证明公安人员未对刘涌及其同案被告人予以刑讯逼供，并出示了辽宁省人民政府指定的鉴定医院，沈阳市公安医院于2000年8月5日至2001年7月9日对刘涌及其同案被告人先后进行的39次体检病志，证明刘涌及其同案被告人皮肤黏膜均无出血点，双下肢无浮肿，四肢活动正常，均无伤情。公诉人还指出，辩方提供的证明公安人员存在刑讯逼供的证人证言取证形式不符合法规，且证言之间相互矛盾，同一证人的证言前后矛盾。最终，最高人民法院认为“不能认定公安机关在侦查阶段存在刑讯逼供，刘涌及其辩护人的辩解和辩护意见，本院不予采纳”，并最终撤销了辽宁省高级人民法院二审判决中对刘涌故意伤害罪的量刑及决定执行的刑罚部分，仍以故意伤害罪判处刘涌死刑（立即执行），其他罪名及刑罚则维持二审判决。

2. 分析

在多数涉及被告人审判前供述取证手段合法性问题的案例中，真正的争议焦点往往都还在供述的真实性上，上述案例可以说是为数不多的真正以被告人审判前供述取证手段的合法性作为争议焦点的一个案例。

首先，本案处理中所涉及的一个关键问题仍在于，被告人审判前供述取证手段的合法性问题，究竟应当由哪一方来承担证明责任。根据我们前面的分析，不论是从理论上，还是从各国的普遍做法来看，都应当由控方就被告人审判前供述系合法取得来承担证明责任。这意味着，只要控方不能以确实、充分的证据证明被告人审判前供述的取证手段合法，完全排除掉存在非法取证行为的可能性，那么就应当推定存在非法取证行为，从而作出排除被告人审判前供述的决定。从这个角度说，在本案二审程序中，由于8名曾被抽调看押过刘涌或其他同案被告人的现役或退役武警，都提供证言证明对刘涌等人的讯问存在刑讯逼供等违法取证行为，而法庭认为控方提供的证据“不能从根本上排除公安机关在侦查过程中存在刑讯逼供的情况”，从而改判刘涌死缓，是符合证明责任的分配原则的。

其次，二审法院的判决中也存在一个自相矛盾的漏洞：如果“不能从根本上排除公安机关在侦查过程中存在刑讯逼供的情况”，就应当将刘涌及其同案被告人的供述予以排除，而一审认定宋健飞等人故意伤害致死的犯罪行为为刘涌指使，从而判处刘涌犯有故意伤害罪，主要的依据就是同案犯罪嫌疑人的供述，因此一旦排除了这些供述，也就不能再认定刘涌指使了宋健飞等人实施故意伤害的犯罪行为，从而也就不能再判处刘涌犯有故意伤害罪，但是二审判决一方面指出“不能从根本上排除公安机关在侦查过程中存在刑讯逼供的情况”，另一方面又仍然认定刘涌犯有故意伤害罪，应当说是存在矛盾的，但是能够以此为理由减轻原判刑罚，应当说至少是已经认识到了，对被告人审判前供述取证手段合法性的证明责任应当由控方承担，且控方应当以确实、充分的证据来证明该供述系合法取得，也即控方必须以确实、充分的证据来排除掉存在非法取证的可能，否则该供述就应当被予以排除。

最后，再审期间，公诉人又出示了一系列的证据来证明被告人审判前供述的取证手段合法，不存在刑讯逼供的违法取证行为，并对辩方提供的证明存在刑讯逼供的证人证言提出了质疑，应当说，如果最高人民法院根据这些证据，确实认为控方提供的证据确实、充分，能够完全排除掉存在刑讯逼供等违法取证行为的可能性，继而认为可以以被告人的供述作为认定案件事实的根据，这是顺理成章的，但其理由应当是“能够认定公安机关在侦查阶段不存在刑讯逼供”，而不是“不能认定公安机关在侦查阶段存在刑讯逼供”，这两者区别的关键仍然在于被告人审判前供述取证手段合法性的证明责任究竟该由谁承担，如果是由控方承担，那么只有在能够证明确实不存在刑讯逼供等非法取证的行为时，才能够以被告人审判前供述作为定案的根据，如果仅仅是不能认定存在刑讯逼供，实际上也就是可能存在刑讯逼供，也可能不存在刑讯逼供，那么应推定存在刑讯逼供，从而排除被告人审判前供述。如果说最高人民法院经过再审，根据公诉人提交的新证据认为，公安机关在侦查阶段不存在刑讯逼供，也即可以排除掉存在刑讯逼供的可能性，那么其仍然以被告人供述作为定案的根据，是正确的。但如果最高人民法院根据公诉人提交的新证据，也仅仅是认为"不能认定公安机关在侦查阶段存在刑讯逼供"，也即不能完全确定公安机关在侦查阶段存在刑讯逼供，但实际上也不能完全排除存在刑讯逼供的可能性，那么其以被告人供述作为判决的依据，实际上就等于把被告人审判前供述取证手段合法性的证明责任分配给了辩方，苛求辩方以确实、充分的证据证明确实存在刑讯逼供的行为，根据我们前面的分析，这样做显然是不合理的。

**（五）相关法条链接**

1.《刑事诉讼法》

**第四十六条** 对一切案件的判处都要重证据，重调查研究，不轻信口供。只有被告人供述，没有其他证据的，不能认定被告人有罪和处以刑罚；没有被告人供述，证据充分确实的，可以认定被告人有罪和处以刑罚。

**第一百八十七条** 第二审人民法院对上诉案件，应当组成合议庭，开庭审理。合议庭经过阅卷，讯问被告人、听取其他当事人、辩护人、诉讼代理人的意见，对事实清楚的，可以不开庭审理。对人民检察院抗诉的案件，第二审人民法院应当开庭审理。

**第一百八十九条** 第二审人民法院对不服第一审判决的上诉、抗诉案件，经过审理后，应当按照下列情形分别处理：

（一）原判决认定事实和适用法律正确、量刑适当的，应当裁定驳回上诉或者抗诉，维持原判；

（二）原判决认定事实没有错误，但适用法律有错误，或者量刑不当的，应当改判；

（三）原判决事实不清楚或者证据不足的，可以在查清事实后改判；也可以裁定撤销原判，发回原审人民法院重新审判。

**第一百九十一条** 第二审人民法院发现第一审人民法院的审理有下列违反法律规定的诉讼程序的情形之一的，应当裁定撤销原判，发回原审人民法院重新审判：

（一）违反本法有关公开审判的规定的；

（二）违反回避制度的；

（三）剥夺或者限制了当事人的法定诉讼权利，可能影响公正审判的；

（四）审判组织的组成不合法的；

（五）其他违反法律规定的诉讼程序，可能影响公正审判的。

2.《最高人民法院关于执行〈中华人民共和国刑事诉讼法〉若干问题的解释》

**第二百五十三条** 对上诉案件，应当组成合议庭，开庭审理。

经过阅卷，讯问被告人，听取其他当事人、辩护人、诉讼代理人的意见后，合议庭认定的事实与第一审认定的没有变化，证据充分的，可以不开庭审理。

对人民检察院抗诉的案件，第二审人民法院应当开庭审理

# 第三章 对其他证据的排除

## 一、对非法取得的证人证言、被害人陈述的排除

**第十三条 庭审中，检察人员、被告人及其辩护人提出未到庭证人的书面证言、未到庭被害人的书面陈述是非法取得的，举证方应当对其取证的合法性予以证明。**

**对前款所述证据，法庭应当参照本规定有关规定进行调查。**

**（一）法条内容释义**

本条规定了对非法取得的证人证言、被害人陈述的排除。

首先，根据本《规定》第1条的规定，本条的“非法取得”是指采用暴力、威胁等非法手段取得，其详细解释见本书对本《规定》第1条的释义。

其次，如果是检察人员提供了未到庭证人的书面证言或未到庭被害人的书面陈述，而被告人及其辩护人提出该书面证言或书面陈述系非法取得，那么应由检察人员对该书面证言或书面陈述取证手段的合法性承担证明责任；相反，如果是辩方提供了未到庭证人的书面证言或未到庭被害人的书面陈述，而检察人员提出该书面证言或书面陈述系非法取得，那么应由辩方对该书面证言或该书面陈述取证手段的合法性承担证明责任。

最后，参照本《规定》的有关规定，无论是哪一方提出对方所提供的未到庭证人的书面证言或未到庭被害人的书面陈述系非法取得，都应当在法庭辩论结束之前提出，且都应当提供涉嫌非法取证的人员、时间、地点、方式、内容等相关线索或者证据，法庭应对该取证手段的合法性予以初步审查，如经初

步审查，法庭对取证手段的合法性产生了疑问，则提供该书面证言或被害人书面陈述的那一方应当提供相应的证据证明该书面证言或被害人书面陈述的取证手段合法，如果其无法以确实、充分的证据证明该取证手段合法，也即无法排除存在非法取证的可能性，则法庭应当决定排除该书面证言或被害人书面陈述，即不能以该书面证言或被害人的书面陈述作为认定案件事实的根据。

**（二）制定理由**

首先，根据我国《刑事诉讼法》和司法解释的有关规定，实际上是允许证人不到庭的，也即允许以书面证言作为定案的根据，因此，如何保障书面证言的真实性就成为一个至关重要的问题，通过暴力、威胁等非法手段取得的书面证言很有可能是不真实的，因此，应当要求提供书面证言的那一方就该书面证言取证手段的合法性予以证明，同时，这也是保障证人合法权利的有效途径，也就是说，无论该书面证言是否真实，只要它是通过暴力、威胁等非法手段所取得的，那么都应当被予以排除，以此来打消取证者非法取证的动机，从而起到抑制非法取证的作用。

其次，提供书面证言或被害人书面陈述的那一方应当就该书面证言或被害人书面陈述取证手段的合法性承担证明责任，这是因为提供证据的一方本来就应当对其所提供的证据的真实性与合法性负责，并且，提供上述证据的一方往往就是该证据的收集者，比较了解证据的取证方式，由他来证明其取证方式合法比让对方来证明其取证方式违法更容易一些，再者，这也是禁止非法取证、保障证人、被害人合法权利的需要。

最后，本规定对针对被告人审判前供述取证手段合法性的调查程序予以详细、明确的规定，针对未到庭证人的书面证言和未到庭被害人的书面陈述的取证手段合法性的调查可以参照这些规定进行，无须再另行予以详细规定。

**（三）应注意的问题**

在实践中适用本条规定应注意以下问题：

首先，审查未到庭证人的书面证言、未到庭被害人的书面陈述是否为非法取得的最有效的办法就是询问该证人或者被害人，而如果通知证人或者被害人就此出庭接受质询，还不如直接要求证人或者被害人出庭提供口头的证言和陈述，因此在实践中还是应当尽可能地保障证人、被害人到庭，在法庭上提供口头的证言和陈述，并接受双方的质询。

其次，无论是哪一方提出对方所提供的未到庭证人的书面证言或未到庭被害人的书面陈述系非法取得，都应当提供涉嫌非法取证的人员、时间、地点、方式、内容等相关线索或者证据，但该线索或者证据只需要达到使法庭对取证方式的合法性产生疑问即可，不需要达到使法庭确信存在非法取证的程度。而提供这些证据的那一方对这些证据取证手段合法性的证明却必须达到使法庭确信取证手段合法的程度，也即只有彻底排除了存在非法取证的可能，该书面证言或被害人的书面陈述才有可能被作为认定案件事实的根据。

最后，无论未到庭证人的书面证言或未到庭被害人的书面陈述的内容是否是真实的，只要法庭怀疑其是通过非法手段取得的，就不能以该书面证言或被害人的书面陈述作为定案的根据。

**（四）典型案例分析**

**吴勇案**

1. 案情

1991年年末某日，家住吉林省吉林市丰满区二道乡河东村的18岁青年吴勇在13岁的女友小英（化名）家和小英及小英的朋友高某（女）一起聊天，被从外回家的小英继父杨某看见并予以责骂。1992年春节，吴勇用刀将杨某捅伤，4月13日，吴勇因故意伤害罪被逮捕，其间，他又被控自1991年6月1日下午第一次强奸小英起，多次对小英实施强奸，并有小英的陈述、多位证人证言、小英处女膜陈旧性破裂的鉴定结论等证据为证。对此，吴勇辩称，他从来没有跟小英发生过性关系，1991年6月1日下午，他和伙伴铁柱（化名）、金峰（化名）在一起，但后经调查，铁柱和金峰均否认1991年6月1日和吴勇在一起。此间，杨某曾找到高某，要求她作假证证明吴勇曾强奸小英，被高某予以拒绝，在检察机关对她予以询问时，她也向检察机关说明了此事，但未能引起检察机关的重视。后吴勇被吉林市丰满区人民法院一审以故意伤害罪判处有期徒刑四年，以奸淫幼女罪判处有期徒刑八年，决定执行有期徒刑十一年。吴勇不服上诉，吉林市中级人民法院裁定驳回上诉，维持原判。吴勇在监狱服刑期间，一直坚持申诉和给小英、铁柱等人写信询问他们为什么说谎，后来小英、铁柱等人均回信承认是受杨某威逼而作了虚假的陈述和假证言。服刑八年后，吴勇被减刑出狱，他在出狱后继续申诉，终于引起了吉林市和丰满区两级人民检察院的重视，从而对此案予以重新调查，经查，小英承认吴勇确实没有强奸过她，真正强奸她的正是他的继父杨某，其当年所作的陈述也是在杨某的威逼和指使下作的，铁柱、金峰等也是受杨某威逼而提供了假证言。2003年5月16日，杨某被依法逮捕。

2. 分析

首先，本案中，除了一份关于被害人处女膜陈旧性破裂的鉴定结论之外，据以认定被告人有罪的证据就只有被害人陈述和证人证言，对此，被告人一直辩称自己没有实施犯罪行为，被害人陈述系虚假陈述，证人证言系虚假证言，并且，有证人高某提供证言称被害人继父杨某曾要求她作假证，因此，审查该被害人陈述和证人证言的来源与形成过程，查明其形成过程中是否曾遭受暴力、威胁等非法手段，应当是侦查机关、审查起诉机关乃至审判机关的职责。

其次，在庭审中，如果被告人及其辩护人提出公诉人提出的未到庭证人的书面证言、未到庭被害人的书面陈述系受暴力、威胁所作，公诉人应当对该证据取证手段的合法性予以证明。但在本案中，公安机关和检察机关在询问被害人、证人的过程中并没有使用暴力、威胁等手段，只是侦查人员以外的人以暴力、威胁的手段威逼被害人、证人向公安机关和检察机关提供假陈述和假证言，那么一旦辩方提出被害人、证人系受侦查人员以外的他人的暴力、威胁等非法手段而作陈述或作证，那么应如何处理呢？我们认为，如果辩方就此提供了相关线索或证据，使得法庭也怀疑存在此种可能，也即完成了初步责任，那么仍应当由公诉人来证明该被害人或证人没有遭受过他人的暴力、威胁等非法手段，因为以合法的证据来指控被告人是公诉人的责任，如果其不能以确实、充分的证据证明该被害人或证人没有受到过暴力或威胁，或者说不能排除被害人、证人曾受到暴力或威胁的可能，那么该被害人陈述和证人证言就应当被予以排除。

**（五）相关法条链接**

1.《刑事诉讼法》

**第四十七条** 证人证言必须在法庭上经过公诉人、被害人和被告人、辩护人双方讯问、质证，听取各方证人的证言并且经过查实以后，才能作为定案的根据。法庭查明证人有意作伪证或者隐匿罪证的时候，应当依法处理。

**第一百五十七条** 公诉人、辩护人应当向法庭出示物证，让当事人辨认，对未到庭的证人的证言笔录、鉴定人的鉴定结论、勘验笔录和其他作为证据的文书，应当当庭宣读。审判人员应当听取公诉人、当事人和辩护人、诉讼代理人的意见。

2.《最高人民法院关于执行〈中华人民共和国刑事诉讼法〉若干问题的解释》

**第五十八条** 证据必须经过当庭出示、辨认、质证等法庭调查程序查证属实，否则不能作为定案的根据。

对于出庭作证的证人，必须在法庭上经过公诉人、被害人和被告人、辩护人等双方询问、质证，其证言经过审查确实的，才能作为定案的根据；未出庭证人的证言宣读后经当庭查证属实的，可以作为定案的根据。法庭查明证人有意作伪证或者隐匿罪证时，应当依法处理。

**第一百四十一条** 证人应当出庭作证。

符合下列情形，经人民法院准许的，证人可以不出庭作证：

（一）未成年人；

（二）庭审期间身患严重疾病或者行动极为不便的；

（三）其证言对案件的审判不起直接决定作用的；

（四）有其他原因的。

## 二、对非法取得的物证、书证的排除

**第十四条 物证、书证的取得明显违反法律规定，可能影响公正审判的，应当予以补正或者作出合理解释，否则，该物证、书证不能作为定案的根据。**

**（一）法条内容释义**

本条规定了对非法取得的物证、书证的排除。

首先，物证是指以其外部特征、物质属性和存在场所来证明案件真实情况的物品或者痕迹。书证是指以文字、符号、图画等记载的内容和表达的思想来证明案件事实的书面文件和其他物品。从证据分类的角度来讲，物证和书证都属于与言词证据相对应的实物证据，也即以实物形态为表现形式的证据。①

其次，排除非法取得的物证、书证有三个前提条件：其一，该物证、书证的取得明显违反法律规定；其二，由于该物证、书证的取证方式违法而可能影响公正审判；其三，提供物证、书证的那一方无法对该物证、书证的瑕疵予以补正或者作出合理的解释。可见，与言词证据相比，在是否排除非法取得的物证、书证方面，本规定采取了更为宽松的立场。

最后，本条规定是一个原则性的规定，对于什么样的取证方式才属于“明显违反法律规定”，什么是“可能影响公正审判”，以及对于非法取得的物证、书证之瑕疵的补正或合理解释应达到何种程度等，均由法官根据具体情况予以裁量决定。

**（二）制定理由**

本条规定了对非法取得的物证、书证的排除。其制定理由有以下几点：

首先，立法者总是力图在真实发现与人权保障、实体公正与程序公正等不同的价值之间寻求合理的平衡，对于非法取得的物证、书证，出于维护程序公正的考虑，当然应当予以排除，但是，如果仅仅因为取证手段违法，尤其是在违法程度轻微的情况下就一概将可能能够证明案件真实情况的物证、书证予以排除，将导致大量的案件无法认定，无法将犯罪分子绳之以法。因此，考虑到物证、书证的客观性较强，其真实性受取证手段的影响较小，且获取物证、书证的手段即便违法，一般也不易对个人权利形成直接、严重的侵害，所以本条

① 卞建林主编：《证据法学》，中国政法大学出版社2005年版，第155页、第166页、第328页。

规定，对于非法取得的物证、书证，允许提供证据的一方予以补正或者作出合理的解释，只有在取证手段明显违反法律规定，可能影响公正审判，且提供证据的那一方无法予以补正或者无法作出合理解释的，才对该物证、书证予以排除。

其次，对非法取得的物证、书证是否要予以排除，国内外都存在较大的争议，但除了美国对非法取得的实物证据采取较为严格的强制排除的立场外，各国均持宽松灵活的态度，并都把是否排除实物证据的裁量权交给了法官。不同的是，除了取证手段违法外，有些国家并没有为法官裁量确立任何标准，完全由法官自由裁量，有些国家则为法官裁量确立了原则性的标准，例如英国1984年颁布的《警察与刑事证据法》第78条规定："如果法官考虑到包括收集证据在内的所有情况，从而认为检察官据以作出指控的证据会对程序公正性造成不利的影响，那么也应当予以排除。"其中，"会对程序公正性造成不利的影响"即为裁量标准。本规定可以说是借鉴了英国的做法，即将是否排除非法取得的物证、书证的裁量权交给了法官，同时为其规定了一些原则性的标准。

最后，本条规定实际上并不是要通过排除非法取得的物证、书证来抑制违法取证。而仅仅是要通过科加给提供证据者以"补正或作出合理解释"的责任来抑制违法取证。也就是说，根据本条规定，实际上物证、书证很难仅仅因为取证手段违法而被予以排除，因此也很难从这个角度去抑制违法取证，而要求提供证据者对该物证、书证因取证手段违法所导致的瑕疵予以补正或作出合理解释，则可能在一定程度上起到抑制违法取证的效果。

**（三）应注意的问题**

在实践中适用本条规定应注意以下问题：

首先，尽管本条规定在是否排除非法取得的物证、书证方面采取了较为宽松的立场，但在实践中，取证人员仍应当注意严格依法取证，要防止重实体、轻程序的倾向，更要严防以暴力、威胁等方法威逼持有者交出相关物证或者书证的做法。

其次，如上文中提到的，我国和英国一样，都将是否排除非法物证或书证的裁量权交给了法官，并都为法官规定了原则性的标准，但值得注意的是，英国的标准是"会对程序公正性造成不利的影响"，而我国的标准是"可能影响公正审判"，从理论上来讲，公正审判应当既包括实体公正，也包括程序公正，但在实践中，法官却可能会只重视实体公正，而忽视程序公正，即认为只要以该物证、书证作为认定案件事实的根据不会导致错误的认定，那么无论其是以何种手段取得的，都一概不予排除。我们认为，如果是采用以暴力、威胁等方法威逼持有者交出相关物证或者书证，法官可以（不是必须）认为其取证手段明显违法，可能影响公正审判，从而决定不以该物证或书证作为定案的根据。

最后，在实践中还要注意将以书面形式记录或表述的证人证言、被害人陈述等与书证严格地区分开来，因为立法对于这两种证据在非法证据排除方面的立场是完全不一样的。以书面形式记录或表述的证人证言、被害人陈述是在案件事实发生之后形成的，除了证人或被害人主动提交的书面证言或书面陈述外，都是由取证行为促成的，没有取证的行为，也就不会有该书面证言、陈述或关于证言、陈述的记录，因此其内容受取证行为合法性的影响较大，且证人、被害人人身权利与意志受取证行为侵害的可能性也较大。书证一般是在案件事实发生之前或之时形成的，并且书证的形成与取证行为无关，即使没有取证行为，该书证也已经存在，只是不会进入诉讼而已，虽然随着现代信息科技的发展，有些书证也可能在案件事实发生之后通过取证行为才以书面形式反映出来，但此前它也必然以电脑数据等形式存在着，而不是由于取证行为才形成的，如打印出来的通讯记录、存取款记录等，除非存在伪造、篡改的情况，其内容一般不受取证行为合法性本身的影响，也不直接涉及个人的人身权利与意志。对于书面证言或被害人的书面陈述，在提供证据一方的证明责任和对非法证据的排除方面，立法都采取了远比书证更为严格的立场。

**（四）相关法条链接**

《刑事诉讼法》

**第一百零九条** 为了收集犯罪证据、查获犯罪人，侦查人员可以对犯罪嫌疑人以及可能隐藏罪犯或者犯罪证据的人的身体、物品、住处和其他有关的地方进行搜查。

**第一百一十一条** 进行搜查，必须向被搜查人出示搜查证。

在执行逮捕、拘留的时候，遇有紧急情况，不另用搜查证也可以进行搜查。

**第一百一十二条** 在搜查的时候，应当有被搜查人或者他的家属，邻居或者其他见证人在场。

搜查妇女的身体，应当由女工作人员进行。

**第一百一十三条** 搜查的情况应当写成笔录，由侦查人员和被搜查人或者他的家属，邻居或者其他见证人签名或者盖章。如果被搜查人或者他的家属在逃或者拒绝签名、盖章，应当在笔录上注明。

**第一百一十四条** 在勘验、搜查中发现的可用以证明犯罪嫌疑人有罪或者无罪的各种物品和文件，应当扣押；与案件无关的物品、文件，不得扣押。

对于扣押的物品、文件，要妥善保管或者封存，不得使用或者损毁。

**第一百一十五条** 对于扣押的物品和文件，应当会同在场见证人和被扣押物品持有人查点清楚，当场开列清单一式二份，由侦查人员、见证人和持有人签名或者盖章，一份交给持有人，另一份附卷备查。

# 附　录

## 1. 最高人民法院　最高人民检察院<br>公安部　国家安全部　司法部<br>关于办理死刑案件审查判断证据若干问题的规定

为依法、公正、准确、慎重地办理死刑案件，惩罚犯罪，保障人权，根据《中华人民共和国刑事诉讼法》等有关法律规定，结合司法实际，制定本规定。

### 一、一般规定

**第一条**　办理死刑案件，必须严格执行刑法和刑事诉讼法，切实做到事实清楚，证据确实、充分，程序合法，适用法律正确，确保案件质量。

**第二条**　认定案件事实，必须以证据为根据。

**第三条**　侦查人员、检察人员、审判人员应当严格遵守法定程序，全面、客观地收集、审查、核实和认定证据。

**第四条**　经过当庭出示、辨认、质证等法庭调查程序查证属实的证据，才能作为定罪量刑的根据。

**第五条**　办理死刑案件，对被告人犯罪事实的认定，必须达到证据确实、充分。

证据确实、充分是指：

（一）定罪量刑的事实都有证据证明；

（二）每一个定案的证据均已经法定程序查证属实；

（三）证据与证据之间、证据与案件事实之间不存在矛盾或者矛盾得以合理排除；

（四）共同犯罪案件中，被告人的地位、作用均已查清；

（五）根据证据认定案件事实的过程符合逻辑和经验规则，由证据得出的结论为唯一结论。

办理死刑案件，对于以下事实的证明必须达到证据确实、充分：

（一）被指控的犯罪事实的发生；

（二）被告人实施了犯罪行为与被告人实施犯罪行为的时间、地点、手段、后果以及其他情节；

（三）影响被告人定罪的身份情况；

（四）被告人有刑事责任能力；

（五）被告人的罪过；

（六）是否共同犯罪及被告人在共同犯罪中的地位、作用；

（七）对被告人从重处罚的事实。

## 二、证据的分类审查与认定

### 1. 物证、书证

**第六条** 对物证、书证应当着重审查以下内容：

（一）物证、书证是否为原物、原件，物证的照片、录像或者复制品及书证的副本、复制件与原物、原件是否相符；物证、书证是否经过辨认、鉴定；物证的照片、录像或者复制品和书证的副本、复制件是否由二人以上制作，有无制作人关于制作过程及原件、原物存放于何处的文字说明及签名。

（二）物证、书证的收集程序、方式是否符合法律及有关规定；经勘验、检查、搜查提取、扣押的物证、书证，是否附有相关笔录或者清单；笔录或者清单是否有侦查人员、物品持有人、见证人签名，没有物品持有人签名的，是否注明原因；对物品的特征、数量、质量、名称等注明是否清楚。

（三）物证、书证在收集、保管及鉴定过程中是否受到破坏或者改变。

（四）物证、书证与案件事实有无关联。对现场遗留与犯罪有关的具备检验鉴定条件的血迹、指纹、毛发、体液等生物物证、痕迹、物品，是否通过DNA鉴定、指纹鉴定等鉴定方式与被告人或者被害人的相应生物检材、生物特征、物品等作同一认定。

（五）与案件事实有关联的物证、书证是否全面收集。

**第七条** 对在勘验、检查、搜查中发现与案件事实可能有关联的血迹、指纹、足迹、字迹、毛发、体液、人体组织等痕迹和物品应当提取而没有提取，应当检验而没有检验，导致案件事实存疑的，人民法院应当向人民检察院说明情况，人民检察院依法可以补充收集、调取证据，作出合理的说明或者退回侦查机关补充侦查，调取有关证据。

**第八条** 据以定案的物证应当是原物。只有在原物不便搬运、不易保存或者依法应当由有关部门保管、处理或者依法应当返还时，才可以拍摄或者制作足以反映原物外形或者内容的照片、录像或者复制品。物证的照片、录像或者复制品，经与原物核实无误或者经鉴定证明为真实的，或者以其他方式确能证明其真实的，可以作为定案的根据。原物的照片、录像或者复制品，不能反映原物的外形和特征的，不能作为定案的根据。

据以定案的书证应当是原件。只有在取得原件确有困难时，才可以使用副本或者复制件。书证的副本、复制件，经与原件核实无误或者经鉴定证明为真实的，或者以其他方式确能证明其真实的，可以作为定案的根据。书证有更改或者更改迹象不能作出合理解释的，书证的副本、复制件不能反映书证原件及其内容的，不能作为定案的根据。

**第九条**　经勘验、检查、搜查提取、扣押的物证、书证，未附有勘验、检查笔录，搜查笔录，提取笔录，扣押清单，不能证明物证、书证来源的，不能作为定案的根据。

物证、书证的收集程序、方式存在下列瑕疵，通过有关办案人员的补正或者作出合理解释的，可以采用：

（一）收集调取的物证、书证，在勘验、检查笔录，搜查笔录，提取笔录，扣押清单上没有侦查人员、物品持有人、见证人签名或者物品特征、数量、质量、名称等注明不详的；

（二）收集调取物证照片、录像或者复制品，书证的副本、复制件未注明与原件核对无异，无复制时间、无被收集、调取人（单位）签名（盖章）的；

（三）物证照片、录像或者复制品，书证的副本、复制件没有制作人关于制作过程及原物、原件存放于何处的说明或者说明中无签名的；

（四）物证、书证的收集程序、方式存在其他瑕疵的。

对物证、书证的来源及收集过程有疑问，不能作出合理解释的，该物证、书证不能作为定案的根据。

**第十条**　具备辨认条件的物证、书证应当交由当事人或者证人进行辨认，必要时应当进行鉴定。

### 2. 证人证言

**第十一条**　对证人证言应当着重审查以下内容：

（一）证言的内容是否为证人直接感知。

（二）证人作证时的年龄、认知水平、记忆能力和表达能力，生理上和精神上的状态是否影响作证。

（三）证人与案件当事人、案件处理结果有无利害关系。

（四）证言的取得程序、方式是否符合法律及有关规定：有无使用暴力、威胁、引诱、欺骗以及其他非法手段取证的情形；有无违反询问证人应当个别进行的规定；笔录是否经证人核对确认并签名（盖章）、捺指印；询问未成年证人，是否通知了其法定代理人到场，其法定代理人是否在场等。

（五）证人证言之间以及与其他证据之间能否相互印证，有无矛盾。

**第十二条** 以暴力、威胁等非法手段取得的证人证言，不能作为定案的根据。

处于明显醉酒、麻醉品中毒或者精神药物麻醉状态，以致不能正确表达的证人所提供的证言，不能作为定案的根据。

证人的猜测性、评论性、推断性的证言，不能作为证据使用，但根据一般生活经验判断符合事实的除外。

**第十三条** 具有下列情形之一的证人证言，不能作为定案的根据：

（一）询问证人没有个别进行而取得的证言；

（二）没有经证人核对确认并签名（盖章）、捺指印的书面证言；

（三）询问聋哑人或者不通晓当地通用语言、文字的少数民族人员、外国人，应当提供翻译而未提供的。

**第十四条** 证人证言的收集程序和方式有下列瑕疵，通过有关办案人员的补正或者作出合理解释的，可以采用：

（一）没有填写询问人、记录人、法定代理人姓名或者询问的起止时间、地点的；

（二）询问证人的地点不符合规定的；

（三）询问笔录没有记录告知证人应当如实提供证言和有意作伪证或者隐匿罪证要负法律责任内容的；

（四）询问笔录反映出在同一时间段内，同一询问人员询问不同证人的。

**第十五条** 具有下列情形的证人，人民法院应当通知出庭作证；经依法通知不出庭作证证人的书面证言经质证无法确认的，不能作为定案的根据：

（一）人民检察院、被告人及其辩护人对证人证言有异议，该证人证言对定罪量刑有重大影响的；

（二）人民法院认为其他应当出庭作证的。

证人在法庭上的证言与其庭前证言相互矛盾，如果证人当庭能够对其翻证作出合理解释，并有相关证据印证的，应当采信庭审证言。

对未出庭作证证人的书面证言，应当听取出庭检察人员、被告人及其辩护人的意见，并结合其他证据综合判断。未出庭作证证人的书面证言出现矛盾，不能排除矛盾且无证据印证的，不能作为定案的根据。

**第十六条** 证人作证，涉及国家秘密或者个人隐私的，应当保守秘密。

证人出庭作证，必要时，人民法院可以采取限制公开证人信息、限制询问、遮蔽容貌、改变声音等保护性措施。

### 3. 被害人陈述

**第十七条**　对被害人陈述的审查与认定适用前述关于证人证言的有关规定。

### 4. 被告人供述和辩解

**第十八条**　对被告人供述和辩解应当着重审查以下内容：

（一）讯问的时间、地点、讯问人的身份等是否符合法律及有关规定，讯问被告人的侦查人员是否不少于二人，讯问被告人是否个别进行等。

（二）讯问笔录的制作、修改是否符合法律及有关规定，讯问笔录是否注明讯问的起止时间和讯问地点，首次讯问时是否告知被告人申请回避、聘请律师等诉讼权利，被告人是否核对确认并签名（盖章）、捺指印，是否有不少于二人的讯问人签名等。

（三）讯问聋哑人、少数民族人员、外国人时是否提供了通晓聋、哑手势的人员或者翻译人员，讯问未成年同案犯时，是否通知了其法定代理人到场，其法定代理人是否在场。

（四）被告人的供述有无以刑讯逼供等非法手段获取的情形，必要时可以调取被告人进出看守所的健康检查记录、笔录。

（五）被告人的供述是否前后一致，有无反复以及出现反复的原因；被告人的所有供述和辩解是否均已收集入卷；应当入卷的供述和辩解没有入卷的，是否出具了相关说明。

（六）被告人的辩解内容是否符合案情和常理，有无矛盾。

（七）被告人的供述和辩解与同案犯的供述和辩解以及其他证据能否相互印证，有无矛盾。

对于上述内容，侦查机关随案移送有录音录像资料的，应当结合相关录音录像资料进行审查。

**第十九条**　采用刑讯逼供等非法手段取得的被告人供述，不能作为定案的根据。

**第二十条**　具有下列情形之一的被告人供述，不能作为定案的根据：

（一）讯问笔录没有经被告人核对确认并签名（盖章）、捺指印的；

（二）讯问聋哑人、不通晓当地通用语言、文字的人员时，应当提供通晓聋、哑手势的人员或者翻译人员而未提供的。

**第二十一条**　讯问笔录有下列瑕疵，通过有关办案人员的补正或者作出合理解释的，可以采用：

（一）笔录填写的讯问时间、讯问人、记录人、法定代理人等有误或者存在矛盾的；

（二）讯问人没有签名的；

（三）首次讯问笔录没有记录告知被讯问人诉讼权利内容的。

**第二十二条** 对被告人供述和辩解的审查，应当结合控辩双方提供的所有证据以及被告人本人的全部供述和辩解进行。

被告人庭前供述一致，庭审中翻供，但被告人不能合理说明翻供理由或者其辩解与全案证据相矛盾，而庭前供述与其他证据能够相互印证的，可以采信被告人庭前供述。

被告人庭前供述和辩解出现反复，但庭审中供认的，且庭审中的供述与其他证据能够印证的，可以采信庭审中的供述；被告人庭前供述和辩解出现反复，庭审中不供认，且无其他证据与庭前供述印证的，不能采信庭前供述。

### 5. 鉴定意见

**第二十三条** 对鉴定意见应当着重审查以下内容：

（一）鉴定人是否存在应当回避而未回避的情形。

（二）鉴定机构和鉴定人是否具有合法的资质。

（三）鉴定程序是否符合法律及有关规定。

（四）检材的来源、取得、保管、送检是否符合法律及有关规定，与相关提取笔录、扣押物品清单等记载的内容是否相符，检材是否充足、可靠。

（五）鉴定的程序、方法、分析过程是否符合本专业的检验鉴定规程和技术方法要求。

（六）鉴定意见的形式要件是否完备，是否注明提起鉴定的事由、鉴定委托人、鉴定机构、鉴定要求、鉴定过程、检验方法、鉴定文书的日期等相关内容，是否由鉴定机构加盖鉴定专用章并由鉴定人签名盖章。

（七）鉴定意见是否明确。

（八）鉴定意见与案件待证事实有无关联。

（九）鉴定意见与其他证据之间是否有矛盾，鉴定意见与检验笔录及相关照片是否有矛盾。

（十）鉴定意见是否依法及时告知相关人员，当事人对鉴定意见是否有异议。

**第二十四条** 鉴定意见具有下列情形之一的，不能作为定案的根据：

（一）鉴定机构不具备法定的资格和条件，或者鉴定事项超出本鉴定机构项目范围或者鉴定能力的；

（二）鉴定人不具备法定的资格和条件、鉴定人不具有相关专业技术或者职称、鉴定人违反回避规定的；

（三）鉴定程序、方法有错误的；

（四）鉴定意见与证明对象没有关联的；

（五）鉴定对象与送检材料、样本不一致的；

（六）送检材料、样本来源不明或者确实被污染且不具备鉴定条件的；

（七）违反有关鉴定特定标准的；

（八）鉴定文书缺少签名、盖章的；

（九）其他违反有关规定的情形。

对鉴定意见有疑问的，人民法院应当依法通知鉴定人出庭作证或者由其出具相关说明，也可以依法补充鉴定或者重新鉴定。

### 6. 勘验、检查笔录

**第二十五条**　对勘验、检查笔录应当着重审查以下内容：

（一）勘验、检查是否依法进行，笔录的制作是否符合法律及有关规定的要求，勘验、检查人员和见证人是否签名或者盖章等。

（二）勘验、检查笔录的内容是否全面、详细、准确、规范：是否准确记录了提起勘验、检查的事由，勘验、检查的时间、地点，在场人员、现场方位、周围环境等情况；是否准确记载了现场、物品、人身、尸体等的位置、特征等详细情况以及勘验、检查、搜查的过程；文字记载与实物或者绘图、录像、照片是否相符；固定证据的形式、方法是否科学、规范；现场、物品、痕迹等是否被破坏或者伪造，是否是原始现场；人身特征、伤害情况、生理状况有无伪装或者变化等。

（三）补充进行勘验、检查的，前后勘验、检查的情况是否有矛盾，是否说明了再次勘验、检查的原由。

（四）勘验、检查笔录中记载的情况与被告人供述、被害人陈述、鉴定意见等其他证据能否印证，有无矛盾。

**第二十六条**　勘验、检查笔录存在明显不符合法律及有关规定的情形，并且不能作出合理解释或者说明的，不能作为证据使用。

勘验、检查笔录存在勘验、检查没有见证人的，勘验、检查人员和见证人没有签名、盖章的，勘验、检查人员违反回避规定的等情形，应当结合案件其他证据，审查其真实性和关联性。

### 7. 视听资料

**第二十七条**　对视听资料应当着重审查以下内容：

（一）视听资料的来源是否合法，制作过程中当事人有无受到威胁、引诱等违反法律及有关规定的情形；

（二）是否载明制作人或者持有人的身份，制作的时间、地点和条件以及制作方法；

（三）是否为原件，有无复制及复制份数；调取的视听资料是复制件的，是否附有无法调取原件的原因、制作过程和原件存放地点的说明，是否有制作人和原视听资料持有人签名或者盖章；

（四）内容和制作过程是否真实，有无经过剪辑、增加、删改、编辑等伪造、变造情形；

（五）内容与案件事实有无关联性。

对视听资料有疑问的，应当进行鉴定。

对视听资料，应当结合案件其他证据，审查其真实性和关联性。

**第二十八条** 具有下列情形之一的视听资料，不能作为定案的根据：

（一）视听资料经审查或者鉴定无法确定真伪的；

（二）对视听资料的制作和取得的时间、地点、方式等有异议，不能作出合理解释或者提供必要证明的。

### 8. 其他规定

**第二十九条** 对于电子邮件、电子数据交换、网上聊天记录、网络博客、手机短信、电子签名、域名等电子证据，应当主要审查以下内容：

（一）该电子证据存储磁盘、存储光盘等可移动存储介质是否与打印件一并提交；

（二）是否载明该电子证据形成的时间、地点、对象、制作人、制作过程及设备情况等；

（三）制作、储存、传递、获得、收集、出示等程序和环节是否合法，取证人、制作人、持有人、见证人等是否签名或者盖章；

（四）内容是否真实，有无剪裁、拼凑、篡改、添加等伪造、变造情形；

（五）该电子证据与案件事实有无关联性。

对电子证据有疑问的，应当进行鉴定。

对电子证据，应当结合案件其他证据，审查其真实性和关联性。

**第三十条** 侦查机关组织的辨认，存在下列情形之一的，应当严格审查，不能确定其真实性的，辨认结果不能作为定案的根据：

（一）辨认不是在侦查人员主持下进行的；

（二）辨认前使辨认人见到辨认对象的；

（三）辨认人的辨认活动没有个别进行的；

（四）辨认对象没有混杂在具有类似特征的其他对象中，或者供辨认的对象数量不符合规定的；尸体、场所等特定辨认对象除外；

（五）辨认中给辨认人明显暗示或者明显有指认嫌疑的。

有下列情形之一的，通过有关办案人员的补正或者作出合理解释的，辨认结果可以作为证据使用：

（一）主持辨认的侦查人员少于二人的；

（二）没有向辨认人详细询问辨认对象的具体特征的；

（三）对辨认经过和结果没有制作专门的规范的辨认笔录，或者辨认笔录没有侦查人员、辨认人、见证人的签名或者盖章的；

（四）辨认记录过于简单，只有结果没有过程的；

（五）案卷中只有辨认笔录，没有被辨认对象的照片、录像等资料，无法获悉辨认的真实情况的。

**第三十一条**　对侦查机关出具的破案经过等材料，应当审查是否有出具该说明材料的办案人、办案机关的签字或者盖章。

对破案经过有疑问，或者对确定被告人有重大嫌疑的根据有疑问的，应当要求侦查机关补充说明。

## 三、证据的综合审查和运用

**第三十二条**　对证据的证明力，应当结合案件的具体情况，从各证据与待证事实的关联程度、各证据之间的联系等方面进行审查判断。

证据之间具有内在的联系，共同指向同一待证事实，且能合理排除矛盾的，才能作为定案的根据。

**第三十三条**　没有直接证据证明犯罪行为系被告人实施，但同时符合下列条件的可以认定被告人有罪：

（一）据以定案的间接证据已经查证属实；

（二）据以定案的间接证据之间相互印证，不存在无法排除的矛盾和无法解释的疑问；

（三）据以定案的间接证据已经形成完整的证明体系；

（四）依据间接证据认定的案件事实，结论是唯一的，足以排除一切合理怀疑；

（五）运用间接证据进行的推理符合逻辑和经验判断。

根据间接证据定案的，判处死刑应当特别慎重。

**第三十四条**　根据被告人的供述、指认提取到了隐蔽性很强的物证、书证，且与其他证明犯罪事实发生的证据互相印证，并排除串供、逼供、诱供等可能性的，可以认定有罪。

**第三十五条**　侦查机关依照有关规定采用特殊侦查措施所收集的物证、书证及其他证据材料，经法庭查证属实，可以作为定案的根据。

法庭依法不公开特殊侦查措施的过程及方法。

**第三十六条**　在对被告人作出有罪认定后，人民法院认定被告人的量刑事实，除审查法定情节外，还应审查以下影响量刑的情节：

（一）案件起因；

（二）被害人有无过错及过错程度，是否对矛盾激化负有责任及责任大小；

（三）被告人的近亲属是否协助抓获被告人；

（四）被告人平时表现及有无悔罪态度；

（五）被害人附带民事诉讼赔偿情况，被告人是否取得被害人或者被害人近亲属谅解；

（六）其他影响量刑的情节。

既有从轻、减轻处罚等情节，又有从重处罚等情节的，应当依法综合相关情节予以考虑。

不能排除被告人具有从轻、减轻处罚等量刑情节的，判处死刑应当特别慎重。

**第三十七条** 对于有下列情形的证据应当慎重使用，有其他证据印证的，可以采信：

（一）生理上、精神上有缺陷的被害人、证人和被告人，在对案件事实的认知和表达上存在一定困难，但尚未丧失正确认知、正确表达能力而作的陈述、证言和供述；

（二）与被告人有亲属关系或者其他密切关系的证人所作的对该被告人有利的证言，或者与被告人有利害冲突的证人所作的对该被告人不利的证言。

**第三十八条** 法庭对证据有疑问的，可以告知出庭检察人员、被告人及其辩护人补充证据或者作出说明；确有核实必要的，可以宣布休庭，对证据进行调查核实。法庭进行庭外调查时，必要时，可以通知出庭检察人员、辩护人到场。出庭检察人员、辩护人一方或者双方不到场的，法庭记录在案。

人民检察院、辩护人补充的和法庭庭外调查核实取得的证据，法庭可以庭外征求出庭检察人员、辩护人的意见。双方意见不一致，有一方要求人民法院开庭进行调查的，人民法院应当开庭。

**第三十九条** 被告人及其辩护人提出有自首的事实及理由，有关机关未予认定的，应当要求有关机关提供证明材料或者要求相关人员作证，并结合其他证据判断自首是否成立。

被告人是否协助或者如何协助抓获同案犯的证明材料不全，导致无法认定被告人构成立功的，应当要求有关机关提供证明材料或者要求相关人员作证，并结合其他证据判断立功是否成立。

被告人有检举揭发他人犯罪情形的，应当审查是否已经查证属实；尚未查证的，应当及时查证。

被告人累犯的证明材料不全，应当要求有关机关提供证明材料。

**第四十条**　审查被告人实施犯罪时是否已满十八周岁，一般应当以户籍证明为依据；对户籍证明有异议，并有经查证属实的出生证明文件、无利害关系人的证言等证据证明被告人不满十八周岁的，应认定被告人不满十八周岁；没有户籍证明以及出生证明文件的，应当根据人口普查登记、无利害关系人的证言等证据综合进行判断，必要时，可以进行骨龄鉴定，并将结果作为判断被告人年龄的参考。

未排除证据之间的矛盾，无充分证据证明被告人实施被指控的犯罪时已满十八周岁且确实无法查明的，不能认定其已满十八周岁。

**第四十一条**　本规定自二〇一〇年七月一日起施行。

## 2. 最高人民法院　最高人民检察院<br>公安部　国家安全部　司法部<br>关于办理刑事案件排除非法证据若干问题的规定

为规范司法行为，促进司法公正，根据刑事诉讼法和相关司法解释，结合人民法院、人民检察院、公安机关、国家安全机关和司法行政机关办理刑事案件工作实际，制定本规定。

**第一条**　采用刑讯逼供等非法手段取得的犯罪嫌疑人、被告人供述和采用暴力、威胁等非法手段取得的证人证言、被害人陈述，属于非法言词证据。

**第二条**　经依法确认的非法言词证据，应当予以排除，不能作为定案的根据。

**第三条**　人民检察院在审查批准逮捕、审查起诉中，对于非法言词证据应当依法予以排除，不能作为批准逮捕、提起公诉的根据。

**第四条**　起诉书副本送达后开庭审判前，被告人提出其审判前供述是非法取得的，应当向人民法院提交书面意见。被告人书写确有困难的，可以口头告诉，由人民法院工作人员或者其辩护人作出笔录，并由被告人签名或者捺指印。

人民法院应当将被告人的书面意见或者告诉笔录复印件在开庭前交人民检察院。

**第五条**　被告人及其辩护人在开庭审理前或者庭审中，提出被告人审判前供述是非法取得的，法庭在公诉人宣读起诉书之后，应当先行当庭调查。

法庭辩论结束前，被告人及其辩护人提出被告人审判前供述是非法取得的，法庭也应当进行调查。

**第六条** 被告人及其辩护人提出被告人审判前供述是非法取得的，法庭应当要求其提供涉嫌非法取证的人员、时间、地点、方式、内容等相关线索或者证据。

**第七条** 经审查，法庭对被告人审判前供述取得的合法性有疑问的，公诉人应当向法庭提供讯问笔录、原始的讯问过程录音录像或者其他证据，提请法庭通知讯问时其他在场人员或者其他证人出庭作证，仍不能排除刑讯逼供嫌疑的，提请法庭通知讯问人员出庭作证，对该供述取得的合法性予以证明。公诉人当庭不能举证的，可以根据刑事诉讼法第一百六十五条的规定，建议法庭延期审理。

经依法通知，讯问人员或者其他人员应当出庭作证。

公诉人提交加盖公章的说明材料，未经有关讯问人员签名或者盖章的，不能作为证明取证合法性的证据。

控辩双方可以就被告人审判前供述取得的合法性问题进行质证、辩论。

**第八条** 法庭对于控辩双方提供的证据有疑问的，可以宣布休庭，对证据进行调查核实。必要时，可以通知检察人员、辩护人到场。

**第九条** 庭审中，公诉人为提供新的证据需要补充侦查，建议延期审理的，法庭应当同意。

被告人及其辩护人申请通知讯问人员、讯问时其他在场人员或者其他证人到庭，法庭认为有必要的，可以宣布延期审理。

**第十条** 经法庭审查，具有下列情形之一的，被告人审判前供述可以当庭宣读、质证：

（一）被告人及其辩护人未提供非法取证的相关线索或者证据的；

（二）被告人及其辩护人已提供非法取证的相关线索或者证据，法庭对被告人审判前供述取得的合法性没有疑问的；

（三）公诉人提供的证据确实、充分，能够排除被告人审判前供述属非法取得的。

对于当庭宣读的被告人审判前供述，应当结合被告人当庭供述以及其他证据确定能否作为定案的根据。

**第十一条** 对被告人审判前供述的合法性，公诉人不提供证据加以证明，或者已提供的证据不够确实、充分的，该供述不能作为定案的根据。

**第十二条** 对于被告人及其辩护人提出的被告人审判前供述是非法取得的意见，第一审人民法院没有审查，并以被告人审判前供述作为定案根据的，第二审人民法院应当对被告人审判前供述取得的合法性进行审查。检察人员不提供证据加以证明，或者已提供的证据不够确实、充分的，被告人该供述不能作为定案的根据。

**第十三条**　庭审中，检察人员、被告人及其辩护人提出未到庭证人的书面证言、未到庭被害人的书面陈述是非法取得的，举证方应当对其取证的合法性予以证明。

对前款所述证据，法庭应当参照本规定有关规定进行调查。

**第十四条**　物证、书证的取得明显违反法律规定，可能影响公正审判的，应当予以补正或者作出合理解释，否则，该物证、书证不能作为定案的根据。

**第十五条**　本规定自二〇一〇年七月一日起施行。

**图书在版编目（CIP）数据**

刑事证据适用指南——以两个《规定》为中心/杨迎泽、张红梅主编．
—北京：中国检察出版社，2010.9
ISBN 978－7－5102－0342－8

Ⅰ.①刑… Ⅱ.①杨… ②张… Ⅲ.①刑事诉讼－证据－法律适用－中国
Ⅳ.①D925.213.5

中国版本图书馆 CIP 数据核字（2010）第 173158 号

**刑事证据适用指南——以两个《规定》为中心**

**主编** 杨迎泽 张红梅 **副主编** 张宁红 张宏伟

---

**出版发行**：中国检察出版社
**社　　址**：北京市石景山区鲁谷西路 5 号（100040）
**网　　址**：中国检察出版社（www.zgjccbs.com）
**电子邮箱**：zgjccbs@vip.sina.com
**电　　话**：(010)68650028(编辑)　68650015(发行)　68636518(门市)
**经　　销**：新华书店
**印　　刷**：三河市燕山印刷有限公司
**开　　本**：720mm×960mm　16 开
**印　　张**：19.75 印张
**字　　数**：357 千字
**版　　次**：2010 年 9 月第一版　　2010 年 9 月第一次印刷
**书　　号**：ISBN 978－7－5102－0342－8
**定　　价**：40.00 元

---